Fiche 31895

Service de presse – 23 €

Les personnes handicapées mentales
Éthique et droit

SERVICE DOC...
AF860712
... 78 71 08 50

Ph. 0
6

Les personnes handicapées mentales Éthique et droit

sous la direction de

Michel Manciaux
Gwen Terrenoire

André Boué
Françoise Dekeuwer-Défossez
Alice Dieuzeide
Olivier de Dinechin
Patrick Gohet
Jean-Marie Léger
Roger Misès
Anne-Sophie Renard
Charles Sérié
Jean de Verbizier

Avec un avant-propos du professeur Michel Arthuis, membre de l'Académie nationale de médecine et président du Comité de réflexion d'éthique de l'UNAPEI, et une postface de Régis Devoldère, président de l'UNAPEI.

Sous l'égide de l'Union nationale des Associations de parents et amis de personnes handicapées mentales.

À l'occasion de l'année européenne des personnes handicapées.

Éditions FLEURUS

Maquette de la couverture : Catherine Enault et Élisabeth Hebert
© Photos : Burger/Phanie ; Hugo Miserey ; Laurent Mallamaci

© Groupe Fleurus, *A Cappella création*, Paris, 2004
ISBN : 2-2150-4472-1

SERVICE DOCUMENTATION
URIOPSS Rhône-Alpes
0 5 AVR. 2004
259, Rue de Créqui - 69422 LYON Cedex 03
Tél. 78 62 27 23 - Fax 78 71 08 50

SOMMAIRE

LISTE DES AUTEURS

André Boué	Professeur émérite de génétique médicale à l'université de Paris V, ancien membre du Comité consultatif national d'éthique
Françoise Dekeuwer-Défossez	Professeur à l'université du droit et de la santé de Lille II, doyen de la faculté de droit de Lille II, directeur du LERADP, Laboratoire d'Études et de Recherches Appliquées au Droit Privé
Alice Dieuzeide	Conseiller honoraire à la Cour de cassation
Olivier de Dinechin	Théologien, membre du Comité consultatif national d'éthique
Patrick Gohet	Délégué interministériel aux personnes handicapées, ancien directeur général de l'UNAPEI
Jean-Marie Léger	Professeur de psychiatrie à l'université de Limoges, président de la Société de psychogériatrie de langue française
Michel Manciaux	Professeur émérite de pédiatrie sociale et de santé publique à l'université de Nancy, ancien membre du Comité OMS d'experts en santé des mères et des enfants

Roger MISÈS	Professeur émérite de psychiatrie de l'enfant et de l'adolescent, faculté de médecine Kremlin-Bicêtre, université Paris-Sud
Anne-Sophie RENARD	Doctorante en droit privé, université de Lille II
Charles SÉRIÉ	Professeur honoraire à l'Institut Pasteur, conseiller médical de l'UNAPEI
Gwen TERRENOIRE	Sociologue, Centre de recherche sens, éthique, société (CNRS)
Jean DE VERBIZIER	Psychiatre des hôpitaux, président d'honneur de la fondation John Bost

MEMBRES DU COMITÉ DE RÉFLEXION D'ÉTHIQUE

Michel ARTHUIS	Membre de l'Académie nationale de médecine, ancien chef du service de neurologie pédiatrique, Hôpital Saint-Vincent-de-Paul, professeur honoraire de clinique de pédiatrie
François BEAUFILS	Professeur des universités – praticien hospitalier, chef du service de réanimation pédiatrique, hôpital Robert Debré à Paris
Philippe BORDEYNE	Théologien
André BOUÉ	Professeur émérite de génétique médicale à l'université de Paris V, ancien membre du Comité consultatif national d'éthique
Françoise DEKEUWER-DÉFOSSEZ	Professeur à l'université du droit et de la santé de Lille II, directeur du LERADP, doyen de la faculté des sciences juridiques, politiques et sociales de Lille II
Alice DIEUZEIDE	Conseiller honoraire à la Cour de cassation
Olivier DE DINECHIN	Théologien, membre du Comité consultatif national d'éthique
Michel DUGAS	Professeur de psychiatrie de l'enfant et de l'adolescent, unité de formation et de recherche Lariboisière-Saint-Louis, université de Paris VII *décédé en 1998*

Jean-Marie LÉGER	Professeur de psychiatrie à l'université de Limoges, président de la Société de psychogériatrie de langue française
Michel MANCIAUX	Professeur émérite de pédiatrie sociale et de santé publique à la faculté de médecine de Nancy, ancien membre du Comité d'experts en santé maternelle et infantile de l'Organisation mondiale de la santé
Jacques MARTIN DE LA MOUTTE	Professeur à la faculté de droit de l'université des sciences sociales de Toulouse, droit civil – droit international privé *décédé en 1996*
Roger MISÈS	Professeur de psychiatrie de l'enfant et de l'adolescent, faculté de médecine Kremlin-Bicètre, université Paris Sud
Jean-François OURY	Gynécologue obstétricien, hôpital Robert Debré
Marc POILVERT	Président de l'URAPEI de Rhône-Alpes, vice-président de l'UNAPEI
France QUÉRÉ	Théologienne (Église réformée), membre du Comité consultatif national d'éthique *décédée en 1995*
Pierre ROYER	Président d'honneur du Comité de réflexion d'éthique de l'UNAPEI, président de la commission « Défense de la personne humaine », membre du Comité consultatif national d'éthique *décédé en 1995*
Charles SÉRIÉ	Professeur honoraire Institut Pasteur, coordinateur du Comité de réflexion d'éthique de l'UNAPEI
Gwen TERRENOIRE	Sociologue, Centre de recherche sens, éthique, société (CNRS)
Jean DE VERBIZIER	Psychiatre, président d'honneur de la fondation John Bost, psychiatre des hôpitaux

PERSONNALITÉS AUDITIONNÉES

M. Gérard CHABERT et Mme Nicole CHABERT	Président de l'URAPEI de Haute-Normandie, Parents d'un enfant handicapé
M. Olivier COHEN	Professeur à la faculté de médecine de Grenoble
Mme Nicole DIEDERICH	Sociologue, chargée de recherche à l'INSERM
M. Thierry FOSSIER	Magistrat
M. Philippe GABBAÏ	Directeur honoraire de la fondation John Bost, neuropsychiatre
Professeur Bernard GOLSE	Professeur de psychiatrie de l'enfant et de l'adolescent, hôpital Saint-Vincent-de-Paul, université de Paris V
M. Jacques HENRY	Ancien président de l'UNAPEI, père d'un enfant trisomique
Mme Françoise JAN	Présidente de l'URAPEI Pays de Loire, mère d'un enfant trisomique
Mme Dominique RAVEL	Mère d'un enfant atteint d'une encéphalopathie inconnue
Docteur Raymond SALLES	Président de l'ADAPEI de l'Aveyron

M. Frédéric TRAUTMANN	Directeur général de la fondation John Bost
M. Paul TREHIN	Administrateur de l'UNAPEI, père d'un enfant handicapé

GLOSSAIRE

AAH	Allocation aux adultes handicapés
ACTP	Allocation compensatrice tierce personne
AFIPAEIM	Association familiale départementale de l'Isère pour l'aide aux enfants infirmes mentaux
AGEFIPH	Association de gestion des fonds pour l'insertion professionnelle des handicapés
AGGIR	Autonomie gérontologie Groupe Iso Ressources
AMM	Association médicale mondiale
ANAES	Agence nationale d'accréditation et d'évaluation en santé
ANPE	Agence nationale pour l'emploi
AP	Atelier protégé
APA	Allocation personnalisée d'autonomie
APAJH	Association pour adultes et jeunes handicapés
APEI	Association de parents d'enfants inadaptés
APL	Allocation pour le logement
ASE	Aide sociale à l'enfance
BIT	Bureau international du travail

CA	Contrat d'apprentissage
CAMSP	Centre d'action médico-sociale précoce
CAT	Centre d'aide par le travail
CCNE	Comité consultatif national d'éthique pour les sciences de la vie et de la santé
CCPE	Commission de circonscription préscolaire et élémentaire
CCPPRB	Comité consultatif de protection des personnes se prêtant à la recherche biomédicale
CCR	Conseil consultatif régional
CCSD	Commission de circonscription du second degré
CDES	Commission départementale de l'éducation spéciale
CEC	Contrat emploi consolidé
CES	Contrat emploi solidarité
CESAP	Centre d'études et de soins aux polyhandicapés
CHS	Centres hospitaliers spécialisés
CIDIH	Classification internationale des infirmités, incapacités et handicaps
CIE	Contrat initiative emploi
CIF	Classification internationale du fonctionnement, du handicap et de la santé
CIOMS	Conseil international des organisations des sciences médicales
CLIS	Classe d'intégration scolaire
COTOREP	Commission technique d'orientation et de reclassement professionnel
CREAI	Centre régional pour l'enfance et l'adolescence inadaptée

CSP	Cadre de la santé publique
DDASS	Direction départementale des affaires sanitaires et sociales
DPI	Diagnostic pré-implantatoire
EPSR	Équipe de suite et de reclassement
FAM	Foyer d'accueil médicalisé
FO	Foyer occupationnel
GEIST	Groupe d'Études pour l'insertion sociale des trisomies 21
GIR	Groupes Iso Ressources
HCG	Hormone chorionique gonadotrophine
IFREP	Institut français de recherche et d'études psychosociologiques
IME	Institut médico-éducatif
IMG	Interruption médicale de grossesse
IMPRO	Institut médico-professionnel
INSEE	Institut national de la statistique et des études économiques
MAIS	Mouvement pour l'accompagnement et l'intégration sociale
MAP	Modèle d'accompagnement pour personne handicapée
MAS	Maison d'accueil spécialisé
ODAS	Observatoire décentralisé de l'action sociale
OMS	Organisation mondiale de la santé
PHM	Personnes handicapées mentales
PMHV	Personnes handicapées mentales vieillissantes
PMI	Protection maternelle et infantile

PPH	Processus de production du handicap
PSD	Prestation spécifique dépendance
QI	Quotient intellectuel
RASED	Réseau d'aide spécialisée aux enfants en difficultés
RMO	Références médicales opposables
SESSAD	Service d'éducation spéciale et de soins à domicile
SIMH	Système d'identification et de mesure du handicap
SMIC	Salaire minimum interprofessionnel de croissance
UNAFAM	Union nationale des amis et familles de malades mentaux
UNAPEI	Union nationale des associations de parents et amis de personnes handicapées mentales
UPI	Unités pédagogiques d'intégration

Avant-propos

J'ai le grand plaisir et l'honneur de présenter cet ouvrage collectif intitulé *Personnes handicapées mentales, éthique et droit* et, tout d'abord, d'en évoquer la genèse. C'est au docteur Charles Sérié, après qu'il eut assumé d'importantes fonctions, dont la direction médicale de l'Institut Pasteur de Paris, que fut confiée en 1989 par le Conseil d'administration de l'UNAPEI [1], dont il était membre en même temps que président de l'URAPEI [2] de Midi-Pyrénées, la mission de créer un comité de réflexion éthique. Il prit conseil auprès du professeur Jean Bernard, président du Comité consultatif national d'éthique des sciences de la vie et de la santé, qui l'approuva et l'encouragea à demander au professeur Pierre Royer, pédiatre de renommée mondiale et président du Centre international de l'enfance, d'en assurer la présidence. Pierre Royer rassembla autour de lui une dizaine de personnes : médecins, juristes, philosophes, éthiciens, administrateurs de l'UNAPEI, tous engagés, avec des responsabilités diverses, dans la recherche, l'étude et l'action avec et en faveur des personnes souffrant de handicaps mentaux variés. La

1. Union nationale des Associations de parents et amis de personnes handicapées mentales.

2. Union régionale de l'UNAPEI.

liste de ces personnalités ainsi que les modifications du comité au fil des années figurent page 13. Je tiens cependant à insister ici sur une perte qui nous a particulièrement affectés : la mort, en 1995, de France Quéré, que nous estimions et admirions tous pour la finesse de ses jugements, la précision et la richesse de ses paroles et de ses écrits.

Premier président de ce comité qu'il anima avec son dynamisme légendaire, ses qualités intellectuelles et humaines, Pierre Royer mourut en 1995 : j'ai eu l'honneur et la lourde tâche de lui succéder, et Charles Sérié continue, depuis le début de nos travaux, d'en assurer la coordination avec l'assistance précieuse de Claudine Clausse pour le secrétariat. J'ai eu aussi l'occasion, en particulier lors du congrès de l'UNAPEI à Montpellier, en 1991, de présenter aux familles les objectifs et les modalités de travail de notre comité : réfléchir avec elles sur les problèmes auxquels elles sont confrontées au quotidien et dans la durée ; les écouter et travailler à partir des questions qu'elles se posent, qu'elles nous posent ; les informer au mieux pour éclairer leurs choix en vue de les aider à donner à leurs enfants handicapés une vie qui vaille la peine d'être vécue, le tout dans le respect de la dignité de ces jeunes, principe fondateur de toute démarche éthique ; et continuer à être à leurs côtés quand leur enfant devient adolescent, adulte et avance en âge.

C'est d'ailleurs de ces contacts avec les familles relayés par les instances de l'UNAPEI que sont venus les thèmes des travaux de notre comité, qui a toujours remis des avis indépendants sur les sujets proposés à sa réflexion. C'est ainsi que virent le jour quatre rapports que l'on peut encore consulter à ce jour, consacrés à la sexualité et à la procréation chez les personnes handicapées (mars 1994), à la réanimation néonatale (février 1996), à la recherche (novembre 1998) et à l'avancement en âge des personnes handicapées mentales (décembre 2000). Malgré la somme des travaux réalisés, ces rapports n'ont pas toujours eu la diffusion souhaitée. Cependant, celui sur la sexualité et la procréation a suscité des discussions animées et a fait l'objet d'une journée de réflexion qui s'est tenue à la Maison de la Mutualité en octobre 1994. Il fut aussi diffusé à l'occasion de réunions organisées par les URAPEI à Toulouse, Bordeaux, Figeac, Loudéac, où il reçut auprès des parents une écoute parfois critique, mais très attentive. Le rapport sur la recherche fut discuté à l'UNESCO en 2002 lors d'un colloque organisé par l'UNAPEI sur les maladies chromosomiques. La même année, j'ai présenté notre rapport sur l'avancée en âge des personnes handicapées mentales devant le Haut Conseil de la population et de la famille, puis sur invitation à la conférence de presse de cet organisme sur le vieillissement des personnes handicapées tenue au ministère des Affaires sociales en novembre 2002. Auparavant le président de la République, à l'occasion de la réception d'un groupe de travail de l'Académie nationale de médecine, m'avait demandé de lui adresser ce rapport. Dans une lettre personnelle, il m'a chargé de remercier notre comité :

> « C'est avec le plus grand soin que j'ai pris connaissance de ce document consacré à un problème qui, je le sais, préoccupe de plus en plus de familles [...] Ce document apporte des mesures fortes qui s'inscrivent dans le cadre d'une reconnaissance de la spécificité de l'avancée en âge de la personne handicapée mentale. Ces propositions sont encadrées par une réflexion éthique à laquelle l'UNAPEI a, grâce à vous, très tôt et très efficacement contribué. Elles ont, croyez-le bien, retenu toute mon attention. »

J'aime à penser que cette information donnée au président n'est pas tout à fait étrangère à sa décision de faire, du problème des personnes handicapées et de leur place dans notre société, un des trois grands chantiers de son quinquennat, et de Patrick Gohet, à l'époque directeur général de l'UNAPEI, son délégué interministériel aux Personnes handicapées.

Ces rapports une fois approuvés par le conseil d'administration de l'UNAPEI, notre comité a estimé qu'il avait terminé sa tâche. Nous avons cependant pensé qu'après plus de douze années de travail, il était normal et judicieux d'en présenter les résultats à un large public sous la forme d'un ouvrage susceptible d'intéresser à la fois les familles affectées par le handicap mental d'un des leurs, tous les professionnels, toutes les institutions ayant à prendre soin de ces personnes ainsi handicapées, quel que soit leur âge, mais aussi les décideurs de tous niveaux, les politiques et, plus largement encore, notre société si excluante de ses membres les plus faibles. Car c'est l'appartenance citoyenne et la solidarité nationale qui sont ici interpellées.

Décision prise avec l'accord des instances dirigeantes de l'UNAPEI où Laurent Coquebert avait remplacé Patrick Gohet à la direction générale, il fallut se mettre vite au travail pour situer cet ouvrage dans le sillage de l'année européenne des personnes handicapées. Il eût été facile et rapide de réactualiser chacun des quatre rapports mentionnés plus haut. Toutefois, nous avons repris le travail à frais nouveaux et dans une perspective chronologique prenant comme fil conducteur l'itinéraire de vie des personnes handicapées mentales de leur naissance – et même plus en amont, pour celles dont le handicap prend son origine pendant la grossesse, voire dès la conception en cas d'anomalie génétique – jusqu'à la mort, de plus en plus tardive pour ces personnes.

De fait le texte comporte, après une introduction générale, quatre chapitres répondant à cette démarche chronologique, deux chapitres transversaux, car concernant tous les âges, et un texte dû à l'amabilité de Patrick Gohet et qui, compte tenu de son expérience et de ses responsabilités actuelles, prend toute sa valeur : je l'en remercie de tout cœur.

L'introduction insiste sur le fait que la personne souffrant d'un handicap mental est en théorie protégée de sa naissance à sa mort par des dispositions juridiques complexes et par les principes éthiques qui s'appliquent à tout un chacun. Mais cette application à leur situation spécifique, à leurs problèmes particuliers n'est pas facile. Comment par exemple obtenir de certains un consentement éclairé, ou respecter leur intimité s'ils sont totalement dépendants ? Les auteurs constatent la difficulté d'une telle entreprise. Réfléchissant sur ce thème depuis plus de dix années, notre comité a envisagé successivement, au long des étapes de la vie, désormais longue, des sujets atteints précocement dans leurs facultés mentales, les principaux problèmes auxquels eux et leurs familles sont confrontés. Mais d'abord, il importait de cerner le plus clairement possible le concept même de déficience mentale et ce qu'il implique à la fois au quotidien et tout au long de l'existence.

Le chapitre qui suit aborde ce qui se passe autour de la naissance. La prévention des handicaps mentaux est abordée de manière indirecte par le biais de deux situations dans lesquelles des anomalies associées à un risque de déficience mentale sont constatées dès le début de la vie. La première prend comme point de départ les interventions médicales permettant de déceler ces anomalies avant même la naissance. Elle concerne les médecins généticiens et les obstétriciens. La deuxième nous introduit dans les services de réanimation où les néonatologistes doivent faire face aux situations de détresse vitale à la naissance, avec le risque de séquelles graves. Dans les deux cas, les parents se posent la question de ce risque, voire de la présence d'un handicap déjà détectable. La découverte d'une anomalie connue comme comportant un risque de déficience mentale pose un douloureux problème, surtout dans une société où la bonne santé est considérée comme un droit, et où l'intégration des personnes ayant une déficience mentale est encore mal assurée. Face à cet événement ou à son éventualité, la réflexion éthique est centrée sur la décision à prendre et peut se formuler en ces termes : comment agir pour le mieux ? Cette question concerne au premier chef les parents, la famille élargie et les associations qui les représentent, mais aussi les médecins et la société tout entière. Dans une perspective de prévention, la surveillance de toute grossesse représente une approche essentielle complétée aujourd'hui par d'autres moyens qui peuvent être mis en œuvre dans des situations de risque. En effet la prévention de la déficience mentale, entendue au sens de l'élimination de la cause, n'est pas possible. Cela soulève le problème moral de l'adhésion à une stratégie qui conduit souvent à éviter l'affection en éliminant le sujet gravement atteint, embryon, fœtus ou nouveau-né. Cette orientation est source de grande souffrance pour les familles. La prise de décision dans ce domaine est très délicate et l'élaboration d'un point de vue moralement responsable par les parents est très difficile. Si la réponse doit leur appartenir, l'information préalable prévue par la loi est encore trop souvent insuffisante, voire absente. C'est pourtant cette annonce qui est essentielle et l'on entend encore trop souvent des reproches adressés par les parents aux médecins. Ce chapitre aborde donc successivement la surveillance médicale dont bénéficient toutes les femmes enceintes et certaines interventions médicales plus spécialisées qui peuvent s'imposer pendant la grossesse ou en réanimation néonatale. Les auteurs insistent sur la question de l'information des parents lorsqu'une anomalie est suspectée ou découverte. En effet, l'annonce d'un handicap est un temps essentiel même si elle est difficile à entendre. À ce propos, le lecteur prendra connaissance avec le plus grand intérêt du témoignage rapporté dans ce livre par le docteur Élisabeth Zucman, ancien médecin-chef du Centre d'études et de soins aux polyhandicapés (CESAP).

Dans ce chapitre, pour chacune des situations évoquées, les données médico-scientifiques et les repères juridiques sont exposés. À propos des normes juridiques se pose la question de la responsabilité déontologique des médecins et de leurs collaborateurs, ainsi que le rôle des parents confrontés à ces situations. Les auteurs tentent de mettre en lumière les enjeux éthiques qui sous-tendent réflexions, échanges et décisions.

Le chapitre suivant est consacré à l'enfance et à l'adolescence. C'est le moment de l'accueil par ses parents de l'enfant, si différent de leurs attentes, et de l'accompagnement dont il doit faire l'objet. En effet l'avenir dépend grandement de ce qui adviendra au cours de la petite enfance, de l'enfance et de l'adolescence. Les différentes étapes de cette période de la vie sont classiquement avant 6 ans, de 6 à 14 ans, de 15 à 18 ans. Toutes ces bornes chronologiques du développement des enfants, déjà relatives pour ceux qui évoluent sans problème, n'ont plus grand sens pour l'enfant précocement et lourdement handicapé. Elles sont encore utilisées par l'administration mais elles peuvent s'avérer fort contraignantes et tout à fait inadaptées.

À propos de chacune de ces étapes sont développés les liens et le rôle de chaque intervenant : famille, professionnels, institution et société. Dans ce cheminement, il convient de garder à l'esprit les besoins spécifiques du jeune handicapé en vue d'un développement optimal compte tenu de son niveau intellectuel, de sa santé physique et mentale, de ses potentialités, de ses attentes et de celles de sa famille. Cela amène à considérer l'accompagnement de la famille et de l'enfant, les problèmes liés à l'éducation relevant de la Commission départementale d'éducation spécialisée (CDES), l'orientation professionnelle qui doit être préparée tôt, l'entrée en adolescence, les problèmes liés à la sexualité.

Ces éléments étant précisés, il importe de présenter pour cette période cruciale de la vie du jeune handicapé le cadre juridique qui vise à sa protection et à sa socialisation ainsi que ce que l'on pourrait appeler « la voie éthique », autrement dit le respect de la personne humaine, lequel se décline sous différents aspects : individuel, familial, institutionnel et social. Sont également évoqués le rôle des associations, la conception nouvelle des relations associations-parents, l'ouverture vers l'intégration professionnelle et sociale.

En somme, tout se résume à ce stade en un projet de vie à moyen terme et en une sorte de contrat social inscrit dans la durée sous réserve bien sûr des conditions et des événements de vie et de leur évolution au fil du temps.

Le chapitre consacré à l'âge adulte fait largement référence à l'état actuel de la législation, en cours de réactualisation, et au rôle capital de la Commission technique d'orientation et de reclassement professionnel (COTOREP) dans l'orientation du jeune adulte en fonction de son degré de déficience, de ses potentialités et du marché du travail.

Deux grandes voies se présentent ici. Pour les personnes légèrement ou moyennement handicapées, ce sont les structures de travail protégé ou le milieu de travail ordinaire. Pour celles qui sont lourdement handicapées, voire polyhandicapées, ce sont les maisons d'accueil spécialisé (MAS) ou les foyers occupationnels, voire pour certains le maintien dans la famille souvent en l'absence d'une autre solution. Pour chacune de ces orientations le texte développe l'ensemble des problèmes liés à la vie dans les structures existantes, cela dans le cadre du droit et des devoirs inhérents à la personne handicapée. Une place importante est réservée aux problèmes liés au travail et à son encadrement juridique. Ce chapitre aborde ensuite des domaines essentiels qui conditionnent la vie de l'adulte, donnant une place importante au cadre de vie individuelle touchant la vie privée et affective, la constitution éventuelle du couple, la contraception sous tous ses aspects et la procréation avec ses incidences sur les plans éthique et juridique. L'habitat, les loisirs et l'intégration dans la vie sociale sont aussi pris en considération, et une large place est donnée à l'accompagnement du sujet handicapé, au développement de ses potentialités, à son intégration en milieu ordinaire chaque fois que cela est possible.

Le chapitre suivant est consacré à l'avancée en âge. Les progrès de la médecine et des conditions de vie, la protection sociale ont entraîné une augmentation de l'espérance de vie de l'ensemble de la population. Cette longévité accrue concerne les deux sexes, mais aussi, ce qui n'est pas encore suffisamment connu et pris en compte, les personnes handicapées. À côté des soins ambulatoires et à domicile, des structures diversifiées ont été créées avec un personnel assez nombreux et habituellement bien formé. Cependant, elles sont inégalement réparties, dotées, souvent mal coordonnées entre elles et subissent durement le contrecoup de l'évolution démographique, des mutations socio-économiques et de la réorganisation du système sanitaire et social. C'est dans ce contexte que se situe l'avancée en âge des personnes handicapées. Le vieillissement, voire la disparition de leurs parents qui, bien souvent, assuraient une grande partie de la vie quotidienne des personnes handicapées, ajoutent aux difficultés ou à l'impossibilité d'apporter et de poursuivre cette aide.

Ce chapitre pose d'excellentes questions. Comment faire face dans la famille subsistante, dans les institutions, dans la collectivité, à ce phénomène récent qui intéresse, dans la France de 2003, environ 30 000 personnes handicapées mentales de plus de cinquante ans, sachant qu'elles seront 50 000 dans quelques années ?

Comment, parmi les diverses catégories de handicaps, dans les différentes structures médico-sociales, dans les changements apportés à la protection sociale, assurer un avenir à ces personnes dont le nombre va augmenter dans les décennies prochaines de façon exponentielle ? Cette situation actuelle et son évolution préoccupent les personnes handicapées, leurs familles et les institutions où se trouvent leurs proches, menacées de ne pas pouvoir y demeurer et incertaines de leur futur, ainsi que les collectivités qui assurent les orientations et le financement des différentes structures en place ou à définir.

Le chapitre se termine en envisageant la fin de vie et le décès de plus en plus tardif des personnes handicapées mentales. Abstention de tout excès thérapeutique, méfiance vis-à-vis de toute proposition d'euthanasie, lutte contre la douleur, accompagnement de la personne mais aussi de sa famille, soutien des compagnons d'institution, amis, personnel, lors de la disparition et dans le processus de deuil sont présentés comme des mesures essentielles pour permettre cette fin de vie dans la dignité.

Le chapitre « Handicap mental et violences » rappelle que de nombreux rapports et publications montrent que les déficients mentaux y sont spécialement exposés. L'UNAPEI a consacré à ce problème, en 2001, une étude bien documentée. Si les jeunes sont plus susceptibles d'être victimes de violence sexuelle, les sévices physiques et les négligences graves concernent tous les âges. Cette maltraitance multiforme peut se produire en famille ou en collectivité. Plus subtile, la maltraitance psychologique est sans doute fort répandue : le manque de ce respect auquel a droit tout être humain, si abîmé par la vie soit-il, en est la manifestation la plus commune. Mépris, moquerie, intrusion dans l'intimité de la personne, appropriation des affaires personnelles, de l'argent sont autant de manifestations de cette violence sournoise. Tout cela peut se résumer en retournant le mot maltraiter : c'est traiter mal, de quelque façon que ce soit, cet autrui dont on est responsable. La prévention et la prise en charge de ces différentes formes de violence sont essentielles.

Le chapitre « Personnes handicapées mentales et recherche » montre que les relations entre parents et associations d'un côté et chercheurs de l'autre ont évolué au cours du temps. Une longue période d'ignorance et de méfiance mutuelles a cédé le pas à une plus grande ouverture et au désir de travailler ensemble pour faire progresser les connaissances et améliorer tout au long de leur existence la vie des personnes porteuses d'une telle déficience.

Comme les personnes concernées et leurs familles sont de plus en plus sollicitées pour participer à des recherches portant sur la déficience mentale, il est important de répondre à leurs interrogations, voire à leurs craintes, car il n'est pas certain qu'elles aient une idée exacte de ce que sont réellement la recherche et les conditions de sa réalisation. Ce chapitre se propose de clarifier des notions fondamentales telles que la recherche scientifique et la déficience mentale en tant qu'objet particulier d'étude. Il propose des pistes de travail en présentant des illustrations à partir de données provenant de diverses disciplines scientifiques, chacune avec son angle d'approche spécifique. Les dispositions juridiques organisant la recherche scientifique en France sont rappelées, notamment la loi Huriet-Sérusclat amendée qui encadre la recherche biomédicale et comportementale avec des sujets humains. Les principales étapes d'un projet de recherche impliquant des personnes handicapées mentales sont clairement présentées.

Le chapitre se termine par les réflexions et les orientations proposées par notre comité. Les principes éthiques fondamentaux sont réexaminés en les enrichissant de considérations spécifiques pour ces recherches particulières. Le terrain est abordé de façon pragmatique en dégageant les enjeux et en précisant les responsabilités particulières des divers auteurs des projets de recherches, en tenant compte aussi d'exigences propres aux diverses étapes du déroulement d'un projet. L'accord de la personne handicapée mentale est indispensable, de même que sa participation et celle des personnes qui l'entourent.

Patrick Gohet, délégué interministériel aux personnes handicapées, a accepté de conclure. Je tiens à l'en remercier très chaleureusement au nom de tous, car ses propos ouvrent les perspectives d'avenir et d'espoir tant attendues des personnes handicapées mentales, de leurs familles et de toute la société.

Ce livre est une œuvre collective et si les membres du comité de réflexion éthique de l'UNAPEI – sans oublier ceux qui nous ont quittés – en sont les principaux auteurs, des personnalités variées les ont aidés, en particulier le docteur Élisabeth Zucman, par son témoignage sur la révélation du handicap, le docteur Philippe Gabbaï, ancien médecin-chef de la Fondation John Bost pour l'enrichissement qu'il a apporté à notre travail, tout spécialement à propos de l'avancement en âge des personnes handicapées, et Anne-Sophie Renard, doctorante en droit, qui a contribué, avec l'aide de ses collègues juristes, à la rédaction des aspects juridiques des différents chapitres. De son côté Marc Poilvert, vice-président du conseil d'administration de l'UNAPEI, président de l'URAPEI Rhône-Alpes, nous a apporté grâce à sa sagesse, à sa compétence, à sa connaissance des réalités quotidiennes vécues au sein des familles et des associations, de très précieuses informations qui ont contribué à enrichir nos textes. Je l'en remercie très sincèrement.

Les personnes auditionnées, dont la liste figure page 15 et notamment les parents d'enfants ou d'adultes handicapés mentaux ont fourni au comité des données de première importance sur leur quotidien, les problèmes qu'ils doivent affronter, mais aussi des réflexions d'une grande richesse et des exemples de bonnes pratiques, des messages d'espoir. Qu'elles en soient remerciées. Les personnes handicapées elles-mêmes que tous les membres du comité connaissent bien, à titre personnel et/ou professionnel, ont véritablement inspiré et guidé nos travaux dans un partenariat où nous avons plus reçu que donné.

Le fruit de cette opération collective est un ouvrage original à bien des points de vue. C'est, à ma connaissance, la première fois qu'une synthèse est faite de l'ensemble des questions, mais aussi des réponses suscitées par le handicap mental et où le cycle de vie, l'itinéraire ou plutôt les itinéraires de vie de ces personnes – car chacune est unique – servent de fil conducteur à une réflexion qui se situe dans le temps et qui combine des approches multiprofessionnelles : administratives, médicales, psychologiques, sociales, juridiques, éthiques dans une perspective aussi large que possible.

Ce livre me semble donc pouvoir fournir aux familles une précieuse source de renseignements et d'aide à la décision, et aux professionnels de l'enfance handicapée un référentiel et un guide, à la fois pour leur formation, initiale et en cours d'emploi, pour leur réflexion, pour leur travail. Il devrait aussi interpeller les pouvoirs publics, les responsables politiques et administratifs de tous niveaux à ce moment crucial où la loi fondatrice de 1975 est soumise à révision et où, par la volonté du chef de l'État, la situation et le sort des personnes handicapées sont placés au centre des préoccupations de la nation.

Enfin, ce livre, fruit de douze années de réflexion et de deux ans de travail intensif, a été rendu possible par le soutien de l'UNAPEI à l'occasion de l'année européenne des personnes handicapées. Le projet en a été accepté par le président Régis Devoldère qui a bien voulu rédiger la postface de notre ouvrage et par Patrick Gohet, alors directeur général. Le conseil d'administration de l'UNAPEI ayant donné son accord, le travail a pu commencer sous la direction de Michel Manciaux et Gwen Terrenoire qui ont beaucoup contribué à l'élaboration de cet ouvrage. Je tiens à les en remercier de la part de tout notre groupe et à leur adresser toute notre reconnaissance. L'université de Lille II (droit et santé) a mis à la disposition du comité Mme Angéline Lerooy pour la mise en forme du texte. L'université Henri Poincaré a fait de même avec Mme Sylvie Kautz. Je tiens à remercier vivement ces universités pour leur collaboration et ces personnes pour leur disponibilité et leur compétence. Je remercie également Mlle Alice Dieuzeide qui, grâce à sa longue expérience, nous a aidés à clarifier un sujet souvent difficile. Les différents chapitres engagent bien sûr la seule responsabilité des signataires. Ne pouvant les énumérer tous, je tiens à les remercier d'avoir mis leur compétence et leur notoriété au service d'une grande cause. Et j'exprime ma gratitude et celle des membres de notre comité aux éditions Fleurus A Cappella qui ont accepté le manuscrit et apporté tous leurs soins à sa publication, en étroite coopération avec la direction et les services compétents de l'UNAPEI.

En terminant, je voudrais formuler quelques souhaits. Que cet ouvrage soit consulté en premier par les familles des personnes handicapées, mais aussi par des médecins, des infirmières, des enseignants, des éducateurs, des psychologues, les associations spécialisées, les pouvoirs publics et tous les responsables concernés dans les collectivités territoriales et de l'État, afin qu'ils contribuent à donner à l'avenir des personnes handicapées mentales un départ nouveau. Elles ont droit au respect de leur dignité car elles sont des citoyens à part entière. Si ce livre peut contribuer à aider la société à les regarder autrement, il aura atteint son but. Elles sont des personnes certes « différentes », mais des personnes à part entière, sujets de droit, uniques comme chacun d'entre nous. Elles nous rappellent notre fragilité mais aussi notre humanité. Elles en appellent à notre empathie, à notre solidarité. En plus des lois qui contribuent à améliorer leur vie nous leur devons l'amour qui guérit ou tout au moins apaise ; nous devons leur apporter, ainsi qu'à leurs familles, compréhension, soutien, accompagnement en vue d'une vie digne qui, en retour, humanisera notre société.

Michel ARTHUIS,
membre de l'Académie nationale de médecine,
président du Comité de réflexion d'éthique de l'UNAPEI.

1

De qui, de quoi parlons-nous ?

Michel MANCIAUX, Roger MISÈS,
Olivier DE DINECHIN

L'objet de la responsabilité, c'est le fragile, le périssable qui nous requiert, parce que le fragile est en quelque sorte, confié à notre garde, il est remis à nos soins.

P. RICŒUR,
L'unique et le singulier
Alice éditions, Liège, 1999.

Les notions telles que « personnes handicapées mentales », « éthique » et « droit » sont complexes. Aussi est-il essentiel de s'entendre sur les termes et de les mettre en relation. C'est à quoi vise cette introduction.

La personne handicapée mentale

La charte adoptée par l'UNAPEI la définit comme une personne à la fois ordinaire et singulière :
– ordinaire, car elle est citoyenne à part entière avec ses droits et ses devoirs (Annexe 4) ;
– singulière, car elle est affectée d'un désavantage à caractère le plus souvent irréversible que la collectivité doit compenser au

mieux, tout en respectant ses aspirations à une vie personnelle et sociale qui concoure à son intégration dans la cité.

Dans le domaine du handicap plus que dans d'autres, les mots ne sont pas neutres ; il convient donc de préciser les raisons qui nous ont poussés à parler de personnes handicapées mentales. Le terme de personne va de soi ; il désigne « tout être humain considéré dans son individualité, sa spécificité » ou encore l'« individu auquel est reconnue la capacité d'être sujet de droit » (*Petit Robert*, 1993). C'est l'adjectif « handicapé » qui fait problème.

Il lui est reproché de qualifier la personne en question par ses manques, ses limitations, ses anomalies. Dans un article conceptuel d'analyse sémantique qui montre bien le danger des glissements, une spécialiste en philosophie de l'éducation écrit :

> « Dire de quelqu'un qu'il est handicapé n'est donc pas dire ce qu'il est fondamentalement, c'est seulement lui attribuer un caractère particulier parmi d'autres. Désigner, en revanche, quelqu'un par un substantif, c'est dire son être même, c'est ériger en substance, ou nature, ce qui n'est qu'un aspect de son être. Cette réduction d'une personne à l'un de ses aspects est toujours paresseuse et dangereuse ; elle enferme celui qui est désigné ainsi dans sa différence, par laquelle on a vite fait d'expliquer tous ses comportements. Tous nos préjugés sont faits de ces simplifications abusives. La réalité est pourtant toujours complexe : personne n'est seulement handicapé. » (Solère-Queval, 2003.)

La reconnaissance de l'humanité et de la citoyenneté des personnes handicapées nécessiterait de ne plus employer l'expression isolée de « personne handicapée », qui réduit en effet la personne à une seule de ses caractéristiques. Il est préférable de dire que la personne est atteinte ou souffre d'un handicap. On peut aussi dire qu'elle est en **situation de handicap** : n'est-ce pas en effet l'environnement qui la met à l'épreuve sans que les moyens lui soient toujours donnés de faire face ? Une personne handicapée physique a une déficience motrice, mais elle n'est pas en situation de handicap si on lui donne des possibilités d'autonomie. Quant au handicap mental, il s'agit bien d'en minimiser les effets en aidant le sujet qui en est atteint à développer toutes ses potentialités. Kristeva (2003) parle ainsi de « citoyens en situation de handicap ». Tout en gardant à l'esprit le sens fort d'une telle formulation, il faut bien convenir qu'elle est difficile à utiliser dans le langage courant. Aussi, à l'instar des documents officiels français et des diverses publications de l'Organisation mondiale de la santé (OMS), nous parlerons simplement de personnes handicapées mentales. Mais qu'entend-on sous le mot handicap ?

Le handicap

Le terme vient des champs de courses et signifie textuellement « Main dans le chapeau (*Hand in cap*) ». Handicaper un concurrent, c'est diminuer ses chances de succès en le chargeant au départ d'un poids supplémentaire ou en l'obligeant à parcourir une distance plus longue : le but de l'opération étant, en handicapant les plus forts, d'égaliser les chances de tous les partants. Si les handicaps sont bien répartis, le résultat de la course devient si incertain que, pour parier, il est aussi simple de mettre les noms des chevaux sur des petits papiers, au fond d'un chapeau, et d'y puiser à la main le nom d'un possible vainqueur. Le mot est d'apparition relativement récente en langue française (1827) et a longtemps gardé exclusivement sa connotation hippique. Il s'inscrit désormais dans une perspective dynamique d'égalisation des chances. D'après l'OMS et à la suite des travaux de Bury (1979), de Wood (1980) et de nombreux autres spécialistes, le handicap se caractérise surtout par le désavantage dont souffre la personne qui en est atteinte en matière de vie sociale. Le tableau suivant en présente la genèse et en explicite le sens.

La déficience est la perte ou l'altération, transitoire ou définitive, d'une structure ou d'une fonction psychologique, physiologique ou anatomique. Elle représente donc toute perturbation de la structure et des fonctions normales du corps et de l'individu, toute maladie qui en

affecte, de façon durable, la croissance, le développement, le fonctionnement. Le sujet ainsi atteint est pénalisé par la manifestation extérieure et par les répercussions psychologiques de cette anomalie : ce qu'on a appelé « le vécu du manque ». Mais il l'est aussi par ses conséquences pratiques dans la vie de tous les jours, personnelle et sociale : le handicap résulte de cette double difficulté.
L'incapacité est la diminution ou la perte de la possibilité d'exécuter une activité donnée de la façon ou dans les conditions considérées comme normales pour un être humain. Elle représente donc toute perte ou réduction, résultant d'une déficience, dans les performances fonctionnelles du corps ou de la personne. Elle peut se définir concrètement dans les domaines physique et/ou mental, en utilisant des échelles fonctionnelles de performances. Cet abord très pratique introduit aussi le concept de dépendance/indépendance.
Le handicap est un désavantage résultant d'une déficience et/ou d'une incapacité, qui gêne ou limite le sujet atteint dans l'accomplissement de son rôle normal (en fonction de son sexe, de son âge, de l'environnement social et culturel). Le handicap est caractérisé par une discordance entre l'état ou les performances du sujet et ce qui est attendu de lui – par lui-même ou par le groupe dont il est membre. Le handicap représente donc les conséquences personnelles, sociales, économiques, de la déficience et de l'incapacité. (Manciaux, 1981.)

« Cette triple définition a comme corollaires :
– l'absence de liaison linéaire, de proportionnalité entre la gravité du handicap et celle de la maladie, de la déficience et de l'incapacité dont il est le résultat et également l'absence d'opposition entre maladie, même chronique, et handicap. Le sujet n'est pas, comme on le croit souvent, malade ou handicapé, il peut être malade et handicapé ;
– une certaine clarté dans les stratégies de luttes contre les handicaps : la recherche portant sur des causes (maladies, déficiences) surtout biologiques, mais aussi psychosociales, est nécessaire pour prévenir en amont la survenue des handicaps (médicaments, vaccinations). La description et l'analyse minutieuse des incapacités conditionnent l'élaboration de techniques toujours plus pertinentes d'appareillage, de rééducation, d'éducation spécialisée, voire de psychothérapie. Cependant, le handicap, lui, peut être diminué, voire supprimé, non seulement par ces actions portant sur l'individu lui-même, mais aussi en transformant son environnement physique (rampes d'accessibilité) et social (diminution des exigences, abaissement des normes). » (Tomkiewicz, 1990.)

On distingue les personnes handicapées en fonction de la nature des déficiences qu'elles présentent : personnes handicapées physiques (handicaps moteurs, sensoriels) ou mentales (déficiences intellectuelles, troubles de la compréhension, de la communication, etc.). Mais l'association de différents handicaps est fréquente, ce qui rend leur prise en charge particulièrement complexe. C'est le cas, en particulier, pour les sujets atteints de déficience mentale sévère, qui sont quasi toujours des polyhandicapés.

Apparemment satisfaisante pour l'esprit, la séquence déficience-incapacité-handicap a fait pourtant l'objet de nombreuses critiques, de même d'ailleurs que la notion de désavantage social qui évoque l'ancienne terminologie d'inadaptation sociale. Ces expressions peuvent conduire à faire porter à la personne handicapée tout le poids de ce dont elle souffre en oubliant que c'est aussi à la société d'évoluer pour pallier, dans toute la mesure du possible, les difficultés de la personne handicapée. Un handicap moteur naît de la rencontre d'un sujet aux capacités motrices restreintes avec un environnement uniquement conçu pour ceux dont la motricité est normale : d'où l'expression de « handicap de situation ». Même si cela est plus difficile, la même démarche doit s'appliquer aux déficiences mentales pour permettre d'en corriger ou tout au moins d'en réduire certaines conséquences nuisibles à la vie personnelle et sociale des personnes qui en sont atteintes.

Le handicap mental

En dépit de l'impossibilité de donner une définition consensuelle du handicap mental, le lien avec la déficience cognitive et le retard intellectuel est unanimement reconnu. Voici ce qu'en dit l'OMS dont le rapport sur la santé dans le monde en 2001 consacre un long chapitre à « La santé mentale : nouvelle conception, nouveaux espoirs ».

Le retard mental est un arrêt du développement mental ou un développement mental incomplet, caractérisé par une insuffisance des facultés et du niveau global d'intelligence, notamment des fonctions cognitives, du langage, de la motricité et des performances sociales. Également appelé arriération mentale ou déficience intellectuelle, il peut être associé à un autre trouble mental ou physique, ou survenir isolément. Des capacités intellectuelles réduites sont le trait dominant de ce trouble, mais on ne pose le diagnostic que si elles s'accompagnent d'une moindre capacité d'adaptation aux exigences quotidiennes de l'environnement social. On distingue plusieurs degrés de retard mental : léger (QI [1] de 50 à 69), moyen (QI de 35 à 49), grave (QI de 20 à 34) et profond (QI inférieur à 20).
Les chiffres de prévalence varient beaucoup en fonction des critères et méthodes utilisés ainsi que de la tranche d'âge des échantillons. On estime que la prévalence [2] globale du retard mental se situe entre 1 % et 3 %, ce taux étant de 0,3 % pour les formes moyenne, grave et profonde.
Le retard mental représente un lourd handicap pour l'individu et sa famille. En cas de retard mental grave, le sujet ne peut sans assistance s'acquitter de ses activités quotidiennes et prendre soin de sa personne. Il n'existe aucune statistique de la charge de morbidité imputable à l'ensemble des retards mentaux, mais tout porte à croire qu'elle est importante. Dans la plupart des cas, le handicap est permanent.

Le handicap mental varie d'une personne à l'autre suivant son origine, l'âge de début, les troubles associés, mais aussi en raison de l'intrication d'autres composantes, personnelles, relationnelles, environnementales, le tout réalisant un tableau complexe : en fait, chaque personne atteinte représente un cas unique.

« Ce qui semble bien réunir les différentes formes de déficience mentale, c'est leur dimension psychologique et la souffrance qu'elles engendrent. En effet, que les causes soient biologiques ou sociales, elles passent toujours au niveau individuel par le truchement de la

---

1. QI : quotient intellectuel. C'est un paramètre basé sur des tests qui permettent de chiffrer jusqu'à 100 (moyenne de la population générale) le niveau intellectuel d'un sujet donné. Il existe de nombreuses autres échelles de développement.

2. La prévalence d'une maladie est le taux d'existence de cette maladie pour 100 sujets à un moment donné.

psyché, de la personnalité consciente ou inconsciente du sujet et des personnes qui l'entourent. Dans tout abord individuel, on ne doit jamais oublier l'importance capitale de ce problème. Une approche psychologique et relationnelle prenant en compte l'histoire du handicapé et de son milieu peut empêcher les aggravations secondaires, hélas parfois plus graves que le déficit initial ; elle entraîne parfois une amélioration des performances au sens strict du terme, mais presque toujours un fonctionnement plus harmonieux du sujet en lui-même et dans son entourage. N'est-ce pas là la véritable dimension de la santé telle que définie par l'OMS ? » (Tomkiewicz, *op. cit.*)

On a longtemps opposé le handicap, conçu comme fixe et définitif, à la maladie considérée comme évolutive et souvent curable. En fait la pathologie, dans nos sociétés modernes et vieillissantes, est faite de plus en plus de maladies chroniques « handicapantes ». Quant aux handicaps, ils évoluent sous les effets, favorables ou défavorables, de l'avancée en âge, de leur potentiel propre, des maladies et aggravations intercurrentes, de l'influence des soins, des programmes d'éducation, de rééducation, d'adaptation, d'insertion. Soulignons encore l'influence des différents milieux dans lesquels la personne handicapée est appelée à vivre au fil des années : d'où l'importance de bilans périodiques pour évaluer les changements au long du cycle de vie.

Les considérations présentées dans cette introduction ne représentent qu'un bref résumé des idées, des concepts et des réalités concernant le handicap mental. Il s'agit en fait d'un domaine très complexe et évolutif. Pour ne pas surcharger ce chapitre introductif, il nous a paru préférable de reporter en fin d'ouvrage quelques développements sur ces aspects certes théoriques, mais fort importants dans leurs possibles applications dans le quotidien des personnes handicapées mentales. (Voir annexe 1 : « À propos du handicap mental ».)

La personne handicapée mentale : itinéraires et milieux de vie

C'est à la fois le fil conducteur et le thème central de cet ouvrage, mais il peut être utile d'envisager brièvement ici, dans le temps et dans l'espace, ce que cela implique concrètement.

Comme tout être humain, la personne handicapée mentale franchit au cours de sa vie une série d'étapes que la chronologie officielle délimite d'une façon contestable. Pour les handicaps de survenue précoce – quelquefois inscrits dans l'existence dès le moment de la conception – le premier problème est la précocité du diagnostic de la maladie ou des atteintes qui entraînent le risque de handicap. En découlent, parfois dès la grossesse, des décisions d'une extrême importance. Mais, sauf dans les cas où des malformations viscérales associées peuvent mettre en jeu le pronostic vital, l'espérance de vie de ces personnes se rapproche de plus en plus de celle de la population générale. Or elles vont être amenées, au fil des années, à passer par des milieux de vie très variés et souvent nombreux : d'où l'importance d'élaborer progressivement, mais sans retard, un véritable *projet de vie* qui, tout en restant ouvert, puisse assurer, dans toute la mesure du possible, une certaine continuité dans l'accompagnement et la prise en charge de la personne handicapée.

En fait, l'attention et les soins dont ces sujets bénéficient en famille et/ou en milieu institutionnel sont encore trop souvent fractionnés, épisodiques, peu coordonnés et sans vision à long terme. Le projet de vie doit porter, en pluridisciplinarité, sur tous les aspects de l'existence, de l'éducation, des soins, de la qualité de vie, cela dans une perspective temporelle aussi longue que possible. Pour que la personne y adhère, dans la mesure de ses moyens, mais aussi sa famille, ses proches, il faut les associer à son élaboration. Et pour que tous les professionnels impliqués y participent pleinement, il faut que leurs points de vue et leurs avis soient pris en compte. Bien entendu, un tel projet doit être périodiquement évalué, réorienté en fonction de l'évolution. Mais, si modeste qu'il soit, il est indispensable pour un travail cohérent, pour une vie digne qui ne soit pas simplement au jour le jour, et cela dans la visée éthique dont parle Ricœur (1990). Un des objectifs majeurs de ce projet concerne l'intégration de l'enfant, de l'adolescent, de l'adulte handicapé mental. On verra plus loin ce qu'il faut entendre sous ce terme.

Les milieux de vie de ces personnes sont variés : familiaux (domicile des parents, famille biologique, famille élargie, familles d'accueil) et institutionnels, certaines institutions étant plus à visée éducative, d'autres plus orientées vers les soins et la réadaptation, certaines basées sur un travail protégé, d'autres encore représentées par les différents foyers plus ou moins spécialisés. Dans leur itinéraire de vie, les personnes handicapées vont passer, plus ou moins longuement, dans plusieurs de ces lieux de vie et y rencontrer des personnes elles aussi très variées : parentèle, professionnels de différents secteurs, administratifs, compagnons de séjour. Cette mobilité, tantôt trop réduite, tantôt excessive, rend souvent difficile la vie relationnelle dont ces personnes ont encore plus besoin que les autres.

En outre, les différentes institutions qu'elles vont fréquenter ne fonctionnent pas toujours avec une claire définition de leurs missions. Les idées, les théories, fluctuent au cours du temps et des modes : après la période du tout médical est venue celle du tout éducatif, et ne s'achemine-t-on pas, à l'heure actuelle, vers un tout administratif, qui peut freiner les initiatives ? On voit aussi se développer actuellement les effets d'un contrôle des dépenses qui tend à s'exercer en réduisant les moyens destinés aux soins et à l'éducation.

La personne handicapée mentale et son entourage humain

On l'a vu, elle est appelée à rencontrer, à côtoyer, à être accompagnée et à travailler avec de nombreuses personnes au fil des années et dans des lieux variés. Mais l'objectif commun doit être de faire en sorte qu'elle obtienne et maintienne aussi longtemps que possible la meilleure qualité de vie compte tenu de son état, mais aussi de ses potentialités, dans le respect de sa dignité et dans le cadre de la solidarité nationale, cela quels que soient ses milieux de vie. Il en résulte que les besoins des handicapés mentaux doivent être pris en compte en toutes circonstances et leurs droits fondamentaux respectés. Sans entrer ici dans le détail des différents partenaires et de leur rôle – ce sera fait dans le cadre des chapitres suivants – quelques considérations préliminaires s'imposent.

Les parents

Ils sont à la fois les premiers concernés par le handicap de leur enfant et les protecteurs naturels de celui-ci. Les circonstances de survenue, de révélation, de prise en charge des handicaps offrent autant d'opportunités pour les accompagner dans leur lourde tâche. Il faut, pour cela, travailler avec eux le rôle qui sera le leur en les délivrant du sentiment de culpabilité qui, trop souvent, leur fait douter de leurs capacités et redouter l'avenir.

En cas de déficience mentale d'origine génétique, ce problème peut être majeur et source de sérieuses dissensions entre les parents. Au fil des années, leur charge peut devenir plus lourde, aggravée par le souci du sort de leur enfant après leur disparition. Si la famille comporte d'autres enfants, l'équilibre à maintenir entre ceux-ci et leur frère ou sœur handicapé(e) représente une difficile responsabilité : d'autres parents confrontés au même défi peuvent les y aider.

Les professionnels

Nombreux et divers, leur rôle est également capital, avec la nécessité de travailler en équipe multidisciplinaire, que ce soit en secteur privé – surtout si la personne handicapée vit en famille – ou en institution, externat ou internat. Ils doivent éviter de s'enfermer dans des pronostics négatifs et fixistes ainsi que dans des idéologies faisant obstacle à l'indispensable collaboration. Dans le quotidien, ils sont exposés au danger d'un travail routinier, à l'usure professionnelle, surtout si leur formation initiale les a peu préparés à ce travail et s'ils ne bénéficient pas de soutiens suffisants : travail interne de réflexion et d'élaboration, supervision, formation permanente, appui de leurs tutelles.

La communauté

C'est à la fois l'entourage proche : famille élargie, voisinage, qui peut apporter aux familles confrontées au handicap mental un soutien psychologique, affectif et matériel important, et les associations dont le rôle est crucial à ce point de vue. On le verra dans les différentes situations qui font l'existence de la personne handicapée.

La société

S'il est difficile de parler des attitudes et rôles de la société en général vis-à-vis des personnes handicapées mentales, on peut toutefois regretter que, globalement, l'attitude prévalente dans la population soit faite au mieux d'indifférence, de méconnaissance de leur existence, de leurs problèmes, au pire de rejet, d'exclusion. Le slogan « Ni étrange, ni étranger » qui a eu son moment de publicité n'a pas fait beaucoup progresser les choses. Les handicapés mentaux que leur itinéraire de vie met en contact avec la vie quotidienne en société, qu'il s'agisse d'éducation, de travail, de logement, de transports, d'accessibilité, de loisirs, ne sont pas assez traités comme des citoyens à part entière. Kristeva (*op. cit.*) appelle de ses vœux une « véritable révolution culturelle » par et pour une réinvention du lien social.

Le monde politique

Les décideurs à tous niveaux qui, en faisant lois et règlements, dessinent le cadre et les conditions de vie des personnes handicapées, ont aussi une lourde responsabilité. Il est permis d'espérer que 2003, année européenne des personnes handicapées et, en France, grande cause nationale, apportera de réels progrès. Ce point fait l'objet du dernier chapitre. Signalons encore que le président de la République a fait de la politique en faveur des personnes handicapées un des trois chantiers de son quinquennat. Il s'agit de passer du principe de non-discrimination, qui caractérisait la loi fondatrice de 1975 (Annexe 9), à un principe « d'égalité des droits et des chances ». « Cela suppose, explique la secrétaire d'État aux Personnes handicapées dans une note d'orientation posant les bases de la future loi sur le handicap, que la nouvelle législation organise, de manière systématique, l'accès des personnes handicapées au droit commun » (Boisseau, 2003). Trois axes de réforme ont été retenus : l'accessibilité, le droit à compensation et la simplification administrative. Une des nouveautés de cette loi consiste en la création d'une « prestation de compensation » qui « permettrait de garantir à toute personne handicapée l'accès à l'ensemble des aides techniques ou humaines qui lui auront été reconnues nécessaires ». Enfin, la personne handicapée ne serait plus seulement considérée sous l'angle de ses incapacités, mais plutôt sous celui de ses aptitudes, notamment pour évaluer ses capacités à occuper un emploi. Le Comité d'entente des associations représentatives de personnes handicapées et de parents d'enfants handicapés a accueilli ce projet avec un vif intérêt non dénué d'un certain scepticisme : les moyens seront-ils à la hauteur des enjeux ?

Alliances et plaidoyer

On parle beaucoup, dans le contexte de maladies au long cours qui caractérise les sociétés vieillissantes, d'alliance thérapeutique et Golse (1997) reprend ce terme à propos des personnes handicapées mentales. Cette alliance des différents intervenants avec la personne handicapée mentale et avec sa famille occupe désormais une position centrale. Il convient de l'établir sous différents angles dans la mesure où toutes les actions menées exigent coordination, coopération entre les différentes personnes, professionnelles ou non, qui ont à s'occuper, à prendre soin, à avoir le souci des handicapés et de leur famille. Le partenariat avec les parents est crucial, même s'il n'est pas toujours facile. Il ne peut s'établir que dans le respect, le partage d'information, une relation de confiance. L'alliance se décline aussi au collectif avec les associations, en particulier celles qui regroupent les personnes concernées, telles « Nous aussi ».

En outre les handicapés mentaux sont en droit d'attendre, de tous ceux qui s'intéressent à eux, un accompagnement dans la durée et une fonction de plaidoyer (les Anglo-Saxons parlent d'*advocacy*). Cette dernière notion est d'autant plus importante que ces personnes ont des difficultés à faire entendre leur voix, à faire respecter leurs droits. Familles, associations, professionnels doivent donc, avec elles, interpeller les responsables politiques de tous niveaux pour rendre effective l'intégration prônée dans les discours, mais trop peu réalisée dans les faits.

La personne handicapée mentale et l'intégration

Avant d'entrer dans le vif du sujet il paraît utile de rappeler trois impératifs soulignés à juste titre par Kristeva (*op. cit.*) : sensibiliser, informer, former. Ce sont des conditions *sine qua non* pour une intégration réussie.

La **sensibilisation** s'adresse à l'ensemble de la société. Elle doit utiliser tous les moyens de communication disponibles et le rôle des médias de masse est ici capital. Or le sujet n'est pas forcément facile à traiter et si l'audimat reste le critère majeur de la sélection des présentations télévisuelles, il y a peu de chances qu'il soit retenu.

L'**information** doit être aussi largement diffusée, mais sous une forme adaptée,

> « afin d'informer chacun en particulier, et la communauté nationale dans son ensemble, de la réalité des différents handicaps telle qu'elle est connue aujourd'hui, de leurs causes quand elles sont repérées, des possibilités de prévention, des perspectives d'évolution, des richesses et des limites qui caractérisent les différentes personnes en situation de

handicap quant à leurs possibilités de communication et d'insertion. » (Kristeva, *op. cit.*)

La **formation**, quant à elle, concerne l'ensemble des personnels (médicaux, soignants, éducatifs, administratifs) et tous ceux que leur exercice professionnel va mettre en contact avec des personnes handicapées mentales. Initiale, elle doit être remise à jour en fonction des progrès dans la compréhension et le soin des handicapés. Technique, il lui faut garder une large place pour les aspects humanistes du handicap et de sa prise en charge : psychologie, droit, éthique y ont leur place. À partir d'un tronc commun destiné à faciliter le travail en équipe transdisciplinaire, elle doit fournir à chaque catégorie de professionnels les éléments spécifiques dont ils ont besoin pour exercer leur rôle particulier dans le respect des spécificités des autres.

Le point suivant porte sur les mots. Tout comme le terme « handicapé », le vocable « intégration » mérite discussion. Certains spécialistes, et non des moindres, préfèrent parler d'insertion sur la base d'une interprétation particulière : intégrer signifiant pour eux « effacer la différence », alors que l'insertion vise à inclure les personnes dans l'espace public, par un accompagnement et des parcours individualisés. Cette idée est partagée par Risselin (1998), qui considère que « l'intégration repose essentiellement sur de grands dispositifs collectifs d'assimilation », alors que « l'insertion s'avère être “plus respectueuse de l'individu dans sa singularité” ».

Cependant, pour les philosophes, l'intégration est « l'établissement d'une interdépendance plus étroite entre les parties d'un être vivant ou les membres d'une société » (Lalande, in *Petit Robert*, 1993). Et cette notion d'interdépendance nous paraît essentielle. Dans cet esprit, Solère-Queval (*op. cit.*) écrit :

« Le verbe “intégrer” appartient d'abord au vocabulaire mathématique et désigne une sommation complète, non pas la simple addition juxtapositive de nombres discontinus. L'adverbe “intégralement” a bien ce

sens “d’absolument complet”. C’est dire qu’intégrer quelqu’un dans un groupe ne peut se réduire à l’adjoindre aux membres déjà présents : on n’intègre pas un enfant handicapé en l’inscrivant comme n-ième élève d’une classe ordinaire, pas plus que le nouvel habitant d’un immeuble n’est intégré parce qu’il vient occuper une place au sein de l’immeuble. L’intégration modifie l’élément intégré et l’ensemble intégrant.
On réservera, alors, le verbe « insérer » pour désigner la simple addition d’un élément à un tout. Intégrer est donc plus qu’insérer ou inclure : c’est bien faire place à l’autre (ce que disent insérer et inclure) mais, ce faisant, c’est se modifier et retrouver, avec l’autre, la complétude qui aurait fait défaut sans lui. »

Et l’auteur de conclure : **L’intégration est un choix éthique**. Toutefois la valeur légale du principe d’intégration pose la question, plus de vingt-cinq ans après sa promulgation, de sa mise en pratique, de sa concrétisation. Où en est-on, à l’heure de l’année européenne des personnes handicapées, dans le processus d’intégration de ces personnes ? Nul ne le contestera aujourd’hui, celle-ci demeure encore trop limitée. Il suffit de prendre, pour s’en convaincre, les chiffres de l’intégration scolaire et professionnelle en milieu ordinaire ou encore de faire référence au niveau d’accessibilité des établissements et des transports publics (cf. les rapports Blanc [2002], Fardeau [2000]).

L’intégration des personnes handicapées mentales : qu’en est-il ?

D’après le rapport Kristeva (*op. cit.*) « 45 000 adultes et enfants handicapés sont répertoriés comme attendus nulle part ; 13 000 enfants sont sans solution. Dans la seule région parisienne il manque 600 places en hôpital de jour pour enfants. » « 38 000 enfants handicapés ne connaissent aucune scolarisation, 37 % des entreprises assujetties à l’obligation de l’emploi de travailleurs handicapés n’en emploient aucun, 20 000 places d’emplois protégés manquent dans les centres d’aides par le travail (CAT). »

Et on pourrait allonger cette liste…

Cette situation qui pénalise plus particulièrement les personnes handicapées mentales exprime non seulement l'exclusion dont celles-ci, surtout les plus atteintes, sont encore victimes de la part de la société, mais aussi le paradoxe de décisions qui édictent de généreuses déclarations de principe mais n'en garantissent pas la mise en œuvre effective. À quoi bon affirmer le droit à l'éducation des enfants et adolescents handicapés, poser le principe d'une priorité d'accès à l'école ordinaire et lancer le plan Handiscol, sans renforcer la formation des enseignants sur le handicap, sans mettre en fonction des personnels spécialisés en nombre suffisant, sans établir les indispensables liaisons avec les équipes de pédopsychiatrie pour un accompagnement effectif ? De plus la non-scolarisation touche près de 26 % des jeunes handicapés accueillis en établissement sans que soient prévues pour eux de solutions adaptées. Pourquoi affirmer le droit à l'exercice d'une activité professionnelle et poser le principe de l'insertion prioritaire vers le milieu ordinaire (article L 323-30 du code du travail), pour ensuite vider de toute sa substance l'obligation d'emploi pesant sur les chefs d'entreprise ? Ceux-ci peuvent en effet déroger à leur obligation par le versement d'une contribution, ce qui s'avère être plus avantageux financièrement que l'embauche directe d'une personne handicapée. Pourquoi enfin consacrer le droit au tourisme, aux sports, aux loisirs et à la culture et poser un principe d'accessibilité des établissements et transports publics, pour ensuite n'assortir ce dernier que d'un contrôle timide et prévoir des possibilités de dérogation ? Par exemple, les commerces ne sont pas concernés par l'obligation d'accessibilité. De même, seuls y sont assujettis les bâtiments neufs, les bâtiments anciens n'étant visés qu'à l'occasion de leur rénovation.

Cette non-intégration particulièrement marquée, répétons-le, pour les personnes handicapées mentales, fait écho aux propos de Julia Kristeva évoquant un blocage dans les mentalités. Selon elle le handicap fait peur car il renvoie à la déficience, à une perte à laquelle chacun redoute d'être un jour confronté. Il va à l'encontre de l'idéologie actuelle de la santé, de la beauté, de la réussite et de la performance. Pour reprendre son expression, l'intégration réelle et effective des personnes handicapées suppose donc, en plus d'un indéniable effort des pouvoirs publics, une véritable révolution culturelle. C'est aussi le souhait de Stiker (2000) qui parle de la nécessité « d'injecter dans notre société une dose supplémentaire de souci de l'autre » et qui demande à l'État d'inclure cette orientation dans sa politique. On est, là encore, en pleine démarche éthique.

Perspectives

Comment les pouvoirs publics envisagent-ils l'intégration des personnes handicapées pour demain ? On assiste en France à un changement de « culture du handicap », dont la ligne directrice serait de préserver la liberté de choix des personnes handicapées et de garantir leur accès à l'autonomie, cette nouvelle approche étant commandée par le respect de la dignité humaine. En effet, alors qu'une logique d'institutionnalisation a longtemps prévalu, on tend aujourd'hui à considérer que cela ne doit être maintenu que pour les personnes les plus lourdement handicapées. S'agissant des personnes handicapées physiques, cette nouvelle donne conduit notamment à rendre accessible l'environnement et à leur donner la possibilité de choisir de vivre à domicile. L'autonomie des personnes déficientes intellectuelles est plus délicate à mettre en œuvre. Il faut trouver un difficile équilibre avec la protection de la personne. Il y faut un accompagnement et non un gouvernement. La recherche de son adhésion, de son consentement constitue toujours une exigence éthique incontournable.

Julia Kristeva (*op. cit.*) propose notamment de créer partout de petites structures, des lieux de vie insérés dans le tissu urbain, au lieu de regrouper les personnes handicapées dans de grands établissements. Cette idée est également partagée par Stiker (*op. cit.*), qui fonde ses propositions sur l'appartenance à l'humanité, celle-ci préexistant à la spécificité du handicap : « Les personnes handicapées ont leur façon propre d'être au monde, et la formule la plus claire de la démocratie est d'intégrer dans un ensemble cohérent et structuré la diversité. » Il propose ainsi un seul milieu de vie pour tous, sauf dans le cas des personnes les plus lourdement handicapées, car l'intégration doit reconnaître ses limites. Le milieu ordinaire serait constamment aidé par les professionnels du secteur spécialisé. Par exemple, s'agissant de l'intégration scolaire, les filières particulières seraient des classes au même titre qu'existent différentes sixièmes, secondes ou terminales.

Enfin, le rapport d'information du sénateur Blanc (*op. cit.*) relatif à la compensation du handicap développe l'idée selon laquelle une réelle intégration des personnes handicapées exige non seulement une révision profonde du régime des prestations, pour garantir un véritable droit à la compensation, mais aussi une réponse adaptée aux difficultés qu'elles rencontrent dans leur vie quotidienne. Il met en exergue la nécessité de définir, avec la personne handicapée, un véritable « parcours de vie » prenant en compte ses capacités et ses aspirations. Cette logique a déjà été consacrée par la loi n° 2002-2 du 2 janvier 2002 dans le cadre des établissements sociaux et médico-sociaux, avec le principe d'un accompagnement individualisé. Blanc préconise notamment de garantir progressivement l'accessibilité des bâtiments et des transports, de faire du droit à l'éducation des enfants et des adolescents handicapés une obligation nationale en privilégiant systématiquement l'intégration scolaire en milieu ordinaire, et de rendre effective l'intégration professionnelle durable des personnes handicapées.

Aspects juridiques

Droits des personnes handicapées mentales

Les droits de ces personnes sont garantis par les instruments juridiques nationaux et internationaux, et tout d'abord par la Déclaration universelle des droits de l'homme (1948) dont les deux articles ci-dessous stipulent pour le premier le principe fondateur, pour le second l'étendue de son application.

Article premier : « Tous les êtres humains naissent libres et égaux en dignité et en droits. Ils sont doués de raison et de conscience et doivent agir les uns envers les autres dans un esprit de fraternité. »

Article 25, alinéa 1 : « Toute personne a droit à un niveau de vie suffisant pour assurer sa santé, son bien-être et ceux de sa famille, notamment pour l'alimentation, l'habillement, le logement, les soins médicaux ainsi que pour les services sociaux nécessaires ; elle a droit à la sécurité en cas de chômage, de maladie, d'invalidité, de veuvage, de vieillesse, ou dans les autres cas de perte de ses moyens de subsistance, par suite de circonstances indépendantes de sa volonté. »

Il résulte de l'article 2 de cette déclaration que les droits proclamés s'appliquent à tous, « sans distinction aucune, notamment [...] de naissance ou de toute autre situation ». L'existence d'un handicap mental ne prive donc pas la personne, adulte ou enfant, des droits ainsi énoncés, même si elle en complique parfois l'exercice.

La Déclaration universelle des droits de l'homme vise donc toutes les personnes en même temps qu'elle engage tous les membres de la société civile et les pouvoirs publics. La formulation « ils sont doués de raison et de conscience » peut paraître paradoxale dans le cas de déficiences mentales profondes, mais l'on sait à quels crimes a conduit la négation de cette affirmation. Ce n'est pas un constat mais un postulat, une déclaration fondatrice des droits imprescriptibles de toute personne humaine, quelles que soient ses capacités. L'article 25 alinéa 1 de la Déclaration stipule à juste titre l'ouverture à toute personne des droits cités dans tous les cas de perte de ses moyens de subsistance par suite de circonstances indépendantes de sa volonté. En conséquence, les personnes handicapées mentales ont droit à ce que leur liberté et leur dignité soient respectées à toutes les étapes de leur existence. Elles ont notamment droit à ce que soit sollicité le consentement qu'elles peuvent donner, selon leurs moyens, aux décisions qui les concernent. Membres d'une famille, elles ont droit à ce que soient respectés cette appartenance ainsi que les rôles affectifs et économiques qui en découlent. La différence que créent la déficience mentale et les diverses incapacités qui en résultent, qu'elles soient anciennes ou d'apparition récente, doit être reconnue et la collectivité est tenue à leur apporter des compensations spécifiques.

L'article 2 pose donc un principe général de non discrimination. Il restitue à chacun les droits que l'article premier ne semblait accorder qu'aux individus doués de raison et de conscience (Gardou *et al.*, 1999). Par ailleurs, la Conférence mondiale des Nations unies, réunie à Vienne en 1993, a rappelé que « les droits de l'homme et les libertés fondamentales sont tous universels et, de ce fait, s'appliquent sans réserve aucune aux personnes souffrant d'incapacités ».

En ce qui concerne les moins de dix-huit ans, la Convention internationale sur les droits de l'enfant (1989) reconnaît à celui-ci, entre autres, le droit à la protection et aux soins nécessaires à son bien-être (article 3), le droit à la survie et au développement (article 6), à être élevé par ses parents (article 9), le droit d'exprimer librement son opinion sur toute question le concernant (article 12), le droit à la liberté d'expression (article 13), de pensée, de conscience, de religion (article 14), le droit à jouir du meilleur état de santé possible (article 24), le droit à un niveau de vie suffisant (article 27), à l'éducation (article 28), au repos, aux loisirs, au jeu, à participer librement à la vie culturelle, artistique (article 31), le droit à la protection contre toutes les formes d'exploitation (articles 34 et 36), etc.

Mais une autre convention, largement méconnue, a sa place dans notre réflexion. C'est la « Convention internationale sur la lutte contre toutes formes de discrimination à l'égard des femmes ». Elle les concerne toutes, sans distinction d'âge et il est de fait que leur vulnérabilité particulière – en matière de violences sexuelles notamment – et les préjugés sociaux qui peuvent rendre plus difficile leur intégration à l'école, au travail, représentent, en quelque sorte, un handicap supplémentaire.

De nombreux autres documents (conventions, chartes, code de déontologie de bonne conduite) émanant pour l'essentiel de groupes professionnels, d'associations, d'institutions ont cherché à traduire ces déclarations universelles de portée générale dans la problématique de vie des personnes handicapées mentales. Nous y ferons référence le moment venu. Cependant il est un droit dont on parle rarement : le « droit de donner » des personnes handicapées. Elles peuvent apporter, pour peu qu'on entre avec elles dans une relation humaine véridique, un sens nouveau à la vie des personnes, familiers ou professionnels, qui s'occupent d'elles. Elles peuvent fournir à nos communautés un nouveau regard sur la faiblesse, sur la différence et une ouverture à la solidarité. Une telle ouverture, dont l'origine et l'argument sont d'ordre juridique, débouche à l'évidence sur un questionnement éthique, mais d'abord sur la question cruciale de l'intégration.

Sans prétendre clore ce débat, nous utiliserons désormais le mot d'intégration avec cet accent mis sur l'interdépendance et dans cette acception éthique.

L'intégration : aspects juridiques et pratiques

Le premier pas vers l'intégration a été fait au lendemain de la Première Guerre mondiale, notamment avec la mise en place d'aides à l'insertion professionnelle (lois du 2 janvier 1918 et du 26 avril 1924). Ce nouveau concept, né au sujet des mutilés de guerre, va s'étendre progressivement à tous les handicapés (accidentés du travail, handicapés de naissance…), notamment avec les lois du 14 mai 1930 et 23 décembre 1957 ; cette dernière met en place un système global de reclassement des personnes handicapées, quelle que soit l'origine du handicap.

Cependant la consécration du principe d'intégration sociale des personnes handicapées est somme toute assez récente en droit, puisqu'il faut attendre 1975 pour que le législateur énonce expressément, dans la loi d'orientation en faveur des personnes handicapées, que « […] l'accès du handicapé physique, sensoriel ou mental, aux droits fondamentaux reconnus à tous les citoyens, notamment [...] à l'intégration sociale [...] constitue une obligation nationale ». Ce faisant, la législation ne faisait que reprendre l'esprit, sinon les termes de la Déclaration universelle des droits de l'homme dont nous avons vu plus haut qu'ils ne prêtent à aucune équivoque.

Ces aspects juridiques, qui sont d'une importance cruciale pour la vie des personnes handicapées mentales et de leur entourage, seront détaillés en fonction des différentes étapes de leur existence et des problèmes spécifiques qui s'y posent, de même que les considérations éthiques qui suivent.

L'éthique au risque du handicap mental

En quoi l'éthique intéresse-t-elle spécialement la déficience mentale ou, plus exactement, les personnes qui en sont atteintes ? L'éthique des sciences de la vie et de la santé, les lois de bioéthique ne les concerneraient-elles donc pas, qu'il faille définir pour elles des règles particulières ? Les personnes souffrant de ce handicap sont, en théorie, protégées tout au long de leur vie par des dispositions juridiques complexes et par les principes éthiques qui s'appliquent à tout un chacun. Mais l'application de l'éthique à leur situation spécifique, à leurs problèmes particuliers n'est pas facile. Comment, par exemple, obtenir un consentement éclairé pour une intervention chirurgicale d'un sujet gravement déficient que la loi qualifie d'« incapable » ? Comment respecter son intimité s'il est totalement dépendant ? La rareté des publications traitant de ces questions traduit le peu d'intérêt qui leur est porté en même temps que la difficulté de l'entreprise.

Les progrès fulgurants des sciences, de la technologie et de la biomédecine ont mis en évidence l'urgence d'une réflexion éthique. C'est d'autant plus nécessaire que nos sociétés modernes, conscientes des possibilités inouïes de la médecine – au point d'en attendre des performances irréalistes – sont peu enclines à accepter la différence, la faiblesse, le handicap, comprenant mal que l'on ne puisse les prévenir, les guérir, et cherchant volontiers des « responsables » dans les familles, chez les professionnels. Il convient de recentrer nos perceptions et nos représentations des handicaps, et spécialement des handicaps mentaux qui interpellent chacun dans son humanité. La réflexion éthique peut y aider. Cependant, pensés et élaborés dans un contexte particulier et donc restreint, les principes bioéthiques questionnent principalement les relations duelles : médecin-malade, malade-chercheur. Le chantier de l'éthique sociale est nettement moins développé, sauf peut-être pour ce qui concerne la valeur de solidarité, considérée comme une des caractéristiques de l'approche européenne, alors que l'éthique anglo-saxonne est plus volontiers portée à valoriser le principe d'autonomie personnelle. Le thème du handicap impose d'aller au-delà des principes s'appliquant aux relations interpersonnelles et de chercher des références dans la réflexion de philosophes moralistes qui s'intéressent aux conditions morales à satisfaire pour une vie sociale harmonieuse.

Le handicap mental nous concerne tous. « Il met à l'épreuve nos valeurs, notre dignité, notre humanité » (Haelewyck *et al.*, 2003). Il nous pose une question difficile : comment nous situer, comment réagir en présence des enfants, des adultes, des personnes âgées atteints de ce handicap-là, comment nous situer face à eux, comment donner sens à leur présence, à leur existence… et à la nôtre, nous qui y sommes confrontés à différents titres : parents, professionnels, citoyens ?

> « Tout en gardant la richesse de l'approche subjective et relationnelle, il s'agit de mener, à partir des connaissances scientifiques, une démarche éthique, pour déboucher sur des choix politiques. Une éthique des soins attentive à la dimension psychologique n'est pas donnée une fois pour toutes. La classification des handicaps est elle-même porteuse d'exclusion, de déshumanisation, de non-respect des différences. Les terminologies utilisées ne sont pas neutres et relèvent des choix de société. L'institutionnalisation du handicap, si elle est nécessaire pour développer des actions appropriées aux besoins des

personnes, a également contribué à la marginalisation et à la stigmatisation des différences. Comment sortir de telles contradictions ? Comment concevoir, au sein des institutions, des projets utopiques, dynamisants, mais qui tiennent compte des contraintes ? Le questionnement éthique a au moins le mérite de nous forcer à remettre en question nos évidences scientifiques et techniques. » (Mercier *et al.*, 1997-1998.)

La vie de la personne handicapée mentale convoque la réflexion éthique dans différentes situations et sous divers aspects. On peut cependant y distinguer deux principaux plans d'approche :
– celui de la biomédecine, particulièrement travaillé en France par le Comité consultatif national d'éthique des sciences de la vie et de la santé (CCNE) : il est spécialement concerné, dans notre ouvrage, par tout ce qui a trait à la vie prénatale, à la naissance et à la recherche ;
– celui de la vie quotidienne des personnes handicapées, qui nécessite l'élaboration d'une éthique sociale (au sens large de cet adjectif) au quotidien (Manciaux, 2003).

En fait, il apparaît que l'éthique engage toujours une réflexion sociale, puisqu'elle recherche la bonne relation à autrui (un autrui pluriel) dans une société juste. Ricœur, à partir de la distinction qu'il fait entre l'éthique comme « visée d'une vie accomplie » et la morale comme « l'articulation de cette visée dans des normes », définit la visée éthique comme « la visée de la vie bonne avec et pour autrui dans des institutions justes » (*op. cit.*). Les trois acteurs de cette relation sont désignés dans cette définition : la personne elle-même, les autres avec lesquels se tissent des relations, la société qui met en place les institutions garantissant la justice. Les problèmes concernant les personnes handicapées mentales, en tant que telles, ressortissent aux différents niveaux de l'éthique qui ne peuvent être isolés les uns des autres : relations interpersonnelles, en famille par exemple, mais aussi relations de la personne handicapée mentale avec les professionnels, les institutions, les associations, la société, les pouvoirs publics à travers les lois organisant leur place sociale.

Mais qu'il s'agisse d'une éthique des sciences et techniques, de la recherche, ou, tout aussi importante, d'une éthique de la relation et de la vie en société, ce sont les mêmes valeurs qui les fondent.

Valeurs fondatrices

La valeur éthique essentielle est le **respect**, qui se décline à différents niveaux :

– Respect de toute personne humaine, à la fois corps et esprit, être individuel et être social, et respect de sa dignité ; « la reconnaissance de la dignité inhérente à tous les membres de la famille humaine et de leurs droits égaux et inaliénables constitue le fondement de la liberté, de la justice et de la paix dans le monde » proclame la première phrase du préambule de la Déclaration universelle des droits de l'homme. Et un juriste commente : « Aucun droit ni aucune liberté ne sont en effet absolus ; aucun, sauf un, la dignité de la personne humaine, parce qu'est en cause une transcendance ; la transcendance de la personne humaine domine le droit, constitue un principe absolu. » (Malaurie, 2003.)

– Respect de la dynamique de la vie de chaque personne, même quand elle est altérée par le handicap mental et son évolution.

– Respect de la différence : il amène à reconnaître que la personne handicapée est un citoyen à part entière, mais aussi une personne portant en elle-même une différence irréductible. La conduite de sa vie en vue de son intégration sociale ne saurait être déterminée par l'adéquation à une normalité définie par les caractéristiques du plus grand nombre. Ce respect de la personne rendue différente par sa déficience mentale implique d'en faire, dans toute la mesure du possible, l'acteur, le sujet de sa propre vie par un accompagnement vers l'autonomie, « possibilité de se guider soi-même et de faire des choix dans la vie », associé à la lutte contre la dépendance, « tout ce qui limite les actes nécessaires pour assurer les tâches élémentaires de la vie courante au travail et en dehors de celui-ci » (*Petit Robert*, 1993).

Le droit de la personne handicapée au respect est constitutionnel ; il incarne la vertu citoyenne du vivre en commun au-delà des différences et des singularités. Valeur centrale, ce droit inspire les propositions éthiques : respect de la personne, de son inaliénable dignité, de sa vie, de son milieu de vie, de son entourage humain – notamment de sa famille, première concernée par la déficience de son membre handicapé et protectrice naturelle de celui-ci.

Plus largement, au-delà de ce niveau microsocial où évoluent la personne handicapée, sa famille, ses proches, ses soignants, une autre valeur éthique fondamentale engage toute la société : c'est la **solidarité** envers un de ses membres souffrant. Hors de cette solidarité il n'est point de cohésion sociale, donc de démocratie. Même si cette valeur paraît plus proche de l'équité, qui amène à proposer plus à ceux qui sont le plus en difficulté, elle participe aussi de l'éthique par l'esprit d'empathie avec lequel on la met en œuvre.

Valeur essentielle aussi que le **réalisme**, qui se conjugue par le principe éthique de réalité : voir choses et gens comme ils sont, non comme on voudrait qu'ils soient, et les résultats des actions, traitements, interventions comme ils sont, et non comme on aurait voulu qu'ils soient. L'expérience montre en effet que « placer trop haut la barre » risque de mettre les personnes handicapées dans une situation d'échec dont on les rend ensuite responsables : ce « blâme de la victime » constituant parfois une véritable maltraitance psychologique. Cependant la prise en compte de la réalité n'empêche pas l'espérance. Dans tout projet de vie, dans tout programme thérapeutique, il faut non seulement avoir en vue le mieux-être du sujet, mais aussi savoir anticiper d'éventuels effets indésirables, voire pervers ; anticipation lié à la compétence, à l'expérience du professionnel et qui participe d'un principe de **prudence** bien compris.

La valeur de **responsabilité**, enfin, met chacun devant ses devoirs envers la personne handicapée : parents, entourage, soignants, associations, chercheurs, société, administration, pouvoirs publics à tous niveaux : responsabilités conjointes qui gagneraient à s'exercer en partenariat, ce qui malheureusement n'est pas toujours le cas.

Principes et pratiques

Ils sont présentés ici succinctement : les principes bioéthiques fondamentaux, puis ceux qui sont plus orientés vers l'éthique sociale, enfin les principes plus récents proposés par des éthiciens ou des philosophes moralistes modernes. Mais il faut aussi mentionner des pratiques courantes contraires à l'éthique : les identifier, les combattre peut être le point de départ d'une démarche éthique respectueuse des personnes handicapées mentales.

Cette conduite éthique à développer consiste donc d'abord à réduire les pratiques éthiquement inacceptables : cataloguer, étiqueter, stigmatiser, déprécier, blâmer, enfermer les personnes dans des pronostics hasardeux et définitifs. Inacceptable aussi de proposer des contrats irréalistes fixant des objectifs, des buts qu'elles ne sont pas en état d'atteindre. C'est spécialement important dans le travail avec les personnes handicapées : ne pas les considérer tantôt comme incapables de tout effort, du moindre progrès, tantôt comme décevantes quand elles n'ont pas tenu les espoirs qu'on avait placés en elles.

Plus positivement, la réflexion éthique contemporaine, qui s'est considérablement développée dans le dernier demi-siècle, qui se poursuit activement dans de nombreux pays et qui inspire cet ouvrage, peut se présenter sous deux rubriques : principes éthiques premiers et appliqués et apports de la philosophie morale.

Principes éthiques premiers et appliqués

Certains principes éthiques, qui traduisent les valeurs rappelées ci-dessus, sont fondamentaux à plusieurs titres : priorité dans le temps, consensus international, mais surtout base à partir de laquelle sont énoncés d'autres principes ou règles de conduite. Initialement définis par l'OMS et l'Assemblée médicale mondiale, puis précisés par des réunions postérieures à la déclaration d'Helsinki de 1964 dans le cadre d'une éthique biomédicale, ils peuvent être transposés à d'autres sciences et disciplines. La bioéthique les classe volontiers autour de trois d'entre eux : le couple *bienfaisance-non-nocivité*, *l'autonomie*, *la justice*. Cette triade va nous servir à regrouper une constellation de formulations plus actuelles et plus directement adaptées à la pratique sociale, et notamment aux questions et situations abordées dans cet ouvrage.

Non-nocivité. Le principe le plus ancien : la tradition le fait remonter à Hippocrate : « Primum non nocere », d'abord ne pas nuire. Il s'impose comme évident, et permet de juger en première approche.

Utilité potentielle. C'est le versant positif, celui de la « bienfaisance », mais déjà marqué de réalisme. Cette utilité désirable de nos interventions requiert une capacité d'anticipation de possibles effets pervers. Elle invite à faire des évaluations « risques-bénéfices » des activités médicales et sociales. Plus récemment, on a formulé pour des activités à fortes retombées sociales imprévisibles un « principe de précaution », qui s'en rapproche d'une certaine manière. Mais on doit cependant tenir compte du fait que, dans les sciences humaines et dans les pratiques qui s'en inspirent, le risque zéro n'existe pas.

Bienfaisance et « bénévolence ». Par l'énoncé de ce principe, on vise spécialement ceux qui s'occupent de personnes en difficulté, malades, handicapées, dépendantes. On leur recommande d'être bienveillants, de vouloir le bien de leurs patients. La « bientraitance », concept en vogue depuis quelques années, va dans le même sens (Gabel *et al., 2000).*

Qualification dans la prise en charge. Cette exigence découle des précédentes. Droit, déontologie, éthique sont requis dans la préoccupation actuelle concernant les droits des malades et la qualité du système de santé. La qualification est spécialement nécessaire face à la complexité qui caractérise les situations et les interventions humaines et qui, d'après Golse (*op. cit.*) « nous confronte immanquablement aux registres du sexuel, de la souffrance et de la mort ».

Autonomie. L'autonomie est la qualité de qui s'administre lui-même, qui se détermine selon des règles librement adoptées, et non imposées du dehors ou puisées dans les impulsions et les règles sociales. Elle est l'opposé de « l'hétéronomie » dont Fuchs (1997), dans la ligne de Kant, précise qu'elle fait obstacle à l'action morale authentique. C'est pourquoi le respect de l'autonomie est un principe fondamental. Ces précisions sont importantes dans la mesure où, communément, on oppose autonomie à dépendance. En fait, même dépendantes, les personnes dont nous parlons peuvent garder la possibilité de faire certains choix, les plus importants portant sur leur consentement ou leur refus à des actes qui leur sont proposés. Le principe d'autonomie requiert que cette capacité, même diminuée, soit respectée : droit, déontologie et éthique le traduisent, comme on le verra, tout au long de la vie de ces personnes.

Consentement éclairé. C'est la règle de base qui exprime le plus directement le principe d'autonomie : respecter la liberté de décision des usagers. « Informed consent », disent les éthiciens anglo-saxons, pour bien montrer le rôle de l'information dans la recherche de ce consentement. C'est un problème crucial dans le travail avec les personnes handicapées mentales.

Confidentialité. On retrouve Hippocrate et son serment, et donc les notions de secret professionnel, de devoir de réserve incluses dans les codes de déontologie ou de bonnes pratiques de nombreuses professions. Demandant le respect de l'intimité, ce principe relève à la fois de la bienfaisance et du respect de l'autonomie.

Justice. Ce principe fondamental de la morale la plus classique requiert que l'on attribue à chacun ce qui lui est dû. Il s'applique notamment au plan des soins requis par sa santé et des prestations sociales. Il est central dans la pensée du philosophe américain Rawls (1987), qui en a proposé la formulation suivante : « Chaque personne doit avoir un droit égal d'accès au système le plus étendu de libertés à bases égales pour tous qui soit compatible avec le même système pour les autres », formulation moderne où apparaît aussi le respect de l'autonomie, dans un esprit et un contexte démocratiques.

Solidarité. C'est l'avatar moderne de la « charité », marquée comme cette vertu de dynamisme et de générosité, mais en même temps soucieuse d'égalité et refusant la condescendance. Sans solidarité, la justice reste inefficace. Toute personne, et en particulier si elle est démunie, doit pouvoir compter sur l'aide de ses proches, sur le soutien communautaire et social, mais aussi sur l'aide de l'État : redistribution sociale et mécanismes de compensation en sont les moyens.

Souci de la vulnérabilité. Ce principe se rapporte à la fois à la bienfaisance et à la justice. On parle plus précisément ici de l'équité, cette forme de justice qui veut que les personnes fragilisées par l'existence soient prioritaires dans les préoccupations et les soins, du fait de leurs difficultés à se prendre en charge seules. Prendre en compte, respecter les différences, les différents, procède du même esprit ; s'ajoute aussi ici le respect de la diversité culturelle, essentiel dans nos sociétés multiculturelles.

Information. Dans les sociétés modernes, l'information est devenu un droit, car elle est en quelque sorte requise par la justice et nécessaire à l'exercice de l'autonomie. L'éthique l'enrichit en en faisant un devoir qui incombe à ceux qui s'occupent, à un titre quelconque, des personnes handicapées mentales : l'information donnée à celles-ci doit être adaptée, objective, non contraignante ; bénévolence et empathie doivent l'inspirer. Detraux (1995) parle à ce propos d'une information transparente et d'une « éthique de l'explicite », et Golse de « modestie, honnêteté et transparence » de la part des professionnels de terrain aussi bien que des chercheurs. Inspirée par la prudence et par la difficulté de tout pronostic à distance, une éthique de l'incertitude doit guider la teneur et l'expression des informations données par les professionnels aux parents, mais aussi de celles diffusées par les médias à propos d'éventuelles découvertes scientifiques, si l'on veut « éviter, aux parents notamment, faux espoirs, déceptions, désillusions douloureuses » (Golse, *op. cit.*). Le même auteur parle aussi d'une éthique de la transmission qui doit présider aux échanges à l'intérieur d'équipes pluridisciplinaires ou lors du passage d'une institution à une autre : « Trouver le juste milieu entre trop transmettre et ne pas transmettre assez », transmettre bien sûr le nécessaire mais seulement le suffisant.

Apports de la philosophie morale

La philosophie morale récente a considérablement enrichi la réflexion éthique. Nous venons de citer John Rawls à propos de la justice. Nous avions déjà mentionné Emmanuel Lévinas et Paul Ricœur, qui font de l'autre, du souci et de la responsabilité à l'égard de l'autre – surtout s'il est fragile – le centre de leur réflexion éthique. Dans le même esprit, France Quéré (1991) avait coutume de dire : « L'éthique, c'est l'autre. » D'où le rappel de quelques accents modernes qui viennent encore colorer notre panorama des valeurs et des principes.

Empathie. Cette « faculté de s'identifier à quelqu'un, de ressentir ce qu'il ressent » (*Petit Robert*, 1993) est évidemment essentielle quand on vit et travaille avec des personnes qui peinent à s'exprimer, à communiquer. Mais ce principe est parfois dévoyé par la formule « se mettre à la place de », ce qui est impossible et qui reviendrait à « déplacer » l'autre, donc à le nier dans son identité, dans sa réalité, dans son humanité.

Réalité. Ce principe recommande de se fixer comme point de départ d'un projet de vie, d'un programme de recherche comme de toute intervention, les choses telles qu'elles sont, et non pas telles qu'on les imagine, puis de reconnaître au fil du temps les choses telles qu'elles deviennent et non pas telles qu'on aurait voulu qu'elles soient. Pour autant, il ne s'agit pas de réprimer les ambitions, de décevoir les attentes, mais de maintenir un degré raisonnable d'utopie, plutôt que des espoirs irréalistes. Ce faisant ce principe donne à l'évaluation une dimension éthique.

Responsabilité. Jonas (1990) parle du principe responsabilité comme pour donner plus de poids aux mots. Il insiste à la fois sur notre responsabilité, en tant que personnes et que membres de la collectivité humaine, vis-à-vis d'une civilisation envahie par la technologie, et sur les perspectives transgénérationnelles.

Responsabilité, conviction, discussion

L'éthique de responsabilité se concentre sur les moyens disponibles pour un agir : elle évalue les tenants et les aboutissants, les chances de succès et d'échec, les conséquences possibles des choix à effectuer, ceci afin d'agir le plus efficacement et le plus rationnellement possible.

L'éthique de conviction se met au service d'une fin indépendamment des moyens à mettre en œuvre pour y aboutir. Elle mise sur un idéal sans évaluer *a priori* les chances de succès ou d'échec et engage l'être, simplement parce qu'il s'agit là de son intime conviction ; mais il peut aussi accepter de la confronter avec la conviction d'autrui telle qu'elle doit s'exprimer dans un champ d'action commun.

Weber (1959) situe ces deux principes comme deux pôles opposés mais non inconciliables. D'après Habermas (1983) l'éthique de discussion peut réguler la conviction par la responsabilité, le tout fournissant le cadre pour une démarche de qualité. Car l'éthique n'est pas incompatible avec l'efficacité.

Au terme de la présentation de ces principes qui seront repris et traduits en propositions concrètes dans les chapitres qui suivent, il convient d'insister sur deux impératifs indispensables pour leur donner corps :

– l'existence de lieux de rencontres et de paroles, mais aussi d'espaces de réflexion éthique pour les personnes confrontées, à

quelque titre que ce soit, au difficile problème du handicap mental ;
– l'importance d'une vigilance éthique pour limiter les dysfonctionnements, les dérives, et minimiser leurs conséquences sur les personnes handicapées.

En résumé

Les valeurs de :
– respect inconditionnel de la personne,
– solidarité sociale,
– réalisme et anticipation,
– responsabilité personnelle et professionnelle
sous-tendent les principes de :
– **bienfaisance-non nocivité**, autour de laquelle gravitent :
utilité potentielle,
bénévolence,
compétence,
empathie ;
– **autonomie**, autour de laquelle gravitent :
consentement éclairé,
confidentialité ;
– **justice**, autour de laquelle gravitent :
solidarité,
vulnérabilité,
information ;
principes qui se déclinent, dans le rapport entre éthique fondamentale et application quotidienne et professionnelle, en fonction des situations et des périodes de la vie des personnes handicapées, en **paroles, jugements, décisions, interventions, actions, évaluation, accompagnement**…

À la fin de cette introduction où nous avons envisagé la personne handicapée mentale avec ses manques, mais aussi avec ses ressources, sa dynamique de vie, ses milieux de vie, la problématique de l'intégration, enfin l'éthique au risque du handicap mental, plusieurs remarques s'imposent. C'est d'abord la complexité des situations rencontrées dans le domaine du handicap mental et le caractère unique de l'itinéraire de vie de chaque personne ainsi marquée dans son être. C'est ensuite la place que les handicapés mentaux peuvent et doivent occuper dans une société tolérante, accueillante à la différence, soucieuse du sort de ses membres confrontés à une dure réalité, ainsi que le rôle central des familles, des professionnels, des associations, des solidarités de proximité mais aussi de la solidarité nationale. C'est enfin l'importance de la loi, pour garantir les droits inaliénables des personnes handicapées mentales, et de l'éthique dont les principes doivent guider les attitudes et les comportements de tous vis-à-vis d'elles, en gardant à l'esprit ces mots de Saint-Exupéry (2000) : « Si tu diffères de moi, frère, loin de me léser, tu m'enrichis. »

RÉFÉRENCES BIBLIOGRAPHIQUES

Références citées

BLANC P., *La politique de compensation du handicap*, Rapport d'information, Sénat, 2002, 369 p.

BOISSEAU M.T., *La politique en faveur des personnes handicapées*, Conseil national consultatif des personnes handicapées, 2003.

BURY M., « Disablement in society », *Int. J. Rehabil. Res.*, 2, 1979, pp. 33-40.

DARIOLI S., « Éthique et efficacité », *Cah. méd. soc.*, Genève, 40, 1996, pp. 247-52.

DETRAUX J.J., « Pour une éthique de l'explicite », *in* M.C. Haelewyck, G. Bazier, *Recherche et handicap mental au sein de la délégation belgo-luxembourgeoise de l'AIRHM*, *Rev. francoph. déf. intel.*, 13, 2, 2002, p. 181.

FARDEAU M., « Comme vous, comme nous, tout simplement », *Sur une analyse comparative et prospective du système français de prise en charge des personnes handicapées*, Rapport au ministère de l'emploi et de la solidarité, 2000.

FUCHS E., LALIVE D'EPINAY C., MICHEL J.P. *et al.*, « La notion d'autonomie : une reformulation interdisciplinaire », *Cah. méd. soc.*, Genève, 41, 1997, pp. 161-180.

GABEL M., JÉSU F., MANCIAUX M. (éd.), *Bientraitances*, Fleurus, Paris, 2000.

GARDOU C. (éd.), *Connaître le handicap, reconnaître la souffrance*, Erès, Toulouse, 1999.

GOLSE B., « Communication écrite », UNAPEI, 1997.

HABERMAS J., *De l'éthique de la discussion*, Fayard, Paris, 1983.

HAELEWYCK M.C., BAZIER G., « Recherche et handicap au sein de la délégation belgo-luxembourgeoise de l'AIRHM », *Rev. francoph. def. intel.*, 13, 2, 2002, pp. 167-187.

KRISTEVA J., *Lettre au président de la République sur les citoyens en situation de handicap, à l'usage de ceux qui le sont et de ceux qui ne le sont pas*, Fayard, Paris, 2003.

LEVINAS E., *Éthique et infini*, Livre de poche, 1982.

MALLAURIE P.

MANCIAUX M., « Les enfants handicapés : de quoi, de qui parle-t-on ? », *Arch. Fr. Pediatr.*, 38, 1981, pp. 553-556.

MANCIAUX M., « Pour une éthique sociale au quotidien », *Santé Publique*, 15, 2, 2003, pp. 161-166.

MERCIER M., « Des questions éthiques au cœur des changements thérapeutiques et éducatifs » *in* J. Duchêne, M. Mercier, J. Delville *et al.*, *Ethique et handicap mental*, Presses Universitaires, Namur, 1997.

ORGANISATION MONDIALE DE LA SANTÉ, « La santé mentale : nouvelle conception, nouveaux espoirs », *La santé dans le monde*, OMS, Genève, 2002.

MISÈS R., « L'enfant handicapé mental entre familles et institutions : évolution des idées », *in* G. Zribi, J. Sarfaty (éd.), *Construction de soi et handicap mental*, ENSP, Rennes, 2000.

QUÉRÉ F., « Frères humains », in *Le défi bioéthique*, Autrement, 1992, pp. 177-183.

RAWLS J., *Théorie de la justice*, Seuil, Paris, 1987.

RICŒUR P., *Éthique et responsabilité*, Baconnière, Paris, 1994.

RISSELIN P., « Handicap et citoyenneté au seuil de l'an 2000 », ODAS, Paris, 1999.

SAINT-EXUPÉRY A. DE, *Citadelle*, Gallimard, Paris, 2000.

SOLÈRE-QUEVAL S., « Parler juste pour agir mieux », *Cah. Actif*, 320, 2003, pp. 11-20.

STIKER H.J., « Pour le débat démocratique : la question du handicap, essais », CTNERHI, Paris, 2000.

TOMKIEWICZ S., « Handicap », *Encyclopédie philosophique universelle*, 1, 1990, pp. 1114-1115.

WÉBER M., *Le savant et le politique*, Plon, Paris, 1959.

Wood P.H.N., « Comment mesurer les conséquences de la maladie ? », *Chronique OMS*, Genève, 34, 1980, pp. 400-405.

Pour en savoir plus

Cour des Comptes, « La vie avec un handicap », Éditions du journal officiel, Paris, 2003.

Duchêne J., Mercier M., Delville J. *et al.*, *Éthique et handicap mental chez l'enfant*, Presses Universitaires, Namur, 1997.

Manciaux M., Tomkiewicz S., « Déficiences mentales chez les jeunes », INSERM, Paris, 1981.

Misès R., Perron R., Salbreux R., « Retards et troubles de l'intelligence chez l'enfant », ESF, Paris, 1994.

Prévenir, « Les aspects sociaux du handicap », CVM, Marseille, 2000.

Riedmatten R. de (éd.), « Une nouvelle approche de la différence, comment repenser le handicap », *Cah. méd. soc.*, Genève, 2001.

2

Autour de la naissance

André BOUÉ, Gwen TERRENOIRE

Ce chapitre aborde les handicaps mentaux par la discussion de deux situations dans lesquelles des anomalies associées à un risque de handicap mental sont décelées au début de la vie. Malheureusement, sauf quelques exceptions, par exemple la vaccination contre la rubéole, la prévention, entendue au sens de l'élimination de la cause de ces handicaps, n'est pas possible. Cette réalité pose de douloureux problèmes dans notre société qui valorise la bonne santé et assure mal l'intégration des personnes handicapées.

La réflexion éthique concernant la médecine des débuts de la vie prend comme point de départ ce constat du décalage entre les progrès remarquables des connaissances relatives aux handicaps et les très faibles possibilités curatives de la médecine. Dans ces circonstances, comment agir pour le mieux ? Cette question se pose en premier lieu aux parents, aux familles et aux associations qui les représentent, mais elle interpelle aussi les médecins et la société tout entière. Depuis que la médecine est en mesure d'intervenir activement et non simplement pour accompagner la manifestation de maladies, elle propose, et sa proposition est très largement acceptée, de tout faire pour prévenir le plus tôt possible la survenue d'anomalies graves sources de handicaps. Les améliorations du suivi de toutes les femmes enceintes et la diffusion d'informations relatives à l'importance de notions telles qu'une bonne hygiène de vie pendant la grossesse ont représenté une première approche de cet objectif. Celle-ci reste essentielle et ne doit pas être sous-estimée, même si la prévention pendant la grossesse mobilise aujourd'hui d'autres moyens. Et lorsqu'une anomalie est mise au jour tout au début de la vie, la question de sa prévention soulève le problème moral de l'adhésion à une stratégie qui conduit souvent à éviter l'affection par l'élimination du sujet atteint, qu'il soit embryon, fœtus ou nouveau-né. Une telle orientation est souvent une source de grande souffrance pour les familles qui peuvent y voir la marque d'une violence extrême à leur égard.

La possibilité donnée par la technique de choisir une action oblige à s'efforcer de prendre une décision qui soit moralement satisfaisante et celle-ci n'est jamais facile. Mais au-delà du caractère très personnel des délibérations et décisions, deux phénomènes récents compliquent encore plus la réflexion des couples aujourd'hui :
– la médiatisation excessive de certaines avancées de la médecine qui tend à faire croire qu'elle est toute-puissante à corriger toutes les anomalies, et donc à éviter les handicaps ;
– le recours aux tribunaux pour régler des problèmes de relations entre familles et médecins autour d'un projet de naissance. Cette tendance semble partir de l'*a priori* que la naissance d'un enfant ayant un handicap mental est une « faute » qui doit être « corrigée ». Elle introduit de la méfiance là où devrait prévaloir la confiance.

Ce chapitre va discuter la « bonne décision » en médecine aux débuts de la vie. Il a été organisé en plusieurs sections. La première présente la médecine anténatale qui met en relation les médecins-généticiens et les obstétriciens d'un côté et les couples, futurs parents de l'autre. La deuxième traite de l'activité des services de réanimation néonatale où les néonatologistes doivent faire face à la détresse vitale impliquant un risque de mort à la naissance ou de survie avec des séquelles graves. Dans ces sections un même plan d'exposition est suivi. D'abord, les données médico-scientifiques et les pratiques des médecins sont décrites. Puis, le point de vue des couples et des familles est présenté. Enfin, les relations médecins-parents sont envisagées à travers une discussion de la responsabilité déontologique des médecins.

Trois sections transversales suivent. La première développe le thème de l'annonce du handicap ; la deuxième présente les normes juridiques qui s'appliquent en médecine anté- et néonatale ; la dernière section analyse les thèmes de la réflexion éthique relative à ce domaine et conclut par le rappel des principales orientations développées tout au long du chapitre.

Avant la naissance

La médecine anténatale : données cliniques

Il a fallu attendre le milieu du XXe siècle pour comprendre que seul un quart environ des conceptions aboutissent à une naissance, la majorité étant éliminée spontanément dès les premiers jours de l'embryon ou au cours du premier trimestre en raison d'anomalies du développement incompatibles avec la vie [1]. Dans les pays développés, la transformation profonde, au cours des dernières décennies, des soins pendant la période périnatale a eu pour effet d'augmenter considérablement les chances de survie dans de bonnes conditions d'enfants qui, sans ces secours, ne survivraient pas (Rumeau-Rouquette, 2001). Ces progrès, liés à la qualité des soins et aux mesures sociales, ont d'abord été orientés vers la santé de la femme enceinte avec comme conséquence une meilleure santé de l'enfant à naître. La surveillance médicale systématique des femmes enceintes, les conseils relatifs aux habitudes alimentaires, à l'activité physique, à l'abstention de tabac, à la modération de consommation

1. Dans son livre *Les Enfants du désir* (1995), Henri Léridon cite plusieurs publications ayant contribué aux connaissances concernant ces problèmes.

d'alcool..., contribuent à réaliser cet objectif. Ensuite s'est développée à partir des années 1970 une médecine de l'enfant à naître qui est devenu un véritable patient bénéficiant des progrès constants des moyens d'investigation (Boué, 1995). Cette nouvelle médecine a ajouté aux mesures de surveillance systématique des grossesses des techniques de dépistage et de diagnostic d'anomalies. Dans l'immense majorité des cas, les résultats contribuent à rassurer les femmes sur la santé du futur enfant.

Examens systématiques

L'examen clinique de tous les fœtus est devenu une routine grâce à l'échographie [2] qui s'est régulièrement améliorée par la qualité de l'appareillage et l'expérience acquise des opérateurs. Elle permet l'analyse de la morphologie interne et externe du fœtus à chaque trimestre de la gestation. L'efficacité de cette technique dépend de l'expérience des échographistes. Or, la plupart de ces derniers ne sont presque jamais confrontés à des images anormales en raison du faible taux de malformations fœtales. Cette observation s'applique aussi à l'amniocentèse et à l'étude des marqueurs sériques, techniques présentées plus loin. En cas de doute diagnostique, l'échographe peut faire intervenir un centre de référence plus expérimenté. En 1998, il y a eu une moyenne de 4,3 échographies par grossesse, mais certaines femmes n'en bénéficient toujours pas.

Récemment, les progrès techniques ont permis d'envisager le dépistage d'un groupe de grossesses à haut risque de trisomie 21 par la mesure de la clarté de la nuque de l'embryon entre dix et quatorze semaines d'aménorrhée. Cette mesure évalue une augmentation de quelques millimètres. Basée sur la compétence

2. L'échographie explore un organe ou une région du corps au moyen des ultrasons. Pendant la grossesse, elle permet de visualiser le fœtus et de déceler certaines anomalies du développement.

de l'opérateur, elle reste très délicate. Comme pour les autres facteurs de risque, des résultats douteux conduisent à proposer l'analyse cytogénétique des cellules fœtales.

Par ailleurs, l'analyse des différents marqueurs sériques dans le sang maternel (au premier rang l'hCG [3]) permet de déterminer parmi l'ensemble des femmes enceintes un groupe d'environ 5 % qui présentent une augmentation du risque de trisomie 21 chez l'enfant à naître équivalent au risque d'une femme de quarante ans. En 1998, environ 70 % des femmes enceintes ont eu ce dépistage sanguin et 36,8 % des amniocentèses ont été pratiquées pour ce motif.

Examens pratiqués chez des femmes « à risque [4] »

Les enquêtes portant sur la prévalence des maladies héréditaires et d'autres anomalies du développement fœtal montrent qu'un nouveau-né vivant sur cent naît avec une maladie génétique. La prévalence des anomalies chromosomiques à la naissance est située à 0,62 %, tandis que les malformations congénitales sont présentes chez 2 % environ des nouveau-nés (Dommergues *et al.*, 2003). De nombreux handicaps qui étaient, il y a peu, une découverte dramatique à la naissance ou après, sont aujourd'hui décelés en cours de grossesse, posant ainsi, bien plus souvent qu'autrefois, la difficile question de la « bonne » manière d'agir. Ce sont ces situations qui sont présentées dans les pages qui suivent.

Avant la conception

Pour certains couples il est possible d'évaluer, avant qu'ils n'envisagent une grossesse, l'éventuel risque de handicap pour

3. hCG : hormone chorionique gonadotrophine.

4. Femmes qui présentent un risque plus élevé que la moyenne d'avoir un enfant atteint d'une malformation ou d'une maladie génétique.

l'enfant. Il s'agit, en premier lieu, de parents d'un enfant handicapé, de couples membres d'une famille où un ou plusieurs enfants handicapés sont nés chez des collatéraux, enfin de couples qui ont connaissance d'une anomalie génétique qu'ils pourraient transmettre.

La première démarche médicale consiste à déterminer la nature de l'anomalie et ses risques de transmission avec le plus de précision possible. En effet, de nombreux handicaps résultent d'événements imprévisibles au cours du développement et à la naissance, et les études épidémiologiques disponibles ne montrent pas une augmentation du risque de récidive lors d'une grossesse ultérieure. Celle-ci ne nécessitera que l'attention dont toute grossesse devrait faire l'objet.

Dans quelques cas une anomalie génétique, chromosomique, biochimique ou moléculaire est à l'origine du handicap. Le médecin doit en préciser le mode de transmission et évaluer le risque pour le couple en fonction des résultats des analyses génétiques. Il doit l'informer sur le mode de transmission et la gravité de l'affection. Une fois le risque précisé pour la future descendance, l'entretien doit aborder les conduites médicales préventives accessibles en cours de grossesse, notamment la possibilité d'un diagnostic anténatal. Cet examen, basé sur une connaissance fine de l'anomalie, pourra être réalisé pendant le premier trimestre de la gestation. Il faut, dès ce moment, envisager avec les parents leur attitude en cas de découverte de l'anomalie et l'éventualité d'une interruption de la grossesse.

Diagnostic préimplantatoire

Devant la connaissance d'un risque concernant une affection sans espoirs thérapeutiques et compte tenu de la gravité de la décision d'interrompre une grossesse, certains couples peuvent désirer recourir à un diagnostic préimplantatoire (DPI) dans l'espoir d'avoir un enfant indemne de l'affection. Cela en particulier lorsqu'une précédente grossesse n'a pu être menée à terme.

Ce diagnostic est réalisé, après une fécondation *in vitro*[5], sur un embryon de trois ou quatre jours sur lequel on prélève une cellule qui est analysée, avant de transférer l'embryon chez la femme. Le couple, habituellement fécond, doit donc se prêter à une fécondation assistée qui présente des contraintes éprouvantes pour la femme (traitement hormonal, prélèvement des ovocytes) et ne conduit à la naissance d'un enfant qu'environ une fois sur cinq, d'où la nécessité de répéter le processus. Ce diagnostic présente encore de nombreuses limites. Il faut que l'anomalie transmise par l'un des membres du couple soit parfaitement identifiée et que son analyse soit réalisable sur une seule cellule. Pour les anomalies moléculaires, il faut mettre au point la technique devant s'appliquer à chaque couple, car il existe pour la même entité clinique des anomalies génétiques différentes selon les couples. Pour les anomalies chromosomiques, il faut tenir compte de la fréquence des mosaïques[6] chromosomiques qui existent dans un tiers des cas. En effet, on ne sait pas si le caryotype de la cellule analysée est représentatif de la constitution chromosomique de l'embryon qui se développera. Cela fait que le diagnostic préimplantatoire n'évite pas le recours à un diagnostic anténatal de confirmation au premier trimestre de la grossesse.

Le médecin doit informer les couples des difficultés et des contraintes de ces techniques. L'information doit mettre les parents en garde contre des espoirs de prouesses techniques dans un champ ayant un très faible taux de succès. Depuis peu, trois centres sont habilités pour réaliser ce diagnostic en France. On considère généralement que la demande restera très faible (de 10

---

5. La fécondation *in vitro* (FIV) est une méthode de traitement de certaines stérilités féminines mais aussi masculines, consistant à prélever les gamètes, puis à les mettre en présence au laboratoire, enfin à transplanter l'embryon dans l'utérus de la patiente.

6. Le terme de mosaïque chromosomique est utilisé pour décrire la présence dans un organisme, un embryon par exemple, de cellules avec des formules chromosomiques différentes (par exemple des cellules avec 46 chromosomes et d'autres avec 47).

à 20 diagnostics par an), en raison des contraintes techniques, notamment le faible taux de réussite, des limitations juridiques des indications et de la lourdeur psychologique de la procédure pour des femmes fécondes.

Examens au cours de la grossesse

Pendant la grossesse, d'autres techniques peuvent être mises en œuvre chez les femmes enceintes considérées « à risque » pour rechercher une malformation ou une anomalie associée à un pronostic de handicap mental. Plusieurs paramètres cliniques et biologiques (par exemple l'âge maternel) peuvent conduire à une appréciation probabiliste d'un risque accru de survenue d'un handicap, conduisant à des examens spécifiques qui écarteront ou confirmeront ce risque. Certaines anomalies chromosomiques, au premier rang la trisomie 21, surviennent plus fréquemment lorsque la mère approche ou dépasse la quarantaine. Ces situations sont devenues fréquentes avec l'augmentation de l'âge des femmes enceintes. En 1998, l'âge maternel représentait 36,8 % des motifs d'amniocentèse.

Lorsque le risque de survenue d'une anomalie transmissible a été évalué, des examens complémentaires peuvent être réalisés à partir de l'analyse de prélèvements fœtaux, de villosités choriales[7] à 10-12 semaines de gestation, du liquide amniotique[8] vers 14-16 semaines ou plus, ou encore du sang du cordon. Ces examens confirmeront ou infirmeront la réalité de l'anomalie recherchée. Ce sont des méthodes invasives qui comportent un risque de perte fœtale. Parallèlement, la biologie anténatale s'est développée d'année en année, avec des analyses biologiques de plus en plus raffinées, cytogénétiques,

7. Le chorion est la partie fœtale du placenta. Les villosités choriales sont des petites saillies filiformes couvrant certaines surfaces auxquelles elles donnent un aspect velu (Dictionnaire Garnier des termes médicaux, 1995).

8. Amniocentèse : prélèvement de liquide amniotique dans lequel baigne le fœtus. Il permet de recueillir, de cultiver et d'analyser les cellules fœtales et de pratiquer certains dosages.

biochimiques, moléculaires... En 1998, 11 % des femmes enceintes ont eu une amniocentèse en vue d'un diagnostic d'une éventuelle anomalie fœtale.

Enfin, les examens échographiques pratiqués aux deuxième et troisième trimestres de la gestation peuvent révéler des malformations imprévisibles pouvant être associées à un handicap mental. Dans quelques cas, des analyses biologiques complémentaires mettront en évidence des anomalies responsables de la malformation (anomalie chromosomique dans des malformations cardiaques) ou confirmant le diagnostic morphologique (électrophorèse de l'acétylcholinesterase dans le spina-bifida[9]). Mais souvent les examens biologiques ne révèlent aucune anomalie et il faudra, avec des spécialistes consultants, apprécier la gravité, étudier les possibilités d'interventions curatives, essentiellement post natales et évaluer le pronostic lointain de ces handicaps.

Pour résumer, une affection malformative, toutes catégories confondues, est décelée dans environ 4 % des grossesses en cours. Dans quelques cas très exceptionnels, il est possible d'intervenir *in utero* mais les risques sont importants pour la mère et l'enfant. Dans un tiers des cas, le diagnostic est celui d'une affection avec un sévère pronostic vital ou fonctionnel et peut conduire les parents à demander une interruption de la grossesse. Dans d'autres cas, malgré le pronostic, cette possibilité est écartée : opposition des parents, risque maternel au cours d'une intervention tardive, présence d'un jumeau apparemment sain, enfin espoir d'une intervention thérapeutique à la naissance dans de meilleures conditions du fait d'un diagnostic anténatal ayant précisé la nature de l'affection.

---

9. Les défauts de fermeture du tube neural comprennent le spina-bifida et l'anencéphalie.

Quelques données françaises

Nombre de naissances par an	Environ 800 000 (depuis 2000)
Nombre d'échographies obstétricales par an	Environ 3 000 000 (Boog, Lévi, 2003)
Nombre d'études des marqueurs sériques par an	Environ 515 000 (*ibid.*)
Nombre d'amniocentèses par an	60 000 – 80 000
Nombre d'interruptions de grossesse pour motif médical par an	Environ 4 500 [10]

La médecine anténatale et les parents

Dans tous les pays développés, la grossesse fait l'objet d'une « offre médicale » très importante, centrée sur la santé de la femme et du fœtus. Cette offre se décline en dépistages et diagnostics pour toutes les femmes enceintes et en un certain nombre de tests proposés à des groupes de femmes considérées courir un risque élevé d'avoir un enfant porteur d'une anomalie. Cette médicalisation de la grossesse a un impact certain sur la manière dont les couples envisagent le diagnostic anténatal.

Les enquêtes scientifiques portant sur les aspects psychologiques du diagnostic anténatal s'intéressent généralement à deux grands thèmes : la demande (incluant le consentement à un test proposé mais non demandé) et les conséquences. La variable « risque de handicap mental » est rarement prise en compte de façon spécifique dans ces enquêtes, la trisomie 21 étant la principale exception, sans doute en raison de son caractère emblématique et du nombre de techniques la prenant pour cible. Ces études sont biaisées dans la mesure où elles laissent de côté les résultats « heureux » qui sont la très grande majorité et se concentrent sur les sentiments des parents lorsqu'une anomalie

10. L'absence d'une collecte systématique des données empêche d'avoir un chiffre précis.

est mise au jour et qu'ils doivent prendre une décision, ce qui les amène souvent à consulter un psychologue. S'il est vrai qu'un des objectifs du diagnostic anténatal est de déceler les anomalies, cela ne concerne qu'une petite minorité des grossesses. Un autre objectif, moins souligné mais concernant beaucoup plus de couples, est de les rassurer en leur offrant « la possibilité d'exclure la présence d'une anomalie sévère chez l'enfant à naître » (Dommergues *et al.*, 2003). Dès l'introduction des premières techniques du diagnostic anténatal, cet objectif a été revendiqué par les praticiens qui avaient observé que le manque de certitude empêchait les couples à risque de tenter de constituer une famille.

La demande

Une récente revue de la littérature psychologique (Evers-Kiebooms, 2003) souligne les points suivants concernant le diagnostic anténatal :
– il est souvent demandé en présence d'un enfant atteint à cause du risque de récidive. La prise en charge de deux enfants apparaît humainement impossible. Cette démarche porte plutôt sur les maladies congénitales et les affections graves présentes dès la naissance. En France le groupe des femmes à risque élevé d'avoir un enfant trisomique du fait de leur âge est très demandeur (Julian-Reynier *et al.*, 1994).
– le dépistage, notamment par l'échographie, est souvent accepté comme un examen de routine qui va rassurer le couple sur l'état de vitalité du bébé. Cette « première image [11] » donne une réalité concrète au fœtus, réalité renforcée par la tendance croissante de lui donner son prénom à ce moment-là. Néanmoins, les femmes ne comprennent pas toujours que ce dépistage peut aboutir au diagnostic tout à fait inattendu d'une anomalie. Leur

11. C'est le titre choisi par la psychosociologue Michèle Fellous pour son étude de l'échographie obstétricale (1991).

acceptation ne correspond pas à un consentement véritablement éclairé (Green et Stathem, 1996).

Il a été observé que l'existence de techniques d'imagerie et de dosages biologiques modifie le ressenti de la grossesse chez les femmes (et les couples). « [La grossesse] est devenue plus étrangère à la mère dont le rapport à son enfant ne fait plus un mais est rompu par l'expertise de l'image et les chiffres. » (Sicard, 2002.) L'échographie en début de grossesse a fait l'objet d'une étude ethnographique pour dégager le vécu subjectif de cet examen chez les femmes. Certaines sont confortées dans leur état de grossesse, d'autres en revanche vivent l'échographie négativement « parce qu'elle dissocie, morcelle, projette hors de soi, donne trop vite une réalité à l'enfant » (Fellous, 1987).

Les conséquences

Accepter un dépistage signifie entrer dans un processus dynamique qui implique l'éventualité d'une série de décisions successives, dont chacune peut générer un sentiment plus ou moins prolongé d'incertitude et d'angoisse. Heureusement, la très grande majorité des dépistages conclut à l'absence de risque et permet d'arrêter le processus en rassurant et réconfortant des couples inquiets. Par ailleurs, certains couples refusent le dépistage ou le diagnostic pour des raisons en général religieuses.

Les nouveaux dépistages (mesure de la nuque fœtale, dosage des marqueurs sériques) qui donnent leurs résultats en termes de risque sont difficiles à comprendre et cela peut déstabiliser les couples.

> Les investigations du diagnostic anténatal engendrent généralement un surcroît d'anxiété chez la femme enceinte, notamment pendant les jours ou semaines où elle attend les résultats. Cette anxiété peut parfois se prolonger jusqu'à la période postnatale. Cette augmentation de l'anxiété est essentiellement associée au doute sur le bon déroulement de la grossesse et sur l'intégrité du fœtus, notamment après la réalisation d'une échographie révélatrice d'images atypiques ou à la suite d'un dépistage positif (Hertling-Schaal *et al.*, 2001). Dans la majorité

des cas cependant le diagnostic aboutit à l'absence d'anomalie et permet au couple d'envisager la poursuite de la grossesse avec sérénité. Ces praticiens considèrent que dans tous les cas il faut pouvoir répondre au besoin d'accompagnement des femmes et couples en assurant une prise en charge où la technique cède la place à la qualité humaine des relations entre une patiente ou un couple souffrant et un médecin attentif et empathique. Dans l'article cité, ils définissent une proposition de prise en charge qui comprend les éléments suivants : considérer les patientes dans leur globalité ; les recevoir dans des locaux adaptés ; donner du temps pour l'écoute et la communication ; fournir une information claire et complète ; former les équipes médicales ; mettre à disposition un soutien psychologique le cas échéant.

Un résultat positif, c'est-à-dire défavorable, consécutif à un dépistage ou à un diagnostic augmente l'anxiété (Wald, 1997) d'autant plus que le couple ne s'y attend pas, qu'il n'a aucune expérience de l'anomalie, qu'il perçoit dans le discours du médecin un jugement réservé, voir négatif sur l'anomalie et les perspectives. On sait depuis longtemps que « la découverte d'une anomalie fœtale est un traumatisme, une véritable déchirure dans le psychisme parental » (Molénat, 2003). Des psychologues ont montré que les parents ont besoin d'être accompagnés lors de la délivrance d'un résultat positif. Cette demande d'accompagnement comprend un temps suffisant de réflexion, le besoin d'être protégés d'un sentiment de déshumanisation généré par la notion d'anomalie d'une part, d'arrêt de la vie d'autre part, l'image d'enfant pouvant être effacée par des paroles maladroites des soignants (*ibid.*). Avant la généralisation du diagnostic anténatal les parents se trouvaient seuls à vivre leur détresse (Visier *et al.*, 1985). Aujourd'hui, la responsabilité de l'accompagnement incombe aux médecins et à l'équipe médicale. C'est une tâche d'autant plus difficile qu'ils doivent aussi prendre la mesure de leurs propres réactions, parfois très négatives, face à un événement vécu souvent comme une mise en cause de leur compétence. La réflexion sur la prise en charge médicale de ces situations a conduit à enrichir les notions d'annonce et d'accompagnement où se joue la crédibilité déontologique et humaine des professionnels dans leurs relations avec les parents. Ces points essentiels pour la bonne entente médecins-couples dans des situations de crise sont développés plus loin dans la section « L'annonce du handicap ».

La décision des parents

La loi donne aux parents la responsabilité de la décision de poursuivre la grossesse ou de demander son interruption, mais limite son application, comme on le verra plus loin dans la section « Encadrement juridique ». Mais c'est d'abord une décision qui relève de leur morale personnelle, car le choix entre l'interruption volontaire de grossesse en raison de malformation fœtale ou la naissance d'un enfant plus ou moins profondément handicapé met en cause la conception que chacun se fait de la vie et de la personne humaine.

Dans l'idéal la décision des parents doit être prise de manière autonome et conforme à leur volonté. Mais la réalité vécue est souvent très loin de l'idéal proposé et de nombreux facteurs peuvent les influencer : la présence d'un enfant handicapé dans la famille ; leurs hésitations quant à leurs capacités à prendre en charge un enfant handicapé ; leur crainte que le fait d'envisager une interruption de grossesse pourrait être interprété par un premier enfant handicapé comme une dévalorisation de son existence ; la difficulté d'évaluer la gravité d'une affection qu'ils peuvent ne pas connaître ; les difficultés de communiquer dans le couple et avec les médecins ; des illusions entretenues par les médias qui promettent la guérison pour demain ; le degré de soutien psychologique disponible de la part de l'équipe médicale et dans l'entourage. Les sentiments des parents peuvent varier dans le temps. Il peut y avoir des dissensions dans le couple et/ou la famille, le père peut refuser de prendre position, obligeant ainsi sa femme à décider seule. Les parents peuvent être trop entourés ou pas assez…

Les recherches citées dans la revue de la littérature évoquée plus haut montrent que la décision d'interrompre la grossesse ou non est fonction de l'interaction entre les représentations des médecins concernant le type de handicap et les émotions des parents et non des seules données biologiques en jeu, même si la plupart des femmes décident d'avoir recours à une interruption pour une anomalie dont les conséquences sont sévères. L'image que les médecins donnent du fœtus atteint d'anomalie, image qui peut être interprétée comme un jugement de valeur par des couples vulnérables, joue un rôle important. L'information fournie par les médecins peut ne pas être directive, cependant les modalités de sa communication (les mots utilisés, le ton de la voix...) peuvent être interprétées comme suggérant fortement que l'interruption est « l'option attendue ». Cela peut expliquer que des femmes qui décident de poursuivre leur grossesse peuvent se sentir l'objet d'attitudes plus négatives que celles qui donnent naissance à un enfant atteint sans diagnostic anténatal (Evers-Kiebooms, *op. cit.*). Une étude a démontré que l'impact de l'approche professionnelle sur la décision de demander une interruption médicale de grossesse était très important.

> « [...] Alors que la majorité des femmes de cette étude avait initialement l'intention d'avoir recours à une interruption de grossesse en cas de découverte d'une anomalie des chromosomes sexuels, il apparaissait qu'après avoir été informée sur le pronostic de l'anomalie lors d'une consultation génétique anténatale, la majorité avait opté pour la poursuite de la grossesse. » (Clayton-Smith *et al.*,1989.)

En conclusion, la majorité des anomalies fœtales graves sont incompatibles avec la vie et les grossesses sont interrompues spontanément aux premiers stades. Environ 4 % des naissances vivantes sont concernées par une maladie ou anomalie grave. Ce faible taux d'anomalies à détecter explique que la majorité des femmes enceintes seront rassurées quant à l'intégrité de leur fœtus et pourront envisager leur grossesse avec sérénité. Cependant, lorsqu'une anomalie est diagnostiquée, seul un très petit nombre de grossesses est poursuivi. La qualité des relations entre les médecins et les parents joue, entre autres facteurs, un rôle très important dans les décisions. Elle dépend très largement de la manière dont les médecins interprètent leurs responsabilités déontologiques dans le cadre particulier de la médecine anténatale.

Responsabilités déontologiques

Le diagnostic d'une anomalie ou du risque de survenue d'une anomalie associée à une grave déficience intellectuelle, quel que soit le moment où la connaissance s'impose, oblige en premier lieu le médecin à en informer les parents, puis à donner à ceux-ci ainsi qu'à l'équipe médicale les conditions leur permettant de s'interroger sur leur attitude face à l'anomalie, au handicap mental grave et aux décisions à prendre.

Ne pas nuire

Le médecin peut s'appuyer d'abord sur les règles de conduite qui s'imposent à tout praticien. La première obligation du médecin est le précepte hippocratique : « *Primum non nocere* », d'abord ne pas nuire. Mais la grossesse met le médecin face à deux patients. L'un, la femme enceinte, peut être informée ; un dialogue peut s'établir où elle peut donner son opinion, son consentement. Elle a le droit de savoir, il faut respecter son autonomie, et si elle est accompagnée du futur père, celui-ci doit aussi participer à la réflexion et au débat. Mais il y a un deuxième patient : le futur enfant. Pour lui, informations et recommandations, devoirs fondamentaux de l'exercice de la médecine, ne peuvent s'appliquer. Pourtant, les décisions envisagées par le médecin avec l'accord des parents vont parfois conduire à un arrêt de sa vie. Pendant la grossesse, il peut se présenter des contradictions déontologiques insolubles : à qui s'applique le principe de non nuisance ? à la femme enceinte, au futur enfant, à la cellule familiale qui accueillera cet enfant ? Les mêmes questions pourront se poser de manière encore plus dramatique à la naissance. Dans la médecine anténatale, on a vu qu'il n'existe pratiquement pas de possibilités thérapeutiques qui permettraient de corriger l'anomalie handicapante, et la question sera souvent : interrompre la grossesse ou la poursuivre avec une prise en charge à la naissance. L'information transmise par le médecin y jouera un rôle capital, mais soulignons que d'autres sources d'information sur la vie avec l'anomalie en question peuvent être utiles : autres familles concernées, associations, Internet…

Informer

L'information du patient est un des devoirs fondamentaux de l'exercice de la médecine. Dans son article 35, le code de déontologie précise que « le médecin doit à la personne qu'il examine, qu'il soigne ou qu'il conseille, une information loyale, claire et appropriée sur son état, sur les investigations et les soins qu'il propose ». Plus récemment, en mars 2000, l'Agence nationale d'accréditation et d'évaluation en santé (ANAES) a publié des recommandations sur l'information des patients en pratique clinique, insistant sur la primauté de l'information orale. Cette recommandation a été légalisée par une loi du 4 mars 2002 qui dispose que l'information est délivrée au cours d'un entretien individuel. En effet, le dialogue qu'implique l'information nécessite qu'elle soit transmise oralement, car elle peut s'adapter à chaque cas. Il est nécessaire d'y consacrer du temps, de la disponibilité et de la moduler en fonction de la situation des parents. Elle requiert un cadre adapté. Elle s'inscrit dans un climat relationnel alliant écoute et prise en compte des attentes des parents. Elle peut gagner à être délivrée de manière progressive. En médecine anténatale, ces recommandations doivent s'adresser aux deux membres du couple chaque fois que possible.

Mais il faut aller plus loin en insistant sur certains thèmes emblématiques des situations rencontrées en périnatalogie. Le premier concerne l'anticipation. Le dialogue avec les futurs parents doit être l'occasion d'anticiper tous les futurs médicaux possibles et de prendre conscience que, de la décision d'initier une première action, par exemple une analyse biologique, découleront d'autres décisions en fonction du résultat. On a déjà vu que lorsque le couple est demandeur d'informations avant de débuter une grossesse, lorsque des analyses biologiques sont proposées, il est nécessaire d'envisager tous les résultats qui peuvent être obtenus et toutes leurs conséquences (jusqu'à l'éventualité d'une interruption de la grossesse) à un moment où le projet de nouvelle vie n'est pas encore engagé.

Les méthodes d'évaluation statistique d'un risque d'anomalie, au premier plan la trisomie 21, demandent une information médicale préalable pour ne pas engager d'examen si la volonté du couple est de poursuivre la grossesse, quoi qu'il en soit. La difficulté de cette information a été abordée par le Comité consultatif national d'éthique (CCNE) dans son avis n° 37 du 22 juin 1993 en réponse à une saisine du ministère de la Santé (DGS) et de la Commission nationale de la biologie de la reproduction sur l'utilisation dans la population de tests biologiques sanguins (marqueurs sériques). Pour le CCNE, trois conditions doivent être respectées : une information préalable sur le test proposé, intelligible et adaptée, doit être donnée à la femme à laquelle un accompagnement psychologique doit pouvoir être offert ; le dosage doit être effectué par un laboratoire agréé ; il doit être associé à une consultation obligatoire dans un centre agréé de diagnostic anténatal comportant, au moins, un généticien biologiste et un spécialiste d'échographie fœtale. Par ailleurs, il faut respecter la liberté de décision de la femme.

Une information plus poussée est indispensable lorsque l'on envisage des examens qui vont apporter un diagnostic de certitude de la présence de l'anomalie chez le futur enfant. Il est préférable que le cadre dans lequel va être dispensée cette information soit différent de celui des examens routiniers de la grossesse pour bien marquer qu'il s'agit surtout de l'enfant à naître. Cela implique évidemment la présence des deux parents. Il faut d'abord expliquer qu'il s'agit d'un geste invasif, l'amniocentèse, qui présente un petit risque de fausse couche ; ce qu'est l'examen, quels sont les délais de réponse ; les limites de ce qu'on peut déceler, car aucun examen biologique ne permet de garantir l'absence de toute anomalie ; qu'un tel diagnostic ne peut pas prédire toutes les conséquences, médicales et autres, pour le futur enfant. Pour ce qui concerne la trisomie 21, il est indispensable d'expliquer son mécanisme de survenue : il s'agit d'une erreur dans la répartition des chromosomes au moment de la division cellulaire des cellules sexuelles (gamètes). Le médecin doit déculpabiliser les parents justement inquiets et à la recherche d'une explication de la survenue de l'« erreur » chez eux. En effet cette anomalie peut survenir chez tous les couples qui, comme eux, ne présentent aucune anomalie chromosomique transmissible. C'est un accident fréquent dans l'espèce humaine qui conduit le plus souvent à un avortement spontané, mais est quelquefois compatible avec un développement jusqu'à terme et la naissance d'un enfant. Cela permet de dire aux parents que les grossesses futures n'auront pas un risque beaucoup plus élevé que pour toute grossesse.

À la naissance : problèmes en réanimation néonatale [12]

La naissance d'un enfant est un des événements les plus importants de la vie d'une famille. Autour de cet événement se construisent de nouvelles relations et de nouvelles perspectives d'avenir. La plupart du temps c'est un moment de grande joie, mais parfois, malheureusement, l'état du nouveau-né est tel qu'il nécessite des soins importants. L'enfant est confié aux médecins et ces derniers, dans l'urgence, doivent décider comment le prendre en charge dans le respect de sa personne. Voilà la source des problèmes soulevés par les techniques actuelles de réanimation mises en œuvre pour sauver les nouveau-nés en

---

12. Nous remercions vivement le professeur F. Beaufils qui a rédigé un rapport sur ce sujet pour l'UNAPEI en 1996. La présente section lui doit beaucoup.

difficulté. Des questions, voire des contestations, peuvent s'exprimer, notamment lorsque l'enfant est sérieusement malformé ou handicapé.

Jusqu'à ces dernières années, la question éthique « comment bien agir » a mobilisé la réflexion déontologique des seuls médecins spécialistes. Récemment, grâce à la presse spécialisée et généraliste, les dilemmes ont été portés à la connaissance de tous, élargissant la prise de conscience des enjeux éthiques fondamentaux. En effet, les parents, la famille et la société ont à prendre position sur la meilleure manière d'agir, notamment en raison du fait que les décisions prises dans ces situations ont des conséquences pour l'enfant et sa famille. Elles se font sentir dès que l'enfant quitte le service de réanimation pour rentrer dans sa famille.

Données cliniques

Les techniques de réanimation néonatale prennent en charge des fonctions vitales que le nouveau-né n'est pas en mesure d'assurer lui-même : les plus importantes sont les fonctions des systèmes respiratoire et rénal. Sans cette assistance (ventilation mécanique, épuration extra-rénale), l'enfant ne peut pas survivre. Ce sont les néonatologistes qui donnent ces soins appelés soins intensifs. Les premiers services spécialisés ont été mis en place il y a une trentaine d'années. Avant cette époque, un enfant qui naissait avec une difficulté respiratoire sérieuse ou une malformation grave mourait rapidement. Aujourd'hui, grâce à des progrès techniques considérables, il a de grandes chances de survivre.

La réanimation du nouveau-né s'est développée à partir des années 1960/1965. Elle a bénéficié de ce qui avait été fait auparavant pour les adultes et les enfants atteints de maladies graves des systèmes nerveux ou musculaire (poliomyélite, tétanos, etc.). Le point de départ a été en particulier une épidémie de poliomyélite en Scandinavie en 1951 où la survenue de nombreuses paralysies respiratoires a imposé à une équipe d'environ 250 étudiants, médecins et infirmières, de se relayer pour ventiler les malades avec des appareils manuels. Puis une machine a été inventée et utilisée pour ces patients. Par la suite, la vaccination s'est développée et le besoin est allé en diminuant pour ces maladies. En France comme à l'étranger, quelques équipes ont alors commencé à prendre en charge d'autres patients. C'est ainsi qu'un nouveau-né a été sauvé du tétanos en étant placé sous respiration assistée et sous curare. Ces méthodes se sont rapidement généralisées aux enfants nés à terme avec ou sans malformation, puis aux prématurés. La prise en charge médicale, surtout dans ses aspects techniques, s'est améliorée depuis quelques années, et des prématurés de plus en plus jeunes ont pu survivre. Même si des cas de survie après seulement vingt-deux semaines de gestation révolues ont été décrits, ils restent rarissimes.

Environ 2 % des 800 000 enfants qui naissent chaque année en France [13], soit environ 16 000 nouveau-nés, sont en grande détresse vitale nécessitant des soins intensifs immédiats dans une unité de réanimation. Les causes sont multiples. Différentes circonstances peuvent mettre en péril la vie du bébé et risquer d'entraîner des séquelles irréversibles, en particulier au niveau du cerveau.

Au premier plan est la grande prématurité. La prématurité se définit par une naissance à moins de 37 semaines de grossesse, la grande prématurité par une naissance à moins de 33 semaines. Les remarquables progrès de la réanimation ont régulièrement amélioré le taux de survie de ces grands prématurés et aussi la proportion de survies sans séquelles cérébrales. Malheureusement, on assiste en France à une inquiétante progression du nombre de grands prématurés, ceci dû essentiellement à l'augmentation des grossesses multiples, jumeaux et triplés, résultant des pratiques de traitements abusifs de l'hypofécondité (inducteurs de l'ovulation) et de l'assistance médicale à la procréation. La grande prématurité est souvent cause d'un très faible poids à la naissance. Les derniers résultats du réseau sentinelle Audipog d'août 2002 apportent des données précises sur cette « explosion du nombre d'enfants prématurés » : de

13. Depuis le milieu des années 1990 on constate une augmentation du nombre de naissances, passant d'environ 750 000 en 1995 à environ 800 000 à partir de 2000.

44 000 prématurés dont 10 600 grands prématurés en 1995, on passe en 2001 à 55 000 prématurés dont 11 200 grands prématurés, soit une augmentation relative de 20 %, les grossesses multiples représentant la moitié de l'augmentation des naissances prématurées (Audipog, 2002). L'augmentation de la natalité depuis quelques années entraîne mécaniquement celle du nombre de grands prématurés qui est à l'origine de la saturation des services de néonatologie, dont le nombre n'a pas été augmenté pour répondre aux besoins.

Environ 25 % des grands prématurés meurent à la naissance (INSERM, 1997[14]). S'ils survivent, ils peuvent souffrir de séquelles plus ou moins importantes et de plusieurs sortes : motrices, sensorielles et mentales, liées à des lésions plus ou moins graves du système nerveux central avec, chez certains enfants, un important retard du développement psychomoteur. Sans qu'il y ait de parallélisme absolu, les risques de séquelles sont accrus en cas de grande prématurité et de réanimation laborieuse : le risque de séquelles neurologiques se situe entre 10 et 20 % pour les prématurés de moins de 32 semaines. Mais il est très difficile de prédire quoi que ce soit dès les premières semaines de vie de ces enfants. Sur la base des résultats de l'enquête EPIPAGE[15] (Grandjean *et al.*, 2001), le taux de survie est de 50 % à 60 % pour les périodes de 25-26 semaines d'âge gestationnel ; de 60 à 80 % à 27-28 semaines ; plus de 90 % au-delà de 29 semaines.

Les mêmes problèmes peuvent se poser pour des enfants nés à terme avec un poids très insuffisant en raison de carences maternelles durant la grossesse, ou chez lesquels existe une grande souffrance anoxique (liée à l'insuffisance d'apport d'oxygène dans les tissus) avant, pendant ou après la naissance. De multiples problèmes peuvent survenir lors de l'accouchement. Si ces situations de détresse surviennent dans des maternités éloignées des services de soins intensifs, cela pose le problème du

14. Les données présentées remontent à 1995.
15. EPIPAGE : épidémiologie des petits âges gestationnels.

transfert d'urgence de ces enfants, avec le risque de compromettre leurs chances de survie sans séquelles.

Il y a également des maladies neuromusculaires graves où l'enfant ne peut vivre s'il n'est pas placé, dès sa naissance, sous respiration assistée. D'autres enfants peuvent naître avec de graves malformations dont certaines sont réparables de façon définitive, alors que d'autres ne peuvent bénéficier que d'interventions palliatives qui permettent la survie même si elles n'éliminent pas la malformation. Pour certaines malformations graves, notamment digestives et cardiaques, les progrès de la réanimation ont contribué au développement de la chirurgie réparatrice sur des nouveau-nés de petits poids, avec souvent d'excellents résultats.

Les pratiques des néonatologistes français

En face d'un nouveau-né en détresse vitale, les décisions à prendre sont de deux ordres, technique et éthique. Mais les néonatologistes ne peuvent pas traiter les questions techniques (par exemple, quel appareil utiliser, sous quelles conditions, pour combien de temps ?) s'ils n'ont pas déjà répondu à la question éthique : savoir s'il faut ou non commencer la réanimation, ou si, l'ayant commencée, il faut prendre la responsabilité d'une interruption éventuelle quand des séquelles graves sont à redouter. Comment éviter un acharnement thérapeutique ? Si oui, quand, comment intervenir et dans quelles conditions techniques et éthiques ? Et enfin, comment faut-il traiter les enfants qui, porteurs de handicaps très lourds, continueront ensuite leur vie sans assistance respiratoire ? D'autres questions sont étroitement liées, et notamment celles de savoir si cette responsabilité doit être partagée avec une famille qui n'a pas en main tous les éléments pour en juger. Convient-il d'associer la famille à toutes les décisions et si oui comment ? Qui décide, le médecin seul, la famille seule, puisque l'enfant appartient d'abord à sa famille ?

Dans les cas les plus dramatiques, peut se poser la question de la poursuite des mesures visant à préserver la vie de l'enfant. En effet les décisions initiales de réanimation peuvent éventuellement avoir pour conséquence le maintien en vie d'enfants atteints de lésions sévères, en particulier cérébrales, responsables de séquelles neurologiques qui nécessiteront une prise en charge toute leur vie.

Ne pas nuire

Sur la base d'une réflexion déjà ancienne et qui évolue, les praticiens français recommandent de « donner priorité à la vie » en commençant la réanimation en toutes circonstances, sauf exception rarissime lorsqu'on sait qu'un nouveau-né est voué à la mort dans un avenir proche et particulièrement en salle de naissance. L'adhésion à cet *a priori* représente une évolution de la pratique. Autrefois, de grands prématurés étaient négligés sous prétexte qu'ils étaient trop gravement atteints, puis, comme ils « s'obstinaient à vivre », la réanimation, trop tardive, ne pouvait pas empêcher l'apparition de graves séquelles.

Cette réanimation de principe permet aux médecins de disposer du temps nécessaire pour préciser leur diagnostic, mieux évaluer les chances de survie et la qualité de la vie de l'enfant et établir les premiers contacts avec les parents. Aucun nouveau-né n'est abandonné. Mais, à partir du moment où les médecins admettent de commencer la réanimation en toutes circonstances, ils admettent également la possibilité de ne pas la poursuivre si elle risque de permettre la survie au prix de séquelles majeures.

Poursuivre ou arrêter

Lorsqu'il s'agit d'une situation d'urgence impliquant la vie ou la mort d'un enfant, la décision de poursuivre ou d'arrêter une réanimation est souvent vécue par les médecins comme extrêmement difficile et particulièrement pénible. Il leur paraît tout à fait licite de mettre en œuvre ces techniques lorsque la défaillance est temporaire, ce qui est le cas pour un grand nombre de problèmes respiratoires du prématuré. Par contre, lorsque la défaillance est définitive et/ou qu'il y a une incertitude quant aux séquelles, l'équipe est amenée à tenir compte du fait que la prise en charge de l'enfant sera ou risque d'être elle aussi définitive, avec les problèmes qui en découlent non seulement pour l'équipe mais surtout pour la famille. C'est dans la crainte de graves séquelles éventuelles que va se poser la question de la poursuite des soins intensifs.

En France, la décision de poursuivre ou non une réanimation se fait en fonction du pronostic. Celui-ci est établi en réunissant, dans chaque cas, le plus possible d'informations cliniques, biologiques, radiologiques, etc. et en les confrontant aux connaissances actuellement disponibles. L'appréciation d'éventuelles séquelles est un élément déterminant. Il est habituel de situer les enfants dans des groupes de pronostic en distinguant trois zones. À chaque zone correspond une décision spécifique :

– zone blanche : évolution satisfaisante, pronostic *a priori* favorable, la réanimation est poursuivie ;

– zone noire : pronostic catastrophique, on envisage l'arrêt de la réanimation ;

– zone grise : ce sont les situations les plus difficiles ; d'autres facteurs peuvent éventuellement intervenir pour modifier la décision (capacité de la famille à accepter et à vivre le handicap, nature du handicap, son retentissement social...).

Ces décisions sont toujours prises en équipe en suivant de mieux en mieux des procédures codifiées. En aucun cas, une personne seule ne peut décider, quels que soient son grade et son expérience. L'équipe est constituée par les médecins néonatologistes, le personnel paramédical, éventuellement les consultants dans des domaines particuliers. La décision doit être basée sur la discussion collégiale, l'information des parents et l'accompagnement de l'enfant et des parents. Sans jamais aller jusqu'à demander aux parents de décider la poursuite ou l'arrêt des traitements, l'équipe cherche par la discussion à les amener à accepter la décision médicale.

Comparaisons internationales

Dans tous les pays développés, les médecins connaissent des situations où ils décident de limiter des interventions intensives et de laisser la nature poursuivre son cours même si le patient, adulte ou enfant, peut en mourir. Un mouvement général de rejet de l'obstination thérapeutique fait son chemin, fondé sur l'idée que la quantité de vie gagnée n'est pas un objectif devant être recherché à tout prix. Depuis quelques années, les néonatologistes français ont compris que si les progrès techniques de la réanimation ont permis de sauver de plus en plus d'enfants qui autrement seraient décédés à la naissance, cette amélioration de la prise en charge médicale a conduit aussi à une augmentation du nombre de survivants porteurs de handicaps graves (INSERM, *op. cit.*). D'où la prise de conscience par les médecins que lorsque les progrès permettent la seule survie biologique d'un enfant, ils peuvent être à l'origine de situations humaines insupportables qui seront en contradiction avec l'objectif médical primordial de ne pas nuire.

Les réactions des praticiens peuvent différer en fonction notamment du contexte culturel et du rôle social de la médecine dans chaque pays (Cuttini *et al.*, 2000). Il en résulte que l'interprétation de la notion des limites pouvant être fixées pour les interventions varie d'un pays à l'autre. Elle peut signifier par exemple ne pas commencer une réanimation de sauvetage. Une décision de cette nature est prise plus souvent en Suède, aux Pays-Bas, au Royaume-Uni et en Espagne qu'en France et en Allemagne. En revanche, la France et les Pays-Bas sont les seuls pays où une proportion importante, mais pas la totalité des médecins, considère qu'il est acceptable dans certaines situations d'arrêter les soins intensifs (mais jamais les soins dits de confort visant à réduire la douleur) et d'administrer des substances médicamenteuses afin de mettre un terme à la vie de l'enfant. Une telle position est récusée par les Suisses comme contraire à l'éthique professionnelle (Société suisse de néonatologie, 2002). En réalité, les praticiens français sont loin d'avoir la même attitude concernant l'acceptabilité éthique de la décision d'arrêter délibérément la vie d'un enfant n'ayant plus besoin d'assistance respiratoire et dont l'état laisse présager une qualité de vie misérable. Certains refusent par principe de transgresser la loi, d'autres réservent la procédure aux cas où l'enfant a toujours eu besoin d'un soutien vital pour survivre, tandis que d'autres encore discutent la procédure dans des situations où ils estiment que le pronostic est très péjoratif. Les pédiatres néonatologistes ont récemment entrepris à nouveau une réflexion collective afin de fournir des recommandations générales pour les décisions d'abstention, de limitation et d'arrêt des traitements. Leurs conclusions (Fédération nationale des pédiatres néonatologistes, 2001) tiennent compte de la diversité des approches. Leurs efforts pour aboutir « à une plus grande cohérence des pratiques françaises dans ce domaine de l'éthique professionnelle » rencontrent là les limites de ce qu'ils peuvent recommander, tant la question engage chacun personnellement.

La réanimation néonatale et les parents

Réactions

La place, voire la responsabilité des parents dans des situations où existe un enjeu de vie ou de mort, est sujette à des appréciations diverses parmi les néonatologistes. Lors d'une naissance sans problème, la joie d'accueillir un enfant dans la famille permet à la mère d'établir un nouvel attachement à son enfant maintenant distinct d'elle. En situation de détresse vitale, cet attachement est bien plus difficile à établir, les machines et l'équipe médicale s'interposant entre les parents et le nouveau-né.

La détresse vitale du nouveau-né provoque des réactions diverses selon que la situation était prévisible ou non. Si un diagnostic anténatal a été effectué et un plan de traitement prévu avant la naissance, les parents auront eu le temps de s'habituer à cette situation et de donner leur consentement aux soins.

Malheureusement, ils se trouvent le plus souvent dans des situations imprévues, sinon imprévisibles. Dans ces cas, un couple (ou une femme seule) vit un drame d'autant plus grand que la naissance était programmée et attendue dans la joie. C'est particulièrement vrai aujourd'hui où les parents diffèrent souvent la conception d'un enfant et la programment (ou essaient de la programmer, car la nature garde des droits) au moment qui leur paraît le plus opportun. Ils désirent peu d'enfants mais attendent que la médecine, si performante dans d'autres domaines, leur garantisse des enfants en bonne santé. Les situations imprévues sont souvent vécues comme intolérables, ce qui entraîne une réaction de révolte et de rejet pouvant aller jusqu'au désir de mort de l'enfant qui leur a été enlevé pour devenir un objet de soins techniques. Cette expression du désir de mort peut être très violente, renouvelée, tenace.

Les psychologues soulignent qu'une telle réaction est tout à fait normale. Elle fait partie d'un processus de deuil nécessaire pour que les parents puissent accepter la situation. Rappelons-en les grandes étapes : révolte et déni de la situation, puis acceptation dans la tristesse, enfin élaboration de projets pour l'avenir. Même lorsqu'un enfant naît en bonne santé, ses parents doivent faire le deuil de l'enfant qu'ils avaient imaginé avant sa venue : nul nouveau-né n'est parfaitement conforme aux désirs de ses géniteurs. Mais le processus est autrement plus dramatique en cas de naissance d'un enfant handicapé ou de décès à la naissance.

La réanimation, en faisant survivre un certain temps des enfants qui ne pourront pas vivre par leurs propres moyens, peut compliquer le déroulement du processus. Les parents, au courant du pronostic négatif, n'attendent pas nécessairement le décès pour commencer le deuil. Si cette période se prolonge, des divergences, voire des conflits, peuvent survenir dans le couple. D'autre part, en cas de survie avec handicap, on assiste également à une sorte de deuil qui n'est pas celui de la vie, mais d'une certaine qualité de vie.

Si la réanimation échoue, les médecins et soignants souffrent aussi. Des travaux de psychologues ont mis en évidence le sentiment d'impuissance et d'angoisse devant la mort qui peut susciter des réactions ambivalentes d'agressivité ou un repli dépressif. L'organisation d'un lieu de parole, avec l'intervention d'un psychologue pour permettre l'expression des sentiments et l'échange des paroles peut contribuer au retour à l'équilibre psychique nécessaire pour continuer le travail (Léna, 2000).

Relations médecins-parents-enfant

Beaucoup de médecins en France s'accordent pour ne pas partager avec les parents la décision de poursuivre ou non une réanimation et évoquent plusieurs arguments à l'appui de cette position : la responsabilité serait trop difficile à porter tout au long de leur existence ; une naissance difficile peut mettre en jeu l'équilibre du couple ; les souhaits des conjoints peuvent être tout à fait différents bien qu'exprimés de façon similaire. Les médecins estiment donc qu'il est impératif d'être vigilant, à l'écoute des parents pour essayer de bien comprendre ce qu'ils ressentent, ce qu'ils sont prêts à assumer. La situation diffère d'un couple à l'autre, d'une personne à l'autre pour une même maladie, pour un même degré de handicap. Mais à aucun moment les médecins ne souhaitent donner le sentiment que la décision d'arrêter est prise parce que les parents le demandent. Pour les médecins, cette décision doit relever de la responsabilité médicale, ce qui ne les dégage pas d'autres obligations vis-à-vis des parents.

Il est indispensable de tout faire pour permettre à ceux qui l'ont conçu d'être « parents de leur enfant », même si temporairement, pendant cette phase, c'est l'équipe médicale et les machines qui interviennent pour tenter de le sauver. Les médecins et les personnels soignants essaient de faire en sorte que le contact soit établi en encourageant les parents à entrer dans la salle de réanimation et à non seulement voir mais aussi toucher leur enfant. Une grande attention est apportée à la manière d'établir ce contact parent-enfant. Les parents ne doivent pas se sentir obligés, forcés, le dialogue prend du temps. Mais quel que soit le devenir de l'enfant, les médecins pensent qu'il faut tout faire pour que les parents « vivent » leur parentalité. Et même si l'enfant risque de mourir et qu'il meurt, il peut être utile d'accepter la présence des parents. La crainte de la mort de l'enfant ne justifie ni de leur cacher les inquiétudes des médecins, ni de les écarter de la zone de soins : le deuil éventuel se déroulera mieux à partir du moment où il leur aura été permis d'exprimer leur lien parental.

Les parents ont droit à une information de qualité, avec un langage accessible, sur l'état de leur enfant et les perspectives [16]. Autant que le contenu de l'information, sa forme et les modalités de sa communication sont essentielles : un lieu calme et confortable, un temps suffisant, la présence du soignant qui s'occupe de l'enfant et d'autres membres de la famille, la préservation d'un temps de réflexion. Le but est d'aider les parents à « vivre pleinement dans une relation proche et affectueuse avec leur enfant, à continuer à faire des projets : l'enfant en fin de vie est un vivant à part entière » (Léna, *op. cit.*).

Parfois des parents peuvent en venir à souhaiter la mort de leur enfant. Face à cette demande, parfois exprimée de façon très forte, un effort d'attention, d'écoute et de compréhension s'impose aux médecins. Cette attitude d'écoute et de disponibilité a pu faire défaut dans le passé, ce qui rend en partie compte du ressentiment que peuvent exprimer plus tard certaines familles vis-à-vis des équipes médicales. En effet, après une phase de rejet et d'indignation, qu'il convient d'aider les parents à vivre, apparaît une phase d'apaisement au cours de laquelle il devient possible de se concerter de manière plus satisfaisante pour tous. Les psychologues peuvent jouer là un rôle de soutien.

16. Il s'agit d'ailleurs de prescriptions légales contenues dans la loi n° 2002-303 du 4 mars 2002 citée plus haut.

Dans d'autres pays, les attitudes professionnelles et les habitudes culturelles peuvent expliquer des positions divergentes sur le rôle accordé aux parents dans la prise de décision. On a pu théoriser à ce propos trois modèles des relations médecin-parents : consultation (le médecin recueille le sentiment du couple mais décide seul) ; concertation (médecins et couple interviennent à égalité et partagent la responsabilité des décisions) ; délégation (le médecin informe les parents et se conforme à la décision prise par eux) (Gold, 1994). En France, c'est le modèle de la consultation qui prévaut généralement tandis que dans d'autres pays, tels que les États-Unis, c'est plutôt le modèle de la délégation. Mais en France même les attitudes peuvent aussi évoluer. Témoin cette prise de position récente :

> « La responsabilité dc la décision incombe de près ou de loin à TOUS les acteurs pouvant participer à cette décision. Mais il existe une hiérarchie des responsabilités comme un degré de responsabilité en fonction aussi des intérêts en jeu. Or la responsabilité de l'enfant incombe en priorité aux parents… En effet, ce sont eux qui l'ont conçu, ont engagé ce projet d'enfant, ont choisi de le garder ou pas, et de le faire naître ou non. Ne pas en tenir compte serait une façon de les priver de leur possibilité d'assumer cette responsabilité de ce projet… retenir cette responsabilité parentale ne signifie pas qu'elle doive être exclusive. » (Sann, 2001.)

Responsabilités déontologiques

Les décisions techniques relatives au mode de prise en charge d'un nouveau-né en détresse ont une composante évidente de responsabilité professionnelle. Il est donc important de comprendre comment les néonatologistes la définissent car le code de déontologie s'applique à tous les médecins de manière globale, rendant nécessaire son interprétation par chaque discipline en fonction des particularités de son exercice.

Le code de déontologie dispose dans son article 37 : « En toutes circonstances, le médecin doit s'efforcer de soulager les souffrances de son malade, l'assister moralement et éviter toute obstination déraisonnable dans les investigations thérapeutiques. » Cet article traduit l'exigence fondamentale en médecine de ne pas nuire. D'une façon générale, toutes les instances religieuses, éthiques et déontologiques s'accordent pour refuser l'acharnement thérapeutique et pour la mise en œuvre des mesures nécessaires pour assurer le confort du malade, traiter la douleur même au risque d'abréger la vie, et impliquer la famille dans l'accompagnement des malades.

La loi et la déontologie laissent au médecin-réanimateur une grande latitude dans la manière de prendre des décisions qui sont d'autant plus difficiles que les situations en réanimation néonatale présentent des caractéristiques particulières. En premier lieu, l'**incertitude** : dans de nombreux cas, il est difficile de prévoir à la naissance comment l'enfant va se développer plus tard. Cela est dû en partie à l'insuffisance des outils diagnostiques disponibles. Malgré les progrès techniques, en particulier en imagerie médicale, on manque d'indices prédictifs immédiats pour évaluer l'état cérébral en l'absence de malformations évidentes. Mais cela est dû surtout à la nature même de l'enfant. Le prématuré comme l'enfant né à terme sont des êtres en plein développement. À moins d'être gravement malformés ou d'avoir des difficultés respiratoires sérieuses et durables, ils ont les potentialités pour un développement harmonieux de leurs fonctions, motrices, sensorielles et intellectuelles. Or, au moment où ils sont soignés, il est très difficile, avec les moyens actuels, de prévoir de quelle manière une pathologie anté- ou périnatale va retentir sur le développement de ces fonctions. Ce n'est qu'à l'âge où celles-ci s'expriment habituellement – en particulier lors des apprentissages scolaires – que l'on saura si elles se mettent en place normalement. Pour d'autres enfants, les déficiences sont ou deviennent rapidement évidentes à la naissance. Certaines d'entre elles entraînent des anomalies diverses (motrices, sensorielles, intellectuelles), assez souvent associées et quasi toujours sources de handicap.

En deuxième lieu, ce sont souvent des situations d'**urgence** : un certain nombre de nouveau-nés viennent au monde à un moment imprévu et les médecins ne disposent d'aucun élément, tel un dossier médical de la mère, pour les aider à comprendre la situation. Ou l'enfant en détresse vitale n'est pas pris en charge immédiatement après sa naissance, par exemple lorsque celle-ci survient loin d'un service spécialisé, et il faut agir très rapidement pour le sauver.

Incertitude et urgence, ces particularités que la réanimation partage avec toutes les autres spécialités médicales concernées par des enjeux de vie et de mort, pèsent d'un poids d'autant plus lourd sur la réflexion des professionnels qu'il s'agit d'enfants. Après quelques jours de réanimation néonatale et après les examens médicaux permettant de mettre en évidence d'éventuelles lésions, peut se poser la question de la poursuite ou de l'arrêt de la réanimation. Le point de vue des parents doit alors être pris en compte. La plupart du temps, la décision sera fondée sur un accord entre les parents et l'équipe médicale, car un dialogue a été mis en place tout au long de la « réanimation d'attente ». Mais des divergences peuvent survenir entre les parents et les médecins sur la conduite à tenir et les néonatologistes ne sont pas tous du même avis concernant la façon de réagir. Le recours au droit sera peut-être nécessaire. La section « Encadrement juridique » revient sur ces problèmes.

L'annonce du handicap : vers un avenir différent [17]

Les enjeux de l'annonce du handicap

Il n'existe sans doute pas de possibilité d'éviter l'extrême violence des mots qui révèlent à des parents les déficiences de leur enfant nouveau-né, les séquelles d'un accident ou d'une maladie grave… Mais on peut sûrement atténuer la souffrance,

17. Ce témoignage est l'œuvre du DOCTEUR ÉLISABETH ZUCMAN.

et surtout ne pas l'aggraver par une information hâtive ou partielle, telle que les familles la subissent encore trop souvent aujourd'hui.

Le surcroît de souffrance infligé involontairement par des soignants – et surtout les médecins – peu ou pas préparés au dur devoir de la révélation de ce que l'on ne peut pas guérir – dépasse largement le champ du handicap et le temps des premiers mots. C'est au contraire un risque qui concerne toute la médecine des maladies graves ou chroniques, des accidents, du vieillissement, des fins de vie... L'annonce du handicap n'en est que la figure emblématique.

Pour aller vers un avenir différent nous verrons ici successivement :

– le vécu de familles ;
– les remédiations possibles.

Vivre parents d'un enfant handicapé

La fracture des premiers mots

Lorsqu'un médecin annonce pour la première fois aux parents un diagnostic grave porteur de handicap qui va compromettre durablement le devenir de l'enfant, il fracture pour toujours la vie des parents : quelles que soient les circonstances (avant la naissance, autour, ou plus tardivement...), quelles que soient la prudence de celui qui parle et même son empathie, les mots qu'il prononce sont ressentis par les parents comme une blessure, un traumatisme d'une violence inouïe, qui coupe, interrompt le fil continu de la vie et crée un « avant » rempli d'espérance et un « après » où tout est douloureusement différent : obscur, inacceptable, déstabilisant. Bien que parents et soignants soient chacun des personnes uniques, pour tous l'instant de l'annonce provoque une insupportable douleur, une révolte intense contre l'injustice du malheur, une tentative désespérée de repousser la réalité intolérable, y compris par la mort de l'enfant : les parents la souhaitent souvent pendant les premiers jours et le médecin la leur prédit, beaucoup plus souvent qu'on ne croit. Pour les parents comme pour les médecins cette terrible souffrance s'accompagne dans notre culture judéo-chrétienne d'un sentiment, explicite ou non, de culpabilité qui ne fait qu'accroître le poids de la douleur.

Pour pratiquement tous, parents et équipe médicale, l'intensité de ces émotions destructrices provoque un sentiment d'anéantissement qui pousse les parents à s'isoler et les soignants à s'enfuir... Mais pour tous les parents les premiers mots demeurent ineffaçables.

Les premières adaptations

Dès ces adaptations qui se construisent plus ou moins rapidement, la personnalité de chaque parent resurgit, conduisant chaque mère, chaque père, chaque famille, sur un chemin qui leur sera propre et que leur environnement socio-familial va faciliter ou entraver plus ou moins. Pour bien comprendre les multiples chemins de l'adaptation, il est nécessaire de se débarrasser d'un certain nombre d'*a priori*.

– Non, les parents d'enfants handicapés ne constituent par un groupe à part, une espèce particulière comme le suggérait le terme de « parents handicapés ». Ils ont chacun leur personnalité, ils sont des personnes à découvrir et à comprendre.

– Non, il n'existe pas d'« instinct maternel ou paternel » qui créerait le lien parent-enfant dès la naissance. L'humain n'est pas un petit oiseau. Les travaux modernes ont montré que ce lien se construit, certes assez rapidement quand tout va bien et que l'enfant reste au contact direct de sa mère ; mais que son élaboration tient autant aux signaux envoyés par un nouveau-né actif (donc bien portant) qu'aux réponses de sa mère intégralement « préoccupée » de lui, selon le terme de Winnicott qui l'a nommée « préoccupation maternelle primaire » (Winnicott, 1969). On comprend donc combien le tissage des liens demandera de temps et d'énergie aux parents après la fracture des

premiers mots, les séparations pour bilans, voire les dictats (« Oubliez-le, faites-en un autre »...) que certains vont subir.
– Non, tous les parents ne sont pas rejetants ou surprotecteurs, ils s'adaptent progressivement à leur enfant tel qu'ils le découvrent par eux-mêmes ; ils se « parentifient », adoptent leur enfants comme le font tous les autres parents... Ils l'acceptent comme il est, mais demeurent révoltés par le handicap qui leur est inacceptable comme il est aussi légitimement inacceptable pour les professionnels... Il nous faut « seulement » cesser de confondre le refus du handicap, normal et même nécessaire, avec un refus de l'enfant.
– Non, toutes les mères n'établissent pas avec leur enfant handicapé une relation fusionnelle, voire symbiotique. Je me souviens d'avoir assisté avec Stanislas Tomkiewicz, impuissants, au terrible drame d'une relation symbiotique ; c'était il y a quarante ans, lorsque les parents étaient laissés seuls avec leur enfant handicapé. Ce père et cette mère se relayaient depuis douze ans pour assurer la survie de leur unique enfant totalement dépendant. Lorsqu'ils furent épuisés, ils demandèrent son admission à l'hôpital de La Roche-Guyon, seul lieu d'accueil à l'époque pour les jeunes polyhandicapés. Là, en dépit des soins chaleureux et experts des infirmières, l'enfant mourut, en quelques jours, de la rupture des liens symbiotiques avec ses parents, liens qui assuraient sa survie physique et psychologique. Si nous ignorions à l'époque le risque vital d'une rupture brutale, nous n'avons jamais oublié ce drame et avons créé d'emblée au CESAP les premiers services de soins à domicile pour éviter aux parents et à leur enfants les risques psychiques de l'isolement.
– Certes, il est encore aujourd'hui des mères seules, des couples brisés à l'annonce du handicap. Pour assurer la proximité parentale exigée par la dépendance, les aides précoces professionnelles (CAMSP, SESSAD) ou associatives (aides interparentales) existent. Encore faut-il penser à les faire connaître aux jeunes parents.

Un parcours de vie, difficile et qualifiant

Tout au long de la vie, la fonction parentale, quand un des enfants est porteur de handicap, est à la fois difficile et enrichissante, constructive et fragilisante.

– D'abord parce que les mots cruels de « l'annonce » qui a coupé leur vie en deux vont ressurgir plus ou moins consciemment lors de chacune des rencontres, décisives pour son avenir, que les parents sont amenés à faire avec les professionnels. Lors de chacun d'elles – par exemple à l'occasion d'une réorientation – les parents vont revivre, et souvent redire leurs premiers pas dans la douleur.

– Ensuite pour chaque famille une multitude de facteurs entrent en jeu dans le processus d'adaptation.

– Pour les uns, l'enfant va s'autonomiser dans les gestes de la vie journalière, être intégré ou accepté dans une institution ouverte et dynamique : le couple va se renforcer solidairement, la fratrie trouver sa juste place et continuer sans heurt. La famille élargie est accueillante, une association de parents apporte une aide interparentale précieuse ou la possibilité de s'engager dans une action collective revalorisante comme promoteur ou gestionnaire d'établissement. Quelques-uns vont trouver un appui solide dans la vie spirituelle, culturelle ou politique…

– Pour d'autres, l'enfant reste dépendant dans tous les gestes de vie quotidienne, ne se fait comprendre que difficilement, se replie sur lui-même, voire s'aggrave et c'est alors que la recherche d'un établissement adapté à ses besoins risque fort, encore aujourd'hui, de demeurer trop longtemps vaine. Parfois le couple est rompu, comme tant d'autres couples d'ailleurs ; la famille se montre peu ouverte, les amis ont fui et la mère reste seule. Parfois aussi la fratrie involontairement négligée montre sa souffrance au seuil de la vie d'adulte…

– Cependant pour tous les parents, après un parcours de vie aplani ou hérissé de nombreuses difficultés, surgit avec le vieillissement une nouvelle angoisse taraudante : laisser derrière soi son enfant, qui, adulte, a toujours besoin d'aide. Cette angoisse-là, liée au sens élevé de responsabilité que ressentent tous les parents, est inévitable en dépit des réassurances du meilleur des foyers et du soutien des associations, et très durement ressentie par tous.

– Malgré ce parcours de vie, douloureux jusqu'à son terme – quelles qu'en soient les modalités, les facilitations ou les entraves que les parents rencontrent dans leur environnement social – de nombreux parents m'ont explicitement confié ce que leur souffrance objective leur avait néanmoins apporté. Certains m'ont parlé de « cadeau » offert par leur enfant : une meilleure connaissance d'eux-mêmes, le sens des vraies valeurs, la découverte de ce qu'est un bien authentique, ce que tout enfant, si handicapé soit-il, fait lui-même vivre et sentir chez ses proches ; ils reconnaissent l'humanité de leur enfant masquée par le handicap, ce que le regard social, et parfois professionnel... ne parvient pas toujours à faire. Certains imagent cette transformation personnelle par un énergique : « Même, mon enfant m'a tiré du métro-boulot-dodo ! »

Des remédiations pour un avenir différent

Le support des réglementations

Le regard social évoluant lentement, quelques textes juridiques l'accélèrent depuis la loi du 30 juin 1975 qui a donné un statut à la personne handicapée, et le droit de vivre autant que possible avec les autres :

– La circulaire du ministère de la Santé de mars 1986 détaille avec une parfaite justesse les conditions *optimales* de « l'accueil du nouveau-né handicapé ». On peut et doit étendre les indications qu'elle comporte à l'annonce de toute maladie grave avant ou après la naissance. En voici l'essentiel, qui concerne donc l'ensemble de la médecine.

C'est le médecin lui-même qui doit faire l'annonce. Il doit cependant informer tous les soignants du service pour éviter contradictions et malentendus. Il doit prendre le temps de connaître quelque peu les parents en tant que personnes avant de donner un diagnostic : quelques heures de rencontres préalables peuvent suffire, les parents ne supportant pas de longs délais (le médecin non plus...). Il doit cependant prendre le temps de réunir, autant que possible, les deux parents et leur parler en présence de l'enfant, ce qui l'oblige à une parole prudente, en termes simples et qui « reconnaissent la personne de l'enfant, avant de dire son handicap ». L'entretien doit évidemment se passer sans témoin, à l'abri de toute interruption. Le doute (par exemple sur une trisomie 21) doit être exprimé comme tel, s'il existe. En cas de certitude diagnostique, les parents réclament toujours immédiatement un pronostic précis qu'il faut savoir, toujours aussi, refuser : d'une part, parce que toute pathologie comporte une large part de variabilité, d'autre part, parce que les parents réagissent ultérieurement très mal aux prévisions optimistes et/ou pessimistes par rapport à la réalité. Enfin parce que le pronostic – en général négatif – entraîne un « effet Pygmalion » préjudiciable. En lieu et place il est utile d'offrir d'emblée aux parents, même s'ils ne semblent pas pouvoir l'entendre immédiatement, la gamme des aides disponibles : soins et rééducations précoces, aide interparentale, appuis professionnels... Il est nécessaire, bien que difficile, de respecter les choix des parents, et *en tous cas de ne pas leur imposer les nôtres* : la recherche réalisée par Dumaret, sous la direction de Tomkiewicz, concernant l'abandon des nouveau-nés trisomiques montre des variations de fréquence énormes d'une maternité à l'autre, mettant en évidence les conduites directives et inappropriées de certains. Enfin il est souhaitable de laisser s'exprimer dès le premier entretien l'émotion des parents, ou de la reconnaître si elle est silencieuse. Le médecin lui-même a à reconnaître sa propre empathie, et à ne pas confondre professionnalité et indifférence affichée. L'offre de se revoir rapidement devrait être systématique car, sans pouvoir espérer rendre acceptable une épreuve si cruelle, on peut jeter d'emblée les bases d'une certaine confiance dans l'avenir pour l'enfant et pour les parents et diminuer les risques redoutables de l'isolement par un comportement de solidarité dans la peine et par l'offre d'un suivi.

– En 1999 les « nouvelles annexes XXIV » ont rénové qualitativement les conditions de fonctionnement des établissements spécialisés. En ce qui concerne les parents trois règles sont données qui peuvent aplanir les difficultés de leur parcours de vie, règles qui devraient s'imposer dès l'annonce du handicap : « Les parents doivent être informés, associés et soutenus. » Nous regrettons de ne pouvoir développer ici ces trois repères fondamentaux d'une relation partenariale entre professionnels et parents.

– La rénovation de la loi de 1975 en janvier 2002 renforce, en mettant l'usager au centre des préoccupations des établissements spécialisés, la voix de parents dans un « Conseil à la vie sociale ».

Les aides associatives

Les associations de parents, qui se développent depuis près de cinquante ans, sont porteuses de multiples soutiens, différents et complémentaires de l'action des professionnels.

– Pour les uns, c'est la rencontre précoce d'autres parents qui apportera écoute « compréhensive », réassurance pour l'avenir, des savoir faire, une réelle solidarité, protégeant d'un isolement durable dans la détresse et l'incompréhension.

– Pour les autres, et plus tardivement, c'est l'engagement dans l'action associative collective qui sera précieuse : promouvoir, gérer, participer au fonctionnement d'un établissement spécialisé permet de sortir des sentiments de culpabilité et de dévalorisation, si prévalents dans notre culture.

Pour la plupart, la vie associative permet en principe de libérer la parole, d'occuper pleinement sa place de parents et son rôle citoyen à condition qu'ils se gardent d'un engagement excessif.

Des professionnels formés et soutenus

Les équipes pluriprofessionnelles de l'action précoce (CAMSP, SESSAD) de l'éducation spécialisée ou de l'accompagnement des adultes (CAT, foyers MAS) sont maintenant sensibilisées, au cours de leur formation qualifiante ou continue, aux attentes des familles et aux difficultés de leur parcours de vie. De plus, la plupart de ces équipes dans leur exercice professionnel à la fois passionnant et en risque de conflits et d'épuisement, reçoivent l'appui de lieux de parole libre, de temps de réflexion sur la pratique, qui leur permettent de mieux comprendre les parents, mais aussi de déchiffrer leur propre souffrance au contact des enfants et des familles, de mettre en mots leurs émotions.

Give sorrow words (« Laisser la tristesse s'exprimer »), disent les Anglo-Saxons est une absolue nécessité qui leur permet de « respecter leur propre liberté en respectant celle d'autrui » : les parents, les enfants, leurs collègues. Selon Levinas, c'est là une définition essentielle de l'éthique.

Il reste pour finir à reconnaître que l'« hôpital » a lui aussi progressé dans le même sens grâce, en particulier, à la présence de psychologues dans un certain nombre d'équipes soignantes. Souhaitons que ces données s'inscrivent enfin dans la formation des médecins alors qu'elles figurent depuis de nombreuses années déjà dans celle des infirmières.

À l'heure du rapprochement du sanitaire et du social, les trois règles rappelées plus haut, selon lesquelles les parents doivent être informés, associés et soutenus, peuvent être appliquées dans les deux secteurs et concerner aussi bien les personnes malades ou handicapées, que les professionnels et les parents, qui en étaient jusqu'en 1989 les seuls destinaires.

Encadrement juridique

Médecine anténatale

La France a instauré très tôt une politique d'encouragement de la natalité. L'excellente synthèse d'études historiques réalisée par C. Rumeau-Rouquette (*op. cit.*) évoque entre autres l'institution d'un corps de sages-femmes à la fin du Moyen Âge, l'émergence des accoucheurs au XVIIIe, le développement des connaissances médicales relatives à l'hygiène et aux soins à apporter aux nouveau-nés. Au tournant du XXe siècle, l'encouragement de la natalité devient une cause nationale qui se traduit par diverses mesures : protection de l'enfance (l'enfant en nourrice, l'enfant abandonné, l'aide aux familles nombreuses). Le droit au congé maternel est voté en 1913, les lois sur les assurances sociales instituent l'assurance maternité en 1930. Des conseils sont dispensés aux jeunes filles relatifs à l'hygiène de la grossesse et à celle des bébés…

Dispositions générales

L'encadrement juridique actuel prend tout son sens dans ce contexte historique particulier. D'une part, il s'agit de garantir à toutes les femmes enceintes un suivi de leur grossesse qui comprend des dépistages obligatoires. D'autre part, lorsqu'un risque d'anomalie est décelé, chaque femme a la possibilité d'accéder à des examens de qualité dans un centre proche de son domicile. La politique d'agrément des centres tient compte, entre autres facteurs, de leur répartition géographique dans le pays. La qualité des examens est recherchée par la formalisation d'exigences professionnelles pour les médecins travaillant dans ce domaine et par le contrôle administratif annuel des activités des centres [18].

La médecine anténatale est concernée directement par la légalisation récente d'une obligation d'information qui était déjà prescrite par la jurisprudence et le code de déontologie médicale. Les médecins doivent délivrer aux patients des explications simples et claires quant aux soins et investigations envisagés (article L 1111-2, code de la santé publique [CSP]). Ce principe résulte de la loi n° 2002-303 du 4 mars 2002, qui a consacré l'existence d'un droit à l'information des usagers du système de santé. Cette information porte notamment sur l'utilité des actes

---

18. Malheureusement, ce contrôle ne permet pas d'évaluer la qualité des actes effectués dans ces centres.

médicaux, leur urgence éventuelle, leurs conséquences, ou encore sur les risques fréquents ou graves normalement prévisibles. Elle doit être délivrée au cours d'un entretien individuel. Dans le domaine qui nous intéresse, cela signifie que pour tous les examens pratiqués pendant la période anténatale (avant la conception ou pendant la grossesse), le couple a le droit d'être informé de la manière la plus complète et la plus compréhensible qui soit sur les investigations envisagées (modalités, risques...). Par ailleurs, cette même loi dispose que les médecins doivent respecter la volonté des personnes d'être tenues dans l'ignorance d'un diagnostic.

Alors que la Protection maternelle et infantile avait à l'origine pour objectif premier la lutte contre la mortalité anténatale et infantile, aujourd'hui sa mission s'est élargie à la protection de la mère et du jeune enfant. On est entré dans une logique de prévention (loi n° 89-899 du 18 décembre 1989 relative à la protection et à la promotion de la santé de la famille et de l'enfance, dite loi PMI).

La loi confère à toute femme enceinte le droit de bénéficier d'une surveillance médicale de sa grossesse et des suites de l'accouchement (article L 2122-1, CSP). Cette surveillance consiste en des examens prénatals [19] obligatoires au nombre de sept, le premier devant avoir lieu avant la fin du troisième mois de grossesse, les autres suivant une périodicité mensuelle (décret n° 92-143 du 14 février 1992). Le premier examen ne peut être pratiqué que par un médecin, les autres peuvent l'être par un médecin ou une sage-femme (article L 2122-1, CSP). Ces examens sont gratuits dans les centres de PMI, et remboursés à 100 % au titre de l'assurance maternité. Celle-ci couvre également les frais médicaux et pharmaceutiques relatifs à la grossesse, donne droit à huit séances de préparation à l'accouchement puis à dix séances de rééducation abdominale

19. Par ailleurs, un examen médical postnatal doit obligatoirement être effectué par un médecin dans les 8 semaines qui suivent l'accouchement, décret du 14 février 1992 et article L 2122-1, CSP.

après la naissance, au congé maternité et aux indemnités journalières (article L 331-2 du code de la Sécurité sociale).

Lors du premier examen, on remet à la femme enceinte un carnet de grossesse qui mentionne les résultats des examens prénatals et toutes les constatations considérées comme importantes. Toute personne appelée, de par sa fonction, à prendre connaissance des renseignements inscrits est soumise au secret professionnel (article L 2122-2, CSP). D'autres examens seront proposés à la future mère, notamment le dépistage de l'infection par le VIH après information sur les risques de contamination (article L 2122-1, CSP).

Examens fœtaux

L'encadrement juridique des examens fœtaux proposés à toutes les femmes enceintes est variable selon les techniques concernées. La loi n'encadre pas l'imagerie anténatale. Il existe seulement des références médicales opposables (RMO) qui préconisent trois échographies (une par trimestre) dans la surveillance d'une grossesse normale, c'est-à-dire hors grossesse à risque et hors grossesse pathologique (arrêté du 13 novembre 1998). Pour qu'elles soient remboursées, les échographies doivent faire l'objet d'un compte rendu détaillé et d'une iconographie appropriée. Le compte rendu doit préciser le type de l'appareil ainsi que sa date de première mise en service (arrêté du 16 juin 1994). La formation initiale des opérateurs n'est pas réglementée mais un diplôme interuniversitaire national d'échographie gynécologique et obstétricale a été créé en 1997.

Le dosage des marqueurs sériques peut être proposé à toutes les femmes enceintes et ce quel que soit leur âge. Ce test peut être pratiqué de la 15e à la 18e semaine d'aménorrhée et est intégralement remboursé (arrêté du 11 février 1999). Il est strictement encadré (arrêtés du 23 janvier 1997 et du 11 février 1999). Les laboratoires d'analyse doivent être titulaires d'une autorisation ministérielle et remettre annuellement un rapport d'activité. Les réactifs et les logiciels qu'ils utilisent doivent être enregistrés spécifiquement pour cet usage par l'Agence française de sécurité sanitaire des produits de santé (AFSSAPS). De plus, comme pour tous les autres actes biologiques de diagnostic anténatal, les dosages sont précédés d'une consultation obligatoire de conseil génétique, donnant lieu à une attestation médicale et à un consentement écrit de la femme enceinte.

Le législateur a défini très strictement les limites des indications du diagnostic préimplantatoire qui n'est autorisé qu'à titre exceptionnel pour éviter la transmission d'une anomalie génétique d'une particulière gravité, reconnue comme incurable au moment du diagnostic. Le diagnostic ne peut être effectué que lorsque a été préalablement et précisément identifiée chez l'un des parents l'anomalie, ou les anomalies responsables, d'une telle maladie (loi n° 94-654 du 29 juillet 1994 et décret n° 98-216 du 24 mars 1998).

Lorsqu'un risque d'anomalie est détecté au cours de la grossesse, il peut être proposé au couple un diagnostic anténatal biologique (analyse du liquide amniotique, prélèvement de sang fœtal). Dans l'hypothèse où une anomalie est mise en évidence, se pose alors aux parents la douloureuse question du recours à l'interruption de grossesse pratiquée pour motif médical appelé autrefois interruption volontaire de grossesse pour motif thérapeutique.

L'encadrement juridique du diagnostic anténatal biologique résulte de la loi du 29 juillet 1994 déjà citée, ainsi que du décret n° 97-596 du 28 mai 1997 qui est venu compléter le décret n° 95-559 du 6 mai 1995 qui réglemente l'activité des laboratoires agréés. L'article L 2131-1 (CSP) le définit comme l'ensemble des « pratiques médicales ayant pour but de détecter *in utero* chez l'embryon ou le fœtus une affection d'une particulière gravité ». Le législateur s'est abstenu de préciser le niveau de risque permettant de recourir au diagnostic anténatal et s'est refusé à dresser une liste de pathologies, préférant laisser aux couples et aux médecins le soin d'apprécier la gravité de l'affection, par respect pour les personnes handicapées.

La mise en œuvre des analyses doit être précédée d'une consultation de conseil génétique[20]. Celle-ci a pour but d'évaluer le risque pour l'enfant à naître d'être atteint d'une maladie d'une particulière gravité, compte tenu des antécédents familiaux ou des consultations médicales effectuées au cours de la grossesse. Surtout, cette consultation doit permettre de délivrer un maximum d'informations au couple, puis de recueillir le consentement de la femme enceinte. Le décret de 1997 précise que les informations sont délivrées à la femme enceinte. On ne peut que regretter l'exclusion de toute référence au mari ou au compagnon de la mère, dont la place et le rôle se trouvent alors totalement niés. L'information porte d'une part sur les caractéristiques de la maladie, les moyens de la détecter, les possibilités thérapeutiques, les résultats susceptibles d'être obtenus au cours de l'analyse, et d'autre part sur les risques inhérents aux prélèvements, sur leurs contraintes et leurs éventuelles conséquences. Après lui avoir donné les informations sus-mentionnées, le médecin qui prescrit le diagnostic anténatal recueille le consentement écrit de la femme enceinte à la réalisation des analyses sur un formulaire conforme au modèle fixé par l'arrêté du 30 septembre 1997. Enfin, ce médecin délivre une attestation au praticien qui effectuera les analyses, ainsi qu'une copie de la déclaration de consentement de la femme enceinte. Le compte rendu des analyses ne peut être remis à la femme enceinte que par le médecin qu'elle a rencontré lors de la consultation de conseil génétique.

Interruption de grossesse

Les dispositions juridiques applicables en matière d'interruption de grossesse pour motif médical (IMG) résultent de la loi nº 2001-588 du 4 juillet 2001 et du décret nº 2002-778 du 3 mai

20. L'article 17 du projet de loi relatif à la bioéthique parle de « consultation médicale adaptée à l'affection recherchée », mettant ainsi l'accent sur la nécessité de délivrer aux parents des informations appropriées.

2002. Si la loi prévoit qu'une interruption de grossesse peut être pratiquée dans les douze premières semaines de la grossesse lorsque la femme enceinte est en situation de détresse, elle envisage également la possibilité d'interrompre la grossesse à toute époque pour motif médical.

Le motif médical peut concerner la santé de la mère, ou celle du fœtus :

> « L'interruption volontaire d'une grossesse peut, à toute époque, être pratiquée si deux médecins membres d'une équipe pluridisciplinaire attestent, après que cette équipe a rendu son avis consultatif, soit que la poursuite de la grossesse met en péril grave la santé de la mère, soit qu'il existe une forte probabilité que l'enfant à naître soit atteint d'une affection d'une particulière gravité reconnue comme incurable au moment du diagnostic. » (Article L 2213-1, CSP.)

Les dispositions juridiques témoignent de la volonté du législateur de ne pas enfermer le recours à l'IMG dans des limites trop contraignantes, et d'exclure par ailleurs tout risque de dérive vers des avortements pour des malformations mineures (Sargos, 2001). Tout d'abord, le législateur n'exige pas la certitude que l'enfant à naître soit atteint d'une affection d'une particulière gravité. Une telle condition aurait abouti à interdire le recours à cette pratique dans la grande majorité des cas. Le législateur a préféré s'en remettre à l'expérience des médecins, comme en matière de diagnostic anténatal biologique. Enfin, l'affection doit être reconnue comme incurable au moment du diagnostic, ce qui permet l'adaptation de la loi à l'évolution de la science, et par là même, la préservation des perspectives offertes par la médecine et la chirurgie du nouveau-né. L'équipe pluridisciplinaire chargée d'examiner la demande du couple est celle d'un centre pluridisciplinaire de diagnostic anténatal. Un médecin choisi par la femme peut être associé à la concertation, de même le couple peut demander à être entendu. L'accueil de la demande est subordonné au recueil du consentement de la femme enceinte. L'interruption d'une grossesse ne peut être pratiquée que par un médecin. Elle ne peut avoir lieu que dans un établissement de santé autorisé, public ou privé. Le non respect de ces prescriptions est puni de deux ans d'emprisonnement et de 30 000 euros d'amende (article L 2222-2, CSP). Les mêmes peines sont applicables au fait de procéder à une IMG après diagnostic anténatal sans avoir respecté les modalités prévues par la loi (article L 2222-3, CSP).

Réanimation néonatale

Le droit se limite à quelques principes généraux, en conséquence il n'existe pas de règles spécifiques à la réanimation néonatale, d'où la permanence de la discussion sur les responsabilités.

Le nouveau-né est un sujet de droit. La personnalité juridique lui permet de devenir titulaire de droits [21]. Elle s'acquiert à la naissance pour l'enfant vivant et viable, c'est-à-dire physiologiquement capable de survivre (Teyssié, 2001). L'OMS recommande de définir la viabilité d'un enfant à sa naissance en terme d'une durée de la gestation d'au moins vingt-deux semaines d'aménorrhée et d'un poids minimum de cinq cents grammes. La naissance de tout enfant vivant et viable doit faire l'objet d'une déclaration à l'état civil. Selon l'article 55 du Code civil, les déclarations de naissances doivent être faites dans les trois jours de l'accouchement, à l'officier d'état civil de la mairie du lieu de naissance.

Le Code civil, modifié par la loi nº 2002-305 du 4 mars 2002, définit l'autorité parentale comme « un ensemble de droits et de devoirs ayant pour finalité l'intérêt de l'enfant ». L'autorité parentale appartient en règle générale aux deux parents pour protéger l'enfant dans sa sécurité, sa santé et sa moralité, pour assurer son éducation et permettre son développement, dans le respect dû à sa personne (article 2 de la loi nº 2002-305 du 4 mars 2002 relative à l'autorité parentale). Par conséquent, il

21. Par exemple, le sujet de droit est apte à hériter.

revient aux parents d'autoriser tout traitement médical ou intervention chirurgicale pratiqués sur la personne de leur enfant. Ce principe connaît toutefois deux exceptions.

La nécessité de recueillir le consentement des parents est une exigence posée par l'article 42 du code de déontologie médicale : « Un médecin appelé à donner des soins à un mineur doit s'efforcer de prévenir ses parents et d'obtenir leur consentement. » On voit qu'il ne s'agit pas d'une obligation mais d'une recommandation. Néanmoins, l'absence de formulation impérative se justifie par les hypothèses d'urgence et de refus des soins (voir *infra*).

En matière médicale, l'accord d'un des parents suffit pour un acte médical bénin, mais le consentement des deux est nécessaire pour les actes médicaux graves. Lorsqu'une intervention chirurgicale doit être pratiquée sur la personne d'un mineur est prévue la nécessité de recueillir l'autorisation écrite des parents (décret n° 74-27 du 14 janvier 1974 relatif aux règles de fonctionnement des centres hospitaliers et des hôpitaux locaux).

Il existe deux exceptions à l'exigence de recueillir l'autorisation des parents : l'urgence et le refus de soins. Lorsqu'il est impossible, vu l'urgence, de joindre avant l'acte médical ceux dont le consentement est requis, le médecin est dans l'obligation d'agir. Dans le cas contraire, il s'expose à des sanctions pénales (non assistance à personne en danger). La loi du 4 mars 2002 relative aux droits des malades et à la qualité du système de santé dispose que « lorsque la personne est hors d'état d'exprimer sa volonté [22], aucune intervention ou investigation ne peut être réalisée, sauf urgence ou impossibilité, sans que la famille ou à défaut l'un des proches ait été consulté » (article L 1111-4, CSP).

La loi du 4 mars 2002 prévoit d'une manière tout à fait novatrice que le patient a le droit de refuser les soins. Dès lors, les parents ont-ils en tant que détenteurs de l'autorité parentale le droit de refuser que des soins soient pratiqués sur leur enfant ?

---

22. *NDLR* : ce qui est bien le cas pour les nouveau-nés.

La loi règle cette difficulté en précisant que « dans le cas où le refus d'un traitement par la personne titulaire de l'autorité parentale risque d'entraîner des conséquences graves pour la santé du mineur, le médecin délivre les soins indispensables » (article L 1111-4, CSP). Par ailleurs, l'article 43 du code de déontologie énonce que « le médecin doit être le défenseur de l'enfant lorsqu'il estime que l'intérêt de sa santé est mal compris ou mal préservé par son entourage ».

Enfin, le décret de 1974 précité prévoit que :

> « Lorsque la santé ou l'intégrité corporelle du mineur risque d'être compromise par le refus du représentant légal du mineur, le médecin responsable du service peut saisir le ministère public afin de provoquer les mesures lui permettant de donner les soins qui s'imposent. La garde de l'enfant sera alors confiée au service hospitalier pour la durée des soins, ce qui empêchera les parents de retirer l'enfant de l'hôpital. » (Pansier, 1999.)

On peut qualifier la situation du nouveau-né en détresse vitale en salle de naissance de « situation d'urgence ». Dès lors, les médecins peuvent difficilement expliquer le problème aux parents et recueillir leur consentement éclairé avant de mettre en œuvre la réanimation. Il faut néanmoins insister sur la nécessité d'entourer les parents qui vivent des moments très difficiles car la séparation brutale avec l'enfant juste après l'accouchement n'était pas prévue.

En cas de désaccord entre médecins et parents

Dans l'hypothèse où les parents sollicitent l'arrêt de la réanimation, on peut trouver un élément de réponse dans la loi du 4 mars 2002 relative aux droits des malades. En revanche, l'hypothèse dans laquelle les parents souhaitent continuer la réanimation alors que les médecins s'y opposent n'est pas régie par la loi. Concernant la première hypothèse, la loi semble réserver la responsabilité de la décision aux médecins. On sait qu'il est en principe nécessaire de recueillir le consentement des parents pour pouvoir pratiquer des soins sur leurs enfants. Mais la loi du 4 mars 2002 précise que les parents ne disposent pas d'une telle autorité sur les soins vitaux à donner à un enfant : « Dans le cas où le refus d'un traitement par la personne titulaire de l'autorité parentale risque d'entraîner des conséquences graves pour la santé du mineur, le médecin délivre les soins indispensables. » (Article L 1111-4, CSP.) Or, la réanimation néonatale semble bien faire partie de ces « soins vitaux ».

En revanche, il n'existe pas de solution juridique dans l'hypothèse où les parents s'opposent à l'arrêt de la réanimation, aucune règle ne précisant sur qui pèse la responsabilité de la décision finale. En France, comme nous l'avons vu, la plupart des médecins recueillent le sentiment des parents mais prennent la responsabilité de la décision seuls.

Rappelons par ailleurs que l'interruption d'une réanimation en cours constitue une transgression de la loi : le Code pénal sanctionne le fait de donner la mort et celui de ne pas porter à une personne en péril l'assistance que, sans risque pour lui ou pour les tiers, il est possible de lui porter (obligation de réanimer si nécessaire). Il convient aussitôt de préciser que dans la réalité, la pratique judiciaire applique les textes avec beaucoup de nuances et de modération. Toutes les fois que la décision du médecin, restituée dans son contexte, paraît humainement compréhensible et justifiée par l'intérêt de l'enfant et de sa famille, l'action répressive n'est pas engagée. En effet, cette hypothèse de divergence entre les parents et l'équipe médicale est exceptionnelle, comme en atteste la rareté des plaintes pour « non-assistance à nouveau-né en danger ». Seul sera poursuivi et sans doute condamné celui auquel on pourra reprocher une faute lourde (incompétence flagrante, négligence ou désinvolture inadmissible, etc.), ce qui paraît tout à fait conforme à l'équité. Le caractère rigoureux de la loi pénale se trouve donc en fait très sérieusement atténué. Ces situations entrent aujourd'hui dans le champ d'application de la loi du 4 mars 2002 relative aux droits des malades et à la qualité du système de santé. En effet, cette loi dispose dans son article premier que « la personne née avec un handicap dû à une faute médicale peut obtenir la réparation de son préjudice[23] lorsque l'acte fautif a provoqué directement le handicap ou l'a aggravé ou n'a pas permis de prendre les mesures susceptibles de l'atténuer ».

En conclusion, il paraît difficile d'envisager l'édiction de règles légales en matière de réanimation néonatale, tant les situations et les sentiments des personnes sont divers. Comme l'expriment plusieurs auteurs,

> « Dans le face-à-face avec l'enfant souffrant, dans le regard questionnant des parents, les équipes soignantes sont requises pour dire et pour agir. Il y a là quelque chose qui échappe bel et bien à tout discours prétendant résoudre les problèmes par la codification normative. » (Iacub et Jouannet, 2001.)

La plupart du temps, les parents et l'équipe médicale sont d'accord, comme en atteste le caractère exceptionnel des plaintes. Celles-ci sont le plus souvent fondées sur une faute médicale plutôt que sur une divergence quant à la décision d'arrêter ou de poursuivre la réanimation. On pourrait tout au plus envisager de poser en la matière des principes généraux tels que la collégialité de la décision, l'association des parents à tous les stades de l'évolution de la prise en charge médicale de leur enfant, la délivrance d'informations claires et précises, etc.

La responsabilité du médecin et son obligation de réparer le dommage ne font aucun doute lorsque son intervention a causé ou aggravé le handicap dont un enfant se révèle atteint à la naissance ou lorsqu'il n'a pas prodigué, durant la grossesse ou à la naissance, les soins qui auraient pu diminuer ou supprimer le handicap. La question a été posée récemment de la responsabilité du médecin, tant vis-à-vis des parents que de l'enfant, lorsqu'il n'est pour rien dans la survenue du handicap, pour lequel aucun soin n'était possible, mais qu'il ne l'a pas décelé durant la grossesse et n'en a pas averti les parents. À l'égard des

23. Lorsque la personne est mineure, ce sont ses parents qui en tant que représentants légaux exerceront l'action en justice.

parents, les tribunaux ont admis que le médecin avait commis une faute en ne les informant pas de la forte probabilité du handicap affectant le fœtus et en les privant ainsi de la possibilité de recourir à une interruption médicale de grossesse, seule solution dans ce cas pour éviter le handicap avec certitude.

La Cour de cassation, dans l'arrêt « Perruche » (17 novembre 2000), a également admis cette possibilité vis-à-vis de l'enfant et l'obligation de réparer le dommage. Elle a considéré que l'abstention du médecin était une des causes de la naissance de l'enfant handicapé et que cette faute devait entraîner réparation de sa part. Cette solution a provoqué une vive réaction tant du côté des professionnels que du côté des associations de personnes handicapées. En effet, d'une part imputer la totalité du dommage à une cause secondaire était contestable et, d'autre part, le dommage s'analyse en une « naissance handicapée », la naissance et le handicap étant intimement liés et la seule façon, en l'espèce, d'éviter le handicap était d'éviter la naissance : l'absence de dommage ne pouvait être constituée que par l'absence de vie. Cela revient à considérer que la mort était préférable à une vie handicapée et qu'ainsi, l'enfant reprochait à ses parents et au médecin de ne pas lui avoir donné la mort dans le sein de sa mère.

Cette jurisprudence ayant été confirmée par d'autres arrêts, le législateur est intervenu et l'article premier de la loi n° 2002-303 du 4 mars 2002 sur les droits des malades a posé en principe que « nul ne peut se prévaloir d'un préjudice du seul fait de sa naissance ». Puis la loi a repris la jurisprudence antérieure lorsque l'intervention du médecin est la cause directe du handicap. La loi a exigé une « faute caractérisée » du médecin pour que celui-ci puisse être poursuivi.

Cette loi étant récente, il convient d'attendre quelque peu pour savoir comment la jurisprudence interprétera ce texte et comment la solidarité nationale, à laquelle incombe la compensation du handicap, mettra en œuvre les mesures indispensables.

Annonce du handicap

Le code de déontologie médicale, des recommandations officielles, la loi et la jurisprudence insistent tous sur le devoir d'information des médecins. Ces recommandations s'appliquent pendant la grossesse où il faut anticiper les futurs médicaux possibles, envisager les résultats des examens proposés et la possible découverte d'un handicap. Elles s'appliquent aussi à la situation dans laquelle médecins et couples se trouvent lors de la mise en évidence, chez un nouveau-né, d'une anomalie pouvant faire suspecter un handicap mental.

La circulaire de 1986 citée plus haut a été complétée récemment par une autre[24] qui vise à définir les conditions permettant un accompagnement satisfaisant des parents et une prise en charge attentive de l'enfant. Elle précise un certain nombre d'exigences : confirmation rapide des premières informations ; un temps suffisant pour la réflexion des parents ; aménagement des conditions de l'annonce initiale ; l'enfant doit être entouré et les parents accompagnés ; poursuite de l'accompagnement après la sortie de l'enfant ; maintien du contact avec la maternité ou le service de néonatologie ; proposition de toutes les possibilités de prise en charge ; information sur les services, associations et professionnels disponibles.

Les parents pourront solliciter le congé de présence parentale instauré par la loi nº 2000-1257 du 23 décembre 2000. Pour pouvoir en bénéficier, il faut en faire la demande auprès de l'employeur. Un certificat médical attestant de la nécessité de la présence d'une personne aux côtés de l'enfant devra être joint. Si cette condition est respectée, l'acceptation de la demande est obligatoire. Le congé peut être demandé à temps plein ou à temps partiel. Il est attribué pour une période initiale de quatre mois, renouvelable deux fois. La durée maximale du congé est

---

24. Circulaire nº 2002/269 du 18 avril 2002 relative à l'accompagnement des parents et à l'accueil de l'enfant lors de l'annonce pré- et postnatale d'une maladie ou d'une malformation.

donc d'un an. Pendant le congé de présence parentale, aucune rémunération n'est perçue (sauf en cas d'activité à temps partiel). Mais il est possible d'obtenir l'allocation de présence parentale [25]. À l'issue du congé, le parent doit retrouver son emploi précédent, ou un emploi similaire avec une rémunération égale.

Réflexions éthiques

Les réflexions éthiques « autour de la naissance » sont tributaires d'évolutions évoquées tout au long du chapitre : de grands progrès des connaissances et techniques, l'amélioration et la diffusion des pratiques médicales, une demande sociale importante pour les interventions pouvant prévenir la naissance d'enfants handicapés, des modifications législatives et, malgré la médiatisation des « miracles » accomplis par les médecins, la persistance de nombreuses situations où ces derniers restent impuissants.

Pour les parents et les médecins directement concernés, la préoccupation éthique était définie au début de ce chapitre sous la forme d'une question : comment agir pour le mieux ? Ils doivent se déterminer face à une situation à chaque fois singulière en fonction de leurs connaissances, leurs convictions et leur analyse. En effet, plusieurs exigences éthiques *a priori* difficilement compatibles s'affrontent ici : respect de la vie et respect de la souffrance de la famille ; valeur de la vie du fœtus et de celle des enfants handicapés, droits du fœtus et droits et responsabilités des parents ; responsabilité médicale et autonomie de la décision des parents. La tension provoquée par la confrontation de ces exigences opposées explique le caractère dramatique des décisions et la difficulté de leur élaboration. Elle est

25. En cas de cessation totale d'activité, son montant mensuel est de 961,34 euros si la personne assume seule la charge de l'enfant ; 809,55 euros pour un couple (montants au 1er janvier 2003).

particulièrement douloureuse lorsque l'éventualité d'un arrêt de la vie est en question. Car le patient ne peut ni être informé ni s'exprimer, d'où une décision partagée entre équipe médicale et famille. De plus, le patient n'a pas de passé médical et la décision sera prise par rapport à un « futur » qui peut être basé en partie sur des certitudes (par exemple on sait que l'enfant aura une trisomie 21), mais aussi sur des données plus difficiles à apprécier, telles que l'évolution probable des lésions, les données familiales et les possibilités de prise en charge.

La médecine anténatale

Dans les débats relatifs au diagnostic anténatal une grande diversité d'opinions s'exprime car les pratiques sont connues et les dilemmes ne peuvent pas être résolus de manière simple. Tous les choix imposent une souffrance et on peut espérer seulement que la solution choisie sera la moins mauvaise pour l'ensemble des personnes en cause, fœtus, enfant, parents, fratrie.

La confrontation de plusieurs points de vue a suscité très tôt la rédaction par les médecins et plusieurs instances éthiques d'un ensemble de déclarations et de principes normatifs pour encadrer les pratiques du diagnostic anténatal. Il était estimé généralement que le sens personnel que pouvait avoir un médecin de ses responsabilités ne suffisait pas pour régler les importantes questions éthiques en jeu. L'exemple présenté ci-dessous souligne les points sur lesquels l'OMS, après enquête, a considéré qu'il y avait un consensus global parmi les professionnels [26].

Proposition de directives éthiques pour le diagnostic anténatal (OMS, 1997)

---

26. Voir la bibliographie pour des contributions françaises, notamment un groupe de pédiatres-généticiens, MAROTEAUX *et al.*, 1984 ; le Conseil national de l'ordre des médecins, 1987 ; le Comité consultatif national d'éthique, 1985 ; le Conseil permanent de la conférence des évêques de France, 1998.

– La diffusion des services génétiques, y compris le diagnostic anténatal, doit être équitable, prioritairement auprès de ceux ayant les besoins médicaux les plus importants, indépendamment de leur capacité à payer ou de toute autre considération (justice).
– Le diagnostic anténatal doit toujours être volontaire. Les futurs parents doivent décider si un trouble génétique justifie un diagnostic anténatal ou l'interruption d'une grossesse avec un fœtus atteint (autonomie).
– Si le diagnostic anténatal est indiqué pour des raisons médicales, il doit être disponible indépendamment de l'opinion du couple concernant l'avortement. Le diagnostic anténatal peut, dans certaines situations, servir à se préparer pour la naissance d'un enfant atteint (autonomie).
Le but du diagnostic anténatal est uniquement de fournir aux parents et médecins des informations concernant la santé du fœtus. L'utilisation du diagnostic anténatal pour tester la paternité, sauf cas de viol ou d'inceste, ou pour sélectionner le sexe, sauf en cas d'un trouble lié au sexe, n'est pas appropriée (non-malfaisance).
Le diagnostic anténatal uniquement pour soulager une inquiétude maternelle, en l'absence d'indications médicales, doit être moins prioritaire dans l'allocation des ressources que le diagnostic anténatal sur indication médicale (justice).
Le conseil doit précéder le diagnostic anténatal (non-malfaisance).
Les médecins ont l'obligation de révéler toutes les données cliniques pertinentes à la femme/au couple, y compris toute la variabilité des manifestations de l'anomalie en cause (autonomie).
Les choix de la femme et/ou du couple lors d'une grossesse avec un fœtus atteint doivent être respectés et protégés, dans le cadre de la famille et des législations, de la culture et de la structure sociale du pays. C'est au couple, et non au professionnel de santé, de prendre les décisions (autonomie).

Malgré cet accord, le diagnostic anténatal, qui étend son champ à un nombre toujours croissant d'anomalies et de malformations, continue à susciter des interrogations éthiques et des prises de position opposées. L'objectif de prévention très précoce d'anomalies biologiques est généralement accepté par la société, car il répond à la volonté de contrôler les processus naturels de la procréation et de pallier leurs faiblesses. Le nombre moyen d'enfants par famille baissant, chaque enfant devient d'autant plus précieux et la « qualité » devient un enjeu crucial. À une époque caractérisée par la valorisation d'une perspective biologisante de l'être humain, la légitimité sociale du diagnostic anténatal, qui s'intéresse à la qualité biologique du fœtus, s'en trouve renforcée et contribue en retour à faire accepter cette approche dans la société.

Diagnostic anténatal et eugénisme

Deux thèmes dominent la réflexion actuelle : le lien entre diagnostic anténatal et eugénisme, et l'opposition entre l'affirmation de la dignité et de la valeur de la vie du fœtus et la reconnaissance de pressions sociales qui poussent les couples à recourir à l'avortement en cas d'anomalie. En réalité les deux thèmes ne sont pas complètement étanches. Dans les deux cas on exprime la crainte que le couple ne soit pas libre de décider de garder un fœtus malformé, notamment par le biais de programmes organisés par l'État et financés par l'argent public qui feraient passer « un comportement eugénique individuel (désir des couples d'éviter la naissance d'un enfant porteur d'une maladie d'une particulière gravité) » vers « un eugénisme devenu préoccupation collective de toute une société, celle-ci décidant alors d'un critère de normalité en dehors duquel un embryon ou un fœtus n'aurait plus le droit de naître » (Mattei et Rauch, 1997). D'autres observateurs s'inquiètent du « risque de l'eugénisme de complaisance qui use et abuse de l'argument compassionnel en invoquant les souffrances futures de l'enfant à naître sans avoir sincèrement envisagé sa qualité de vie possible » (Le Coz, 2002).

Dignité du fœtus

Le thème de la dignité du fœtus versus le devoir d'éliminer celui qui serait porteur d'une anomalie connue est très vigoureusement discuté en rapport avec les politiques organisant en priorité le diagnostic anténatal de la trisomie 21. Les associations représentatives des personnes handicapées, telles que l'Organisation mondiale des personnes handicapées (OMPH, 2000), y sont particulièrement sensibles. Une série de décisions de justice rendues en France récemment a été interprétée par ces dernières comme renforçant ce qu'elles estiment une tendance déjà existante visant à imposer moralement l'avortement après la révélation d'une anomalie fœtale. Le CCNE a tenté de dépasser ces oppositions dans son avis n° 68 « Handicaps congénitaux et préjudice ». Il a souligné la nécessité que la société rende « réellement envisageable une décision parentale de poursuite de la grossesse malgré le risque qu'elle aboutisse à la naissance d'un enfant plus ou moins handicapé ». Un autre groupe, américain celui-là, a insisté sur la nécessité d'informer tant les professionnels que les couples sur la réalité de la vie avec un handicap (Parens et Asch, 1999). Dans le cadre d'une autre enquête, des personnes handicapées ont précisé qu'elles ne condamnaient pas le diagnostic anténatal de manière définitive mais qu'elles plaidaient pour qu'il ne représente pas l'unique approche socialement approuvée du problème des anomalies et dysfonctionnements humains décelables avant la naissance (Moyse et Diederich, 2001).

Autres questions

D'autres thèmes alimentent le débat des spécialistes sur le diagnostic anténatal : les demandes pour raisons sociales (par exemple, pour connaître le sexe du fœtus pour des raisons non-médicales) ; le recours au diagnostic anténatal pour des maladies incurables d'apparition à l'âge adulte (maladies héréditaires comme la maladie de Huntington) ; le diagnostic préimplantatoire qui comporte une sélection d'embryons. On rejoint dans ce dernier cas la discussion sur l'eugénisme, le diagnostic préimplantatoire permettant, au moins en théorie, de trier les embryons sur des critères non médicaux. Enfin, l'évaluation anténatale d'un risque en tant que première étape avant le diagnostic anténatal suscite des inquiétudes relatives à la systématisation de l'offre – ce qui est le cas dans les pays de l'Europe de l'Ouest – et à la capacité des femmes de comprendre les enjeux et de donner un consentement éclairé à l'acte. D'un autre point de vue, la proposition systématique d'un dépistage anténatal est défendue comme répondant mieux au principe de justice (par le respect de l'égalité d'accès de toutes les femmes dans le cadre général des soins) qu'une offre acceptée seulement par celles disposant des ressources économiques requises.

La réanimation néonatale

Si le diagnostic anténatal a bénéficié d'un large débat social depuis les années 1970, il n'en est pas de même pour la réanimation néonatale qui reste encore très largement une question réservée aux praticiens. En ce qui concerne les spécialistes français, le dernier état de leur réflexion est contenu dans les recommandations, évoquées plus haut, de la Fédération nationale des pédiatres réanimateurs en date de 2001, mais il n'est pas destiné à une large diffusion. Le public commence à peine à être informé des dilemmes auxquels sont confrontés les médecins, quelques quotidiens ayant récemment rendu compte des résultats d'enquêtes réalisées dans les services de néonatologie sur les pratiques en cours. Un débat social sur la réanimation néonatale, surtout dans ses aspects éthiques, reste à construire.

Notre compte rendu des positions professionnelles a permis de montrer quelques difficultés majeures au plan de l'éthique : d'abord les médecins prennent des décisions de vie et de mort à la place des parents, pourtant responsables de leur enfant ; par ailleurs, il leur arrive de mettre fin à la vie d'un nouveau-né, cela en violation de la loi et de la déontologie médicale, tout en se justifiant par une référence à leur responsabilité professionnelle. En l'absence d'un débat social, nous voulons attirer l'attention ici sur l'apport original d'un des rares documents récents qui pourrait contribuer à lancer une réflexion éthique dans le public. Il s'agit du récent rapport du Comité consultatif national d'éthique sur la réanimation néonatale (CCNE, 2000) qui est présenté dans les paragraphes qui suivent.

Un des mérites de ce texte est de situer les problèmes au plan de la société et non comme concernant les seuls parents et médecins. Pour le CCNE, la tâche de la réflexion éthique consiste à :

> « Établir des modes de relations souhaitables entre les personnes et les institutions concernées par l'enfant en détresse en prenant en compte la complexité humaine de situations souvent tragiques [...] La réflexion est centrée sur les implications éthiques d'un double impératif qui prescrit de prévenir autant que possible les détresses vitales à la naissance, et de faire face avec compassion, justesse et humanité si elles surviennent malgré tout. »

Le CCNE considère que la prévention passe par la responsabilisation de tous les praticiens concernés par la grossesse et la naissance, l'amélioration de l'organisation des soins et l'encouragement de recherches en partenariat avec les parents. Le respect du principe déontologique « ne pas nuire » permettrait que soit évitée dans de nombreux cas l'apparition d'un handicap majeur. Le respect de la personne de l'enfant fragile devrait passer par le rejet de toute forme d'acharnement thérapeutique.

Comment faire face ? Le CCNE souligne à plusieurs endroits le rôle essentiel des parents. Ainsi :

> « L'appréciation des parents, protecteurs naturels de leur enfant, est le seul élément qui permette de prendre en compte l'exigence éthique de consentement ; aussi les parents doivent-ils participer aux discussions et décisions même s'ils ne disposent pas de l'initiative de la décision médicale. Ils doivent aussi, toutes les fois que cela est possible, avoir le temps d'un cheminement personnel qui permette la maturation d'une décision toujours à la source d'un déchirement [...] Respecter la dignité du nouveau-né implique de respecter son entourage [...] L'implication des parents est [...] essentielle. C'est en effet non seulement les respecter eux-mêmes, mais encore respecter l'enfant, l'enfant dans sa famille, et sa famille, et préparer ou préserver au mieux l'avenir. »

Le cas le plus dramatique est celui où le nouveau-né acquiert une autonomie respiratoire mais manifeste des lésions cérébrales qui entraîneront des handicaps sévères. Pour le CCNE, la banalisation de l'attitude consistant à mettre un terme à la vie du nouveau-né pose une question éthique majeure : elle peut inciter à négliger les facteurs à l'origine de la situation et donc leur prévention ; elle engage la responsabilité médicale. La perception des parents de ce qui est insupportable est au premier plan :

> « Personne n'est alors plus directement impliqué dans son destin [celui de l'enfant] que ses parents [...] L'approche humaine de ces situations toujours dramatiques exige en effet que puisse se manifester le sentiment profond des parents en évitant qu'il ne soit totalement dénaturé par un sentiment de culpabilité insoutenable. »

Le CCNE ne cache pas que l'arrêt médicalisé de vie est une transgression évidente de la loi. Mais il considère que, si l'on ne peut pas l'approuver, au moins doit-on la comprendre.

> « Il convient de garantir que la décision prise est l'aboutissement d'une démarche transparente et progressive, menée en conscience, avec humanité, dans le souci de respecter au mieux les parents de l'enfant, seuls à pouvoir prendre la mesure du poids de l'avenir qui s'ouvre devant eux [...] Une telle approche est éthique lorsqu'elle traduit une attitude d'humilité, de tâtonnements, d'interrogations profondes et de respect lors de la recherche de la solution humainement tolérable. »
> La conclusion du rapport reprend la perspective sociale qui inspire l'ensemble du texte :
> « Les réflexions éthiques proposées ici par le CCNE en appellent à une prise de conscience qui devrait conduire à tout mettre en œuvre pour que : les insuffisances de la prévention de situations de détresse vitale à la naissance, les attitudes d'acharnement thérapeutique initial, la quête de performances médicales soient suffisamment dénoncées pour rendre les plus rares possible à brève échéance des situations conduisant parfois à des actes qui resteront toujours une grave transgression. Ces efforts nécessaires ne doivent pas occulter la faiblesse de l'investissement social dans la prise en charge des enfants handicapés. Le CCNE en appelle à la responsabilité de la société pour la correction de cette carence. »

Il serait souhaitable que la discussion entamée par le CCNE soit relayée au-delà des instances éthiques spécialisées et puisse stimuler des débats dans la société tout entière.

Ce chapitre a tenté d'explorer diverses facettes des situations où la médecine intervient aux débuts de la vie. Ont été présentées d'abord les pratiques et les attitudes médicales, puis les attitudes et les réactions des parents. La qualité des échanges entre les parents et les médecins est particulièrement chargée de préoccupations éthiques dans les moments où une décision, une action, sont exigées alors qu'une vie humaine est en jeu et que personne ne maîtrise totalement les données de la situation. Lorsque ces cas se présentent, et en l'absence de références unanimement partagées, ils nécessitent la réflexion de toutes les parties concernées pour décider la « meilleure » manière d'agir. Sans vouloir reprendre tout ce qui a été développé dans les sections précédentes, nous concluons ce chapitre en soulignant les exigences éthiques de responsabilité et de respect qui peuvent servir de repères pour ce processus délicat.

Valoriser la responsabilité des médecins sur le plan éthique signifie d'abord exiger qu'ils soient compétents. La formule lapidaire de Jean Bernard, « l'éthique c'est la compétence », si elle ne définit pas la totalité du champ de l'éthique, en souligne pourtant un des éléments les plus importants lorsqu'il s'agit de la conduite de professionnels. C'est une exigence fondamentale qui s'applique bien sûr à l'ensemble des médecins, mais tout particulièrement à ceux qui travaillent en médecine anté- et néonatale, domaines en constante évolution technique. D'où la nécessité d'une (re)mise à niveau permanente concernant les outils que les équipes seront amenées à utiliser.

Mais la médecine des débuts de la vie est caractérisée surtout par les rencontres entre les parents et l'équipe médicale autour d'un enfant à naître ou nouveau-né. La compétence des praticiens doit inclure le souci de tout faire pour que ces rencontres se déroulent dans un climat de confiance mutuelle. Cela passe en partie par leur maîtrise des techniques de communication, d'échange et d'écoute et par l'aménagement de lieux spécifiques consacrés à ces moments chargés d'émotion et de sensibilités blessées. On peut espérer une généralisation de protocoles de prise en charge des parents par des équipes formées. En effet, l'accompagnement ne s'improvise pas, il se prépare et s'évalue. C'est dire l'importance de la formation des professionnels, laquelle doit se baser, entre autres éléments, sur l'étude approfondie des textes disponibles, l'expérience des formateurs en vue de dégager les éléments de bonnes pratiques et la discussion collégiale d'expériences novatrices.

En médecine anténatale, les normes juridiques en matière d'information et de proposition d'examens traduisent l'exigence éthique de respecter les couples en leur donnant les moyens de comprendre et de bien peser la portée des décisions qu'ils seront amenés à prendre. Or, la compréhension des atteintes que pourrait présenter l'enfant dans sa vie et leurs conséquences pratiques au niveau de la vie quotidienne est extrêmement difficile ; elle nécessite du temps, du soutien et de la disponibilité de la part de l'équipe médicale. L'expérience montre qu'il est toujours préférable d'explorer l'éventualité de décisions lourdes de conséquences en dehors des moments de crise où la nécessité de décider ne peut plus être retardée. Dans tous les cas, les couples ont besoin d'être soutenus dans leur cheminement vers la décision qui sera bonne pour eux.

En médecine néonatale, la responsabilité des professionnels commence par l'obligation d'éviter des conduites s'apparentant à de l'acharnement excessif et déraisonnable à l'encontre de l'enfant confié à leurs soins. Ils doivent aussi se soucier de la qualité de l'implication des parents dans les décisions qui seront prises concernant leur enfant. Le respect des parents passe ainsi par les mesures permettant de renforcer leur capacité à entendre, à poser des questions, à réfléchir et finalement à participer aux décisions, malgré l'impossibilité dans laquelle ils se trouvent momentanément d'assumer la totalité de leur responsabilité parentale.

La responsabilité des médecins est un thème constant de la littérature bioéthique. Celle des patients, représentés ici par les parents, est moins souvent évoquée ; elle est pourtant bien réelle. Ces derniers sont bénéficiaires d'un système de soins qui vise à donner les meilleures chances à chaque grossesse, puis à chaque nouveau-né. Un tel objectif ne peut pas se réaliser sans la collaboration des couples qui en conséquence devront éviter les conduites dont on sait qu'elles peuvent porter préjudice à la santé de l'enfant à naître. D'autre part, l'arrivée d'un enfant handicapé ayant forcément des répercussions sur toute la famille, et notamment sur les frères et sœurs, la réflexion des couples ne devrait pas négliger des points de vue éventuellement discordants concernant les décisions qui engagent l'avenir de tous.

Une autre responsabilité, particulièrement importante aujourd'hui dans nos sociétés marquées par la survalorisation d'actes médicaux présentés comme des « exploits », pourrait être définie comme une obligation de discernement, de réception critique des messages médiatiques concernant les possibilités curatives de la médecine anté- et néonatale. Car, pas plus aujourd'hui que demain, les praticiens ne peuvent jamais garantir l'absence totale d'anomalie chez un enfant. Leur demander cela risque non seulement de perturber au quotidien les relations avec les médecins qui s'occupent de leur grossesse (ou de leur nouveau-né) mais aussi, comme cela se passe déjà aux États-Unis, de susciter dans le corps médical une dérive vers des pratiques « défensives » refusant les actes susceptibles de suites juridiques, cela au détriment de l'enfant et en contradiction avec la mission de la médecine.

S'il est évident que les médecins et les familles sont directement et personnellement concernés par les décisions en médecine périnatale, ils ne doivent pas être les seuls. Depuis quelques années un mouvement social irréversible semble engagé vers une plus grande participation des associations représentant les familles et les handicapés dans tous les lieux où se discutent des questions de santé et de handicap. Ces associations ont montré qu'elles peuvent jouer un rôle fort utile d'information et de soutien des familles confrontées pour la première fois à une maladie grave, notamment chez un nouveau-né. Leur présence à l'hôpital et leurs activités dans leurs propres structures peuvent contribuer à une meilleure prise en charge des familles dans ces moments de détresse.

Enfin, dernier acteur et non le moins important, la société, à travers les pouvoirs publics, doit s'efforcer de répondre à une exigence éthique de justice, en veillant à ce que les soins et services en matière de suivi des grossesses et des nouveau-nés soient réellement accessibles et de haute qualité pour l'ensemble de la population. Cela devra passer sans doute par des mesures spécifiques visant les groupes en situation socio-économique précaire qui risqueraient autrement d'être laissés en marge du progrès médical et social. On le répète depuis longtemps, la société doit améliorer la prise en charge des enfants handicapés et améliorer le soutien des familles qui, trop souvent encore, doivent se battre quasi seules pour obtenir l'aide dont elles ont besoin. La question des coûts ne peut plus être éludée : quels investissements financiers la société accepte-t-elle de consacrer à cet objectif ? Il reste encore beaucoup à faire pour que les personnes handicapées deviennent des membres à part entière de la nation.

Tout en reconnaissant que les conflits de valeurs et principes existant en médecine périnatale donnent souvent un caractère dramatique aux décisions devant être prises, il est important, dans ce chapitre qui traite d'éthique et de handicap mental au début de la vie, de rappeler la dignité qui s'attache à tous les enfants, et notamment à ceux qui sont porteurs d'un handicap mental. Le principe de réalité oblige à reconnaître que ces enfants sont limités par leur handicap mais le respect de leur dignité impose à tous de reconnaître que leur valeur en tant que personnes n'est pas définie par le handicap.

RÉFÉRENCES BIBLIOGRAPHIQUES

Références citées

AGENCE NATIONALE D'ACCRÉDITATION ET D'ÉVALUATION EN SANTÉ, *Information des patients. Recommandations destinées aux médecins*, 2000, 59 p.

DENORMANDIE P., HIRSCH E., *L'Annonce du handicap*. Dossiers de l'AP-HP, Doin/AP-HP, 1999.

ASSOCIATION DES UTILISATEURS DE DOSSIERS INFORMATISÉS EN PÉRINATALOGIE, OBSTÉTRIQUE ET GYNÉCOLOGIE, *Rapport remis au ministre de la Santé*, 2002.

BOOG G., LEVI S., « Dépistage des malformations par échographie », *in* DOMMERGUES M., AYMÉ S., JANIAUD P., SÉROR V. (sous la dir. de), *Le Diagnostic anténatal*, INSERM (Questions de santé publique), 2003.

BOUÉ A., *La Médecine du fœtus*, Odile Jacob, Paris, 1995, 233 p.

CLAYTON-SMITH J., ANDREWS T., DONNAI D., « Genetic counselling and parental decisions following antenatal diagnosis of sex chromosome aneuploidies », *J. Obst. Gyn.*, 10, 1989, p. 5-7.

COMITÉ CONSULTATIF NATIONAL D'ÉTHIQUE, *Dépistage du risque de la trisomie 21 fœtale à l'aide de tests sanguins chez les femmes enceintes*, avis n° 37, 1993.

COMITÉ CONSULTATIF NATIONAL D'ÉTHIQUE, *Consentement éclairé et information des personnes qui se prêtent à des actes de soin ou de recherche*, Rapport et recommandations n° 58, 1998.

COMITÉ CONSULTATIF NATIONAL D'ÉTHIQUE, *Réflexions éthiques autour de la réanimation néonatale*, avis n° 65, 2000.

COMITÉ CONSULTATIF NATIONAL D'ÉTHIQUE, *Handicaps congénitaux et préjudice*, avis n° 68, 2001.

CUTTINI M. *et al.*, « End-of-life decisions in neonatal intensive care : physicians' self-reported practices in seven European countries », *Lancet* 355, 2000, p. 2112-2118.

DAUBECH L., « Les formes légales du consentement », *in* « Le Consentement aux actes médicaux », *Gazette du Palais*, n° spécial, 1999, p. 18.

DOMMERGUES M., AYMÉ S., JANIAUD P., SÉROR V. (sous la dir. de), *Le Diagnostic anténatal*, INSERM (Questions de santé publique), 2003.

DUMARET A.-C., « De l'annonce à l'accueil : le risque de l'abandon, à propos des enfants trisomiques », *in* D. VAGINAY *et al.*, *Trisomie 21, transmission et intégration : pour quelle éthique ?*, Lyon, Chronique sociale, 2000, p. 104-109.

EVERS-KIEBOOMS G., « La demande sociale en matière de dépistage et de diagnostic prénatal » ; « Conséquences psychologiques du dépistage prénatal » ; « Processus de décision et prise en charge des couples », *in* DOMMERGUES M. *et al.*, *op. cit.*

FÉDÉRATION NATIONALE DES PÉDIATRES NÉONATOLOGISTES, « Dilemmes éthiques de la période périnatale : recommandations pour les décisions de fin de vie », *Arch. Pédiatr.*, 8, 2001, p. 407-419.

FELLOUS M., « Implications socio-psychologiques de l'échographie obstétricale », *Apports de l'échographie en obstétrique*, Paris, Vigot, 1987, p. 303-320.

FELLOUS M., *La Première Image, enquête sur l'échographie obstétricale*, Nathan, Paris, 1991, 153 p.

GOLD F., *Éthique médicale et Périnatologie : questionnement laïque sur les pratiques françaises actuelles de la médecine du fœtus et du nouveau-né*, thèse, 1994.

GRANDJEAN H. *et al.*, « Les décisions d'intervention ou d'abstention en anténatal et postnatal : influence sur les taux de mortalité dans l'étude EPIPAGE », in *La Prématurité avant 33 semaines : premiers résultats d'EPIPAGE*, 31e journées nationales Lille, 2001.

GREEN J., STATHAM H., « Psychosocial aspects of prenatal screening and diagnosis », *in* T. MARTEAU, RICHARDS (éd.), *Troubled Helix*, 1996, p. 140-163.

HEYMANN-DOAT A., « Génétique et droits de l'homme », colloque des 20 et 21 mars 1998, *in Logiques juridiques*, L'Harmattan, Paris, 1999.

IACUB M., JOUANNET P., *Juger la vie, les choix médicaux en matière de procréation*, La Découverte, Paris, 2001.

HERTLING-SCHAAL E., PERROTIN F., DE PONCHEVILLE L., LANSAC J., BODY G., « Anxiété maternelle induite par les techniques de diagnostic anténatal : reconnaissance et prise en charge », *Gynécol. Obstét. Fertil.*, 29, 2001, p. 440-446.

INSERM, *Grande prématurité, dépistage et prévention du risque*, expertise collective, INSERM, 1997, 280 p.

JULIAN-REYNIER C. *et al.*, « Reasons for women's non-uptake of amniocentesis », *Prenatal Diagnosis*, 14, 9, 1994, pp. 859-864.

LAMBERT-FAIVRE Y., « La loi n° 2002-303 du 4 mars 2002 relative aux droits des malades et à la qualité du système de santé, I. La solidarité envers les personnes handicapées », Dalloz, 2002, n° 15, p. 1217.

LAMBERT-FAIVRE Y., « La loi n° 2002-303 du 4 mars 2002 relative aux droits des malades et à la qualité du système de santé, II. Les droits des malades, usagers du système de santé », Dalloz, 2002, n° 16, p. 1291.

LE COZ P., « Diagnostic anténatal : de la pureté des cœurs à la purification des corps ? », *Lettre de l'espace éthique AP-HP*, 15-18, 2002, p. 4-9.

LÉNA M., *La Réanimation : lutte pour la vie ou accompagnement vers la mort ?*, mémoire de diplôme universitaire d'éthique médicale, 2000.

MALAUZAT M.-I., « Le projet de loi "bioéthique" », Dalloz, 2002, n° 35, p. 2688.

MATTEI J.-F., RAUCH C., « Génétique et société : implications éthiques et juridiques », *Rev. Prat.*, 47, 1997, p. 182-186.

MÉMETEAU G., *« Observations sous Cass. civ. 1re, 15 décembre 1999 », J.C.P. G., 2000, II, 10384.*

MOLÉNAT F., « Implications psychologiques de l'interruption ou de la poursuite de la GROSSESSE après diagnostic anténatal », *in* DOMMERGUES M. *et al., op. cit.*

MOLÉNAT F., *Mères vulnérables*, Le Seuil, Paris, 1992.

MOYSE D., DIEDERICH N., *Les Personnes handicapées face au diagnostic anténatal. Éliminer avant la naissance ou accompagner ?*, Toulouse, Erès, 2001.

ORGANISATION MONDIALE DES PERSONNES HANDICAPÉES, *L'Avis des personnes handicapées sur l'application des connaissances de la biologie génétique : position et déclaration de la région Europe de l'Organisation mondiale des personnes handicapées sur les questions de la biomédecine et les droits de l'homme*, Royaume-Uni, OMPH, 2000.

PANSIER F.-J., « Le consentement à l'hôpital », *in* « Le consentement aux actes médicaux. Colloque », *Gazette du Palais*, n° spécial, 1999, p. 11.

PARENS E., ASCH A., « The Disability Rights Critique of Prenatal Genetic Testing. Reflections and Recommendations », *Hastings Center Report*, 29, S1-S22, 1999.

PAYCHENG O., SZERMAN S., « À la rencontre de l'éthique, guide pratique des textes de référence », *Heures de France*, 1997.

PUTMAN E., « Présentation des décrets d'application de la loi IVG-contraception », *R.J.P.F.*, septembre 2002, p. 9.

RUMEAU-ROUQUETTE C., *Bien naître, la périnatalité entre espoir et désenchantement*, Paris, EDK, 2001, 213 p.

SANN L., « Pratiques éthiques d'euthanasie néonatale », *Journal de médecine légale droit médical*, 44, 7/8, 2001, p. 511-532.

SARGOS P., « Réflexions "médico-légales" sur l'interruption volontaire de grossesse pour motif thérapeutique », *J.C.P. G.*, 2001, I, p. 322.

SICARD D., *La Médecine sans le corps, une nouvelle réflexion éthique*, Plon, 2002.

SOCIÉTÉ SUISSE DE NÉONATOLOGIE, *Recommandations pour la prise en charge des prématurés à la limite de la viabilité (22-26 semaines de gestation)*, 2002.

TAQUET F., « Les nouvelles dispositions relatives à l'interruption volontaire de grossesse et à la contraception (loi n° 2001-588 du 4 juillet 2001) », *Gazette du Palais*, 15 et 16 février 2002, p. 5.

TEYSSIE B., *Droit civil, Les personnes*, 6e éd., Litec, 2001.

VISIER J.-P., MAURY M., ROY J., « La détresse des familles d'enfants handicapés », *Revue de pédiatrie*, XXI, 7, 1985, p. 297-298.

WALD N.J., KENNARD A., HACKSHAW A., MCGUIRE A., « Antenatal screening for Down's syndrome », *J. Med. Screen*, 4, 4, 1997, p. 181-246.

WINNICOTT D., *De la pédiatrie à la psychanalyse*, Payot, Paris, 1969.

WORLD HEALTH ORGANISATION, *Proposed international guidelines on ethical issues in medical genetics and genetic services*, 1997.

ZUCMAN É., « L'enfant handicapé et sa famille », *in* J.P. DESCHAMPS *et al.* (dir.), *L'Enfant handicapé et l'école*, Flammarion, Paris, 1981, p. 61-70.

Pour en savoir plus

ACADÉMIE NATIONALE DE MÉDECINE, BOUREL M., « Recommandations sur le dépistage de la trisomie 21 », *Bull. Acad. Nat. Med.* 182, 1998, p. 1295-1296.

DENORMANDIE P., HIRSCH E. (dir.), *L'Annonce anténatale et postnatale du handicap, un engagement partagé*, colloque organisé en partenariat avec la faculté de médecine Paris-Sud, Paris, AP-HP, 2001, 177 p.

BOUCHARD L., RENAUD M., KREMP O., DALLAIRE L., « Selective abortion : a new moral order ? Consensus and debate in the medical community », *Int. J. Health Serv.*, 25, 1995, p. 65-84.

CADORÉ B., BOITTE P., « Questions éthiques à propos de l'indication du "triple test" dans la démarche de dépistage anténatal de la trisomie 21 », *J. Int. Bioéthique*, 9, 1998, p. 57-68.

CARBONNIER J., *Droit civil 1 – Les personnes*, 21e éd., PUF, 2000, 425 p.

COMITÉ CONSULTATIF NATIONAL D'ÉTHIQUE, *Avis sur les problèmes posés par le diagnostic anténatal et périnatal*, avis n° 5, 1985.

CONSEIL NATIONAL DE L'ORDRE DES MÉDECINS, « Recommandations déontologiques applicables au diagnostic anténatal », *Bulletin de l'ordre des médecins*, 5, 1987, p. 7-8.

DAVID D., GOSME-SÉGURET S., *Le Diagnostic anténatal. Aspects psychologiques*, ESF, 1996, 133 p.

DEHAN M., « Grands prématurés : enjeux éthiques de la décision en néonatologie », *in Fins de vie et Pratiques soignantes*, Espace éthique AP/HP, 2000, p. 75-78.

DUCRUET J., « L'éthique des décisions de fin de vie en réanimation néonatale », *Laennec* 3, 2002, p. 8-25.

GERMAIN J.F., *La Réanimation néonatale : éthique aux limites de la vie*, Paris, PUF, coll. « Médecine et société », 1999.

GOLD F., « Problèmes pratiques posés par les pratiques françaises actuelles de la médecine curative du fœtus et du nouveau-né », in *Repères et situations éthiques en médecine*, Ellipses-Marketing, Sciences humaines en médecine, 1996, p. 120-131.

GRASSIN M., *Le Nouveau-né entre la vie et la mort : éthique et réanimation*, Paris, Desclée de Brouwer, coll. « Anthropologiques », 2001, 195 p.

GROUPE DE CONSEILLERS POUR L'ÉTHIQUE DE LA BIOTECHNOLOGIE DE LA COMMISSION EUROPÉENNE, « Avis sur les aspects éthiques du diagnostic anténatal », *Recueil international de législation sanitaire*, 47, 1996, p. 435-438.

HAUSSAIRE-NIQUEL C., *L'Enfant interrompu*, Flammarion, Paris, 1998.

HEFFERMAN P., HEILIG S., « Giving "moral distress" a voice : ethical concerns among neonatal intensive care unit personnel », *Cambridge Quarterly of Healthcare Ethics*, 8, 2, 1999, p. 173-178.

JEANDIDIER B., « Amniocentèse, pour un débat de société », *Études*, 3866, 1997, p. 759-765.

KAMINSKI M., GAREL M., « Décisions d'abstention ou d'arrêt de soins intensifs en néonatologie : expertise et implication des parents », *Sciences sociales et santé*, 19, 2, 2001, p. 63-71.

KIND C., *Vie handicapée ou Vie entravée ? Les enjeux éthiques du diagnostic anténatal*, SPC, 1993, 180 p.

« La grande prématurité », *Ethica clinica*, n° 29, 2003.

MARLOW N., LARROQUE B., GOUYON J.B. *et al.*, « La prématurité extrême », *Progrès en néonatologie*, 20, 2000, p. 197-289.

MAROTEAUX P. *et al.*, « Réflexions sur les problèmes éthiques du diagnostic anténatal », *J. Gyn.-Obs.*, 13, 1984, p. 581-582.

MARZANO-PARISOLI M.M., « Wrongful Life : réflexion philosophique autour de la normalité, la félicité et la valeur de la vie », *Handicap – Revue de sciences humaines et sociales*, 91, 2001, p. 65-81.

MATTEI J.-F., *L'Enfant oublié ou les Folies génétiques*, Albin Michel, Paris, 1994, 204 p.

MAZEAUD H., MAZEAUD L., MAZEAUD J., CHABAS F., *Les Personnes, la Personnalité, les Incapacités*, 8e éd., Montchrestien, 1997, 466 p.

MEMBRADO M., « La décision médicale entre expertise et contrôle de la demande : le cas des interruptions de grossesse pour motif thérapeutique », *Sciences sociales et santé*, 19, 2001, p. 31-61.

MOKHTARI M., *La Relation médecin-parents dans les décisions d'arrêts de réanimation en service de réanimation néonatale*, DEA d'éthique médicale et biologique, Paris, université René Descartes, 1996.

PAILLET A., « D'où viennent les interrogations morales ? Les usages rhétoriques des innovations par les pédiatres réanimateurs français », *Sciences sociales et santé*, 18, 2, 2000, p. 43-66.

PERROTIN C. (dir.), *Le Diagnostic anténatal : quels enjeux ?*, Lyon, Lacassagne, 1991.

RIVERS R.P.A., THE BRITISH COUNCIL, « Decision making in the neonatal intensive care environment », *in* « Euthanasia : death, dying and the medical duty », *British Medical Bulletin*, 52, 2, 1996, p. 238-245.

SIROL F., « Malaise dans la compassion : l'accompagnement psychologique du diagnostic anténatal, de l'annonce à la décision », *Gyn. Obs. Fert.*, 28, 2000, p. 291-301.

TEISSIERE E., « Aspects psychologiques du dépistage des anomalies chromosomiques du premier trimestre », *Gyn. Obs. Fert.*, 30, 2000, p. 54-58.

WOOD N.S. *et al.*, « Neurologic and developmental disability after extremely preterm birth », *N. Eng. J. Med.*, 343, 6, 2000, p. 378-384.

Lois et jurisprudence

Décret n° 74-27 du 14 janvier 1974 relatif aux règles de fonctionnement des centres hospitaliers et des hôpitaux locaux (articles 27 et 28 relatifs aux interventions chirurgicales pratiquées sur des mineurs), *J.O.*, 16 janvier 1974.

Loi n° 89-899 du 18 décembre 1989 relative à la protection et à la promotion de la santé dite « loi PMI ».

Loi n° 94-654 du 29 juillet 1994 relative au don et à l'utilisation des éléments et produits du corps humain, à l'assistance médicale à la procréation et au diagnostic anténatal, *J.O.*, 30 juillet 1994, p. 11056.

Décret n° 97-596 du 28 mai 1997 relatif aux analyses de cytogénétique et de biologie pratiquées en vue d'établir un diagnostic anténatal *in utero*, *J.O.*, 31 mai 1997.

Décret nº 98-216 du 24 mars 1998 relatif au diagnostic biologique effectué à partir de cellules prélevées sur l'embryon *in vitro*, *J.O.*, 27 mars 1998.

Loi nº 2000-1257 du 23 décembre 2000 de financement de la Sécurité sociale pour 2001, instaurant le congé de présence parentale, *J.O.*, 24 décembre 2000.

Loi nº 2001-588 du 4 juillet 2001 relative à l'interruption volontaire de grossesse et à la contraception, *J.O.*, 7 juillet 2001, p. 10823.

Circulaire nº 2002/269 du 18 avril 2002 relative à l'accompagnement des parents et à l'accueil de l'enfant lors de l'annonce pré- et postnatale d'une maladie ou d'une malformation.

Loi nº 2002-303 du 4 mars 2002 relative aux droits des malades et à la qualité du système de santé, *J.O.*, 5 mars 2002, p. 4118.

« Projet de loi relatif à la bioéthique », *Cahiers hospitaliers*, octobre 2001, p. 35.

Décret nº 2002-778 du 3 mai 2002 relatif à l'interruption de grossesse pour motif médical, *J.O.*, 5 mai 2002, p. 8638.

Ministère de l'Emploi et de la Solidarité, circulaire nº 2002/269 du 18 avril 2002 relative à l'accompagnement des parents et de l'accueil de l'enfant lors de l'annonce pré- et postnatale d'une maladie ou d'une malformation.

Cour de cassation, assemblée plénière 17 novembre 2000, « Perruche », Dalloz 2001, jur., p. 332, note D. MAZEAUD.

3

L'enfant et l'adolescent handicapés mentaux

Michel MANCIAUX, Charles SÉRIÉ, Alice DIEUZEIDE

La naissance d'un enfant représente généralement, pour la famille, l'aboutissement d'un désir, la réalisation d'un souhait, la concrétisation d'un amour. Si l'enfant idéal relève du rêve, il arrive parfois que la réalité ne réponde pas à l'attente. Dans certaines familles, une anomalie décelée pendant la grossesse se confirme à la naissance. Parfois il s'agit d'une révélation brutale, dès la naissance ou pendant les premiers jours. Parfois, alors que tout semble normal, on remarque une modification progressive du comportement de l'enfant qui fait place à un constat de handicap mental. Dans tous les cas, la famille va se trouver confrontée à de nombreux problèmes, et tout d'abord dans le domaine psycho-affectif : comment faire le deuil de l'enfant imaginé, attendu, et accepter cet enfant « différent » ? Le rôle du corps médical, des associations et des institutions est primordial pour aider à surmonter ce drame familial.

Il y a quelques décennies, l'espoir d'une évolution favorable s'estompait vite devant l'absence de moyens susceptibles de modifier les retards constatés. Il en va différemment aujourd'hui, compte tenu des progrès réalisés et d'une meilleure compréhension du développement des capacités potentielles de l'enfant. Des situations *a priori* considérées comme irréversibles peuvent s'améliorer en fonction des conditions dans lesquelles le développement physiologique et intellectuel va s'effectuer. C'est à ce niveau que l'éducation et les modes d'accompagnement peuvent jouer un rôle capital. Mais il est des cas où les retards et les incapacités se confirment au fil du temps, en dépit des efforts des uns et des autres et où l'espoir d'une « normalisation » devient de plus en plus ténu. L'éducation en milieu normal est impossible, la famille a de plus en plus de peine à faire face au handicap de l'enfant et tôt ou tard la question d'un placement en milieu spécialisé peut se poser.

L'enfant grandissant devient progressivement un adolescent. Les transformations de la période pubertaire, l'éveil de la sexualité vont tenir une place importante dans tout son comportement. Cette étape cruciale de l'itinéraire de vie requiert une attention particulière. Plus ou moins ouvert au monde extérieur, l'adolescent, en fonction du degré de son handicap et de la qualité de son entourage, entre dans un type d'existence où la famille, les institutions, la société doivent jouer un rôle déterminant, chacune à sa place, mais ensemble. Au terme de cette période de croissance, de formation et d'ouverture, l'adolescent devrait avancer vers une existence adaptée à son état et aussi heureuse que possible.

L'accueil de l'enfant handicapé mental dans sa famille

Il va commencer dès la sortie de la maternité ou de l'hôpital où le nouveau-né a été admis, souvent en soins intensifs ou en unité pour prématurés. L'accueil des parents dans le service, leur participation aux soins, les contacts souvent chaleureux avec les équipes hospitalières, la préparation minutieuse du retour à la maison sont autant d'atouts pour l'avenir. Si, dans le chapitre précédent, il a été question de la révélation du handicap, il importe de revenir ici sur la réaction des parents, sur leur désarroi, leur désespoir, parfois même leur révolte, de les comprendre pour leur permettre d'accueillir cet enfant qui est le leur. Une analyse particulièrement fine en a été faite par J. Chanteur (1997), mère d'un enfant handicapé, qui traduit bien la situation des parents, tout particulièrement des mères, et qui peut les aider dans leur cheminement vers l'acceptation de cet enfant « pas comme les autres ». En revanche, les discours lénifiants ne peuvent qu'augmenter leur désarroi. Les questions des parents : « Pourquoi ? Quelle est la cause ? Est-ce qu'il parlera ? Quelle sera sa vie ? Pourra-t-il être autonome ? Sera-t-il heureux ? Pourrons-nous avoir un autre enfant ? » appellent un soutien empathique, mais aussi une grande prudence dans la mesure où il est impossible d'y répondre dans l'immédiat. Il faut pourtant, avec les ménagements nécessaires et si pénible que cela puisse paraître, annoncer progressivement le handicap aux frères et sœurs, aux grands parents, à la famille élargie.

Il appartient, avant tout, de reconnaître l'enfant déficient comme un être humain et de le considérer comme tel, non pas en faisant tout à sa place et en le protégeant contre le monde extérieur, mais en acceptant peu à peu sa différence, en l'aimant tel qu'il est, en l'aidant à vivre et à se développer au mieux de ses possibilités. Ce faisant on peut comprendre les propos de Chanteur parlant du passage de la révolte à l'espérance. Le médecin de famille, le pédiatre, premiers consultés, doivent, au-delà de leur rôle purement technique et thérapeutique, donner par leurs paroles, leur attitude, un réconfort à la famille en voyant dans l'enfant qui leur est présenté l'être humain qu'il est à part entière. La personnalité de chaque parent peut resurgir, conduire chacun sur un chemin qui lui sera propre et que leur environnement familial, social, professionnel va faciliter ou entraver plus ou moins. Le temps s'écoulant, la douleur s'atténue et différentes attitudes peuvent se faire jour :

– Parfois l'attitude parentale, en particulier de la mère, s'oriente vers la surprotection. L'enfant différent devient l'objet de préoccupations et de soins quasi exclusifs, au détriment du reste de la famille. Frères et sœurs se sentent délaissés. L'équilibre familial peut s'en trouver menacé. Parfois même la mère refuse de se séparer, même temporairement, de son enfant. On peut considérer que cette surprotection freine les progrès de l'enfant qui se

trouve ainsi privé des éléments relationnels et des contacts indispensables à son développement cognitif et psycho-affectif.
– Il faut mentionner une attitude extrême, heureusement exceptionnelle, où l'entourage joue un rôle néfaste. C'est ainsi que les parents peuvent être soumis, de la part de la famille, de leurs amis, parfois même de professionnels à des propos du genre : « Cet enfant n'a pas d'avenir ; vous allez être son esclave, il ne vous donnera aucune satisfaction ; placez-le, oubliez-le, faites-en vite un autre. » Il y a là une violence psychologique inacceptable.
– Il peut aussi se produire, à l'intérieur du couple, des réactions opposées : au lieu d'une attitude de soutien mutuel, le père, profondément blessé dans son orgueil viril, se désintéresse de son enfant et délaisse son épouse tout entière occupée par cet enfant difficile. Les reproches ne sont pas loin, ni les imputations à l'autre conjoint, par le mari ou la femme, de la responsabilité de ce qui est arrivé au risque de désunion, de séparation du couple, laissant à la mère seule, encore plus désemparée et avec des revenus amoindris, la lourde charge de l'enfant handicapé. C'est dire l'importance du soutien par la famille élargie, par les amis, les familles ayant vécu les mêmes problèmes (le cadre associatif peut y aider), mais aussi d'une aide professionnelle allant de la travailleuse familiale qui soulage la mère dans son travail – et parfois aussi dans sa souffrance – à la psychothérapie, voire à la thérapie familiale.
– Heureusement, il arrive souvent que les parents s'adaptent progressivement à leur enfant tel qu'ils le découvrent par eux-mêmes. Ils cessent de confondre le refus du handicap avec un refus de l'enfant. Dans le meilleur des cas, l'enfant sera intégré dans la famille. Le couple se renforcera, la fratrie trouvera sa juste place, la famille élargie collaborera à l'accueil.

Les associations facilitent une telle évolution en apportant une aide interparentale précieuse avec la possibilité donnée ultérieurement aux parents de s'engager à leur tour dans la vie associative. Parmi les structures d'accueil développées dans et par de nombreuses associations, on peut citer par exemple le GEIST

(Groupe d'études pour l'insertion sociale et l'orientation des porteurs de trisomie 21) dont le rôle est d'écouter et d'aider les familles ainsi éprouvées, de sensibiliser le corps médical, de diffuser une information de qualité vers les professionnels et le grand public.

Certains parents trouvent en outre un appui solide dans la vie spirituelle qui leur permet de donner sens à leur épreuve et donc à leur existence : leur pourquoi ? peut alors devenir un pour quoi ? C'est ainsi qu'ils en viennent à transformer leur souffrance objective en « cadeau » offert par leur enfant, qui les conduit ainsi à une meilleure connaissance d'eux-mêmes et à la découverte des vraies valeurs. Cette évolution remarquable – on parle de sublimation – ne met pourtant pas à l'abri de rechutes à l'occasion d'une stagnation dans l'évolution, d'une aggravation de la situation, d'un découragement, d'un passage dépressif. C'est dire l'importance d'un accompagnement durable des familles ainsi éprouvées. Certaines associations laïques ou religieuses travaillent dans cet esprit avec l'objectif de redonner à la famille éprouvée courage pour affronter et accepter le drame, et espoir dans l'avenir. Ce faisant, elles sont véritablement chemin de résilience pour les personnes confrontées à cette dure épreuve (Manciaux, 2001).

L'évolution des idées

D'après Esquirol, pourtant l'un des fondateurs de la psychiatrie moderne, l'irréversibilité et la fixité de la déficience mentale telle qu'elle était conçue à la fin du XIXe siècle constituaient un véritable dogme. « Les idiots sont ceux qui doivent l'être pendant tout le cours de leur existence [...] On ne conçoit pas la possibilité de changer cet état » (1838). En conséquence, l'enfant handicapé mental était laissé à son triste sort et le plus souvent placé définitivement.

Au cours du XXe siècle, une évolution se fait jour. Une charte de l'enfance déficiente est programmée en 1937. Dès lors se constituent des associations de parents. Elles deviennent des partenaires reconnus par les pouvoirs publics et souvent influents, mais cette évolution est lente. Dans l'annexe XXIV du décret du 6 mars 1956 qui fixe la nature et les conditions d'agrément des établissements, le critère pour l'orientation de ces enfants est le quotient intellectuel (QI) : dans ce but on distinguait, et souvent une fois pour toutes, les enfants éducables, les semi-éducables et les inéducables.

Il faut attendre 1975 et la loi d'orientation en faveur des personnes handicapées pour que se produise une remise en question de cette conception fixiste, dans la foulée d'innovations étrangères donnant la priorité à l'intégration scolaire et encouragées par l'ensemble des mouvements de normalisation. Certaines associations familiales ont d'ailleurs joué un rôle capital dans l'élaboration de ces textes fondamentaux.

Cette révision critique du dogme de la fixité de l'atteinte mentale et de ses conséquences a une importance considérable : non seulement elle amène à la prise en considération d'éléments variés dans un concept multifactoriel qui associe les facteurs organiques, relationnels et sociaux concourant à la structuration des fonctions cognitives, mais elle modifie notre regard sur l'évolution de l'enfant et associe les familles à son développement cognitif.

À ce propos Misès écrit :

> « Ces données nouvelles ont permis de réviser le dogme de la fixité de la déficience mentale et elles ont ouvert sur des actions à visée préventive et curative qui remettent radicalement en jeu les modes de coopération avec les familles. Celles-ci doivent désormais êtres associées de façon étroite à ce qui se joue avec l'enfant et autour de lui ; les établissements se voient également remis en cause dans leur finalité : sans minimiser l'importance que doivent y revêtir les interventions d'ordre éducatif et pédagogique, il importe de ne plus viser la seule utilisation des capacités de l'enfant en restant prisonnier des dogmes traditionnels. La recherche d'authentiques mutations structurales mérite, en effet, d'être soutenue, notamment chez les enfants dépistés précocement, mais aussi chez d'autres dont le retard est reconnu plus tardivement. À ce propos, il importe de marquer l'écart entre les déficiences

harmoniques les plus proches des descriptions traditionnelles et les déficiences dysharmoniques où le processus morbide présente une évolutivité qui le rend accessible à des approches multidisciplinaires incluant l'entourage familial. » (Misès, *op. cit.*)
Une étude menée en France dans les services sectorisés de psychiatrie de l'enfant sur 5 425 enfants déficients mentaux a montré que, dans leur grande majorité (68 %), ces enfants étaient pris dans des perturbations sévères mais encore dotées d'un potentiel évolutif. Ils justifient donc bien la mise en œuvre de moyens thérapeutiques, sans que l'on néglige, pour autant, les mesures conjointes d'ordre éducatif, pédagogique ou d'aide sociale. Cette étude a fait voir aussi que les troubles de l'intelligence et les incapacités qui s'y relient s'observent, naturellement, chez des sujets classés dans la catégorie nosographique « déficiences mentales » sous les rubriques connues de la débilité, de l'arriération, du polyhandicap, mais on a constaté que l'insuffisance intellectuelle se rencontrait également – et même avec une plus grande fréquence (53 % des cas) – dans des perturbations complexes, en particulier l'autisme, les psychoses, les pathologies de la personnalité.

Conséquences en termes de santé

Cet élargissement conceptuel a d'importantes conséquences pour l'organisation du suivi médical, car il souligne l'intérêt d'une prise en charge particulière dès la naissance des enfants à risque de déficience mentale, en complément du suivi médical obligatoire de l'ensemble des enfants. Deux groupes en particulier pourraient bénéficier de cette attention spécifique : les enfants naissant à la suite d'un diagnostic anténatal qui a révélé une anomalie organique associée au risque de déficience mentale, et ceux dont les circonstances de la naissance peuvent laisser soupçonner un risque de séquelles cognitives : prématurés et enfants nés à terme mais dont l'état a nécessité des soins intensifs ou une réanimation. Le plan périnatalité adopté en 1994 a conduit à une réduction des séquelles chez les prématurés, et les réseaux de soins (décret du 9 octobre 1998) permettent de suivre leur devenir. Il reste à améliorer la coordination entre les médecins réanimateurs et les pédiatres ou les médecins généralistes. La situation est moins favorable pour les enfants ayant connu une détresse vitale à la naissance. Pourtant un diagnostic très précoce pourrait permettre une prise en charge qui serait de nature à améliorer ou même à éviter certaines évolutions fâcheuses par des soins appropriés (Barrier, 2001).

Changement de regard sur l'enfant handicapé mental, possibilité d'évolutions positives sous condition d'un suivi médical précoce, important, soutenu, voilà deux éléments d'un grand intérêt pour les familles : en quelque sorte un message d'espoir. Encore faut-il que ces familles soient guidées et accompagnées dans un parcours qui reste semé d'obstacles : c'est une mission majeure des centres d'action médico-sociale précoce (CAMSP).

Les CAMSP

Créés par décret d'application de la loi d'orientation en faveur des personnes handicapées (décret du 15 avril 1976 et circulaire d'application du 9 juin 1976), ils sont agréés, financés et contrôlés par le conseil général et la Caisse d'assurance maladie. Ils ont pour rôle de dépister précocement les déficits et handicaps, de prévenir leur aggravation, de rééduquer en ambulatoire, d'accompagner les familles, de maintenir les relations avec les collègues libéraux ou hospitaliers, de favoriser l'intégration de l'enfant dans les structures d'accueil de la petite enfance. Les parents occupent une place fondamentale dans l'ensemble de ces actions.

Réservés aux enfants de moins de six ans, les CAMSP réunissent plusieurs spécialistes soit de santé (pédiatres, psychiatres, médecins de rééducation fonctionnelle, orthophonistes, psychologues, kinésithérapeutes), soit sociaux (assistant[e]s de service social, éducateurs). L'approche de l'enfant est globale, tenant compte de toutes ses dimensions (physiques, mentales, affectives, familiales, sociales) et tentant de le conduire au maximum de ses possibilités, de développer ses capacités de communication et de l'aider dans l'acquisition de son autonomie. Les données statistiques concernant les CAMSP sont parcellaires. En 1992, on en comptait 182 (*Données sociales*, 1995), nombre notoirement insuffisant. À titre d'exemple, 1 500 enfants sont traités dans les centres de la région parisienne alors qu'on estime qu'environ 15 000 relèvent des soins dispensés dans ces centres. Entre 1994 et 1998, 97 nouveaux CAMSP ont été créés ; en 2000, 8 départements n'en avaient pas.

Les CAMSP ont l'immense avantage, là où ils existent, d'offrir des soins et un accompagnement de qualité tout en laissant l'enfant dans sa famille, ce qui est préférable, au prix d'aides extérieures déjà mentionnées, mais pas toujours possibles. Signalons que d'autres structures : hôpitaux de jour, intersecteurs de psychiatrie infanto-juvénile, peuvent fournir des services analogues en liaison avec des professionnels du secteur libéral.

La vie de l'enfant handicapé mental

Tout ce qui peut être fait pour assurer et faciliter le maintien de l'enfant handicapé mental dans sa famille mérite d'être connu et utilisé : on retrouve là le rôle capital des **associations** pour l'accueil, le soutien et la guidance des familles affectées par le handicap mental de leur enfant.

Le rôle de la **fratrie** est également important. Si l'enfant handicapé est né dans une famille ayant déjà des enfants, ceux-ci, d'abord choqués par l'apparence et le comportement différents, parfois étranges, de leur germain, peuvent ensuite réagir très positivement, surtout s'ils sont soutenus par leurs parents, car ils regardent et acceptent plus naturellement que les adultes ceux qui ne leur ressemblent pas. Ainsi mobilisés, avec leurs parents, autour du petit handicapé, ils peuvent non seulement rendre de multiples services, susciter des réactions de celui-ci mais aussi, en en parlant librement autour d'eux, contribuer à briser l'isolement de leur famille.

Les **grands-parents**, s'ils sont relativement proches et disponibles, sont souvent très présents et efficaces. Famille élargie, voisins, amis et, par l'intermédiaire des associations, d'autres parents confrontés aux mêmes problèmes, aux mêmes difficultés, encouragent et soutiennent. Des relais deviennent ainsi possibles, permettant aux parents de sortir quelquefois de l'enfermement et des tâches au quotidien. La solidarité de proximité – géographique, existentielle – n'a pas de prix. Il existe aussi, dans certains pays, des possibilités d'accueil à court terme (un week-end, une semaine) dans de petites structures de fonctionnement très souple : l'enfant y est en sécurité et les parents peuvent souffler, se reposer, se détendre un peu.

La situation est évidemment beaucoup plus lourde pour les familles dont l'enfant handicapé est unique, surtout si elles vivent isolées, loin des grands-parents, et *a fortiori* pour les femmes seules. Le recours aux services existants dans la collectivité peut certes les soulager quelque peu et rompre – très partiellement – leur isolement, mais le placement de l'enfant, par exemple dans une pouponnière sanitaire et sociale, peut devenir inévitable.

Structures d'accueil de la petite enfance

Conseillées par la PMI, par le service social de secteur, les parents peuvent confier de temps à autre, mais si possible sur une base régulière, leur enfant à une **halte-garderie**. Les enfants qui la fréquentent accueillent généralement bien ce copain, cette copine particulier(e) et la mère peut y rencontrer d'autres femmes.

L'**école maternelle** est elle-même très tolérante à la différence ; cependant il est déconseillé d'y mettre l'enfant trop tôt, dès deux ans, et de façon continue. Mais bien conduite, cette expérience peut être le point de départ d'une intégration réussie. Si le handicap est trop important, l'enfant peut être dirigé vers une école maternelle spéciale : il en existe dans certaines villes, bien que trop peu, sous le nom, par exemple, de Papillons Blancs.

Reste, pour les **placements**, les pouponnières sanitaires et sociales déjà mentionnées et, dans certains endroits, des familles d'accueil spécialisées sélectionnées et supervisées par les services départementaux de l'aide sociale à l'enfance (ASE). Il faut toutefois souligner le sous-équipement de certaines zones, surtout en milieu rural : les problèmes évoqués au long de ces pages s'y posent de façon encore plus aiguë.

La scolarité

La loi de 1975 précise dans son article premier le droit à l'éducation, à la formation et à l'orientation professionnelle et édicte, à l'article 4, que les enfants et adolescents handicapés sont soumis à l'obligation éducative. Cette obligation concerne l'éducation scolaire, mais aussi l'éducation spéciale qui doit être mise en œuvre avant même l'âge scolaire. Plus récemment, la loi d'orientation du 10 juillet 1989 relative à l'éducation rappelle dans son article premier que l'intégration scolaire du jeune handicapé doit être favorisée et que les services de soins et de santé doivent y participer. Enfin, la circulaire du 19 novembre 1999 rappelle que la scolarité de tous les enfants handicapés est un droit conjugué avec le droit à la santé. La proposition de loi déposée en mai 2003 réformant la loi d'orientation de 1975 et rénovant la politique de compensation du handicap renforce le droit à l'intégration scolaire, en énonçant que « les enfants et adolescents handicapés sont soumis à l'obligation scolaire ». En effet, les termes « obligation éducative » (loi du 30 juin 1975) et « éducation favorisée » (loi du 10 juillet 1989), contrairement à l'expression « obligation scolaire », n'impliquent pas la scolarisation *stricto sensu* (Kristeva, 2003). La loi en préparation précise que l'accueil des enfants handicapés est un devoir pour les enseignants, sauf exception liée à l'état de santé de certains. Ce droit connaît d'ailleurs des fondements supranationaux. L'article 23 de la Convention internationale des droits de l'enfant [1] dispose que l'aide fournie aux enfants handicapés est

1. Ratifiée et entrée en vigueur en France le 6 septembre 1990 (*J.O.*, 12 octobre 1990).

conçue de telle sorte qu'ils aient effectivement accès à l'éducation. De plus, l'article 2 du protocole additionnel à la Convention européenne des droits de l'homme énonce que « nul ne peut se voir refuser le droit à l'instruction ». C'est pour donner réalité et sens à cette obligation universellement reconnue que les commissions départementales de l'éducation spéciale (CDES) ont été instituées.

La commission départementale de l'éducation spéciale

La CDES a été créée dans le cadre de la loi d'orientation nº 75-534 du 30 juin 1975 complétée par le décret nº 75-1166 du 15 décembre 1975 et par les circulaires du 22 avril 1976 et du 14 novembre 1979. Cet organisme départemental va reconnaître le handicap et permettre à l'enfant déficient mental d'être dirigé vers la filière d'enseignement la mieux appropriée à son état. Dans certains cas, la CDES peut déléguer ses pouvoirs à la commission de circonscription pour l'enseignement préscolaire et élémentaire (CCPE) ou bien, ultérieurement, à la commission de circonscription pour l'enseignement de second degré (CCSD). Dans l'encadré ci-après figurent les caractéristiques particulières de chacune de ces commissions [2].

La compétence de ces organismes mérite une analyse détaillée, en particulier pour la CDES qui possède des attributions importantes. Elle peut notamment intervenir :
– Dans l'attribution d'aides financières en faveur des enfants handicapés. Elle apprécie si le taux d'invalidité [3] de l'enfant justifie le versement de l'allocation d'éducation spéciale et de ses compléments.
– Dans l'attribution d'aides en nature : carte d'invalidité ; macaron Grand invalide civil.

---

2. Ce tableau a été rédigé en 2001 par Nadine Vidal, secrétaire de la CCPE de Montigny.

3. Il est évalué selon un guide-barème (décret nº 93-216 du 4 novembre 1993) qui s'inspire de la classification internationale des handicaps proposée par l'OMS. Voir annexe 1.

	Composition / Formation
CDES Commission départementale de l'éducation spéciale. De 0 à 20 ans.	• Président désigné pour un an par le préfet (en alternance le responsable de la DDASS et l'inspecteur d'académie) • 12 membres titulaires + 12 membres suppléants : – 3 proposés par la DDASS, dont un médecin – 3 proposés par l'IA, dont l'IEN-AIS – 3 représentants des organismes de prise en charge, dont 1 pour la CPAM – 1 représentant des établissements privés du secteur médico-éducatif – 2 représentants des associations de parents d'élèves et de parents d'enfants handicapés
CCPE Commission de circonscription pré-scolaire et élémentaire. Enfants scolarisés dans le premier degré (en primaire).	• Président : 1 IEN (inspecteur de l'Éducation nationale de la circonscription) • 8 membres titulaires + 8 membres suppléants : – 2 proposés par la DDASS, dont au moins 1 médecin – 2 proposés par l'IA – 1 représentant des établissements privés du secteur médico-éducatif – 2 représentants des associations de parents d'élèves et de parents d'enfants handicapés
CCSD Commission de circonscription du second degré. Enfants scolarisés dans le second degré (en secondaire).	• Président : inspecteur d'académie • 8 membres titulaires + 8 membres suppléants – 2 proposés par la DDASS, dont au moins 1 médecin – 2 proposés par l'IA, dont 1 IEN – AIS – pour le reste, *idem* que pour la CCPE

– Dans l'orientation des enfants. Elle désigne les établissements dispensant une éducation correspondant aux besoins de l'enfant ou de l'adolescent. Ainsi, elle peut décider d'une intégration individuelle en milieu scolaire ordinaire, d'une intégration collective dans une classe d'adaptation d'un établissement scolaire ordinaire ou encore d'une admission dans un établissement d'éducation spécialisée : institut médico-éducatif (IME) ou institut médico-professionnel (IMPro).

La CDES peut déléguer ses attributions, dès lors qu'elles n'ont pas d'incidence financière, aux deux commissions de circonscription. Ces dernières ont pour mission d'orienter les enfants vers les établissements n'entraînant pas de prise en charge spécifique, c'est-à-dire vers les établissements de l'Éducation nationale (Chataud, 2000). La CCPE est compétente pour les enfants relevant de l'enseignement préscolaire et élémentaire, la CCSD pour les enfants relevant de l'enseignement du second degré. Leur mode de fonctionnement est comparable à celui de la CDES (secrétariat, équipe technique).

Les parents ou le représentant de l'enfant doivent être convoqués lors de la prise de décision. Celle-ci doit être motivée, notifiée aux parents (ou aux personnes ayant la charge effective de l'enfant) ; elle précise le délai durant lequel elle s'appliquera et les voies de recours. Elle s'impose aux établissements scolaires ordinaires ou spécialisés, dans la limite des places disponibles, ainsi qu'aux organismes de prise en charge : Caisse d'allocations familiales (CAF), Caisse primaire d'assurance maladie (CPAM). Dans le cadre de sa mission d'orientation, la CDES est tenue de faire figurer parmi les établissements proposés celui pour lequel les parents ont manifesté leur préférence, dès lors qu'il correspond aux besoins de l'enfant.

Il est intéressant d'évoquer les principaux problèmes que rencontrent les CDES dans leur fonctionnement. Elles connaissent aujourd'hui de multiples difficultés dénoncées notamment dans le rapport Blanc, relatif à la politique de compensation du handicap, et rendu public en 2002 :

– Les informations dont elles disposent sur les places dans les établissements vers lesquels elles orientent les enfants sont généralement lacunaires, ce qui contribue à l'allongement des listes d'attente, difficilement supportable pour les familles.

– Les parents ont du mal à être acteurs du projet éducatif de leur enfant ; ils sont souvent exclus de la décision, bien que l'obligation de les convoquer soit inscrite dans la loi.

– Il n'y a pas réellement de suivi des personnes. Lors de la révision quinquennale des dossiers, les familles sont rarement entendues et l'orientation est le plus souvent confirmée.
– Seulement deux personnes sur les douze membres de la CDES représentent directement les personnes handicapées, ce qui est peu, compte tenu de la diversité des handicaps. Le rapport Blanc propose de doubler ce chiffre.

La plupart de ces critiques sont dues à l'insuffisance des moyens humains et matériels. Une remise à niveau est en cours, mais il convient de poursuivre l'effort. Il est également impératif de mettre en place une dynamique d'échange d'informations, couplée à une évaluation précise des besoins au niveau local.

À la suite des décisions de la CDES, trois voies sont susceptibles d'être suivies : intégration en milieu scolaire ordinaire, orientation vers le service d'éducation spéciale et de soins à domicile (SESSAD) ou vers l'institut médico-éducatif.

Intégration en milieu scolaire ordinaire

L'intégration scolaire peut être directe, à titre individuel, à l'exemple de ce qui se fait dans les Yvelines (Khodia, 2002), où un contrat d'intégration définit des objectifs scolaires et comportementaux ainsi que le rôle respectif des différents partenaires (enseignants, médecins, psychologues, personnels de soins et parents). Cette éventualité intéressante tend à se développer. Il est possible également que les dispositifs d'intégration soient collectifs. Il s'agit alors des classes d'intégration scolaire (CLIS) qui accueillent des élèves handicapés en maternelle et en primaire lorsque l'intégration individuelle a atteint ses limites. Certaines activités sont communes avec les classes ordinaires. En 2001, on dénombrait 3 381 CLIS en France métropolitaine (ministère de l'Éducation nationale, citée *in* Blanc, 2002).

À côté des CLIS et à leur suite, existent des unités pédagogiques et d'intégration (UPI) qui concernent la scolarité dans les collèges et les lycées. En 2001, il y avait 303 UPI en France métropolitaine (*ibid.*). Dans les collèges, les sections d'enseignement général et professionnel (SEGPA) accueillent les enfants et les adolescents handicapés pour les aider à atteindre le niveau du certificat d'aptitude professionnelle (CAP). On verra plus loin les conditions, les modalités et les critères d'une intégration scolaire réussie.

Service d'éducation spéciale et de soins à domicile (SESSAD)

Cet exemple est particulièrement intéressant car la formation scolaire doit conjuguer deux orientations différentes dans leur essence, mais communes dans leur finalité. De fait, le SESSAD (Weyl, 2002) permet un travail en réseau où s'intègrent enseignants scolaires et éducateurs spécialisés en collaboration avec la famille. Il concerne des enfants et des jeunes de trois à vingt ans et s'attache à créer et à dynamiser un partenariat qui inclut les parents et les différents professionnels dont l'enseignant et l'éducateur, entraînant entre ces personnes une meilleure communication au bénéfice de l'enfant (Garonne, 1994). Le SESSAD se doit d'assurer les coordinations nécessaires entre les aspects éducatifs, pédagogiques et thérapeutiques ; c'est dire le rôle charnière qui est le sien. Son équipe comprend, outre un directeur, des éducateurs et un médecin, organisation souple qui lui permet de s'adapter au projet individuel de l'enfant, à la disponibilité de la famille et aux exigences de l'école. Au niveau des relations enfant-famille, il convient de restaurer l'image des parents et de l'enfant, d'analyser les difficultés rencontrées, les progrès et les échecs scolaires. Au niveau des relations famille-école, des différends peuvent également intervenir, surtout en cas d'échec scolaire ; ils doivent être relativisés. Au niveau des relations enfant-école, il faut soutenir l'enfant en aidant l'enseignant.

Il existe incontestablement des sources de tension et de déséquilibre entre les structures mêmes du SESSAD et les professeurs, en particulier en cas d'échec scolaire. Un service relevant de l'Éducation nationale, le réseau d'aide spécialisée aux enfants en difficultés (RASED) peut intervenir et résoudre certains problèmes. Cette structure joue un rôle de médiation vis-à-vis des enseignants dont la tâche n'est pas aisée face à des élèves « particuliers », des parents souvent exigeants qui sous-estiment les difficultés rencontrées, face enfin aux éducateurs qui représentent parfois pour les enseignants des interlocuteurs difficiles, dans la mesure où il n'y a pas que la scolarisation qui compte à leurs yeux.

En tout état de cause le type d'approche en vue de l'intégration scolaire nécessite, de la part de tous les acteurs, une confiance réciproque. L'intégration serait peu de chose si elle n'allait pas jusqu'à une évolution des regards, des comportements, des représentations et même vers de nouvelles pratiques que de nouveaux concepts, tels celui de bientraitance, placent au centre des impératifs éthiques (Gabel *et al.*, 2000).

Institut médico-éducatif (IME)

Mais dans la majorité des cas, c'est vers l'IME que la CDES oriente les enfants de trois à quatorze ans en fonction du nombre de places disponibles. Il s'y pose les problèmes dus à la diversité des causes, de la nature et du degré du handicap mental. Dans bien des établissements, le projet suivi est celui de l'autonomie, quelle que soit l'étiologie du handicap de l'enfant. Mais pour certains parents, il semble préférable que l'enfant soit orienté vers des structures syndromatiques[4]. La spécificité étiologique étant considérée par eux – et par certains professionnels et associations – comme préférable, ce type de structures a tendance à se développer, au risque, parfois, de « ghettoïsation ».

Au sein de l'IME, les enfants sont divisés en trois groupes avec des projets individuels diversifiés :

4. Syndrome : ensemble de symptômes définissant une maladie, un état pathologique donné. Structure syndromatique : établissement ou association spécialisés pour des personnes atteintes de la même maladie.

– handicapés lourds chez lesquels les activités sont essentiellement liées aux actes majeurs de la vie (toilette, nourriture, habillement) et où il y a, en fait, peu de communication, celle-ci étant principalement gestuelle ;
– handicapés moyens pour lesquels il convient de développer les potentialités existantes : déchiffrage des lettres et des chiffres accompagné d'éducation physique et de jeux ;
– handicapés légers qui vont recevoir une éducation paranormale et même, dans certains IME, être dirigés vers des CLIS ; parallèlement sont stimulés le relationnel, les contacts sociaux, le développement du langage, les jeux et le sport. Sur le plan médical et paramédical, le suivi est permanent (Beligand, 2003).

Il est important de réserver, dans chacun de ces groupes, une place particulière aux *loisirs* et, parmi ceux-ci, au contact avec les animaux, en particulier avec le cheval, si bien qu'on a pu parler « d'hippothérapie » spécialement pour les polyhandicapés. Cette pratique a été particulièrement développée aux Pays-Bas[5].

Par ailleurs, les nouvelles technologies sont appelées à jouer un rôle considérable dans le domaine relationnel, y compris chez les polyhandicapés. L'Association internationale de recherche sur le handicap mental (AIRHM) s'est penchée sur ce sujet (Haelewick *et al.*, 2002) et montre bien combien l'ordinateur et les technologies multimédia ont une retombée favorable tant pour l'enseignant que pour le déficient mental. Les auteurs soulignent l'apport important de l'informatique dans la stimulation des apprentissages chez les jeunes atteints d'infirmités motrices cérébrales (IMC). Ces techniques associent pour le jeune l'intégration sociale et les loisirs dans le cadre de leur activité.

5. Communication de A.M. Bouby, directrice de l'IME de l'ADAPEI de l'Ariège.

Points communs et remarques

L'ensemble de ces données est valable non seulement pour l'IME mais également pour le SESSAD. Toutefois, comme le précise Fablet (2000), il existe souvent une dualité de formation, l'une donnée par les enseignants, l'autre par les éducateurs. La cohabitation n'est pas toujours aussi aisée qu'on le souhaiterait et demande de la part de chacun compréhension et volonté de travailler ensemble dans l'intérêt des enfants.

L'enseignant spécialisé, qui relève de l'Éducation nationale, peut avoir une logique ségrégative, ce qui va à l'encontre des orientations actuelles, ou bien une logique d'adaptation en pratiquant un enseignement simplifié à la portée de l'enfant. Il peut, enfin, avoir une logique d'intégration, ce qui représente la finalité recherchée. De son côté l'éducateur, qui doit prendre en charge l'inadaptation et le développement des liens avec la famille et l'entourage, ne partage pas forcément la démarche pédagogique de l'enseignant et les relations entre eux sont parfois difficiles, voire conflictuelles.

Par ailleurs, la participation des parents ne répond pas toujours à l'attente de l'éducateur et de l'enseignant ; des critiques sont portées ; il faut reconnaître que les moyens mis en œuvre, bien que considérablement accrus au cours de ces dernières années, ne sont pas toujours à la hauteur des enjeux. Quoi qu'il en soit, la voie est ouverte à une collaboration accrue entre l'enfant, la famille et les différents intervenants pour développer au mieux les capacités d'autonomie d'un enfant prêt à entrer dans l'adolescence.

Il convient de souligner l'engagement de l'Union européenne dans la voie de l'ouverture scolaire à des personnes handicapées mentales. C'est dans ce sens qu'une motion a été votée par le parlement français en avril 2001 intitulée : « Vers une Europe sans entrave pour les personnes handicapées mentales. »

L'intégration scolaire

L'intégration scolaire de l'enfant handicapé mental dont le Canada, le Québec en particulier, a fait une priorité et que les Anglo-Saxons ont développée nous amène à considérer sa place dans ce qu'ils appellent le « *main streaming* (courant principal) », c'est-à-dire une intégration ayant pour but de faire vivre au jeune handicapé un régime scolaire le plus proche possible du régime prévu pour les enfants normaux. Ce stade est même dépassé par l'intégration totale : « *full inclusion* » où tous les enfants, sans exception, doivent être inclus dans la vie sociale et éducative de l'école de quartier. Ce dispositif d'intégration a été suivi en particulier en Italie où il est sans partage (Lucia, 2002) et semble donner des résultats encourageants. En Angleterre, les problèmes ne sont pas totalement résolus (Armstrong, 2002) et une dualité s'établit entre l'éducation incluse (intégration comme en Italie) et l'éducation spéciale considérée comme ségrégative.

En France, si les voies de l'intégration sont largement ouvertes, la notion d'école « inclusive » pose de sérieux problèmes au regard des idéaux autour desquels s'est construite l'école. Il faut se garder de deux excès : le fanatisme intégratif et le refus de l'intégration (Gardou, 1999). Mais il ne faut pas opposer l'intégration scolaire à une attitude ségrégative. Ce schéma irait à l'encontre de la pensée commune. Dans cette large discussion qui mobilise les énergies de l'Éducation nationale et des structures médico-sociales, il n'est pas toujours suffisamment fait état de la nature du handicap. N'oublions pas qu'en ce qui concerne la personne handicapée mentale, nous sommes dans un domaine particulier qu'il ne faudrait pas assimiler au handicap en général. Il paraît indispensable, en gardant ce point à l'esprit, d'associer le rôle de l'enseignant et de l'éducateur : l'un a pour but d'enrichir les connaissances de l'enfant, l'autre de l'ouvrir au monde qui l'entoure en le lui faisant découvrir. L'association qui se fait jour dans plusieurs structures entre l'Éducation nationale avec ses CLIS et les structures médico-sociales IME et SESSAD semble une voie positive à développer.

La conjonction IME-SESSAD représente certainement une solution de choix. Il en est de même pour les services hospitaliers de jour où les associations apportent l'ouverture nécessaire et l'aide psychologique indispensable tant pour la famille que pour l'enfant. Pour être plus effective, la participation réelle des parents devrait être précédée d'une formation préalable à l'entrée de l'enfant soit dans une classe intégrée, soit dans un établissement de type IME ou SESSAD. Des rencontres périodiques devraient avoir lieu entre enseignants, éducateurs et parents.

Sur le plan national, à l'initiative conjointe des ministères de l'Éducation nationale, de l'Emploi et de la Solidarité, il a été créé en 1999 un dispositif particulier *Handiscol* pour améliorer la scolarisation des enfants et des adolescents. Il s'agit d'une cellule nationale d'écoute mise à la disposition du public ; elle a ses ramifications départementales regroupant les DDASS, l'Education nationale, les collectivités locales, les associations de parents, les services médico-sociaux et le secrétaire de la CDES (circulaire nº 99-187 du 19-11-1999). Cette initiative, pour louable qu'elle soit, représente un élément supplémentaire dans la hiérarchie décisionnelle. Il conviendrait de redéfinir le rôle respectif de Handiscol et de la CDES. Il serait peut-être plus rationnel de réaménager la CDES en confondant les attributions de ces deux structures.

La question de l'intégration scolaire entraîne un certain nombre de remarques et critiques formulées depuis plusieurs années.

La non-scolarisation et le non-respect du droit à l'éducation ne sont pas des phénomènes minoritaires. On évalue à environ 38 000 le nombre d'enfants handicapés non scolarisés (Blanc, *op. cit.*). Plusieurs causes en sont à l'origine, par exemple le fait que les établissements d'accueil ne dispensent pas d'enseignement, l'attente de l'application de la décision de la CDES faute de places disponibles, ou encore le désaccord des parents avec l'orientation proposée par la CDES (Lambart, 2002[6]). Certes, il paraît difficile de garantir le droit à l'éducation pour les jeunes les plus gravement handicapés, en particulier pour les polyhandicapés. Mais le déficit éducatif dépasse largement ce « minimum incompressible » (Enquête conjointe IGEN/IGAS 1999, citée par Blanc). Les CLIS, au même titre que les UPI et les IME, sont en nombre insuffisant et inégalement réparties sur le territoire français.

Le manque de moyens humains et l'insuffisance de la formation sont patents. Cela touche tant les établissements scolaires ordinaires que le monde de l'éducation spécialisée. La carence en enseignants spécialisés et en personnel d'accompagnement (auxiliaires de la vie scolaire, aides éducateurs) est régulièrement mise en exergue, de même que la nécessité, pour toutes les personnes concernées, d'une solide formation initiale et continue, adaptée à la spécificité du handicap mental (Blanc, *op. cit.*). L'insertion en milieu scolaire normal demeure l'exception. On critique souvent la faiblesse du pourcentage de jeunes handicapés scolarisés en milieu ordinaire : « 7 % seulement, ce qui signifie que plus de 90 % sont accueillis dans des structures plus ou moins ségrégatives. » (Fardeau, 2002.) Ce chiffre est imputable au manque de moyens humains et matériels dans des établissements ordinaires qui s'estiment incapables d'accueillir les jeunes handicapés dans de bonnes conditions. Mais une autre cause, plus profonde, est invoquée par Kristeva, qui fait référence à un blocage dans les mentalités : le handicap fait peur, car il renvoie à la déficience, à une perte à laquelle chacun redoute d'être confronté un jour. Il va à l'encontre de l'idéologie actuelle de la réussite et de la performance (Kristeva, *op. cit.*).

Devant ces critiques des remèdes sont régulièrement préconisés ; ils ont récemment été synthétisés dans le rapport Blanc (*op. cit.*). Il semble urgent de continuer l'effort engagé dans la

---

6. Les décisions de la CDES s'imposent aux établissements, tenus d'accueillir l'enfant dans la limite des places disponibles. Mais elles ne s'imposent pas aux parents de l'enfant handicapé.

création d'établissements spécialisés (IME, IMPRO), de classes d'intégration collective (CLIS et surtout UPI), et dans le renforcement des moyens humains (augmenter le nombre de postes d'enseignants spécialisés, d'auxiliaires de vie scolaire...). Il est également nécessaire de renforcer la formation initiale et continue des enseignants.

Pour faire échec à la non-scolarisation, outre les recommandations précitées, il paraît important de remplacer le principe « d'obligation éducative » consacré par la loi de 1975 par celui « d'obligation scolaire ». En effet, cette dernière expression garantirait, comme signalé plus haut, la scolarisation *stricto sensu*. Dans la perspective de l'intégration sociale des personnes handicapées, est proposée l'institution d'une dynamique d'échanges entre le milieu scolaire ordinaire et le milieu spécialisé. En effet, « il y a des activités culturelles, pédagogiques et sociales qui sont inscrites dans la vie d'un collège et que l'établissement spécialisé voisin peut partager » (Brison, cité *in* Blanc, *op. cit.*).

Le passage de l'enfance à l'adolescence

La transition de l'enfance à l'adolescence représente une étape importante qui, tôt ou tard, touche tout enfant, fille comme garçon. Redoutée par beaucoup de parents et par l'entourage, cette transition essentielle doit être considérée sous différents angles : physiologique, affectif, psychique, éducatif et social.

Au niveau physiologique, la puberté se traduit chez le garçon par le développement des organes sexuels et l'apparition des caractères sexuels secondaires : pilosité, mue, etc. Chez la fille, les changements, plus précoces, sont aussi plus apparents : développement des seins, apparition des règles. Les modifications corporelles sont également frappantes : croissance en taille et en force musculaire, prise de poids qui peut être, surtout chez les filles handicapées à mobilité réduite, le point de départ d'une véritable obésité.

Les transformations du psychisme et de l'affectivité sont tout aussi importantes, concrétisées par une prise de distance par rapport aux adultes, un certain rejet de l'autorité, et par des affinités qui, le plus souvent, vont pousser l'adolescent(e) vers le sexe opposé, sous forme d'attirance, de sympathie, de tendresse. C'est enfin l'ouverture vers l'extérieur, l'importance des pairs, le besoin d'une certaine conformité avec les jeunes du même âge, au risque de comportements asociaux. Le rôle de la famille qui assiste à ces transformations est alors capital : nous y reviendrons.

Chez l'enfant handicapé mental, on retrouve un certain nombre de ces éléments à des degrés variables selon l'importance du handicap et surtout avec des nuances qui vont avoir des répercussions importantes sur l'enfant et ses parents. Sur le plan physiologique, le processus est, le plus souvent, sensiblement le même que chez l'enfant normal. Il en va différemment au point de vue affectif et social : le ressenti peine à s'exprimer et les transformations corporelles, qui changent le rapport au monde, à l'espace, aux autres aussi, peuvent déstabiliser durablement le jeune qui a du mal à s'y retrouver, à se reconnaître. Sur le plan social, l'école garde un rôle essentiel pour ouvrir au monde extérieur, pour établir avec les autres (parents, adultes, congénères) des relations nouvelles. Les parents, la mère en particulier, ont du mal à ne plus considérer le jeune comme un petit totalement dépendant, à contribuer à l'autonomisation de cet enfant qu'ils ne reconnaissent plus comme tel. Là aussi, la vie associative peut les soutenir en les mettant devant la réalité, en leur expliquant combien leur comportement est important pour aider leur enfant à franchir cette étape, difficile pour lui aussi.

C'est durant cette période relativement courte des transformations pubertaires et du début de l'adolescence que l'attention de l'ensemble de la famille, y compris de la fratrie, doit être vigilante et soutenante. L'adolescence va comporter deux volets essentiels, celui du développement des orientations scolaires pour certains, professionnelles pour d'autres et celui du développement de la sexualité. C'est sur le plan de ces orientations que des horizons nouveaux vont s'ouvrir devant le jeune adolescent.

L'adolescent handicapé mental

> « L'adolescence est une période caractérisée par des changements rapides aux points de vue physique, cognitif et social – y compris la maturation sexuelle et reproductive – et où se bâtit la capacité d'assumer des comportements et des rôles adultes, ce qui implique de nouvelles responsabilités requérant de nouvelles connaissances et aptitudes. C'est une période de transition dynamique vers l'état d'adulte, marquée par de nouvelles opportunités (ouvertures) ; bien que les adolescents constituent en général un groupe de population en bonne santé, de nouveaux défis se posent à eux en raison de leur relative vulnérabilité et des pressions de la société, y compris de leurs pairs, pour leur faire adopter des comportements à risque pour leur santé. Autres défis : le développement d'une identité personnelle et la gestion de leur sexualité. Mais cette période de la vie est aussi caractérisée par des changements positifs facilités par la remarquable aptitude des adolescents à apprendre rapidement, à expérimenter des situations nouvelles et variées, à développer et à utiliser une pensée critique, à se familiariser avec la liberté, à être créatif et à se socialiser » (Comité des droits de l'enfant, 2003).

Ce texte récent et de portée universelle situe bien les enjeux et les défis de l'entrée en adolescence, dont la modernité a quelque peu bouleversé les repères. En France, jusqu'à la Deuxième Guerre mondiale, l'adolescence était, pour la majorité des jeunes, une courte étape qui, commençant à la fin de l'obligation scolaire (douze ans à l'époque) se terminait avec l'entrée en apprentissage. Le service militaire pour les garçons, puis le mariage concrétisaient l'appartenance socialement reconnue au monde des adultes.

En moins d'un demi-siècle ce schéma qui avait prévalu pendant des décennies a laissé place à un flou dont les difficultés à être adolescent dans le monde d'aujourd'hui représentent une des conséquences. Paradoxalement, alors que la puberté – phénomène biologique – survient beaucoup plus tôt que par le passé (en un demi-siècle, l'âge moyen des premières règles est passé de quinze à treize ans), l'adolescence – phénomène social – commence de plus en plus tôt mais s'étend presque sur une dizaine d'années au point qu'on a pu parler d'« interminables adolescences » (Anatrella, 1999). Allongement de la durée des études, apprentissages prolongés, pratiques sexuelles précoces, difficultés à trouver un premier travail sont le lot des adolescents d'aujourd'hui. Et l'accès à la vie adulte, traditionnellement marqué par l'acquisition d'un emploi stable, le mariage et la fondation d'une famille, est tardif et ne peut plus se définir par ces critères. Comment, dans ces conditions, aménager ce passage à l'âge adulte qui, en dépit d'une inévitable rupture, doit pourtant s'inscrire dans la continuité de l'existence ?

Qu'en est-il pour les jeunes handicapés mentaux ? Le décalage est encore plus marqué chez eux entre les aspects biologiques – maturation somatique et sexuelle – et les possibilités d'une socialisation de type adulte à laquelle, d'ailleurs, les plus atteints d'entre eux ne parviendront pas, même s'ils sont des adultes au sens chronologique (donc administratif) et biologique du terme. Et comme cette vie adulte dans laquelle ils peinent à entrer va, pour la plupart, se poursuivre pendant des décennies, du fait de l'allongement massif de leur espérance de vie, on conçoit les difficultés à en prévoir et organiser les différents aspects au mieux de leurs intérêts et de leurs possibilités.

L'adolescence de la personne handicapée mentale représente un long parcours qui doit être géré avec beaucoup d'attention et de soins. L'école, certes, sera encore présente, surtout pour ceux dont les capacités leur permettent d'entrer en UPI. La famille devra, pour sa part, guider et suivre son adolescent. L'institut médico-professionnel va devoir prendre le relais, en associant surveillance et protection de la santé avec la formation professionnelle qui constitue un élément important pour l'avenir. Mais il importe aussi de se pencher sur le comportement affectif et sexuel de cet adolescent.

L'orientation professionnelle

Dès les premières années de son existence, le jeune handicapé mental, dans le contexte d'intégration qui se développe, a été en contact avec d'autres, à la crèche, à l'école. Progressivement, chacun se familiarise avec sa différence. L'âge arrivant où se dessinent les premières ébauches du futur tant professionnel qu'affectif, l'institution, la famille et la société ont un rôle important à jouer.

C'est au moment où s'effectue le passage de l'IME à l'IMPro, en général à l'âge de quatorze ans, que doivent intervenir, sinon des choix définitifs du moins des orientations professionnelles soutenues par un accompagnement médical approprié (Chataud, 2000).

L'IMPro, prolongement logique du séjour en IME, est le type même de la structure d'orientation professionnelle. L'entrée en IMPro est précédée d'une évaluation qui se fait en collaboration avec la famille dans le cadre du projet individuel de l'adolescent(e). Durant deux ans, ces adolescent(e)s vont suivre des stages préprofessionnels variés qui diffèrent d'un établissement à un autre. Généralement, ces stages tournants portent sur plusieurs domaines tels que les emplois collectifs (cuisine, restauration, entretien), l'artisanat (soudure, menuiserie), l'horticulture, (jardinage, travaux des champs, élevage). Ainsi le jeune est susceptible de faire ensuite un choix en fonction de ses goûts et aptitudes. À ces stages, s'ajoutent des activités ludiques et artistiques : sport, photographie, informatique, dessin, peinture. Pour ceux qui ont intégré une CLIS ou une UPI les études se poursuivent dans des horaires aménagés.

L'attrait de la nature s'exerce sur beaucoup de ces adolescents ; ils rêvent du contact avec les animaux, le cheval en particulier. Le goût de la campagne, de la ferme se développe chez certains. « Pour moi, dit Sabine, je me sens bien au milieu des animaux, ils me regardent gentiment, on s'aime. » Pour d'autres, l'orientation se fera vers des travaux mécaniques : « J'aime avoir dans les mains des machines qui tournent et que je sais faire marcher. C'est bien de travailler avec les copains et de faire ensemble un objet nouveau. » Pour d'autres encore, l'orientation se fait vers des professions plus artistiques, la peinture, la musique ou la danse. Irène déclare : « Avoir un pinceau et des couleurs, dessiner la mer avec des bateaux, le ciel avec des avions, que c'est beau. » Le rôle de l'éducateur est d'éveiller ces vocations, celui des parents d'encourager l'adolescent dans la voie qu'il aura choisie en s'associant à son projet individuel. Il s'agit d'ailleurs d'une obligation légale depuis la loi n° 2002-2 du 2 janvier 2002 rénovant l'action sociale et médico-sociale. En effet, cette loi prévoit dans son article 7 la participation directe de la personne accueillie en établissement médico-social, ou avec l'aide de son représentant légal (c'est-à-dire pour les moins de dix-huit ans les parents), à la conception et à la mise en œuvre du projet d'accueil et d'accompagnement qui la concerne.

Au terme de ces stages, en accord avec l'adolescent et la famille, une orientation se précise vers l'une des branches correspondant le mieux aux affinités de l'intéressé(e). C'est ainsi que l'adolescent(e) va entrer, pour une durée de deux à quatre ans, dans une filière organisée soit dans l'établissement où il se trouve (centre d'aide par le travail, atelier protégé), soit dans une entreprise extérieure. Il s'agit alors d'une entrée en apprentissage conditionnée par l'accord de la Commission technique d'orientation et de reclassement professionnel (COTOREP). Cet apprentissage comprend une formation pratique en entreprise et une formation technologique, théorique et pratique dans un centre de formation d'apprentis (CFA). Les apprentis handicapés sont inscrits soit dans un CFA ordinaire, soit dans un CFA spécialisé (CFAS). Cette dernière modalité est encore limitée en raison du faible nombre de ces centres (neuf en 2000) et de leur inégale répartition sur le territoire. Ils sont financés par l'Association pour la gestion du fonds pour l'insertion professionnelle des handicapés (AGEFIPH) et des fonds sociaux européens (Granger, 2002). Lorsqu'un apprenti n'est pas en mesure, du fait de son handicap, de suivre les cours du CFA, il peut être autorisé, par avis motivé de la COTOREP, à suivre ces enseignements par correspondance. Des aménagements matériels peuvent également être prévus concernant les locaux, le poste de travail et le matériel pédagogique.

Comme tout apprenti, le jeune handicapé est lié à son employeur par un contrat d'apprentissage. La loi du 30 juin 1975 a aménagé les règles générales en introduisant deux dérogations importantes :

– l'âge maximum d'admission est porté à vingt-six ans ;

– lorsque l'état de santé du jeune handicapé le rend nécessaire, le contrat peut être prolongé d'une année et la durée maximale de l'apprentissage portée à cinq ans.

Le salaire des jeunes apprentis handicapés est calculé en fonction du salaire minimum de croissance (SMIC). Les employeurs qui les forment peuvent bénéficier de primes destinées à compenser les dépenses supplémentaires ou le manque à gagner pouvant résulter de cette activité.

La vie quotidienne

Pour ceux qui ont la chance d'être ainsi encadrés dans un environnement préprofessionnel qui va les préparer à une entrée en CAT ou en atelier protégé (AP), au mieux, mais trop rarement, à une carrière en milieu ordinaire, les loisirs, la pratique d'entraînement physique ou sportif sont souvent organisés. Mais le manque de places dans ces structures ou la gravité des déficiences de toutes sortes liées à la déficience intellectuelle font que beaucoup de ces jeunes n'ont pas accès à l'IMPro. Qu'ils soient placés en maison d'accueil spécialisé (MAS) ou dans des structures analogues ou qu'ils restent en famille, leur vie quotidienne est monotone, les loisirs sont rares, la télévision étant leur occupation principale. Cependant, en particulier grâce aux initiatives de nombreuses associations, des activités sportives, sociales, culturelles, artistiques sont ouvertes [7], surtout en milieu urbain, à ces jeunes qui y côtoient d'autres jeunes non handicapés. Cela représente à la fois des occasions de contacts enrichissants et des risques d'exploitation, de stigmatisation, voire d'entraînement dans des conduites à risque. La vigilance des parents et des éducateurs s'impose, mais non l'interdiction de telles rencontres qui, bien contrôlées, peuvent contribuer à l'intégration sociale des jeunes handicapés mentaux. Faute de contrôle, ces occasions de socialisation peuvent entraîner le jeune dans des comportements déviants ou en faire la victime, en particulier de sévices sexuels. Cela amène à considérer l'éveil de la sexualité à l'adolescence et le bon usage qui doit en être fait.

Le jeune handicapé mental et la sexualité

La sexualité est une fonction inhérente à la vie. Elle est donc présente chez tout être humain, quels que soient son âge, son état, sa condition sociale. Chez chaque individu elle s'exprime sous une forme particulière, en rapport avec son organisation physiologique, ses caractéristiques biologiques, son histoire, les événements marquants de son existence et d'éventuels handicaps, son ou ses milieu(x) de vies. Tout en gardant une certaine identité dans la continuité, on peut noter des variations lors des divers moments de la vie en relation avec l'affectivité et les capacités fonctionnelles du moment.

Chez les personnes handicapées mentales au même titre que pour les enfants, toute sexualité a été longtemps occultée voire niée par bon nombre de familles et d'institutions. Elle n'en existe pas moins ; à la puberté et plus tard à l'âge adulte elle s'intègre dans une activité et des comportements à visée procréatrice que l'on désigne parfois par le terme de génitalité. On note des pulsions élaborées sous forme de désirs qui poussent l'individu à trouver l'objet, le plus souvent une personne de

7. Elles sont détaillées dans le chapitre suivant.

l'autre sexe, pour pouvoir les satisfaire ; l'absence de partenaire adéquat, la tolérance du milieu peuvent déboucher sur des conduites autoérotiques (masturbation), homosexuelles ou autres… Et le désir d'avoir des enfants est tôt présent chez les filles handicapées mentales.

Compte tenu de ces réalités désormais admises par la plupart des familles, des institutions et par la société, une information adaptée, un accompagnement respectueux, une éducation sexuelle des jeunes handicapés mentaux sont essentiels. Les personnels de tous niveaux qui s'occupent d'eux pour leur apprentissage, leurs loisirs, leurs activités sportives, pour leur existence au jour le jour doivent également apprendre à inclure ces données de vie dans leurs pratiques professionnelles au quotidien.

Une difficulté supplémentaire résulte de l'ambivalence ambiante qui, tout en favorisant la libéralisation des mœurs, continue à stigmatiser certaines de ses manifestations et de ses conséquences : c'est particulièrement net en ce qui concerne la sexualité des jeunes handicapés. On retrouve d'ailleurs ici les mêmes contradictions qu'en ce qui concerne le discours sur l'intégration et les mesures ségrégatives. L'incertitude sur le bien fondé du principe de la mixité des institutions et les hésitations constatées au niveau de sa gestion s'inscrivent dans ce paradoxe. Les problèmes abordés ici ne sont pas nouveaux, mais ils ont pris, en l'espace d'une génération, une ampleur et une nature telles qu'il est urgent de les aborder au niveau pratique mais aussi éthique, dans le double intérêt des personnes handicapées et de la société. Ce faisant, on peut espérer diminuer la souffrance des personnes handicapées mentales et de leur entourage familial et professionnel et favoriser leur intégration, ou au moins leur acceptation par la société. Mais il ne peut y avoir, dans ce domaine, de recettes passe-partout ni de solutions miracles. Les progrès ne peuvent provenir que d'une interaction constante entre principes directeurs et réalités du terrain ; en outre les éléments généraux de solution ainsi dégagés devront toujours être adaptés aux caractéristiques spécifiques de chaque cas particulier.

Une des questions les plus difficiles à résoudre est celle d'une éventuelle limitation de la sexualité et de l'accession à la paternité-maternité pour des jeunes qui, du fait de leur handicap, sont ou semblent privés des capacités souhaitables pour en assurer totalement l'exercice, tant dans la compréhension de leur signification que dans celle de leurs conséquences pour eux-mêmes et pour autrui. Ces problèmes particuliers, qui concernent davantage l'adolescence tardive et l'âge adulte, sont envisagés en détail dans le chapitre suivant.

Habituellement, même s'il peut exister un certain retard, la prise de conscience de l'éveil sexuel par les jeunes handicapés mentaux a des points communs avec celle des autres adolescents : apparition des pulsions, manifestations masturbatoires variables, avec un certain malaise en face de ces sensations nouvelles. Les adolescents handicapés extériorisent plus que d'autres leur besoin d'aimer et d'être aimés et chez les filles un désir « d'avoir un bébé ». Ces tendances se manifestent par des projets de formation d'un couple. Les adolescents handicapés sont généralement très sensibles aux gestes de tendresse qui sont souvent leur façon de communiquer. La demande d'exercice de la sexualité est en fait très variée, dépendant beaucoup de la nature du handicap, de sa gravité et des handicaps associés. Elle peut être refoulée par l'entourage, mal comprise, confondue avec l'affectivité et la tendresse souvent très développées chez ces jeunes. Quant à la connaissance que l'adolescent handicapé peut avoir de la sexualité, elle est davantage en rapport avec l'expérience et les opportunités qu'avec les capacités intellectuelles et affectives. Il existe dans ce domaine une grande variété de situations. Des difficultés peuvent se présenter qui tiennent à la vulnérabilité nouvelle de la personne à ce stade de sa vie. En effet, celle-ci a plus de mal que d'autres à contrôler ses sentiments et ses pulsions et à apprécier les dangers d'une situation, par exemple sollicitation d'un tiers, voire d'un proche qui chercherait à se servir d'elle comme d'un objet dévolu à sa satisfaction.

Il importe d'examiner l'interférence de la sexualité sur les différents aspects qui touchent la vie de l'adolescent au sein de sa famille, dans l'institution et dans la société. Les situations des familles ayant un jeune handicapé sont diverses. Outre la différence de statut social, il existe toute une gamme de circonstances dans lesquelles un facteur déterminant est la capacité des parents à gérer les difficultés réelles, ainsi que les tensions et les conflits provoqués ou accrus par le handicap.

Dans bien des cas, ceux-ci sont réticents à aborder le sujet de la sexualité. Il s'y ajoute des difficultés particulières : hantise de la sortie de l'enfance qui va faire surgir de nouveaux aspects de la différence, responsabilités supplémentaires en raison de la vulnérabilité nouvelle de leur enfant, crainte de comportements mal tolérés par la société. Ils peuvent être scandalisés de l'attitude conciliante des éducateurs devant certains actes jugés physiologiques, accusant l'établissement de laxisme, de permissivité ; le malentendu peut s'accentuer en fonction des relations que le jeune adolescent entretient avec ses semblables, avec les éducateurs.

En revanche, la difficulté de parler de la sexualité du jeune handicapé est moindre en institution. Les professionnels ont conscience des besoins, mais aussi de la vulnérabilité de l'adolescent. Certains professionnels favorisent le passage à l'acte, le considérant comme un facteur d'épanouissement, d'autres en revanche y font obstacle. En fait, la manière dont les éducateurs vivent leur propre sexualité retentit sur la façon dont ils gèrent les manifestations de celle des personnes dont ils ont la charge. Ils sont aussi influencés par leur perception du milieu d'origine du jeune et par leurs relations avec les parents. On peut se trouver ainsi dans un contexte de permissivité qui heurte la famille, ou au contraire dans une attitude d'ostracisme, surtout quand l'institution est particulièrement rigide. Là entre en ligne de compte, au-delà de toute règle institutionnelle, la formation des éducateurs tant au point de vue personnel que sur le plan professionnel.

Parents et professionnels sont partenaires et ni les uns ni les autres ne peuvent se décharger de leurs responsabilités sur l'autre partie, d'autant que la vie du jeune handicapé mental se partage, de plus en plus, entre famille et milieux d'accueil ouverts ou fermés. De même, les prises en charge au long cours associent de nombreux professionnels de formation différente et exerçant dans des contextes diversifiés. Il faut donc susciter une articulation souple entre la famille et les professionnels. Le rôle des intervenants à domicile (soignants, travailleurs sociaux) est aussi important vis-à-vis des parents que le rôle des éducateurs en institution.

Dans le cadre de ce partenariat, les sujets concernant la sexualité des jeunes doivent être abordés tôt, régulièrement et sereinement, non seulement en réunions communes mais aussi en entretiens privés. Tout en favorisant ces échanges entre familles et professionnels, il faut veiller à ce que les parents puissent faire valoir leur point de vue, assumant ainsi pleinement leurs prérogatives. À ce jour, il est possible de dire que, malgré l'intégration sociale du jeune handicapé dont l'école est la première étape, l'exercice de sa sexualité va révéler une certaine incompréhension du monde extérieur, parfois même un rejet. Dans ce domaine, un travail important doit être réalisé au niveau de la société pour l'amener à modifier sa perception vis-à-vis de la personne handicapée mentale et de sa sexualité.

Il paraît intéressant de conclure ce paragraphe en méditant cette phrase : « La sexualité ne s'apprend pas mais se construit » (Vaginay, 2002). D'où l'importance de l'environnement dans lequel le jeune handicapé mental est placé, sur les plans familial, institutionnel et dans le cadre de ses relations avec la société.

Conclusions et orientations éthiques

L'accueil de l'enfant différent dans sa famille requiert de la part du corps médical au premier chef, des associations ensuite, une assistance qui peut se résumer à une véritable empathie seule capable de donner aux parents le courage, la confiance et l'espoir.

L'éducation ne peut se concevoir dans le courant des idées contemporaines d'intégration qu'avec la collaboration étroite de l'enseignant, de l'éducateur et de la famille, dans un partage des responsabilités dépassant le programme à suivre, la conduite à tenir pour s'accorder sur le but à réaliser : permettre à l'enfant de s'épanouir au maximum. On peut cependant s'interroger sur la pertinence de ce principe de priorité à l'intégration, s'agissant des enfants handicapés mentaux. Ne devrait-on pas plutôt poser comme principe premier la nécessité d'orienter les enfants vers les solutions les plus adaptées pour leur permettre de développer au maximum leurs potentialités ? Les structures d'éducation spécialisée qui accueillent des enfants affectés par un handicap mental sont malheureusement trop souvent présentées comme des structures ségrégatives. Mais on peut se demander si le handicap n'est pas davantage stigmatisé à l'école ordinaire, où l'enfant est souvent assisté par un auxiliaire de vie scolaire. Ne met-on pas ainsi en relief ses difficultés plutôt que ses capacités ? Par ailleurs, est-ce à l'école ordinaire que l'enfant sera le mieux à même de développer au maximum ses potentialités ? Les enseignants n'ont guère la possibilité de s'occuper en particulier de l'enfant handicapé, à côté des autres enfants de la classe.

Il faut préciser qu'une prise de conscience politique a vu le jour, notamment depuis l'inscription du problème du handicap dans les grands chantiers du quinquennat du président de la République. Les principales recommandations en ont été reprises dans la proposition de loi rénovant la politique de compensation du handicap, déposée en mai 2003.

Le domaine de la sexualité est sorti depuis quelques années de la clandestinité et des tabous. Là également, il y a de la part de la famille, de l'institution et de la société une prise de conscience qui doit être soutenue et développée.

Reste l'orientation professionnelle qu'il convient de développer, mais le savoir et les pratiques des enseignants et des éducateurs doivent être tempérés par le désir de l'adolescent handicapé qui cherche sa voie dans le sens de ses aspirations.

L'intégration réelle et effective des personnes handicapées suppose, en plus d'un indéniable effort des pouvoirs publics, une véritable « révolution culturelle » (Kristeva, *op. cit.*). Ce changement des mentalités demande un travail de sensibilisation et d'information des citoyens, sur « la réalité des handicaps, leurs causes quand elles sont repérées, sur les richesses et les limites qui caractérisent les différentes personnes en situation de handicap », pour combattre ainsi les refus et les angoisses. Le respect de la dignité humaine implique cette reconnaissance de l'autre et la préservation des liens de la personne avec la communauté des citoyens. La télévision aurait un rôle à jouer sur ce plan, avec des spots de « publicité éducative », à l'instar des spots actuels d'information sur les maladies. Cette démarche a également été préconisée par Stiker, qui parle de la nécessité « d'injecter dans notre société une dose supplémentaire de souci de l'autre », et qui demande à l'État d'inclure cette orientation dans sa politique (Stiker, 2000).

À l'État et aux collectivités territoriales revient la responsabilité de préparer des textes réglementaires et surtout de les mettre en œuvre. Le grand public doit être sensibilisé par une information adaptée dès l'école et par les médias, ce qui devrait faciliter l'accueil des handicapés et les actions de soutien vis-à-vis de ces jeunes et leurs familles. Associations spécialisées et professionnels peuvent aider à l'émergence et au développement des aides de proximité et au changement des mentalités. Les associations ont un rôle décisif à jouer à ce point de vue, vis-à-vis de leurs différents partenaires sociaux : politiques, administratifs, associatifs et communautaires. L'UNAPEI s'est beaucoup investie dans ce domaine depuis plusieurs années et les résultats obtenus à ce jour sont prometteurs.

Tout ce qui a été dit à propos de l'éthique dans le chapitre introductif trouve sa place ici, avec une importance accrue. En effet, les enfants et les adolescents handicapés mentaux sont fragiles, vulnérables ; ils souffrent d'une double discrimination : ils sont jeunes, et les jeunes sont mal acceptés dans notre société vieillissante ; ils sont handicapés, et les handicapés sont mal venus dans notre société où conformité, réussite et productivité sont des valeurs prisées. Changer ces perceptions, ces représentations, ces attitudes et ces comportements est un devoir éthique et une démarche à bénéfice mutuel : l'intégration tant prônée n'a de sens que si elle modifie en l'améliorant la société tout entière.

La Convention internationale des droits de l'enfant a reconnu, dans son article 23, que « les enfants mentalement ou physiquement handicapés doivent mener une vie pleine et décente, dans des conditions qui garantissent leur dignité, favorisent leur autonomie et facilitent leur participation active à la vie de la collectivité ». « Ils ont droit, dit-elle, à bénéficier de soins spéciaux et d'une aide adaptée à leur état et à la situation de leurs parents. » Le texte tout entier peut d'ailleurs se résumer par les trois P suivants : Protection, Prestations, Participation, auxquels certains proposent d'ajouter un quatrième : Plaidoyer, signifiant que tous ceux et celles qui vivent et travaillent avec et pour eux doivent plaider leur cause, à tous niveaux, pour que ces droits soient effectivement reconnus et appliqués. On est là dans une démarche éthique telle que la définit Ricœur (1990) : « La visée d'une vie bonne, avec et pour les autres, dans des institutions justes. »

RÉFÉRENCES BIBLIOGRAPHIQUES

Références citées

ANATRELLA T., *Interminables adolescences*, Cerf, Paris, 1999.

ARMSTRONG H., « Le paradoxe de l'éducation incluse en Angleterre », *in* M. CHAUVIÈRE *et al.*, *L'École en face du handicap*, Paris, PUF, 2000, p. 117-132.

BARRIER G., « La médecine périnatale en l'an 2000 vue par un anesthésiste-réanimateur », *Bull. Acad. Natle. Méd.*, 185, 1, 2001, p. 91-101.

BELIGAND P., « Les CLIS en IME », *Les Cahiers de l'Actif*, 320-323, 2003, p. 123.

BELIN B., *Les Animaux au secours du handicap*, L'Harmattan, Paris, 2000, 244 p.

BLANC P., *La Politique de compensation du handicap*, rapport d'information nº 369, Sénat, juillet 2002.

CHANTEUR J., « De la révolte à l'espérance », *in* J. DUCHÈNE *et al.*, *Éthique et Handicap mental*, Presses universitaires de Namur/Baugné-Belle-Vue, 2002.

CHATAUD V., *Droit et Handicap*, ASH, 2000, 113 p.

ESQUIROL E., *Des maladies mentales considérées sous les rapports médical, hygiénique et médico-social*, t. II, B. Boullère, 1838, p. 432-433.

FABLET D., « Une comparaison des modes de professionnalisation », *in* M. CHAUVIÈRE *et al.*, *L'École en face du handicap*, PUF, Paris, 2000, p. 85-100.

FARDEAU M., *Comme vous, comme nous, tout simplement. Sur une analyse comparative et prospective du système français de prise en charge des personnes handicapées*, rapport, 2002.

GABEL M., JESU F., MANCIAUX M., *Bientraitances*, Fleurus, Paris, 2000.

GRANGE, J.-C., « Les centres de formation d'apprentis spécialisés », *Réadaptation*, nº 492, juillet-août 2002, p. 39-40.

HAELEWICK M. C., BASIER G., « Recherche et handicap mental au sein de la délégation belgo-luxembourgeoise de l'AIRHM », *Revue francophone de la déficience intellectuelle*, 13, 2, 2003, p. 167-187.

KHODIA N., *L'éducation des jeunes handicapés est un devoir*, communication de l'inspection académique des Yvelines, 2002.

KRISTEVA J., *Lettre au président de la République sur les citoyens en situation de handicap, à l'usage de ceux qui le sont et de ceux qui ne le sont pas*, Fayard, Paris, 2003, 95 p.

LAMBART B., « La non-scolarisation et quelques voies de recours », *Journal du droit des jeunes*, n° 219, novembre 2002, p. 32.
LUCIA D. A., « Généalogie de l'intégration scolaire en Italie », *in* M. CHAUVIÈRE *et al.*, *L'École en face du handicap*, PUF, Paris, 2000, p. 135-145.
MANCIAUX M. (dir.), *La Résilience : résister et se construire*, Genève, Méd. et Hyg., 2001.
MISÈS R., QUEMADA N., *Retards et troubles de l'intelligence chez l'enfant*, Paris, ESF, 1990.
RICŒUR P., *Soi-même comme un autre*, Le Seuil, Paris, 1990.
STIKER H.-J., *Pour le débat démocratique : la question du handicap*, essais, Paris, Éd. du CTNERHI, 2000, 149 p.
VAGINAY D., « Comprendre la sexualité de la personne handicapée », *Chronique sociale*, 2000.
WEYL R., « Mobilisation en réseau, l'exemple du SESSAD », *Les Cahiers de l'Actif*, 2003, p. 235-250.

Pour en savoir plus

BERTRAND S., *Personnes handicapées : le guide pratique*, Paris, Les guides pour tous, 2003, 321 p.
BORGETTO M., LAFORE R., *Droit de l'aide et de l'action sociales*, 4e éd., Montchrestien, 2002, 591 p.
CABRIT A., *Handicapés, tous vos droits*, 2003, 383 p.
CHAPIRAUD F., CONSTANT J., DURAND B., *Le Handicap mental chez l'enfant*, Paris, ESF, 1997, 250 p.
MINISTÈRE DE L'EMPLOI, MINISTÈRE DE L'ÉDUCATION ET DE LA SOLIDARITÉ NATIONALE, DE LA RECHERCHE ET DE LA TECHNOLOGIE, *Rapport sur l'accès à l'enseignement des enfants et adolescents handicapés*, mars 1999.
THÉVENET A., *L'Aide sociale aujourd'hui*, 14e éd., ESF, 2002, 436 p.
TRIOMPHE A., *Droit des personnes handicapées en France*, Eurédit, 2001, 301 p.

Textes juridiques

Loi n° 75-534 du 30 juin 1975 dite loi d'orientation en faveur des personnes handicapées.
Loi n° 89-486 du 10 juillet 1989 dite loi d'orientation relative à l'éducation.
Décret n° 93-216 du 4 novembre 1993 relatif au guide-barème permettant l'évaluation du taux d'invalidité.

Loi nº 2002-2 du 2 janvier 2002 rénovant l'action sociale et médico-sociale.
Proposition de loi rénovant la politique de compensation du handicap et réformant la loi d'orientation du 30 juin 1975, déposée en mai 2003.

4

La personne handicapée mentale à l'âge adulte

Charles SÉRIÉ, Michel MANCIAUX, Gwen TERRENOIRE

Devenir adulte représente, pour le jeune handicapé mental ayant souvent passé toute son enfance et son adolescence dans des milieux protégés, une étape importante, difficile mais essentielle pour la suite de son existence : changement d'établissement, au prix parfois d'un retour plus ou moins long en famille dans l'attente d'une place, nouvelles aspirations vers un travail, une vie sociale, possibilité – au moins biologique – de vivre sa sexualité. Devenir adulte se prépare : les parents, les professionnels des IME et IMPro qui, jusque-là, ont partagé la responsabilité, les soins de l'enfant, de l'adolescent handicapé, ont là un rôle crucial pour aménager au mieux, avec le jeune lui-même, cette transition vers une existence différente. Prendre l'avis de l'intéressé(e), en discuter avec lui ou elle, l'informer autant que faire se peut et de façon réaliste, élaborer en commun un projet de vie sont des moyens souvent efficaces de penser et de préparer l'avenir.

L'adolescent handicapé mental devenu adulte va devoir affronter de nombreux problèmes liés en premier lieu au degré de son handicap qui conditionne pour une grande part son devenir et ses orientations. Il convient, en effet, de trouver une voie répondant à ses capacités acquises et potentielles, en respectant sa personne, ses désirs, ses aspirations, le but étant d'assurer son bien-être et son épanouissement tout en prenant en considération ses possibilités, mais aussi ses difficultés, ses limites (Annexe 4).

L'évaluation du degré du handicap est l'élément majeur qui conditionne l'orientation, évaluation à renouveler périodiquement pour juger de l'opportunité d'une éventuelle réorientation. Dans l'état actuel des structures administratives existant en France, c'est la Commission technique d'orientation et de reclassement professionnel (COTOREP) qui évalue le degré de handicap et prend notamment les décisions concernant l'orientation jugée optimale en matière professionnelle. La personne handicapée examinée est-elle apte ou inapte à une orientation vers une profession ? Et si oui, laquelle ? Bien que l'aptitude au travail ne concerne qu'un aspect de la vie de toute personne, il s'agit d'un aspect essentiel dans le processus de socialisation. C'est dire l'importance de cette commission et l'intérêt d'en bien connaître le rôle, le fonctionnement, les avantages, mais aussi les difficultés, les lacunes. Il est à noter que l'étiologie du handicap n'entre pas en considération dans le cadre de ces orientations.

Le suivi médical représente un élément capital tant pour veiller à la santé de la personne handicapée mentale que pour conditionner les réorientations possibles. Mais ce n'est là qu'un des aspects de la question. En fait, c'est l'existence au quotidien et dans la durée de cette personne qui est en jeu. Il s'agit de trouver pour elle le mode de vie le mieux adapté :

– soit dans le milieu familial, choix théoriquement le plus souhaitable, mais parfois décidé au seul motif de la pénurie de places dans les structures spécialisées ;

– soit en milieu institutionnel, en prenant en considération l'habitat, le lieu de vie en dehors du travail, l'accès aux loisirs, aux sports, à des activités ludiques et à l'éducation, à la formation ;

– soit en milieu ordinaire avec tous les problèmes liés aux libertés et contraintes du monde extérieur.

Dans tous les cas, l'accompagnement représente un élément primordial dans l'existence du handicapé. Il convient pour cela de prendre en compte la vie affective de la personne : ses droits, ses souhaits, les problèmes liés à la sexualité, à la contraception, son désir éventuel de vivre en couple, sans omettre les questions difficiles de la procréation, d'une éventuelle stérilisation. Seront également abordées les relations avec la famille et en particulier avec la fratrie, sujet particulièrement délicat pour la vie au domicile familial. Autre point important : le regard et l'accueil de la société vis-à-vis des personnes handicapées mentales : quels sont les possibilités et les critères d'une intégration sociale réussie ? Quel rôle est celui des associations et des institutions spécialisées ?

L'accompagnement de la personne handicapée mentale

D'emblée, il convient de clarifier le concept d'accompagnement pour éviter les dérives. Il importe, pour cela, d'expliquer la notion de compensation spécifique du handicap mental. À ce propos R. Salles (2002) écrit :

« L'article 1 de la loi de 1975 fait de la compensation du handicap une obligation nationale. Elle se traduit en quatre orientations :
– les soins médicaux (thérapeutiques et paramédicaux) qui relèvent de la prescription médicale ;
– l'hébergement, autrement dit l'hôtellerie ;
– les soins de continuité dans la vie, l'alimentation, l'hygiène ;
– l'accompagnement proprement dit. »

Sur ce point, il faut aussi s'entendre sur ce que l'accompagnement n'est pas. Toute aide qui consiste à « faire à la place » de la personne handicapée ne facilite ni son accès à une certaine autonomie ni son intégration sociale. Même si la compensation du handicap fait appel à des aides de nature technologique, l'accompagnement est d'abord et surtout l'aide humaine visant à « aider à faire ». Elle porte sur le concevoir, le vouloir, le faire.

Accompagner est une démarche pédagogique vers l'humanisation de la personne. Les fausses pistes de l'humanisation, c'est se laisser abuser par l'idéologie du progrès indéfini censé résoudre toutes les difficultés, c'est refuser de se confronter à la réalité. L'humanisation bien comprise se caractérise par l'accompagnement « au vivre ensemble et par la reconnaissance de l'autre et de soi-même » (Salles, *op. cit.*).

Le projet unanime des parents concernant leur enfant se résume en trois mots : « Qu'il soit heureux. » On a tendance à confondre bien-être et bonheur, alors qu'il y a un abîme entre ces mots (Cyrulnick, 2002). Le bien-être est dans la contiguïté immédiate : « Je me sens bien, tout va bien autour de moi. » On est dans le domaine de *l'avoir*. Le bonheur est dans la durée, il est le fruit d'une élaboration. Il se construit dans le partage, c'est le domaine de *l'être*. En d'autres termes l'accompagnement des handicapés mentaux dans l'aventure du partage, c'est de donner un sens à leur vie. La notion de qualité de vie est ici essentielle. Il peut sembler paradoxal d'en parler devant une vie « abîmée » aux yeux de beaucoup. Mais un cheminement, même lent, vers une certaine autonomie, la possibilité de nouer des relations, de faire des choix, d'être consulté(e), de consentir ou non à certains actes importants sont autant d'éléments positifs qu'il convient de valoriser à la fois pour l'intéressé(e), pour son entourage et la société. C'est là une des fonctions capitales de l'accompagnement, dont la dimension éthique est incontestable. D'ailleurs, la loi du 2 janvier 2002 lui donne un fondement légal. Elle précise que dans les établissements sociaux ou médico-sociaux doivent être assurés

> « une prise en charge et un accompagnement individualisés et de qualité favorisant le développement, l'autonomie et l'insertion, adaptés à l'âge et aux besoins de la personne, respectant son consentement éclairé qui doit être systématiquement recherché lorsqu'elle est apte à exprimer sa volonté et à participer à la décision. À défaut, le consentement de son représentant légal doit être obtenu. »

Lorsque la personne n'est pas hébergée en institution, l'accompagnement est réalisé par le tuteur ou le curateur.

Protection juridique

À l'âge adulte, les personnes handicapées mentales font généralement l'objet d'une mesure civile de protection. Dans leur intérêt il est souhaitable que leur entourage demande l'ouverture d'une telle mesure. Précisons brièvement le régime des différentes mesures :

> – Une *curatelle* est ouverte lorsque, atteints d'une altération de leurs facultés mentales ou corporelles, mais sans être hors d'état d'agir par eux-mêmes, les majeurs ont besoin d'être conseillés dans les actes de la vie civile (article 508 du code civil). Le majeur sous curatelle est simplement assisté dans les actes de la vie civile ; il n'est pas représenté, à la différence du majeur sous tutelle. En principe, le majeur sous curatelle agit seul, sauf pour les actes de disposition (une vente par exemple), et il ne peut recevoir de capitaux ni en faire emploi sans l'assistance de son curateur.
> – Une *tutelle* est ouverte lorsque, atteint d'une altération de ses facultés mentales ou corporelles, le majeur a besoin d'être représenté de manière continue dans les actes de la vie civile. Il s'agit de la mesure pour laquelle l'incapacité est la plus étendue. Il faut préciser que le tuteur n'est pas toujours seul à décider ; pour les cas les plus graves, la loi prévoit l'intervention du juge des tutelles ou du conseil de famille.

Un principe de priorité familiale se dégage des dispositions légales pour l'attribution de la mesure. Mais la loi a également prévu deux catégories de tuteurs extrafamiliaux. En l'absence de famille ou en raison de risques de mauvaise gestion ou d'appauvrissement, la mesure est déférée à l'État (articles 428 et 433 à 435 du code civil). En outre, un gérant de tutelle peut être désigné, le critère étant le peu d'importance des biens (article 499 du code civil).

D'après la loi, le mandat du protecteur se limite donc à la gestion des biens. Or, il est souhaitable qu'il veille également à la protection de la personne, dans l'optique d'un accompagnement plus complet. D'ailleurs, en pratique, la jurisprudence et les personnes amenées à intervenir dans l'existence de la personne protégée tendent à demander au protecteur les autorisations nécessaires pour les soins médicaux, les lieux d'hébergement, etc.

Ces dispositions trouvent leur fondement dans un arrêt rendu par la Cour de cassation le 18 avril 1989, dans lequel les juges ont posé en principe que « les régimes civils d'incapacité ont pour objet, d'une manière générale, de pourvoir à la protection de la personne et des biens de l'incapable ». Une consécration légale de cette mission de protection de la personne incombant à tous les tuteurs et curateurs pourrait bien se faire, dans le cadre de la révision de la loi du 3 janvier 1968 instituant les régimes civils de protection.

Toutefois, il ne saurait exister de tutelle à la personne ; le protecteur du majeur n'est investi que d'une mission d'accompagnement, mais en aucun cas d'une mission d'éducation qui conduirait à un gouvernement de la personne. En effet, il résulte de dispositions légales, de solutions jurisprudentielles et de la pratique qu'un équilibre est recherché entre les pouvoirs du protecteur et l'autonomie du majeur, le juge des tutelles étant garant du respect de cet équilibre. Par exemple, en matière médicale, il convient de rechercher le consentement de la personne handicapée mentale lorsqu'elle est apte à exprimer sa volonté.

Le rôle du juge des tutelles est important : il décide de l'ouverture de la mesure, de la désignation du protecteur, dont il contrôle la gestion des biens de la personne handicapée mentale.

Diverses critiques ont été adressées au système actuel. Certaines visent les textes eux-mêmes, en ce qu'ils ne préservent absolument pas l'autonomie et la liberté du majeur dans la mesure où il peut les exercer. D'autres critiques visent le fonctionnement des tutelles : manque de suivi des dossiers d'où maintien de mesures devenues inadaptées ; difficultés de vérification des comptes de gestion, ce qui peut permettre des abus des gérants de tutelle, voire des détournements de fonds ; non-repérage de l'incompétence de certains gérants. Toutes ces critiques, qui se rattachent essentiellement à la surcharge de travail des juges des tutelles, sont prises en compte dans le cadre de la révision de la loi de 1968.

Autres mesures

En fait, et en dehors de ces mesures juridiques, il existe, suivant les structures et les institutions, un accompagnement à géométrie variable. Ainsi il y a des institutions qui offrent un *statut d'assuré* : la maison d'accueil spécialisé (MAS) où la personne est prise en charge à vie, le centre d'aide par le travail (CAT) dont le financement, garanti jusqu'à la retraite, comprend l'accompagnement.

Il y a celles qui ne donnent qu'un *statut d'assisté* : les foyers de vie (FDV), foyers occupationnels (FO) et foyers d'accueil médicalisé (FAM), anciennement foyers à double tarification, sauf pour ce qui concerne les soins médicaux pris en charge par ailleurs. Dans ces institutions, il n'y a légalement aucun financement de l'accompagnement.

Il y a des situations qui n'offrent *aucun statut* ; c'est le cas pour les travailleurs handicapés à la retraite qui n'ont pas d'accompagnement et les handicapés en famille. Il existe toutefois quelques exceptions, par exemple dans certains départements où des initiatives ont été prises pour aider ces personnes. En outre les travailleurs en atelier protégé ont le statut de salarié mais ne bénéficient d'aucun accompagnement.

Par ailleurs, et trop souvent, la personne doit s'adapter à la structure alors que l'adaptation est un mouvement de l'un et de l'autre : la structure doit aussi s'adapter à la personne.

On constate devant ces faits l'inégalité dans l'accompagnement des personnes handicapées mentales. Il apparaît souhaitable que le législateur se penche à nouveau sur ces questions en créant pour elles une *allocation personnalisée d'accompagnement*, car l'allocation aux adultes handicapés (AAH) n'est qu'une allocation de service. De son côté l'UNAPEI a mis au point le modèle d'accompagnement pour personne handicapée (MAP) conçu en collaboration avec le groupe Autonomie gérontologique-Groupes Iso Ressources (AGGIR) et qui peut prendre le relais et assurer l'allocation correspondante (voir annexe 2).

L'accompagnement de la personne polyhandicapée s'appuie également sur des technologies permettant en particulier la communication non verbale, l'assimilation sensorielle (Zucman, 1998). Les « habiletés de communication » des personnes en contact avec les polyhandicapés ont été largement développées dans la *Revue francophone de la déficience intellectuelle* (Jacques, Tremblay, 1998). L'informatique est de plus en plus utilisée pour offrir des moyens d'une communication adaptée. L'ordinateur peut apporter beaucoup, par exemple dans le cadre du système « Téléthèse » où défilent des phonèmes, images ou lettres exprimant phonétiquement une situation que le synthétiseur vocal traduira en voix artificielle. C'est un moyen de rendre sa capacité d'expression et de communication à la personne dépourvue de langage (UNAPEI, 2002).

Ainsi précisé, l'accompagnement devrait occuper une place incontournable dans la vie de la personne handicapée mentale confrontée aux multiples problèmes qui vont se présenter au cours de son existence.

Handicap mental et travail

Pour pouvoir bénéficier des dispositions légales édictées en leur faveur (aides financières, place en établissement d'hébergement...) les handicapés mentaux adultes doivent au préalable faire l'objet d'une décision de la COTOREP. Le rôle de cette instance est capital. Instituée à l'échelon départemental [1], elle comprend un secrétariat et une équipe technique, qui sont les

1. Dans son rapport de juillet 2002 relatif à la réforme de la loi d'orientation du 30 juin 1975, BLANC propose un échelon infra-départemental. Cela permettrait

premiers intervenants dans la procédure et les premiers interlocuteurs des personnes handicapées.

La mission principale du secrétariat est d'accueillir et d'informer les personnes, d'enregistrer les demandes et de recueillir toutes les pièces nécessaires à l'instruction du dossier effectuée par l'équipe technique. Celle-ci comprend des éducateurs spécialisés, des médecins, des psychologues, des enseignants et des assistants sociaux. Elle émet un avis sur la suite à donner à la demande, mais c'est la commission et ses membres [2] qui prennent la décision définitive.

Seules deux personnes sur les vingt-quatre représentent directement les personnes handicapées. C'est peu, compte tenu de la diversité des handicaps. Aussi un rapport récent propose de doubler le nombre de ces représentants et de prévoir également cette représentation au sein des équipes techniques (Blanc, 2002). Cette dernière proposition est essentielle, dans la mesure où l'avis de l'équipe technique est généralement entériné par la commission.

En pratique, les COTOREP se sont organisées en deux sections spécialisées [3], qui ont chacune leur secrétariat et leur équipe technique. La première traite des questions d'insertion professionnelle des personnes handicapées. Elle apprécie leur aptitude au travail, leur reconnaît la qualité de travailleur handicapé et les oriente soit vers le milieu ordinaire de travail, soit

---

d'améliorer l'accessibilité des COTOREP et favoriserait le développement de solutions de proximité adaptées aux besoins des personnes.

2. Trois conseillers généraux ainsi que 3 suppléants élus par l'assemblée dont ils sont membres ; 4 personnes proposées conjointement par le directeur départemental de l'emploi et l'inspection du travail (au moins un représentant de l'ANPE et un médecin du travail) ; 2 personnes désignées par la DDASS (dont un médecin) ; une personne désignée par l'Office national des anciens combattants ; un médecin-conseil de la Sécurité sociale ; 4 représentants des organismes de Sécurité sociale et des organismes débiteurs des prestations familiales ; 2 représentants des organismes gestionnaires des structures de travail protégé ; un représentant des organismes gestionnaires des foyers d'hébergement ; 2 représentants des associations de personnes handicapées ; 1 représentant des syndicats d'employeurs ; 1 représentant des syndicats de salariés.

3. Cette faculté qui leur est offerte par la loi a été largement utilisée.

vers un stage de réadaptation ou de formation, soit vers un emploi en milieu protégé : atelier protégé (AP) ou centre d'aide par le travail (CAT). La seconde relève d'une « logique médico-sociale [4] » : elle apprécie le taux d'invalidité [5], oriente éventuellement vers un établissement spécialisé (maison d'accueil spécialisé, foyer occupationnel, foyer d'accueil médicalisé, foyer d'hébergement), et ouvre le bénéfice des différentes aides financières (AAH, complément d'AAH, allocations compensatrices). (Voir annexe 10).

Cette division en sections produit des conséquences dommageables, souvent dénoncées. En effet, elle conduit les demandeurs à mener des démarches parallèles, à saisir chaque section d'un aspect particulier de leur situation. Il n'y a pas d'approche globale des problèmes de la personne handicapée. Aussi la circulaire nº 2002-114 du 27 février 2002 a engagé une expérience de fusion des sections dans dix départements pilotes. Il serait souhaitable de généraliser cette expérience dans l'optique actuelle de mise en place de parcours personnalisés préconisée par le rapport Blanc (2002).

La décision de la COTOREP doit être motivée, et notifiée au requérant par lettre recommandée avec accusé de réception. Cette lettre précise le délai durant lequel la décision s'appliquera et les voies de recours. La décision ne s'impose jamais à la personne handicapée qui reste libre de s'en prévaloir ou non. En cas d'orientation en milieu de travail ordinaire, elle ne s'impose pas non plus à l'employeur et la personne handicapée doit faire l'objet d'une embauche. Dans les autres cas, la décision engage les organismes de prise en charge, les établissements de travail protégé et les structures d'accueil, dans la limite des places disponibles : en cas d'impossibilité de recevoir la personne, elles doivent en avertir la COTOREP.

---

4. P. Blanc, rapport d'information, *op. cit.*, juillet 2002.

5. Le taux d'invalidité est évalué selon un guide-barème (décret nº 93-216 du 4 novembre 1993) qui s'inspire de la classification internationale des handicaps proposée par l'OMS

On le voit, les COTOREP jouent un rôle essentiel. Pourtant, elles connaissent aujourd'hui de multiples dysfonctionnements, régulièrement dénoncés dans de nombreux rapports (Cour des comptes, 1993 ; Forgues, 2000 ; Blanc, 2002). Ces dysfonctionnements sont variables d'un département à l'autre, ce qui génère une inégalité de traitement entre les personnes handicapées et donc une discrimination.

Les secrétariats ont dû faire face, avec des moyens matériels et humains inchangés, à la forte augmentation du nombre des dossiers. Cette surcharge de travail engendre de longs délais d'attente pour obtenir une décision. Elle a également parfois pour conséquence une médiocre qualité d'accueil et d'information des personnes puisque le personnel, parfois peu qualifié pour cette tâche, n'a que peu de temps à leur consacrer. Enfin, les locaux ne facilitent pas toujours l'accueil ; il est même parfois fait état de locaux inaccessibles aux handicapés.

L'insuffisance du personnel ne concerne pas que les secrétariats, elle est également patente dans la composition des équipes techniques. Par conséquent, l'examen des situations individuelles s'effectue souvent dans des conditions peu satisfaisantes : l'instruction est en fait une juxtaposition d'avis, elle émane rarement d'une équipe réunie échangeant des vues sur chaque cas personnel.

Si la remise à niveau des moyens techniques et humains des COTOREP est en cours (circulaires n° 2000-235 du 30 juin 2000 et du 27 février 2002), les rapports récents préconisent un renforcement de cet effort (Blanc, 2002). De graves dysfonctionnements sont aussi mis en évidence au moment de la prise de décision. L'absence d'entretien individuel devant la commission, bien qu'il soit prescrit par la loi, reste trop souvent la règle. Elle s'explique par l'engorgement des COTOREP. Elle constitue cependant une violation directe de la loi d'orientation de 1975, prévoyant que la personne handicapée doit recevoir une convocation, lui précisant notamment qu'elle a la possibilité de se faire assister par la personne de son choix. Être entendues par la commission correspond à une attente très forte des personnes handicapées, qui ont trop souvent le sentiment de n'être que des « dossiers à traiter ». Cette lacune porte incontestablement atteinte à leur dignité car elles sont souvent les mieux à même d'exprimer leurs besoins. À ce titre, il convient impérativement de faire respecter cette obligation légale.

Les COTOREP orientent souvent par défaut, ce qui signifie qu'elles tiennent davantage compte des places disponibles que des besoins des personnes. Les décisions sont en effet fonction du contexte de l'offre. Pour remédier à cette dérive, une évaluation précise des besoins dans des secteurs géographiques de petite échelle constitue le préalable indispensable. Mais elle s'avère délicate à mettre en œuvre, en raison des incertitudes inhérentes au concept même de handicap. Cela permettrait cependant de réajuster les créations de places en tenant compte du contexte local, et donc d'avoir des décisions mieux adaptées aux situations individuelles.

Les orientations données par la COTOREP

La décision de la COTOREP va déterminer, pour l'adolescent qui sort de l'institut médico-éducatif ou médico-professionnel, son devenir en fonction de ses capacités acquises ou potentielles. Certes, cette décision est sujette à révision. Elle n'en ouvre pas moins un choix capital.

Deux cas se présentent :

– La personne est reconnue capable d'un travail. L'éventail des orientations possibles est relativement large : structures protégées ou intégration dans la vie professionnelle ordinaire.

– La personne est reconnue incapable de tout travail. L'orientation se fait alors vers une MAS ou une structure similaire, alors que les polyhandicapés sont appelés, le plus souvent par insuffisance de structures d'accueil adaptées, à rester en milieu familial.

La personne reconnue capable d'un travail

D'après Caspar (1993) le travail est pour tout être humain le mode par excellence d'insertion sociale. Cependant, le rapport de l'homme au travail connaît, depuis quelques décennies, de profonds bouleversements qui ne manquent pas d'affecter en retour le travail des personnes handicapées. La *Revue francophone de la déficience intellectuelle* fait, à ce propos, des remarques pertinentes appuyées sur une série de recherches de terrain (*RFDI*, 2003). Tout d'abord, certains employeurs ont du handicap mental des représentations stéréotypées et négatives qui sont celles encore trop souvent véhiculées dans la société. Par ailleurs, la mobilité et la productivité érigées en principes directeurs de l'entreprise moderne s'accommodent mal des possibilités de travail des personnes handicapées. « Bien plus, les représentations de l'emploi chez ces personnes démontrent comment elles-mêmes intériorisent les représentations des employeurs et se considèrent comme inadaptées sur le marché de l'emploi. » (*RFDI*, *op. cit.*) Il y a là des freins majeurs à l'accueil des handicapés dans le monde du travail, même protégé.

Le travail des personnes handicapées moyen d'intégration sociale ? Ce n'est pas toujours le cas : il n'est pas sûr que les occasions de relations sociales qu'il fournit soient mises à profit et ces personnes, quand elles parviennent à travailler en milieu ordinaire, ne sont pas toujours pleinement acceptées par leurs collègues non handicapés, pas vraiment intégrées dans la collectivité de travail.

Partant de ces constats, les auteurs proposent un outil d'évaluation de la possibilité d'emploi des personnes handicapées mettant en relation les capacités de travail de celles-ci avec les exigences requises par le poste de travail. Des « agents de soutien à l'emploi » financés par le Fonds social européen sont de véritables accompagnants dans cette adaptation réciproque handicap-travail. On le voit, beaucoup reste à faire dans ce domaine, même si de bonnes pratiques sont déjà à l'œuvre.

S'agissant d'une personne souffrant d'une déficience mentale moyenne ou légère, l'orientation se fait généralement vers une structure de travail protégé qui peut éventuellement faire la transition vers le milieu ordinaire. La loi n° 75-535 du 30 juin 1975 relative aux institutions sociales et médico-sociales, remplacée par la loi n° 2002-2 du 2 janvier 2002 rénovant l'action sociale et médico-sociale, a consacré l'existence des CAT, auparavant régis par un décret du 2 septembre 1954 (Annexe 12).

Centres d'aide par le travail

D'après Salles (*op. cit.*), le CAT est un instrument propre à assurer aux handicapés mentaux, par leur accompagnement au travail, la compensation de la déficience intellectuelle. Le travail peut en effet représenter un moyen de revalorisation personnelle et de développement de l'accueil de l'autre, donc d'intégration. Il peut permettre une promotion de la personne et lui fournir une modeste rémunération. Le travail des personnes handicapées mentales requiert la mise en place de structures protégées, essentiellement gérées par des associations ; il s'agit d'institutions médico-sociales et non d'entreprises. La personne n'a pas le statut de salarié, cela a été précisé une première fois par la circulaire n° 60-AS du 31 octobre 1978 et rappelé dans la circulaire de la DAS du 1er décembre 1998.

Le prix de journée par poste de travail est unique, sans tenir compte de la gravité de la déficience de chacun des travailleurs et du travail effectivement réalisé. Cela explique certaines dérives. Les travailleurs les plus handicapés, *a priori* les moins performants, sont parfois rejetés au profit de personnes à handicap plus léger, en vue de faciliter le rendement. Les travailleurs les moins performants, déclarés inaptes, sont alors transférés dans des foyers occupationnels ou déclarés à la retraite à quarante-cinq ans. Les travailleurs les plus performants, en revanche, restent au CAT alors que leur progression sur le plan technique leur permettrait de travailler en atelier protégé, voire en milieu ordinaire. Dans le même ordre d'idées, il arrive que l'on fasse travailler ces personnes à un rythme accéléré dans un but de rentabilité (Gréco, 1999).

Par ailleurs, il a été noté que les CAT accueillent parfois des travailleurs intérimaires adressés par l'ANPE pour lutter contre le chômage. Cette dérive, contraire à la réglementation des CAT qui ne peuvent délivrer des contrats de travail, présente plusieurs inconvénients : elle brouille les repères qui permettent de distinguer entre les travailleurs handicapés et les autres, nuit à l'esprit dans lequel les CAT ont été créés et à leur fonctionnement et bloque l'accès de personnes handicapés à des postes qui leur sont en principe réservés.

Il faut également souligner le décompte du temps passé au travail : selon la réglementation 31 heures sont consacrées au travail et 4 au soutien. En fait l'accompagnement devrait couvrir toutes les situations, aussi bien techniques que relationnelles. Le besoin de soutien est permanent, 35 heures durant. Quant à la formule des garanties de ressources, elle vient compenser le salaire direct brut : c'est le complément que l'État donne pour obtenir une somme mensuelle répondant globalement au SMIC. L'AAH est alors calculée d'une façon différentielle. En fait, les ressources garanties ne proviennent pas exclusivement du travail comme c'est affirmé. En réalité le travail-accompagnement, tel qu'il a été conçu dans l'esprit du CAT, n'est pas toujours respecté, le travail étant valorisé par rapport au soutien. En effet, la rémunération n'est pas la valorisation personnelle du travail de la personne handicapée, d'où cette réflexion d'un handicapé : « Je ne comprends pas, dans l'équipe certains travaillent beaucoup, et d'autres pas du tout et il n'y a pas de différence de salaire. » Cela vient à l'appui des remarques qui ont été faites sur ce sujet ; mais, malgré les contraintes économiques, le travailleur handicapé doit rester au cœur des préoccupations du CAT. Il convient de préciser que les personnes handicapées travaillant en CAT peuvent profiter du système des bonifications, obligatoirement prévu dans les CAT ; les travailleurs peuvent en bénéficier si le centre leur verse plus de 15 % du SMIC[6].

Une enquête récente coordonnée par l'UNAPEI sur la situation des CAT, leur fonctionnement, les services rendus, mais aussi les difficultés et les attentes vient à point nommé pour en donner une vue d'ensemble. En voici les principaux résultats.

Résultats de l'enquête sur les CAT (UNAPEI, 2003)
(à partir de 236 CAT ayant répondu au questionnaire sur 575 contactés)

Situation actuelle
Les deux tiers des réponses proviennent de CAT créés entre 1970 et 1985 : problèmes de vétusté et d'inadaptation des locaux, des équipements ; difficultés de modernisation faute de crédits ; non-conformité aux normes actuelles de sécurité. Création de nouveaux établissements en baisse depuis 1985, stoppée depuis 2000. Gestion quasi générale par des associations gestionnaires d'autres structures. 5 875 personnes sur listes d'attente, en majorité déficients intellectuels, avec pourcentages variables, mais non négligeables, de malades mentaux stabilisés et de cas sociaux. En moyenne, 1 encadrant technique pour 8 travailleurs, 1 poste administratif pour 30. Coût moyen à la place autour de 9 000 euros. Pourcentage de salaire direct revenant aux travailleurs handicapés : de 5 à 22 %.
Activités économiques et sociales
– De production propre : métiers du bois et espaces verts : 34 % ; restauration, cuisine : 15,5 % : horticulture : 10 % ; très grande diversité pour le reste.
– De sous-traitance : conditionnements variés : 55,5 % ; routage : 17 % ; blanchisserie : 13 %...
– De prestations de services : espaces verts : 45 % ; entretiens et ménages : 29 % ; blanchisserie : 15,6 % ; restauration et cuisine : 11 %.
Activités sociales et médico-sociales de soutien aux travailleurs handicapés
Existent dans les deux tiers des cas environ, mais 36 % des CAT déclarent n'avoir aucune activité d'accompagnement !
Budget, démarches qualité

6. Les personnes handicapées embauchées en atelier protégé bénéficient également d'un système de bonifications, dès lors qu'elles perçoivent un salaire dépassant 45 % du SMIC.

82 % des réponses font état d'un équilibre budgétaire ; 32 % signalent des difficultés financières. Des démarches qualité sont en cours dans 57,6 % des CAT. Mise en place de projets d'établissements, actions de formation et de soutien aux travailleurs handicapés sont majoritaires.
Insertion en milieu ordinaire sur 5 ans (souvent à la suite de mise à disposition individuelle temporaire)
306, avec des chiffres très variables suivant les régions ; suivi dans les deux tiers des cas, aide de l'AGEFIPH sollicitée dans 45 % des cas, accordée par l'organisme trois fois sur quatre.
Difficultés signalées
– Liées aux travailleurs handicapés : vieillissement et fatigabilité ; davantage de cas sociaux, de malades, de personnes difficiles ; manque de place pour réorientation en MAS, FO, FAM ; manque de moyens de transport en milieu rural ; absentéisme croissant ; organisation… et réduction du temps de travail.
– Liées à la production : vétusté des locaux et des équipements, problèmes de sécurité ; manque de places, de flux vers le milieu ordinaire ; équilibre à trouver entre production et soutien ; listes d'attente ; et surtout morosité économique, irrégularité des marchés ; concurrence des dispositifs d'insertion, mais aussi entre CAT ; faible rentabilité.
– Liées au personnel : usure et vieillissement ; problèmes de recrutement, de formation ; manque de personnel pour soutien et accompagnement.

Ateliers protégés

Pour les handicapés mentaux dont les capacités leur permettent d'évoluer vers plus d'autonomie ont été créés les ateliers protégés (AP). Ils représentent, avant l'insertion professionnelle directe en milieu ordinaire, une structure qui découle de la loi d'orientation du 30 juin 1975. Contrairement aux CAT, il s'agit là de véritables entreprises à vocation commerciale, de lieux privilégiés d'insertion professionnelle. Le handicapé est salarié à part entière et bénéficie des droits et avantages sociaux de tout travailleur.

Toutefois, le travailleur handicapé mental passant du CAT à l'AP perd le soutien dont il bénéficiait, ce qui peut se concevoir compte tenu de ses aptitudes professionnelles. Mais il perd aussi l'accompagnement dû de par la loi à tout handicapé. Ainsi, on constate que la personne a été une fois encore adaptée à la structure et non l'inverse. Par ailleurs, l'AP en tant qu'entreprise doit intégrer dans son budget le paiement de ses cadres et de ses investissements. Quant à la compensation du handicap, elle est assurée par le bénéfice dégagé par l'entreprise, résultat du travail des personnes handicapées elles-mêmes, ce qui va à l'encontre de l'esprit de la loi de 1975 et de ses aménagements du 2 janvier 2002.

Il faut préciser que le travailleur handicapé mental ne bénéfice pas de la sécurité de l'emploi et que son salaire n'excède guère le SMIC, d'environ 30 % en moyenne. À noter aussi que les travailleurs dont l'invalidité est comprise entre 50 et 80 % n'ont pas droit à l'AAH puisqu'ils ont trouvé un emploi, et qu'ils sont exclus de toute aide de l'AGEFIPH. On peut dire que l'AP est une sorte de prothèse pour le travailleur handicapé, mais il faut souligner que cette institution se heurte à des difficultés dans le cadre d'une logique qui se veut à la fois sociale et commerciale.

Milieu ordinaire

Les statistiques montrent que 15 % des travailleurs en AP sont orientés vers le milieu ordinaire. Il s'agit essentiellement de handicapés moteurs ; la proportion de handicapés mentaux est nettement plus faible.

L'insertion dans le milieu ordinaire, dont Blanc (1995-1999) a réalisé une étude exhaustive, trouve sa source dans la loi du 10 juillet 1987 faisant obligation aux entreprises d'engager des personnes handicapées. Elle substitue à des obligations de procédure une obligation d'emploi et introduit l'emploi des personnes handicapées dans le domaine de la politique contractuelle. De plus, elle étend l'obligation d'emploi à l'ensemble du monde du travail, secteurs privé et public. Tous les travailleurs reconnus comme tels par la COTOREP sont *a priori* bénéficiaires de cette loi. Les secteurs public et privé sont tenus d'embaucher des travailleurs handicapés à hauteur de 6 % de leur effectif. À défaut une contrepartie financière est exigée, dont l'AGEFIPH est appelée à gérer les fonds. Jusqu'à présent, nombreuses sont les entreprises qui ont choisi l'option financière plutôt que l'embauche. Selon les cas, la personne handicapée peut bénéficier d'une aide de l'AGEFIPH dans le cadre d'un contrat emploi solidarité (CES), d'un contrat emploi consolidé (CEC) d'un contrat initiative emploi (CIE) ou enfin d'un contrat d'apprentissage (CA). Toutefois, si les handicapés moteurs ou sensoriels peuvent souvent trouver une embauche dans ces conditions, il n'en va pas de même pour les handicapés mentaux.

Par ailleurs, il convient de mentionner les structures départementales « Équipes de préparation et de suite du reclassement » (EPSR) qui prennent en charge les travailleurs ayant quitté une structure classique et à la recherche d'un emploi. Comme le précise Blanc (*op. cit.*), l'évolution vers le secteur économique s'accélère lentement grâce à l'action conjuguée des services mis en place depuis l'action départementale jusqu'à la création d'instances de représentation à l'échelle nationale dont la convention UNAPEI/AGEFIPH est un exemple.

Ce propos serait incomplet sans un mot sur le travail protégé à l'échelle européenne. Il convient, en effet, de souligner la spécificité française des structures protégées, en particulier le CAT qui n'a pas son équivalent en Europe. Si l'on se réfère aux travaux du Bureau international du travail (BIT) et à l'étude de C. Visier (1998) on constate qu'une harmonisation est loin d'être acquise sur le plan européen. Les structures juridiques du travail protégé sont différentes d'un État à l'autre. La forme associative, la plus répandue pour le gérer, peut aller de l'entreprise rentable (Danemark, Suède) à des centres occupationnels (Espagne) en passant par la Grèce où l'objectif principal est d'ordre sanitaire. Dans la plupart des pays la législation est muette sur ces structures. Le recrutement des travailleurs handicapés s'opère selon des modalités très diverses, depuis la seule initiative des établissements (Irlande) aux procédures les plus complexes (Danemark et Luxembourg). La syndicalisation est possible dans tous les pays où la personne handicapée est considérée comme travailleur. La formation s'effectue après l'embauche. La protection sociale, dans plus de la moitié des pays européens, est identique à celle des travailleurs ordinaires. L'ensemble de ces éléments se trouvent explicités par Duchêne *et al.* (1997).

On voit par ce bref exposé que l'on est loin d'une uniformisation et que le système français, malgré ses imperfections et ses lacunes, est pionnier, tant sur le plan juridique que social, surtout après la promulgation de la loi n° 2002-2 du 2 janvier 2002 qui apporte de nouvelles garanties aux usagers et aux familles, en particulier dans le cadre de la reconnaissance explicite de l'accompagnement. En France, le « Mouvement pour l'accompagnement et l'intégration sociale » (MAIS) contribue largement à cette intégration sociale qui commence à se développer dans certains pays européens.

L'étude exhaustive réalisée par Caspar (1993) fait l'historique de la notion d'accompagnement au travail et développe le « dispositif Carraz en accompagnement ». Partant de données générales dans le domaine de l'orientation, de la formation et de l'aide, ce dispositif arrive à des données « finalisantes » dans le cadre de la vie professionnelle, de l'utilisation du temps libre et de la notion d'autonomie dans la gestion de la vie quotidienne, que le travail ne résume évidemment pas.

La personne reconnue inapte au travail

La décision d'inaptitude prise par la COTOREP est motivée par l'importance de la déficience mentale bien souvent associée à des troubles moteurs et sensoriels. Les causes de cet état peuvent être variées, mais le diagnostic est celui d'un polyhandicap. L'orientation se fait vers une MAS dans la mesure où une place y est disponible ou vers un FO. La personne est entièrement prise en charge par l'État. Pour pallier l'insuffisance de places en MAS ont été créés des FAM (loi du 2 janvier 2002), anciennement désignés par foyers à double tarification. Ce sont des structures identiques aux MAS mais, comme leur ancien nom l'indiquait, elles sont financées par l'État et le département.

Il convient également de signaler l'amendement Creton dont l'objet était de maintenir en IME des adultes en attente d'une place disponible en MAS ou en foyer. Cet amendement résolvait un problème immédiat au risque de créer des difficultés en amont, au niveau de l'IME, notamment par le maintien d'adultes dans cette structure prévue uniquement pour les enfants et les adolescents.

Le rapport Blanc (2002) relève une dérive du financement vers une charge prépondérante pour le département, dérive qui s'avère être préjudiciable aux personnes handicapées. En effet, l'aide sociale départementale a un caractère subsidiaire, ce qui signifie que la participation des intéressés est davantage sollicitée et que l'aide accordée est récupérable sur la succession.

Malgré ces solutions d'attente, il arrive que la famille se trouve dans l'obligation de garder la personne handicapée à domicile, ce qui entraîne de multiples problèmes envisagés plus loin.

Le polyhandicapé en structure d'accueil

Comme il est dit plus haut, la MAS regroupe des adultes dont le handicap relève d'étiologies différentes, ce qui est parfois de nature à rendre complexe la gestion au quotidien. Il en va de même pour les FAM. Ces établissements sont des lieux de vie. Outre les actes essentiels de l'existence quotidienne qu'il convient d'assurer, ils doivent faire face, par leur personnel et leur organisation, à de nombreuses exigences qui relèvent, certes, de directives administratives mais également de considérations éthiques.

Bien souvent, la **communication** est difficile, le gestuel occupe une place prépondérante. Le rôle des éducateurs est important pour répondre aux besoins souvent difficilement exprimés. Si, comme dans toute structure, le personnel est composé de spécialistes, d'infirmiers, d'éducateurs, d'aides médico-psychologiques et d'agents de service, la hiérarchie ne compte pas pour les résidants, d'où l'importance du comportement de chaque employé qui doit, certes, tenir compte de ses obligations professionnelles, mais également de ses rapports humains avec eux. Cela implique une formation plus poussée de l'ensemble du personnel. Le sourire de l'agent de service vaut le geste compétent de l'éducateur pour souligner l'importance des relations établies au sein de la structure. Les exigences du milieu impliquent de la part du personnel des qualités et une motivation dont il faut tenir largement compte dans le recrutement. C'est dans ce contexte et au quotidien que l'éthique professionnelle doit inspirer et humaniser les pratiques (cf. le chapitre introductif).

Pour le résidant qui ne peut s'exprimer, il faut non seulement comprendre ses besoins mais également répondre à ses attentes et à ses désirs. Parfois, un simple sourire et un geste affectueux donnés à bon escient lui suffisent pour se sentir reconnu et compris.

Les **problèmes alimentaires** et nutritionnels sont importants et prennent une place capitale dans la vie quotidienne. Aussi faut-il veiller à la qualité et à la quantité de l'alimentation ainsi qu'à la manière de donner les repas (risque de fausses routes)[7].

Sur le **plan médical**, une surveillance continue s'impose. En dehors des traitements spécifiques propres à chaque cas particulier, l'usage des calmants et sédatifs mérite une attention constante. Le personnel a parfois tendance à réduire les nuisances (cris, éclats de voix) par la médication. Un contrôle médical est primordial. En outre, il convient de ne pas négliger les prestations fournies par les psychologues, kinésithérapeutes, ergothérapeutes, orthophonistes, pédicures dont les activités contribuent largement au bien-être du résidant. On verra plus loin les problèmes de santé qui peuvent survenir dans l'existence des personnes handicapées mentales et les réponses à y apporter.

C'est dans une ambiance de quiétude, de calme, d'une bonne entente du personnel, dans un cadre plaisant agrémenté de musique et d'une décoration adaptée que l'on pourra parler de

7. Passage d'aliments dans les voies respiratoires.

bientraitance. Ces éléments ont été largement développés dans le colloque de 1996 du Centre d'études et de soins pour les polyhandicapés (CESAP).

Un dernier point mérite attention dans le cadre de la vie courante. Il convient de favoriser le plus possible le développement des fonctions essentielles de la vie du polyhandicapé ; une éducation adaptée est donc à inscrire dans ce domaine et doit y occuper une place importante, notamment en ce qui concerne les notions d'hygiène corporelle et d'ordres vestimentaire et alimentaire.

Le polyhandicapé en famille

Il peut arriver, et cela n'est pas exceptionnel, que l'orientation vers une MAS soit ajournée faute de place disponible. La famille se trouve alors dans l'obligation de garder la personne polyhandicapée au domicile. Dans d'autres cas, cette solution correspond au souhait des parents. La présence d'un polyhandicapé en milieu familial peut parfois entraîner de sérieuses perturbations dans la vie quotidienne, surtout quand il devient le centre de l'attention et des activités, quelquefois au détriment des frères et sœurs qui peuvent se sentir négligés, voire abandonnés. Une telle surprotection peut entraver la progression vers l'autonomie de la personne. À l'inverse, cette présence peut être source d'enrichissement pour la famille, surtout si celle-ci est soutenue par des convictions morales ou religieuses, mais aussi par son entourage.

Cependant, le désir de bien faire ne suffit pas. Il faut savoir comprendre, interpréter les signaux de la personne handicapée pour pouvoir répondre à ses désirs. Il faut une formation telle que celle proposée par Desrosiers (1998), qui insiste sur les stratégies à adopter pour favoriser l'émergence du potentiel des personnes polyhandicapées ; il y est fait état de tous les gestes de la vie quotidienne depuis l'hygiène, l'habillement, l'alimentation, mais aussi de l'ensemble des éléments capables, par des moyens adaptés, d'éveiller et de stimuler la personne handicapée. Certes, il peut être fait appel à des services compétents d'aides ménagères, de travailleurs sociaux, mais les associations peuvent aussi jouer là un rôle important. Beaucoup d'entre elles ont eu un service initialement réservé à l'aide institutionnelle ; aujourd'hui, elles s'ouvrent à ces problèmes et ont un regard plus attentif sur ce qui se passe à l'extérieur des institutions, domaine longtemps négligé faute de moyens.

Quoi qu'il en soit, il convient d'attirer l'attention des personnes privées et des pouvoirs publics sur ces situations variées mais qui impliquent des efforts individuels de solidarité, de proximité, et aussi de solidarité nationale en vue de permettre aux polyhandicapés de mener une existence digne et de jouir de la considération d'une société qui bien souvent les ignore.

On le voit, il s'agit souvent de problèmes difficiles à gérer par les parents vieillissants. Breitenbach parle à ce propos de « familles fortes, familles fragiles » (1997).

La préparation à la vie sociale

Le travail, on l'a vu, occupe une place de choix dans l'insertion du handicapé mental dans la vie sociale. Il n'en reste pas moins vrai que celui-ci, en dehors des horaires de travail, se trouve dans un environnement d'une autre nature, en institution, en milieu familial, ou encore en milieu ordinaire. L'intégration ne consiste pas tellement à mettre à disposition des moyens pour faciliter cette insertion, mais à l'aider à s'épanouir dans un monde le mettant en contact avec d'autres, à apprendre, au handicapé et aux autres, l'importance et la manière du vivre ensemble.

Le concept de vie dans un milieu ordinaire pourrait signifier que la référence est la norme des plus nombreux. Cela ne répond pas à la démarche d'intégration telle qu'elle peut être envisagée pour la personne handicapée. Les parents doivent d'abord faire le deuil de la normalité de leur enfant. Ce peut être dur pour eux et ils ont besoin d'être soutenus, d'où l'importance du milieu associatif. Imposer aux handicapés les normes et les responsabilités de la majorité serait aller à l'encontre de leurs possibilités et de leurs désirs, qui ne doivent pas être confondus avec ceux des parents. Ce serait les mettre en situation d'échec, aggraver leur différence. Ce qui compte, c'est la vie dans un cadre harmonieux. Le deuil de la normalité n'est pas le deuil du bonheur. Il faut développer le potentiel de la personne handicapée et par là même la notion du « je suis capable de ». Comptent davantage la valorisation personnelle et la fixation de responsabilités réalistes que l'obtention de résultats, en d'autres termes la notion de prise en charge de l'intéressé par lui-même dans le cadre de la vie quotidienne. Voilà l'objectif, dans les rapports avec l'autre : « Vivre dans une communauté de vie à la mesure de ses possibilités, lui permettant de se développer dans sa liberté et dans sa dignité » (Salles, *op. cit.*).

La création de l'association *Nous aussi* (2001), officialisée au congrès de l'UNAPEI (Angers, 2002) fait suite au groupe *Strong together*, association européenne créée en 1999 et traduisant cette volonté de la personne handicapée mentale (appelée par les intéressés personne handicapée « intellectuelle ») de participer à la construction de sa vie. Le porte-parole de cette association s'exprime ainsi : « Nous souhaitons être associés, le plus possible, aux décisions concernant notre propre projet individuel. Il faut nous parler avec des mots simples et nous laisser le temps de réfléchir et de comprendre. »

La réforme de la loi du 3 janvier 1968 relative aux régimes civils de protection va dans ce sens et vise à consacrer la jurisprudence de la Cour de cassation, qui a jugé, dans un arrêt rendu le 18 avril 1989, que « les régimes civils d'incapacité ont pour objet, d'une manière générale, de pourvoir à la protection de la personne et des biens de l'incapable ». Il résulte des dispositions légales, de la jurisprudence et de la pratique que la protection de la personne ne saurait s'entendre comme mise en tutelle, et ce quel que soit le régime de protection. En effet, il convient toujours de préserver ses capacités, ses potentialités et de favoriser son autonomie. La protection consiste à l'accompagner et non pas à la gouverner. La réforme de la loi de 1968 envisage également de consacrer cette conception de la protection de la personne.

La vie quotidienne

Le logement

En dehors du travail, la personne handicapée mentale peut se trouver soit dans un foyer d'hébergement, soit dans sa famille, soit dans son propre domicile où elle assure sa vie au quotidien. Cette dernière éventualité concerne généralement les personnes intégrées dans un travail ordinaire ou en atelier protégé.

L'option foyer d'hébergement est la plus fréquente. C'est un lieu où repas et logement sont assurés. La chambre, premier pas vers l'autonomie, est un domaine privé où la personne handicapée doit pouvoir se sentir chez elle. L'aménagement et le décor lui reviennent entièrement. Il s'agit là de la première des obligations à respecter.

Le retour en famille soit quotidiennement après le travail, soit les fins de semaine, crée une rupture avec le milieu structuré de l'établissement. L'adulte retrouve le foyer familial, ses parents. Ce changement quotidien ou hebdomadaire, bien utilisé, joue un rôle important dans son existence ; il peut lutter efficacement contre la routine, la sclérose qui pourraient naître d'une vie trop répétitive, encadrée, avec les contraintes et les risques de la vie en collectivité. Il faut cependant que la famille respecte et favorise l'autonomie, même limitée, de l'adulte handicapé. Elle ne doit pas être un carcan mais un moyen d'acquérir davantage de liberté, tel ce handicapé qui déclare : « Aujourd'hui, je ne rentre pas chez moi pour le week-end, je vais à une sortie organisée. » Un tel propos ne doit pas être interprété par la famille comme l'expression d'une désaffection ou d'une ingratitude mais au contraire comme un acte volontaire à comprendre et à soutenir.

Lorsqu'il s'agit de personnes au handicap léger, la vie peut s'organiser dans un logement individuel où elles peuvent mener une existence quasi normale. C'est là où l'accompagnement joue un rôle capital, qu'il soit assuré par un ou plusieurs professionnels de l'institution ou par une association. L'éducation à la vie sociale doit porter sur les domaines les plus divers, depuis la gestion d'un budget jusqu'à la notion de l'équilibre alimentaire en passant par les distractions, les loisirs, les activités quotidiennes. C'est ainsi que Sylvie peut dire : « J'ai appris à lire et à écrire à l'école, ça me sert aujourd'hui ; mais j'ai beaucoup besoin de mon éducatrice pour les papiers, pour m'aider dans mes courses et pour payer mes factures. » (UNAPEI, 2002).

Mais qu'elle travaille en CAT ou en AP, qu'elle retourne le soir en famille ou dans un foyer, qu'elle bénéficie d'un logement privé, la personne handicapée doit pouvoir se déplacer. L'accessibilité des transports en commun, les conditions de déplacement, la promiscuité, le regard des autres, la possibilité de situations inattendues sont autant d'éléments à prendre en compte. Maîtriser ces difficultés, permettre à ces personnes d'utiliser de façon habituelle les moyens de transport courants représente un réel progrès vers l'autonomie et la socialisation.

L'occupation du temps libre

Cela représente un élément important, à ce jour relativement peu développé. La télévision reste trop souvent la distraction majeure. En fait, il importe de favoriser les loisirs, l'accès à l'information, à la **culture** ; c'est ainsi que l'organisation de troupes théâtrales est à l'heure actuelle en développement dans de nombreuses associations. Il suffit d'écouter le témoignage d'une handicapée disant : « On prend beaucoup de plaisir à jouer. Le théâtre permet de s'évaluer, de mieux s'exprimer et de se découvrir. » Les pouvoirs publics s'engagent dans cette voie en soutenant les initiatives associatives.

Dès 1979 ont été créés à Liège des centres d'arts différenciés. En 1998, en France, le théâtre amateur a été subventionné par le ministère de la Culture et, de ce fait, les associations se sont trouvées encouragées à la création de troupes théâtrales.

En ce qui concerne la musique, citons le CAT « Arc en Ciel » de Troyes qui s'est produit à l'Olympia en 1999 et le festival annuel de Figeac qui regroupe les œuvres d'artistes handicapés de la Région du Sud-Ouest ; certaines traduisent la pensée de l'auteur et sont une source pour lui de prise de conscience et d'épanouissement. L'association ARTISM 2000[8] regroupant des œuvres d'artistes autistes a réalisé en 2001 et 2002 des manifestations internationales obtenant un réel succès. À Paris, au musée du Louvre, une salle récemment ouverte sur l'histoire de l'art est réservée aux handicapés mentaux. Il s'agit là d'une réalisation particulièrement importante, très appréciée par ceux qui en bénéficient.

Des **loisirs** plus simples se développent également partout. Sorties en ville, promenades accompagnées, rencontres variées procurent aux personnes handicapées le plaisir d'une certaine liberté et du contact avec le monde extérieur et les gens. D'une façon générale, elles tirent beaucoup de profit des contacts avec les animaux, des activités – jardinage par exemple – qui les rapprochent de la nature. Il convient de mentionner aussi les initiatives prises par les comités d'entreprise de grandes sociétés publiques ou privées qui organisent des stages de ski, de voile... à l'intention des enfants handicapés de leurs salariés.

Le **sport** collectif est également une façon de prendre conscience de soi-même et de l'autre. Bien entendu, le type de sport doit être adapté au degré de handicap. La course à pied est particulièrement recommandée pour les personnes handicapées mentales valides et des compétitions se font souvent au niveau départemental et même régional. On sait l'importance qu'ont prise, dans les dernières décennies, les rencontres sportives nationales, voire internationales de haut niveau réservées aux personnes handicapées (Handisport, jeux paralympiques). Même si les handicapés physiques ou sensoriels sont plus

8. Exposition internationale d'artistes autistes écossais et espagnols.

concernés que les déficients mentaux, ceux-ci y accèdent parfois au prix d'un entraînement exigeant : véritable réhabilitation par l'exercice physique, l'engagement, l'effort !

On peut également citer des **activités sociales** simples, mais particulièrement instructives : visites de magasins, de supermarchés, d'entreprises ; la participation à des festivités locales, cinéma. Tous ces éléments sont d'autant plus importants que l'âge avançant, l'emploi étant à mi-temps, le temps libre occupe une place plus grande. Et, quelles que soient leur nature et leurs modalités, toutes ces activités de temps libre, de loisirs, doivent permettre des contacts sociaux, des rencontres et des relations avec le monde des « normaux ».

Mais là ne se bornent pas les obligations de l'accompagnement. Les sorties, sources de plaisir et de socialisation, peuvent aussi comporter des risques : consommation d'alcool, de drogue, risques de violences ; autant de problèmes à prendre en charge, de même qu'une surveillance médicale régulière. Un service de suite doit exister au niveau des associations pour gérer ces activités. Les éducateurs et autres travailleurs sociaux sont les acteurs de ce travail délicat qui exige une formation particulière. Ce suivi est généralement basé en ville et nécessite des salles de réunion et de jeux permettant aux personnes handicapées de se retrouver en dehors du travail.

La vie personnelle de la personne handicapée mentale : santé, sexualité, procréation

Si le travail, avec toutes ses incidences liées à la vie sociale, occupe dans son existence une place importante, la vie personnelle de l'adulte handicapé mental représente une réalité souvent méconnue de l'entourage, parfois même de la famille. Comme le soulignent J. Pradel (1971) et V. Doumeng (2002), la vie privée peut se concevoir comme *l'intimité de l'âme et du corps, l'aspect le plus secret et sacré de la personne*. C'est valable pour la personne handicapée mentale dont bien souvent cet aspect est difficile à percevoir, car non ou mal extériorisé par l'intéressé, et parfois traduit par des attitudes ou actes difficiles à interpréter et qui peuvent déformer sa pensée profonde.

Nous aborderons le sujet en envisageant la santé et les soins, la vie sexuelle et la vie en couple des personnes handicapées mentales.

Santé et soins

L'état de santé des personnes handicapées mentales est très variable selon la gravité du handicap, son association éventuelle à d'autres anomalies, l'âge de la personne, son milieu de vie. Il nécessite en tout état de cause une surveillance régulière et la prise en charge des accidents de parcours.

Rappelons tout d'abord quelques évidences. La longévité actuelle – et relativement récente – de ces personnes traduit à la fois l'amélioration de leurs conditions de vie et les progrès de la médecine. Bien que, comme on le verra avec le chapitre concernant l'avancée en âge, la notion de vieillissement différentiel ne soit pas une fatalité, la situation de handicap peut cependant amener une usure prématurée, surtout si celui-ci est particulièrement sévère et s'il existe des handicaps associés. Enfin la vie en collectivité, qui est le lot habituel de beaucoup de ces personnes, expose à des infections nosocomiales[9] parfois sévères.

Les handicaps mentaux peuvent s'accompagner d'atteintes sensorielles et de malformations viscérales, cardiaques surtout, ou ostéo-articulaires : dans toute la mesure du possible, ces anomalies doivent être traitées, chirurgicalement ou par des moyens palliatifs. Une caractéristique fréquente des polyhandicapés est leur fatigabilité. Activités physiques, voire sportives, promenades sont nécessaires pour maintenir le plus longtemps possible les capacités des personnes handicapées ; kinésithérapie, ergothérapie sont très utiles. Le séjour en institution offre

---

9. Infections nosocomiales : qui se répandent dans les collectivités.

souvent, de ce point de vue, plus de possibilités que la vie en famille.

La prévention d'une grossesse non désirable et la prise en charge médicale d'une grossesse inopinée sont aussi essentielles : on en verra plus loin les modalités.

La santé mentale des personnes handicapées mentales pose de difficiles problèmes : comment dépister à temps, par exemple, un état dépressif, une détérioration à leur début ? Quelle est, dans ces cas, la place de la psychothérapie, celle des médicaments ? Ces problèmes, de même que ceux posés par la survenue de maladies intercurrentes, étant communs avec ceux rencontrés chez les handicapés vieillissants (et plus fréquents et mieux étudiés chez ces derniers), sont traités dans le chapitre suivant. Voyons toutefois ici la question, importante, de l'accès aux soins et de la qualité des soins dispensés à ces patients qui ont évidemment droit, en tant que citoyens à part entière, aux mêmes prestations que l'ensemble de la population.

Mais pour le plein exercice de ce droit la disponibilité, au sein des institutions, de médecins consultants ou mieux résidants, en fonction de la taille des établissements, mais, dans les deux cas, connaissant bien leurs patients, ainsi que la présence d'équipes de soins compétentes sont essentielles et peuvent éviter bien des transferts hospitaliers.

Actes à but thérapeutique

Paradoxalement, ce sont les actes les moins courants tels que les prélèvements d'organes et de produits humains [10] qui font l'objet d'un encadrement juridique spécifique. En effet, le législateur s'est uniquement attaché à régir les prélèvements d'organes et les recherches biomédicales pratiqués sur les personnes adultes handicapées mentales. Il existe donc un vide juridique s'agissant des actes thérapeutiques, vide qui n'a été

---

10. Les prélèvements d'organes, de tissus et produits humains font l'objet de l'annexe 3.

que partiellement comblé par la loi nº 2002-303 du 4 mars 2002 relative aux droits des malades et à la qualité du système de santé. Cette loi ne concerne que les seuls majeurs sous tutelle à l'exclusion des autres.

Avant de poser les différents problèmes de la recherche du consentement en matière d'actes thérapeutiques, il faut mentionner que cette loi consacre expressément un droit à l'information en faveur des personnes sous tutelle. En effet, elle dispose que « [les majeurs sous tutelle] ont le droit de recevoir eux-mêmes une information et de participer à la prise de décision les concernant, d'une manière adaptée à leurs facultés de discernement ». Le tuteur reçoit également l'information. Si l'on s'en tient à la lettre du texte, la famille n'est donc pas titulaire d'un droit à l'information sur l'état de santé de la personne handicapée mentale.

On peut se poser la question de la légitimité de l'intervention des protecteurs de cette personne. En effet, pas plus que les lois postérieures, la loi de 1968 n'envisage cette intervention. Toutefois la nécessité d'une telle protection ne fait aucun doute, car c'est l'intégrité du corps humain qui est ici en jeu. De plus, elle peut trouver un fondement dans l'arrêt de principe rendu pas la Cour de cassation le 18 avril 1989, qui pose en termes généraux le principe de protection de la personne : « Les régimes civils d'incapacité ont pour objet, d'une manière générale, de **pourvoir à la protection de la personne** et des biens de l'incapable. »

On peut considérer que la nécessité d'une intervention du protecteur du majeur a été implicitement consacrée par la loi du 4 mars 2002, si l'on interprète *a contrario* l'article L 1111-4 du code de la santé publique tel qu'issu de la loi : « Dans le cas où le refus d'un traitement par [...] le tuteur risque d'entraîner des conséquences graves pour la santé [...] du majeur sous tutelle, le médecin délivre les soins indispensables. » Il est regrettable que la situation des majeurs sous curatelle ait été passée sous silence.

Par ailleurs, pendant longtemps, il n'existait dans le domaine des actes à but thérapeutique aucune disposition spécifique prévoyant la nécessité de recueillir, chaque fois que possible, le consentement du majeur protégé (Poilroux, 1999). On pouvait seulement trouver quelques éléments de réponse dans l'article 16-3 du code civil, qui dispose qu'

> « il ne peut être porté atteinte à l'intégrité du corps humain qu'en cas de nécessité absolue pour la personne. Le consentement de l'intéressé doit être recueilli préalablement hors le cas où son état rend nécessaire une intervention médicale à laquelle il n'est pas à même de consentir. »

De plus, l'article 42 du code de déontologie dispose qu'

> « un médecin appelé à donner des soins à un mineur ou à un majeur protégé doit s'efforcer de prévenir ses parents ou son représentant légal et d'obtenir leur consentement. En cas d'urgence, même si ceux-ci ne peuvent être joints, le médecin doit donner les soins nécessaires. Si l'avis de l'intéressé peut être recueilli, le médecin doit en tenir compte dans toute la mesure du possible. »

Toutefois, dans la pratique, les protecteurs du majeur, dans le souci de ne pas aboutir à un « gouvernement de la personne », effectuaient déjà cette recherche du consentement.

Cette lacune législative vient d'être comblée par la loi du 4 mars 2002 relative aux droits des malades (Annexe 11). En effet, l'article L 1111-4 du code de la santé publique, dans sa rédaction issue de la loi, dispose que « le consentement du majeur sous tutelle doit être systématiquement recherché s'il est apte à exprimer sa volonté et à participer à la décision ». On peut ici regretter que le législateur n'ait pas préféré l'expression « majeurs protégés » à l'expression « majeur sous tutelle » qui s'avère trop restrictive. En effet, il n'aurait pas été inutile de rappeler que le consentement du majeur sous curatelle doit également faire l'objet d'une attention particulière.

Cependant, la loi ne va pas plus loin en vue de préciser l'étendue des pouvoirs du représentant légal, ou, plus généralement, du protecteur de l'incapable majeur. Dans cette hypothèse, la pratique a mis en œuvre des solutions approuvées par la doctrine [11] (Fossier, Harichaux, 1991).

Par hypothèse, l'absence de consentement ne concerne que le majeur sous tutelle puisque, sauf exception, le majeur sous curatelle est apte à donner ou à refuser son consentement. Dans la mesure où la capacité est la règle et l'incapacité l'exception, ces hypothèses d'absence de consentement doivent être réduites au maximum. Cela suppose que le majeur soit atteint d'une grave altération de ses facultés mentales, qu'il n'ait pas de volonté propre (*op. cit.*). Dans ce cas, une décision ancienne, rendue par le tribunal d'instance de Brest le 25 avril 1978, a précisé l'étendue des pouvoirs du tuteur : « Pour les actes pouvant gravement altérer la santé ou l'intégrité corporelle, [le tuteur] devra se munir de l'autorisation du conseil de famille ou du juge des tutelles. » Cette distinction est approuvée par la doctrine (*op. cit.*). Toute la difficulté sera alors de déterminer quels sont les actes pouvant répondre à une telle définition. Pour les actes thérapeutiques moins graves, on se contentera de l'accord du représentant légal.

Qu'en est-il de la possibilité de recueillir le consentement du majeur protégé ?

S'agissant du majeur sous tutelle, son protecteur ne jouera qu'un rôle de « curateur à la personne ». En effet, on exclut ici tout mécanisme de représentation. Cette solution se justifie par le fait que le respect dû à la personne du majeur protégé et le principe d'ordre public d'indisponibilité du corps humain prohibent que son protecteur puisse prétendre à des droits sur lui (Hauser, 1985). Enfin, elle permet, comme l'exprime C. Geffroy, que la tutelle à la personne soit « une participation, et non un étouffement, une puissance recréée sur le majeur » (Geffroy, 1993). Pour certains auteurs (Poilroux, *op. cit.*),

11. C'est-à-dire l'ensemble des auteurs qui contribuent à l'évolution des idées juridiques.

lorsque l'acte médical présente une certaine gravité, il y a lieu d'appliquer la décision rendue par le tribunal de grande instance de Brest, qui prévoit la nécessité d'obtenir le consentement du juge des tutelles ou du conseil de famille. On voit donc que plusieurs personnes sont amenées à donner leur consentement : le majeur, son tuteur, le juge des tutelles, le conseil de famille. On peut alors se poser la question de savoir si le refus du majeur va primer sur l'avis des autres intervenants. Poilroux propose de distinguer selon que le refus est lucide ou irraisonné. Dans la seconde hypothèse, si ce refus met sérieusement en danger sa vie ou son intégrité, il apparaît nécessaire de faire jouer la représentation, sur autorisation expresse du juge. Cependant, cette solution semble délicate à mettre en œuvre, à moins que le majeur ne soit déjà hospitalisé. En revanche, lorsque le refus est lucide, le juge devra requérir l'avis de médecins spécialistes, notamment pour apprécier le degré de lucidité de la personne. Mais là encore, la mise en œuvre d'une représentation paraît difficile.

S'agissant du majeur sous curatelle, il pourra consentir seul aux actes courants, mais sera assisté de son curateur pour les actes comportant des risques importants (article 510 du code civil).

Enfin, un conflit peut également survenir dans l'hypothèse où la personne handicapée mentale est entourée de son protecteur et de la « personne de confiance » prévue par la loi du 4 mars 2002. La désignation d'une personne de confiance par un handicapé mental faisant déjà l'objet d'une mesure civile de protection semble être une hypothèse d'école aux yeux des délégués de tutelle. Si tel n'est pas le cas, la loi prévoit que le juge des tutelles peut confirmer ou révoquer la désignation de cette personne de confiance.

On peut souhaiter, en conclusion, que ces différentes mesures juridiques encadrant la pratique des actes thérapeutiques chez les personnes handicapées mentales soient bien connues des responsables institutionnels, des protecteurs de ces personnes ainsi que des médecins, en particulier des praticiens hospitaliers.

Vie sexuelle

Les personnes handicapées mentales ont, dans la plupart des cas, des pulsions affectives et sexuelles au même titre que les autres êtres humains. Elles peuvent se manifester par un exercice multiforme et parfois incontrôlé de leur sexualité. En quête d'affectivité, de normalité et d'une certaine autonomie, il peut arriver que ces personnes, surtout celles vivant en institution, expriment à leur façon le désir de vivre en couple et d'accéder à la parentalité. La constitution d'un tel couple engage pour une large part l'entourage familial et professionnel. Lorsque la procréation est envisagée ou survient, cet engagement prend une autre dimension en fonction des intérêts et des besoins de l'enfant à venir, ce qui ne signifie pas que la procréation doive être systématiquement découragée, voire empêchée. Seront donc successivement envisagés l'exercice de la sexualité, la vie en couple, l'éventualité d'une grossesse, le contraception, la stérilisation, la survenue d'une grossesse, son éventuelle interruption, enfin l'accouchement et le sort de l'enfant.

L'exercice de la sexualité

Comme nous l'avons vu au chapitre précédant, la sexualité et son exercice représentent une caractéristique normale de tout sujet, adolescent ou adulte, que le handicap mental n'affecte pas, sauf exception. Le désir d'avoir des enfants est fréquent chez la fille handicapée. La vie en couple et le besoin de fonder une famille deviennent dès lors une réalité qu'il convient de prendre en compte.

Déjà présentes à l'adolescence, les pulsions sexuelles sont donc de règle chez la plupart des adultes handicapés mentaux. Parfois encouragées par des professionnels au motif que « rien ne permet de priver ces personnes de ce plaisir », elles sont plus souvent ignorées, quelquefois même réprimées par le personnel des institutions. Si le bromure de potassium fut longtemps utilisé, en famille et davantage en institution en tant qu'antiaphrodisiaque, des « calmants » plus modernes l'ont supplanté, et des médicaments prescrits pour d'autres indications – antiépileptiques par exemple – peuvent jouer le même rôle. Plus fréquentes, semble-t-il, chez les adultes jeunes et chez les hommes (en tout cas moins discrètes que chez les femmes), ces manifestations de la sexualité revêtent différentes formes ; mais il faut remarquer qu'on ne dispose, à ce point de vue, d'aucune étude fiable.

– La masturbation est sans doute la forme la plus répandue. Habituellement épisodique, elle peut prendre un caractère compulsif et s'effectuer en public, nécessitant alors un traitement au moins modérateur.

– L'exhibitionnisme n'est pas exceptionnel, favorisé par la vie en collectivité.

– L'homosexualité, là encore surtout masculine, est facilitée par la vie en collectivité fermée d'adultes du même sexe, surtout quand ils ne disposent pas de lieux de vie privés, spécialement pour la nuit.

– Plus fréquentes, les relations hétérosexuelles peuvent être le désir et l'amorce d'une vie en couple. Mais si elles sont pratiquées du fait de l'ignorance de la partenaire, éventuellement sous l'empire de la violence, elles ne doivent pas être tolérées.

On manque de données précises relatives à la fréquence globale des manifestations de la sexualité des personnes handicapées mentales, et la libéralisation des mœurs n'a que partiellement levé le tabou à ce sujet. L'enquête par questionnaire menée en milieu institutionnel par Diederich et Greacen en 1996 en Île-de-France n'a recueilli que 35 % de réponses, et les chiffres suivants doivent être interprétés avec prudence. Mais ils sont éloquents. Sur les 3 857 adultes concernés, 41 % ont des rapports sexuels, dont environ la moitié fréquemment. Le même taux se retrouve pour les relations sexuelles avec des partenaires multiples, dont la moitié sont des personnes extérieures. Dans ces conditions le risque de maladies sexuellement transmissibles, et donc de sida, est loin d'être négligeable alors que la majorité des établissements concernés ne dispensaient, à l'époque, aucune éducation sexuelle et peu de conseils et de matériel préventif à leurs usagers.

La crainte de grossesses indésirables et de contamination par le VIH fait peu à peu changer les attitudes et les pratiques dans ce domaine. Du fait de leur vulnérabilité particulière « les déficients intellectuels ont besoin d'une éducation sexuelle adaptée » (UNAPEI, 2003) et des programmes spécifiques se développent dans ce sens, surtout en institutions ; mais les handicapés vivant en famille doivent pouvoir bénéficier de mesures identiques, même si le risque est *a priori* moindre pour eux. L'Association internationale de recherche sur le handicap mental (AIRHM) a consacré son congrès de 2001 au thème : « Vie affective et sexuelle des personnes déficientes mentales : accompagnent, interventions et programmes éducatifs » (*RFDI, op. cit.*). Ne pas dissocier affectivité et sexualité est essentiel, tant est grand le risque de privilégier les techniques au détriment du relationnel. Ne pas nuire, être utile, réaliste, respectueux, bienveillant, anticiper : l'éthique doit être très présente dans cette démarche pour une éducation sexuelle adaptée.

Reste le problème, à peine abordé en France alors qu'il l'est à l'étranger (Allemagne, Pays-Bas, etc.), de l'aide à l'exercice de la sexualité chez des personnes polyhandicapées qui ne peuvent avoir de relations sexuelles sans l'aide de tierces personnes ; la formation et la supervision de ces « aidants » sont évidemment indispensables (Lachal, 1999).

On le voit, les problèmes liés à la sexualité des personnes handicapées mentales sont complexes, difficiles à gérer en famille comme en institution. Mal abordés, ils peuvent avoir des conséquences nocives pour les personnes concernées. Les plus graves sont évidemment la survenue d'une grossesse non souhaitée et la contamination par des maladies sexuellement transmissibles, y compris le sida, sans oublier le risque de violences sexuelles occasionnelles ou chroniques, parfois du fait de membres du personnel d'encadrement. Il en sera question dans le chapitre général sur ce thème.

La vie en couple

Désirée par beaucoup d'adultes souffrant d'un handicap mental – à l'image du couple parental et de ceux qui se forment dans leur entourage familial, dans leur milieu de vie –, rendue possible du fait de leur maturation sexuelle, elle pose surtout le problème de leur éventuel accès à la parentalité. Le rôle des parents, des tuteurs pour les pupilles, des professionnels est capital en la matière. Il paraît nécessaire d'élaborer une conduite à tenir et un soutien en vue d'aider le couple à faire face à une situation que les parents, au départ, n'avaient généralement pas prévue. Il convient également de fournir à ces personnes handicapées, principales concernées, une éducation relative à la vie familiale.

Les couples se forment le plus souvent entre handicapés plutôt qu'entre une personne handicapée et un partenaire sans handicap. En milieu institutionnel, la formation du couple peut être facilitée par les éducateurs au courant du souhait des intéressés. Elle peut se réaliser après une période plus ou moins longue de relations sexuelles occasionnelles. Cependant les couples de mineurs ne sont pas autorisés : on ne laisse se former que des couples de personnes adultes ayant acquis une certaine maturité. Avant de passer à la vie commune et en particulier lorsqu'il s'agit de personnes sous tutelle, elles sont informées des conditions, avantages et difficultés de la vie à deux dans le milieu institutionnel, tant sur le plan social que matériel. Des informations du même type ne sont pas toujours communiquées dans le milieu familial. Dans certains cas, un accord sur la vie commune intervient dans le cadre d'un conseil (famille ou tutelle, éducateurs, psychiatres et personnes intéressées). Dans d'autres cas, ce conseil ne répond pas favorablement aux personnes désirant vivre ensemble et demande que cette question soit reprise ultérieurement. Certains passent outre, au risque de fragiliser leur union.

Les couples constitués en institution disposent de moyens convenables pour vivre à l'abri des crises économiques, compte tenu du statut protégé des deux conjoints. Il en va différemment pour le couple hors institution. Ses membres jouissent d'une relative autonomie pour satisfaire leurs besoins personnels dans la vie quotidienne, l'un et parfois les deux travaillant dans un CAT ou un AP. Le couple bénéficie d'une allocation personnalisée de logement (APL) qui lui assure, sous le contrôle d'une association, un appartement décent. Le respect de l'intimité est assuré. L'autonomie dans la vie de tous les jours se traduit dans le choix de l'alimentation et des loisirs. Le couple assume son équilibre budgétaire sous le contrôle d'un membre de l'institution ou d'une association. S'il est lié à une institution dans laquelle il évolue et avec laquelle il nourrit des liens non seulement organiques mais également affectifs, il peut acquérir une certaine autonomie vis-à-vis de sa famille, même si elle s'était montrée réticente à la vie en commun. Toutefois, dans la mesure du possible, les liens avec la famille ne doivent pas être rompus, même si la vie en couple consacre une certaine séparation d'avec le milieu familial.

L'éventualité d'une grossesse

La société et, souvent aussi, les familles continuent à manifester une grande réticence vis-à-vis de la survenue d'une grossesse chez les femmes handicapées mentales. Et pourtant la liberté socialement prônée pour l'exercice de la sexualité, cette dernière présentée comme source d'épanouissement pour le couple, et la procréation valorisée comme moyen de perpétuation transgénérationnelle créent un climat favorable à cette éventualité. Certes les moyens contraceptifs dont il sera question plus loin sont de nature à éviter une grossesse, mais leur application pose bien souvent problème, se heurtant au désir du couple, plus particulièrement de la femme, d'avoir un enfant. Compte tenu du contexte évoqué dans la constitution du couple, ses membres sont généralement des adultes dont l'âge peut être compris entre 25 et 35 ans et qui, le plus souvent, ont été en institution depuis un certain nombre d'années et ont été suivis médicalement et psychologiquement.

Les données médicales méritent d'être rappelées. La fertilité des handicapés mentaux n'est généralement pas diminuée, à l'exception des personnes trisomiques 21 chez lesquelles il n'a pas été rapporté d'observations d'enfants conçus par un père trisomique ; par contre, on observe des grossesses chez les filles trisomiques. Une cause génétique est reconnue pour un nombre élevé de handicaps mentaux moyens et sévères. Il s'agit soit d'anomalies chromosomiques, en premier lieu la trisomie 21, soit d'anomalies d'un gène au premier rang desquelles le syndrome de l'X fragile. Les risques de transmission de l'anomalie à la descendance sont de 50 % en cas de trisomie 21 et d'une proportion variant de 20 à 50 % selon le sexe de l'enfant pour l'X fragile. Dans ce dernier cas, les filles d'intelligence normale nées de parents handicapés mentaux sont susceptibles de transmettre aux générations futures l'anomalie provenant de leurs parents. À ce jour, les causes génétiques ne sont pas recherchées systématiquement et un grand nombre de handicaps mentaux paraissent de cause inconnue. Cependant, sur l'ensemble des enfants nés d'un couple handicapé, tous handicaps mentaux confondus, on observe environ 10 à 15 % d'enfants présentant une déficience mentale, taux moyen amalgamant en fait des étiologies très diverses.

Ces questions doivent être discutées dans la perspective d'une grossesse. Puisque des examens, spécialement de biologie moléculaire, sont proposés à des personnes non handicapées appartenant à une population à risque réel de procréation d'un enfant handicapé, *a fortiori* doivent-ils pouvoir être réalisés pour les personnes handicapées en les associant, chaque fois que possible, à la décision.

Les parents d'une jeune femme handicapée ne devraient pas, au motif de l'épanouissement de leur fille, encourager une grossesse sans en avoir discuté avec celle-ci et avec les professionnels et sans avoir réfléchi aux conséquences éventuelles de leur attitude. Cet objectif d'épanouissement, d'ailleurs hypothétique, n'est pas le seul à prendre en compte ; l'intérêt de l'enfant à naître est en jeu. L'attitude consistant à vouloir la naissance d'un enfant, alors qu'il faudra peut-être le confier à une famille d'accueil ou à une institution, peut être à l'origine de graves inconvénients pour la mère et l'enfant, dont le plus évident est le traumatisme occasionné par la séparation.

À l'opposé la crainte des parents, en particulier de la mère, à propos de l'éventualité d'une grossesse chez leur fille handicapée conduit au recours aux moyens contraceptifs, ce qui répond d'ailleurs à l'attitude sociale où, quasi systématiquement, la contraception est conseillée aux jeunes filles et aux jeunes femmes.

La contraception

Comme pour tout acte médical la mise en place de la contraception suppose de recueillir si possible le consentement de l'intéressée (loi du 4 mars 2002). La méthode à choisir dépend du degré de handicap et de la qualité de l'accompagnement dont bénéficie la personne concernée :

– La contraception locale est rarement utilisable sous la forme de diaphragmes, ovules et de tampons spermicides chez la femme, de préservatifs chez l'homme, la régularité que ces moyens impliquent étant difficile à assurer.

– Le stérilet est souvent difficile à poser et nécessite parfois le recours à une anesthésie générale, mais il constitue un moyen efficace sous réserve d'une surveillance régulière.

– La contraception orale (pilule) représente une excellente méthode en établissement. Son utilisation doit être contrôlée lors des sorties en famille. Les médecins ont à veiller à sa compatibilité avec d'autres traitements (anti-épileptiques par exemple).

– L'injection trimestrielle d'hormones est réalisable et souvent prescrite, mais elle a des effets secondaires (métrorragies [12], retentissement sur le métabolisme) nécessitant une surveillance

12. Hémorragies anormales d'origine utérine.

gynécologique et générale. Elle peut avoir des conséquences pathologiques non connues à long terme.
– Il a également été proposé d'utiliser à des fins contraceptives une méthode préconisée pour des stérilisations possiblement réversibles : la pose de clips sur les trompes utérines. En fait, l'expérience a montré que cette réversibilité est exceptionnelle et donc l'utiliser à des fins contraceptives n'est pas acceptable.

La difficulté d'un suivi régulier et les éventuels effets indésirables des méthodes contraceptives font évidemment évoquer la solution, plus radicale, de la stérilisation de la jeune handicapée mentale : ce point mérite une discussion approfondie.

La stérilisation

L'histoire de la stérilisation des personnes handicapées mentales s'est déroulée en trois temps : interdiction formelle et pratique clandestine ; réflexions et propositions ; nouvelle législation.

Avant le vote de la loi du 4 juillet 2001 la stérilisation était définie en France comme une mutilation et réprimée en tant que telle. Contrairement à d'autres pays, la stérilisation contraceptive était exclue ; seule était admise la stérilisation thérapeutique avec le consentement de la personne concernée (article 16-3 du code civil). Mais la fermeté de ce principe n'a pas empêché une pratique clandestine de se développer, notamment auprès de jeunes femmes handicapées mentales, à l'initiative de certains parents désireux d'éviter à leur fille l'épreuve d'une grossesse et la charge d'un enfant. Collectivement, une telle démarche était assez largement acceptée, sous-tendue par des représentations sociales d'inspiration eugéniste souvent marquées par la crainte de la multiplication du nombre de handicapés. Les familles et les médecins étaient parfois complices, et bien souvent la stérilisation était pratiquée à l'insu de l'intéressée, à l'occasion par exemple d'un autre acte chirurgical. Au total, cette pratique n'était sans doute pas marginale chez les handicapées mentales. Cet état de fait a été dénoncé dans les années 1990 par de nombreuses personnes, notamment des chercheurs ayant une bonne connaissance du terrain (Diederich, 1998).

C'est ainsi que la question est sortie de l'ombre et a fait l'objet d'interrogations, de réflexions et débats de la part d'instances officielles. En 1996, le Comité consultatif national d'éthique a consacré son avis n° 49 à *La Contraception chez les personnes handicapées mentales* et proposé un certain nombre de conditions devant être remplies avant d'envisager une stérilisation : évaluation préalable de l'état et du comportement de la personne ; l'intéressée doit être potentiellement fertile et avoir une activité sexuelle ; son avis doit être recherché ; la preuve doit être donnée que les autres formes de contraception sont impraticables. La prise de décision doit comprendre l'exploration de la demande de l'intéressée ou de l'entourage ; l'explication des raisons avancées par ceux qui font cette demande ; une prise de décision collective ; un suivi de la personne ; l'habilitation d'un petit nombre de centres à pratiquer l'intervention.

Deux ans plus tard, un rapport de l'Inspection générale des Affaires sociales (1998) évaluait à 22 000 par an le nombre de stérilisations dans la population générale, cette pratique n'étant pas marginale parmi les handicapées. Ce rapport proposait de retenir le principe de l'interdiction de la stérilisation mais de l'admettre dans des cas exceptionnels sous réserve de remplir quatre conditions cumulatives : un risque de grossesse avéré, une incapacité parentale flagrante, l'inapplicabilité de tout moyen de contraception et l'absence de danger pour la vie de la femme.

La loi du 4 juillet 2001 relative à l'interruption volontaire de grossesse et à la contraception et un décret du 3 mai 2002 admettent la stérilisation à visée contraceptive et mettent en place un régime spécifique aux majeurs protégés. Ainsi, le nouvel article L 2123-2 du code de la santé publique énumère une série de conditions :

– l'altération des facultés mentales constitue un handicap et a justifié le placement sous tutelle ou curatelle ;

– il existe une contre-indication aux autres méthodes de contraception ;
– le consentement de la personne doit être systématiquement recherché et pris en compte, après que lui ait été donnée une information adaptée à son degré de compréhension ; en cas de refus, il est impossible de passer outre.

La décision revient au juge des tutelles, saisi par la personne concernée, ses père et mère ou son représentant légal, et après recueil de l'avis d'un comité d'experts. Ce comité [13] procède à toutes les consultations et peut faire effectuer tous les examens qu'il estime nécessaires pour éclairer son avis. Il auditionne la personne concernée et s'assure qu'une information adaptée à son niveau de compréhension a été délivrée. Il vérifie qu'il existe une contre-indication médicale absolue aux méthodes de contraception ou une impossibilité avérée de les mettre en œuvre efficacement. À ce titre, il s'assure que des solutions alternatives à la stérilisation à visée contraceptive ont été recherchées et évalue les risques d'effets secondaires graves de l'intervention sur les plans physique et psychique. Il faut noter que la loi ne prévoit rien dans l'hypothèse où le majeur n'est pas en mesure d'exprimer sa volonté. Il semble que la stérilisation soit possible dans ce cas, toujours dans les conditions précédemment évoquées.

On le voit, la décision repose entièrement sur le juge. Certains juges ne se satisfont pas de cette solution, et proposent de prévoir une prise de décision collective. Notamment, l'intervention de médecins leur paraît nécessaire pour attester de l'existence et du caractère contraignant des conditions exigées par la loi. Ils préconisent la mise en place d'une commission d'éthique statuant au cas par cas, à l'instar de l'intervention du conseil de famille pour les décisions importantes.

13. Décret n° 2002-779 du 3 mai 2002. Le comité comprend deux médecins qualifiés en gynécologie-obstétrique, un médecin psychiatre, deux représentants d'associations.

Il est encore trop tôt pour savoir quels seront les effets de cette loi et beaucoup de questions restent posées : les pratiques clandestines disparaîtront-elles ? Quels problèmes seront rencontrés sur le terrain lors de la mise en œuvre de la procédure ? Quel sera le vécu des personnes concernées ? Quelle sera l'attitude des institutions, des associations et des parents ? Quelle évaluation sera faite de l'application de ces nouvelles dispositions ? Il convient de rester vigilant.

La grossesse

Il peut arriver que, malgré les précautions ou parce que planifiée, une grossesse survienne. Dans la plupart des cas, à l'exception de handicaps viscéraux associés, elle va se dérouler normalement. Mais la femme peut ne pas se rendre compte qu'elle est enceinte, la surveillance prénatale ne pourra pas toujours se réaliser de manière optimale, et la découverte en cours de grossesse d'anomalies imprévues posera les mêmes problèmes que chez les femmes non handicapées [14]. S'agissant de risques génétiques, deux situations peuvent se présenter :
– Le risque génétique est prévisible et un diagnostic prénatal peut être envisagé pour préciser le risque réel. Si le fœtus est atteint d'une anomalie grave susceptible de rentrer dans le cadre de l'interruption de grossesse pour raison médicale, cette éventualité devra être discutée avec la famille, les éducateurs et bien entendu le couple ou la personne elle-même.
– Le risque génétique est connu mais la grossesse est découverte tardivement. C'est sans doute la pire situation, car la femme s'est investie dans sa grossesse, celle-ci est avancée, et une éventuelle interruption serait particulièrement éprouvante physiquement et psychiquement. En outre, la femme risque de ne pas y consentir. Une telle attitude et la possibilité de décider

14. Voir le chapitre « Autour de la naissance » pour une discussion des conséquences de la découverte d'une anomalie inattendue en cours de grossesse.

de passer outre posent problème par rapport aux exigences de la loi. C'est dans ces conditions qu'une interruption médicale de grossesse va se discuter.

Interruption de grossesse

Elle ne peut être envisagée et éventuellement effectuée que dans le respect de la législation. Ni la loi du 17 janvier 1975, qui a dépénalisé le recours à l'interruption de grossesse dans certaines conditions, ni celle du 4 juillet 2001 qui en a modifié certaines dispositions ne font référence aux majeures protégées. Or, qu'il s'agisse de l'interruption volontaire ou de l'interruption médicale de grossesse, le consentement de la femme enceinte est indispensable, et pratiquer une telle intervention sans l'avoir recueilli est un délit. Le problème posé est alors de savoir quelle solution retenir pour les majeures protégées qui ne pourraient pas donner leur consentement. La pratique a posé l'exigence de recueillir l'accord du représentant légal. Il s'agit ici d'un raisonnement par analogie avec les dispositions issues de la loi de 1975 concernant la mineure, qui imposaient de recueillir l'autorisation de l'un des titulaires de l'autorité parentale. Par ailleurs, s'agissant d'un acte grave, le représentant légal doit se munir d'une autorisation spéciale du juge (Poilroux, 1999). Mais la loi du 4 juillet 2001 est venue bouleverser ces dispositions concernant les mineures. En effet, celles-ci peuvent désormais se dispenser de toute autorisation. Dès lors, il n'est plus possible de raisonner par analogie, car admettre le consentement des mineures, c'est jouer sur la notion de prémajorité, ce qui n'a pas de sens dans le cas des majeures (Hauser, 2002). On ne peut que regretter cette lacune de la loi de 2001, d'autant que, pour la stérilisation à visée contraceptive, elle a mis en place un régime spécifique aux majeures protégées.

S'agissant tout d'abord des majeures protégées capables de formuler un avis, une décision isolée a fait prévaloir la volonté de la personne. Elle a été rendue par le tribunal de grande instance de Poitiers, le 11 juin 1982, refusant d'autoriser l'interruption de grossesse, en faisant prévaloir la volonté de la majeure qui, en ses moments de lucidité, refusait l'avortement demandé par sa mère (Fossier et Harichaux, 1991).

S'agissant des majeures hors d'état de donner un consentement, on applique les solutions retenues pour les actes thérapeutiques d'une particulière gravité. Pour une interruption volontaire, on se réfère à la condition de détresse posée par la loi. Quant à l'interruption médicale, elle n'est possible que dans deux cas : la poursuite de la grossesse met en péril grave la santé de la femme ; il existe une forte probabilité que l'enfant à naître soit atteint d'une affection d'une particulière gravité reconnue comme incurable au moment du diagnostic. Enfin, les majeures sous curatelle sont en principe aptes à donner leur consentement. Toutefois, s'agissant d'un acte grave, l'assistance du curateur paraît indispensable.

Accouchement

Si la grossesse a pu suivre son cours, être suivie et – c'est essentiel – accompagnée psychologiquement, l'accouchement peut se dérouler normalement ou, au contraire, représenter une véritable épreuve. En effet, le travail peut constituer une agression physique pour la jeune femme handicapée mentale qui ne comprend pas les douleurs répétitives des contractions utérines vite perçues comme insupportables. Pour y remédier on peut avoir recours à des techniques d'analgésie comme l'anesthésie péridurale, mais là encore une participation de la patiente est demandée pour mettre en place cette technique. L'anesthésie générale peut également être envisagée, mais elle doit être de courte durée et réservée à la fin du travail.

L'accouchement d'une jeune femme handicapée nécessite un accompagnement de tous les instants. Même si elle ne paraît pas médicalement justifiée, une césarienne peut être envisagée en fin de grossesse pour éviter le travail de l'accouchement. Quoi qu'il en soit, l'accouchement des jeunes femmes handicapées pose de difficiles problèmes certes médicaux, mais surtout d'accompagnement, qui requièrent un investissement lourd de la part de l'équipe soignante.

L'arrivée de l'enfant

L'arrivée de l'enfant est, pour tous les couples, un moment crucial, surtout à l'occasion d'une première naissance ; *a fortiori* pour une femme handicapée mentale et pour son couple, s'il a résisté à l'aventure de la grossesse. Se pose alors le problème de la compétence maternelle et parentale. En fait, il n'existe pas de critères objectifs permettant de déterminer la capacité des parents à élever un enfant. On peut néanmoins avancer que cela ne dépend pas uniquement des capacités intellectuelles et que l'affectivité y tient une grande place. Les parents handicapés ne sont pas les seuls responsables du devenir de leur enfant, le milieu intervient d'une façon importante. L'entourage et les conditions de vie représentent des éléments majeurs.

Selon les traditions culturelles et religieuses des familles, la survenue d'une grossesse inopinée et l'accueil de l'enfant seront perçus et gérés de façon différente. C'est habituellement la mère handicapée mentale qui aura la charge de l'enfant. Elle peut se trouver dans des conditions économiques, sociales et de santé qui risquent d'avoir des répercussions défavorables sur son enfant. Les psychologues constatent que, souvent, la mère fait mal la distinction entre ses propres besoins et ceux de son enfant : situation préjudiciable au développement de celui-ci.

Des études réalisées par l'UNAPEI (Echavidre, 1991) ont porté sur 500 dossiers de géniteurs handicapés. Menées sous l'égide d'un groupe de parents, l'une portait sur 300 dossiers, l'autre sur 200, toutes étiologies confondues. Il apparaît que 60 % des enfants issus de couples dont un ou les deux géniteurs sont handicapés restent indemnes de tout handicap alors que 40 % sont ou risquent de devenir handicapés. Il est donc faux de dire que d'un couple de handicapés naît invariablement un enfant handicapé. La seconde enquête montre que le devenir de ces enfants peut se diviser en trois catégories à peu près équivalentes en nombre : cas sociaux sérieux, cas sociaux ordinaires, cas légers assez rassurants.

Lorsque l'enfant est né, il convient de tout mettre en œuvre sur le plan médical, psychologique et social pour lui assurer un développement optimal. Cela doit être l'œuvre de la famille élargie, de l'entourage – y compris les professionnels – et des institutions avec l'aide des pouvoirs publics. Plusieurs situations peuvent se présenter :

– Ou bien il s'agit d'un enfant handicapé né de deux parents handicapés. Si les parents sont en institution, celle-ci aidera à la prise en charge de l'enfant. Dans le cas contraire, selon le degré du handicap tant des parents que de l'enfant, il pourra leur être laissé avec l'aide du SESSAD ou il devra être confié à un établissement spécialisé.

– Ou bien il s'agit d'un enfant non handicapé né de parents handicapés. Lorsque, malgré son handicap, la famille peut gérer la petite enfance et l'éducation de son enfant, il importe que les services sociaux soient très présents et vigilants pour les y aider et pour protéger l'enfant d'éventuelles carences ou déviances éducatives.

Si le constat est fait par la famille et/ou par les professionnels s'occupant d'eux au quotidien que les parents handicapés mentaux, même aidés et soutenus, sont incapables d'assumer l'éducation de leur enfant, il convient d'envisager la séparation. C'est au juge des enfants d'ordonner une mesure d'assistance éducative qui peut consister en la remise de l'enfant à un tiers : ce peut être les grands-parents s'ils le demandent, une famille d'accueil, un service ou un établissement sanitaire ou d'éducation spécialisée ou encore le service départemental de l'aide sociale à l'enfance. Dans ce cas, les parents conservent le droit de visite et de correspondance et il ne peut être question d'adoption sans leur consentement. Cependant, il peut y avoir lieu de solliciter du tribunal de grande instance le retrait de l'autorité parentale pour « défaut de soins et manque de direction » prévu par l'article 378-1 du code civil. Cette solution doit être envisagée par exemple lorsque les parents refusent de consentir à l'adoption de l'enfant, car cela permet au conseil de famille de donner son consentement. À côté du retrait de l'autorité parentale, envisagé lorsque les parents refusent de consentir à l'adoption de leur enfant, d'autres solutions sont possibles, comme d'estimer abusif le refus de consentement à l'adoption. Celle-ci, lorsqu'il s'agit d'un enfant non handicapé que ses parents sont dans l'incapacité d'élever, représente probablement la meilleure des solutions, mais elle doit être prise le plus tôt possible pour éviter ou au moins minimiser les traumatismes psychologiques.

Ainsi, l'arrivée d'un enfant dans un couple où au moins l'un des conjoints est handicapé mental peut poser de sérieux problèmes impliquant des dispositions sociales et juridiques concernant non seulement le couple, mais aussi et surtout l'enfant et son avenir. Cela vaut bien que l'on y réfléchisse à deux fois !

Réflexions éthiques

Il est bon de les faire précéder par un rapport au droit, ou plus exactement aux droits des personnes handicapées. L'annexe 4 est, de ce point de vue, intéressante à considérer en ce qu'elle parle aussi – fait assez rare – des devoirs découlant de ces droits. En gardant à l'esprit les droits et les devoirs déclinés par cette charte, on pourrait résumer en quelques mots les préconisations éthiques qui en résultent : le respect dû à la personne handicapée mentale. Encore faut-il leur donner sens et contenu.

Il est relativement facile de considérer les enfants ainsi atteints comme des êtres humains à part entière. Ils émeuvent, inspirent la pitié. On les représente volontiers comme les innocentes victimes d'un sort injuste. Jeunes, on les pense capables d'une évolution vers un meilleur état. Et leurs parents sont là pour les protéger, veiller sur eux.

À l'autre extrémité de la vie, les handicapés âgés nous sont moins visibles. Ils sont rejoints, dans la déficience mentale, par des personnes « normales » qui, avançant en âge, perdent peu à peu la raison, si bien que leur « différence » rentre dans l'ordre des choses. On assimile plus ou moins leur état au « naufrage » lié à un vieillissement qui se passe mal. On préfère les oublier.

Entre ces deux situations quelque peu stéréotypées, l'adulte atteint d'un handicap mental dérange beaucoup plus chacun d'entre nous, et la société. Il est présent, on le voit, surtout s'il vit dans la communauté. On le rencontre dans les transports en commun. Il contredit visiblement l'exigence sociale de rendement, de productivité ; et ce statut d'apparente inutilité sociale compte beaucoup dans notre monde où une bonne situation sociale et l'aisance financière sont les critères d'une vie réussie. « Les pauvres ont toujours tort », disait Mauriac, et pauvres ces personnes le sont doublement. Les respecter ne va pas de soi.

Et pourtant, elles nous rappellent la précarité de la condition humaine, le caractère relatif et transitoire de nos facultés mentales, la nécessaire solidarité avec ceux qui, moins doués que nous, moins favorisés par l'existence, ont besoin de notre respect et y ont droit, ainsi qu'au partage de nos richesses et à notre aide matérielle et morale pour une existence digne.

Ces considérations ont une traduction pratique qui est, en même temps, très marquée par l'éthique. Elles peuvent par exemple se décliner comme suit :

– Le **respect** dû à tout être humain est inconditionnel, qu'il soit ou non handicapé ; et le handicap mental n'en dispense pas. On peut même dire qu'il requiert, de la part de chacun et de la société tout entière, un supplément de respect du fait du désavantage personnel et social et de la vulnérabilité dont il est la cause. Il faut garder à l'esprit que chaque personne, née handicapée mentale, est unique, et il faut la respecter en tant que telle.

– Une **attitude empathique** amène à rechercher systématiquement, dans toutes les situations, les capacités et les potentialités affectives, adaptatives, pratiques... de chaque personne handicapée mentale et à l'aider à les faire reconnaître et à les développer.

– Le principe de **réalité** oblige à prendre également en compte ses manques, ses carences pour éviter de la surestimer, de lui demander trop, de la mettre ainsi en situation d'échec. Toutefois, le principe d'**autonomie** milite pour un accompagnement qui conduise la personne vers le maximum d'indépendance, de liberté de choix et de conscience d'elle-même que son état lui permet d'atteindre.
– Abandonnant toute idée de situation figée, d'état fixé et irrémédiable, il faut surveiller avec **bienveillance** l'évolution au fil du temps, en ayant conscience qu'une stagnation prolongée peut être considérée comme un succès.
– La famille de la personne handicapée mentale mérite aussi estime et respect, même si l'on n'est pas toujours en accord avec ses réactions. Forte et fragile, elle doit gérer au quotidien et dans la durée une situation douloureuse et une charge qui, du fait du vieillissement des parents et de leur enfant handicapé, deviennent de plus en plus préoccupantes et lourdes.
– Associations spécialisées et institutions sont des partenaires importants. Les critiquer est facile, les aider est mieux.

Au terme de ce chapitre on voit combien sont nombreuses et complexes les questions que soulève l'existence des adultes handicapés mentaux, qu'ils soient en famille ou en institution. Leur accompagnement, leur accès au travail, l'aménagement de leur quotidien, leur santé, l'exercice de leur sexualité, leur désir d'une vie en couple, leur droit à la parentalité : autant de problèmes qui nécessitent réflexion, connaissance de la législation, information, recherche de leur accord et parfois de leur consentement formel, concertation, avec leur famille et leurs protecteurs légaux… Difficultés et complexité, certes, mais une réponse adaptée à ces questions est cruciale ; il y va de la dignité de ces personnes dont tous, professionnels ou non, nous avons à prendre soin, et la réflexion éthique doit guider nos attitudes et nos comportements.

RÉFÉRENCES BIBLIOGRAPHIQUES

Références citées

BLANC A., « Les handicapés du secteur protégé depuis la loi de 1977 », *Les Cahiers de l'UNAPEI*, n° 27, 2001, p. 8-12.

BLANC P., *La Politique de compensation du handicap*, rapport d'information n° 369, Sénat, juillet 2002.

BREITENBACH N., *Familles fortes et fragiles*, Fondation de France, 1997.

CASPAR Ph., « Le dispositif "Carraz" en accompagnement », *Les Pages romandes*, 163, 1992, p. 45-46.

CASPAR Ph., « Éthique et accompagnement des jeunes adultes déficients mentaux », *Les Pages romandes*, 1, 1993, p. 11-17.

COMITÉ CONSULTATIF NATIONAL D'ÉTHIQUE, *La Contraception chez les personnes handicapées mentales*, avis n° 49, 1996.

COUR DES COMPTES, *Les Politiques sociales en faveur des personnes handicapées adultes*, rapport au président de la République, 1993.

CYRULNICK B., « Les clés du bonheur », interview, *Le Nouvel Observateur*, 3 janvier 2002.

DESROSIERS F., *Polyhandicap et Réadaptation*, Beavria, 1998, 157 p.

DIEDERICH N., *Stériliser le handicapé mental ?*, Toulouse, Erès, 1998.

DUCHÊNE J. *et al.*, *Éthique et Handicap mental*, Presses Universitaires de Namur, 2002.

ECHAVIDRE, « Le devenir des enfants nés de parents ayant un handicap mental », *Les Cahiers de l'UNAPEI*, 1991.

FORGUES P., *L'Indispensable Réforme des COTOREP*, rapport d'information, n° 2542, A.N., 2000.

FOSSIER T., HARICHAUX M., « La tutelle à la personne des incapables majeurs : l'exemple du consentement à l'acte médical », *Revue de droit sanitaire et social*, 1, 1991, p. 1-14.

FRESNEL F., « La tutelle à la personne est aussi la mission du protecteur d'un majeur protégé », *Gazette du Palais*, 1999, p. 1239.

GRECO J., « Les CAT, asiles ou usines », *Bulletin du CREAI*, Rhône-Alpes, 1998.

HAUSER J., « Réflexions sur la protection de la personne de l'incapable », Mélanges Raynaud, 1985, p. 227.

HAUSER J., « Le consentement aux soins des majeurs protégés », *Petites Affiches*, 19 mars 2002, p. 4.

JACQUES L. *et al.*, « Déficience intellectuelle et communication », *Revue francophone de la déficience intellectuelle*, 1, 1998, p. 15-19.

POILROUX R., *Guide des tutelles et de la protection de la personne*, Paris, Dunod, 1999, 427 p.

PRADEL J., « Les dispositions de la loi du 17 juillet 1970 sur la protection de la vie privée », D. 1971, chr. 111, nº 11.

RICŒUR P., *L'Unique et le Singulier*, Liège, Alice Éditions, 1999.

SALLES R., *Compte rendu Comité consultatif régional Midi-Pyrénées*, janvier 2002.

UNAPEI, *Livre blanc*, 2000.

VISIER L., « Les relations de travail en milieu handicapé », *Les Cahiers de l'UNAPEI*, nº 39, 1998, p. 21-26.

ZUCMAN É., « La communication non verbale », CTNERHI, 1998, 327 p.

Pour en savoir plus

ASSANTE V., *Situations de handicap et Cadre de vie*, avis et rapports du CES, Rapport au Conseil économique et social, *J.O.*, 12 et 13 septembre 2000.

BAUER M., FOSSIER T., *Les Tutelles, protection juridique et sociale des enfants et des adultes*, 3e éd., ESF, 1999, 411 p.

BLANC A., *Les Handicapés au travail, analyse sociologique d'un dispositif d'insertion professionnelle*, 2e éd., Dunod, 1999, 310 p.

BORGETTO M., LAFORE R., *Droit de l'aide et de l'action sociales*, 4e éd., Montchrestien, 2002, 591 p.

CESAP, *Comité d'étude et de soin aux polyhandicapés*, 1996-1998, 382 p.

CHALAGUIER C., *Travail, Culture et Handicap, des droits de la différence aux droits de la ressemblance pour les handicapés mentaux*, Bayard, 1992, 188 p.

CHATAUD V., *Droit et handicap*, ASH, 2000, 113 p.

L'Intégration des handicapés dans la société, Paris, Direction des *J.O.*, 2003, 714 p.

DORIGUZZI P., *L'Histoire politique du handicap, de l'infirme au travailleur handicapé*, L'Harmattan, 1994, 223 p.

DOUMENG V., *La Vie privée du majeur malade mental ou déficient intellectuel*, Presses universitaires d'Aix-Marseille, 2002, 783 p.

FOSSIER T., « La stérilisation à fins contraceptives des incapables majeurs », *Semaine juridique édition générale*, 2001, 1477.

FRESNEL F., *La Stérilisation volontaire contraceptive*, Dalloz 2001, p. 2045.

GEFFROY C., « La protection tutélaire des majeurs en matière personnelle », *Semaine juridique édition générale*, 1993, I, 3724.

« L'intégration des personnes handicapées : quelques éléments de bilan », *Revue française des affaires sociales*, nº spécial, 1998.

MINISTÈRE DE L'EMPLOI ET DE LA SOLIDARITÉ, *L'Insertion professionnelle des travailleurs handicapés, quelques éléments de bilan*, La Documentation française, 1998.

OPPELT-REVENEAU M.-E., « La protection de la personne de l'incapable majeur », *Petites Affiches*, 4 novembre 1999, p. 4.

RAYNAUD DE LAGE N., « À propos de l'avis de la Cour de cassation relatif à la stérilisation des handicapés mentaux », *Droit de la famille*, 2000, p. 9.

SCELLES R., SASSIER M., *Assurer la protection d'un majeur : question incontournable pour les frères et sœurs*, Éd. du CTNERHI, 2002, 153 p.

THÉVENET A., *L'Aide sociale aujourd'hui*, 14e éd., ESF, 2002, 436 p.

ZRIBI G., *L'Avenir du travail protégé, centres d'aide par le travail et intégration*, ENSP, 1998, 118 p.

Textes juridiques et jurisprudence

Décret du 2 septembre 1954 relatif aux centres d'aide par le travail.

Loi nº 68-5 du 3 janvier 1968 relative aux régimes civils de protection.

Loi nº 75-534 du 30 juin 1975 dite loi d'orientation en faveur des personnes handicapées.

Loi nº 87-517 du 10 juillet 1987 relative à l'obligation d'emploi de personnes handicapées dans les entreprises.

Décret nº 93-216 du 4 novembre 1993 relatif au guide-barème permettant l'évaluation du taux d'invalidité.

Loi nº 94-654 du 29 juillet 1994 relative au don et à l'utilisation des éléments et produits du corps humain.

Loi nº 2001-588 du 4 juillet 2001 relative à l'interruption volontaire de grossesse et à la contraception.

Loi nº 2002-2 du 2 janvier 2002 rénovant l'action sociale et médico-sociale (abrogeant la loi nº 75-535 du 30 juin 1975 relative aux institutions sociales et médico-sociales).

Loi nº 2002-303 du 4 mars 2002 relative aux droits des malades et à la qualité du système de santé.

Décret nº 2002-797 du 3 mai 2002 relatif à la pratique des interruptions volontaires de grossesse dans les établissements de santé.

TI Brest, 1er juin 1976, *Semaine juridique édition générale*, 1977, II, 18568, note C. GEFFROY.

TI Brest, 25 avril 1978, cité *in* FOSSIER T., HARICHAUX M., *op. cit.*

TGI Poitiers 11 juin 1982, cité *in* FOSSIER T., HARICHAUX M., *op. cit.*

Cour de cassation, 1re chambre civile, 18 avril 1989, *Semaine juridique édition générale*, II, 21467, note T. FOSSIER.

5

La personne handicapée mentale avançant en âge

Jean de Verbizier, Jean-Marie Léger,
Michel Manciaux

Depuis plus d'une décennie, les problèmes posés par l'avancée en âge des personnes handicapées mentales attirent l'attention non seulement des personnes directement intéressées par leur devenir – en tout premier lieu les familles – mais aussi, collectivement, des associations gestionnaires et des pouvoirs publics, et cela dans tous les pays industrialisés. Il suffit pour s'en convaincre de se référer aux travaux de J. Hogg et S. Moss (1988) au Royaume-Uni, à ceux d'Eyman et collaborateurs aux États-Unis (1995), de Mulchary (1996) en Irlande et de Maaskant (1993) aux Pays-Bas, ainsi qu'à ceux réalisés en Suisse romande : des problèmes identiques à ceux qui se posent en France sont évoqués dans tous ces pays. L'ensemble de ces travaux corrobore ceux réalisés en France, relatés en particulier par N. Breitenbach (1994, 1999) dans ses différents ouvrages publiés dans le cadre de la Fondation de France ainsi que dans les publications de l'UNAPEI. En revanche, aucune information ne parvient des pays en voie de développement d'Afrique, d'Amérique du Sud et d'Asie où le vieillissement des personnes handicapées mentales, même s'il a déjà débuté, n'entre pas encore dans le champ de l'action sociale.

Pour s'en tenir aux pays développés et en particulier à la France, ces problèmes qui prennent au fil des ans une importance croissante interpellent non seulement les familles concernées, mais aussi les pouvoirs publics et la société tout entière qui en reste largement ignorante. Si des initiatives intéressantes ont vu le jour ici et là du fait d'une bonne collaboration entre familles, associations et autorités locales, il n'existe encore ni prise en compte globale, ni même estimation de la situation actuelle et à venir, bien que cette dernière appelle un cadre réglementaire rénové et un effort soutenu de solidarité nationale. Cette référence à la solidarité introduit une exigence éthique. Il convient en conséquence d'approfondir la réflexion sur la meilleure articulation possible entre les connaissances existantes, les dispositions juridiques et les principes éthiques en jeu. Une telle démarche est indispensable en vue de définir des propositions susceptibles d'orienter les nécessaires améliorations dans le respect de la personne handicapée mentale dans sa globalité (Annexe 5).

Ce chapitre est un exposé de l'état des lieux et des solutions disponibles, à la lumière de la loi elle-même en évolution et des exigences éthiques en vue d'ouvrir des pistes pour faire face, dans la dignité et la solidarité, au vieillissement des personnes handicapées mentales et aux problèmes de tous ordres qu'il pose à notre société, aujourd'hui et plus encore dans le proche avenir. Mais avant toute chose, il convient de s'entendre sur un point essentiel : que signifient les notions de vieillissement et de vieillesse ?

Vieillesse et vieillissement

À ces termes passe-partout nous proposons de substituer la notion plus nuancée *d'avancée en âge*. Car parler de vieillesse amène à identifier une période de la vie faisant suite à d'autres étapes, elles-mêmes mal définies, d'enfance, de jeunesse et d'âge adulte. Or la vie humaine est un continuum qui se laisse mal découper en séquences successives limitées par des barrières forcément arbitraires ; et le vieillissement commence dès la naissance, au moins du point de vue biologique. Par contre, la notion d'avancée en âge permet de prendre en compte l'ensemble de la vie, avec sa dynamique de développement, ses progrès, ses acquisitions mais aussi, à partir d'un certain âge très variable selon les individus, les stagnations, les déficiences liées aux maladies intercurrentes [1], à différents handicaps. En ce qui concerne les personnes déficientes mentales, il est précisé plus loin ce que signifie le concept de vieillissement différentiel qui leur est souvent appliqué.

Si, par facilité et parce que beaucoup de textes parlent de vieillissement, ce terme est parfois utilisé, c'est l'avancée en âge tout au long du cycle de vie qui sera envisagée ici.

Dans la législation française, le début de la vieillesse est établi de façon précise ; il correspond à l'âge de la mise à la retraite ; ce seuil, actuellement soumis à révision, varie selon les cas entre 60 et 65 ans mais n'est pas en phase avec la réalité vécue par de nombreuses personnes alors que chômage et mise en préretraite affectent en fait des personnes plus jeunes, et que l'espérance de vie a considérablement augmenté depuis quelques décennies. Cependant ce critère n'a pas été remis en question et intervient systématiquement chez tout individu, quelle que soit sa condition ; ainsi les handicapés adultes qui franchissent ce cap des 60 ans se voient privés – s'ils entrent en maison de retraite – des mesures dont ils bénéficiaient jusque-là, et passent *de facto* dans une catégorie de personnes qui se définit uniquement par cet âge arbitraire sans aucune spécificité particulière. Ils sont soumis dès lors à la législation générale réglementant l'attribution des pensions ou allocations et autres bénéfices sociaux. Cette décision administrative repose sur le postulat fondamental de l'identité absolue des processus biologiques de vieillissement chez toute personne. Cette pétition de principe ne correspond pas à la réalité ; il découle plutôt d'un *a priori* plus ou moins conscient et beaucoup plus spécieux.

1. Se dit de maladies survenant pendant la durée d'une autre.

Le vieillissement constitue l'une des caractéristiques majeures de tout être vivant ; après une phase de croissance et d'acquisitions, puis une autre, plus ou moins longue, d'apparente stagnation, on observe une période dite d'involution, caractérisée par une perte progressive des acquis et qui précède la mort. L'homme ne fait pas exception à une telle évolution mais chez lui certains facteurs rendent ce phénomène moins évident ; la possibilité d'agir sur son milieu, qu'il soit interne ou externe, limite les effets négatifs de l'environnement à l'origine de blessures et de maladies diverses qui ponctuent l'existence, et permet par exemple aux sujets handicapés par la vie de trouver un nouvel équilibre. L'allongement de l'espérance moyenne de vie à près de 84 ans pour les femmes et de 73 ans pour les hommes traduit l'amélioration des conditions de vie et l'efficacité de la médecine tant sur le plan de la prévention que du traitement des manifestations physiologiques et pathologiques associées à l'avancée en âge. Mais, en fait, tout est affaire de personne car chaque individu fait face à ce processus en fonction de ses particularités, qu'elles soient liées à sa personnalité, à son état de santé antérieur ou à d'autres facteurs, tant génétiques qu'environnementaux.

La définition précise de ce stade d'évolution physiologique et psychologique devient donc très difficile compte tenu de cette diversité infinie de modalités évolutives. Toute tentative s'est avérée jusque-là infructueuse car il n'existe aucun critère objectif, aucun marqueur biologique spécifiques du vieillissement. L'utilisation de l'âge légal n'a, en ce domaine, que peu de valeur ; c'est pourtant cette donnée qui est actuellement employée officiellement. Certains spécialistes pensent que la baisse des capacités d'adaptation du sujet serait le reflet le plus valide des effets du vieillissement sur la personne. Ce phénomène se traduirait par la survenue plus fréquente de maladies et autres processus morbides. Plus l'individu avance en âge, plus le risque d'en présenter est grand ; F. Bourlière (1982) rapporte qu'à 78 ans la moyenne des sujets a deux maladies chroniques évoluant simultanément ; à 82 ans ils en ont trois. De la sorte, il apparaît bien que la survenue de maladies et des déficiences qui les accompagnent soit un des signes les plus constants de l'effet du vieillissement. Il est, du reste, classique d'admettre que leur nombre augmente dans les six à douze mois qui précèdent la mort.

Les gériatres distinguent deux types d'espérance de vie, l'une avec incapacité, l'autre sans. Mais le public et le législateur assimilent trop facilement vieillesse et handicap, et l'adulte qui présente depuis de nombreuses années une déficience physique ou psychique entre en droit, dès qu'il franchit le seuil de 60 ans, dans le système de mesures sociales prévues pour cette période de l'existence ; il doit quitter les institutions qui l'accueillaient jusque-là pour entrer dans les maisons de retraite ou de long séjour prévues pour tous. Il perd, de ce fait, les droits et les soutiens qui étaient jusque-là les siens, compte tenu de son état de santé. L'atteinte corporelle ou mentale qui le frappe depuis longtemps peut ne plus être prise en considération.

Les pouvoirs publics tendent à banaliser la vieillesse et, par manque d'intérêt, ignorent les spécificités des personnes ayant franchi le seuil de cette période de la vie, seuil fixé arbitrairement à partir de considérations diverses (économiques, idéologiques...), bien éloignées de la réalité. Ils semblent se référer dans cette démarche à des attitudes *a priori* basées sur des préjugés et des idées reçues dont le caractère scientifique et éthique est pour le moins discutable et que l'évolution démographique en cours rend anachroniques.

Le constat

Il mérite d'être dressé d'emblée et sous différents aspects : démographiques, médicaux, psycho-sociaux. Seule une telle démarche multifocale peut servir de référence pour évaluer l'adéquation des mesures existantes à l'état de santé physique et psychique et à la condition sociale de ceux qui en bénéficient actuellement et pour orienter, à la lumière du droit et de l'éthique, les nouvelles mesures à mettre en œuvre.

Aspects démographiques

Pas plus qu'à l'étranger, il n'existe en France de statistiques totalement fiables sur le nombre de personnes handicapées mentales vieillissantes. Toutefois la récente enquête de l'INSEE sur « Handicap, incapacité, dépendance[2] » menée auprès des personnes vivant en domicile ordinaire en 1999 recense 12 millions de Français souffrant actuellement d'un handicap ; 5,5 millions d'entre eux se déclarent « handicapés » et 2,3 millions perçoivent une allocation. Pour la première fois, cette étude différencie des variantes spécifiques : mentales, sensorielles, motrices réparties en sept groupes selon le degré de gravité, variantes jusqu'à présent non identifiées et par conséquent impossibles à accompagner dans leur évolution spécifique. En se basant sur les statistiques de janvier 1997 sur les personnes handicapées mentales en institution ainsi que sur les données communiquées par l'Union régionale des associations de parents et amis de personnes handicapées mentales de Rhône-Alpes et celle de Midi-Pyrénées, on peut estimer, en 2003 en France, le nombre de personnes handicapées mentales de plus de 50 ans aux environs de 15 000 ; en 2005, ce chiffre sera supérieur à 35 000. Certaines projections voient ces chiffres décupler dans les quinze ans à venir.

Si l'on se réfère aux travaux de Carter et Jancar (1983) et de Strauss et Eyman (1999), on constate une augmentation spectaculaire de l'espérance de vie des personnes handicapées mentales. C'est maintenant une réalité partout vérifiée dans les pays industrialisés. En 1930, l'espérance de vie des hommes handicapés mentaux était de 19,9 ans, celle des femmes de 22 ans ; en 1980, on passe respectivement à 58,3 ans pour les

2. Enquête publiée dans *La Revue française des affaires sociales*, n° 1-2, janvier-juin 2003.

hommes et 59,8 ans pour les femmes. Les recherches effectuées à la fondation John Bost par Ph. Gabbaï (1987) confirment largement ces tendances. Elles permettent aussi de préciser qu'il existe de grandes différences selon le type de handicap :
– les personnes atteintes de déficiences mentales moyennes et légères ont actuellement une espérance de vie supérieure à 70 ans ;
– les déficients mentaux profonds dépassent 50 ans (c'est le groupe dont l'espérance de vie a le plus progressé : + 20 ans depuis les années 1970) ;
– les personnes polyhandicapées atteignent 40 ans (soit + 13 ans) ;
– les trisomiques atteignent 54 ans (soit + 19 ans).

Il faut cependant noter que ces chiffres ne constituent que des moyennes et sont en permanente évolution. Plus importantes sans doute que ces données quantitatives, ce sont les caractéristiques du vieillissement différentiel – c'est-à-dire du vieillissement spécifique des personnes handicapées mentales vieillissantes par rapport à celui de la population « normale » – qu'il convient de préciser dans le but d'assurer et de maintenir le plus longtemps possible leur qualité de vie.

Aspects médicaux

Au sens biologique et physique du terme, un véritable vieillissement précoce est peu fréquent et ne s'observe en fait que :
– lorsque le handicap mental a une origine génétique : c'est le cas en particulier de la trisomie 21 (syndrome de Down) et du syndrome de Klinefelter par exemple. Certains auteurs estiment que 20 % des déficients légers et 50 % des déficients profonds d'étiologie biogénétique auraient un vieillissement « anormal », ce qui ne signifie pas toujours qu'il soit précoce ;
– dans certains syndromes d'arriération mentale profonde, encéphalopathique, ce vieillissement précoce prendrait la forme des « insuffisances polysystémiques évolutives » décrites par d'autres auteurs, situations où s'enchaînaient de façon

catastrophique des pathologies organiques touchant plusieurs organes et plusieurs fonctions ;
– dans les phénomènes d'usure précoce particuliers aux handicaps moteurs ; mais il ne s'agit pas là d'un vieillissement global.

En dehors de ces cas, on ne peut pas parler de vieillissement précoce dans le handicap mental. Il apparaît en fait assez fréquent que l'avancée en âge s'effectue « normalement » et de façon superposable à celle de la population globale.

Par contre, il est fréquent d'observer des « phénomènes de régression-désadaptation » variables, survenant entre 40 et 60 ans et que l'on baptise à tort « vieillissement précoce ». Il s'agit en fait de situations de désadaptation qui prennent très souvent l'aspect de manifestations dépressives avec désinvestissement des activités, fatigabilité, troubles comportementaux, plaintes hypochondriaques, affections psychosomatiques, etc. Ailleurs, ces « crises » s'expriment dans le redémarrage évolutif d'un état psychotique jusque-là stabilisé (troubles comportementaux, délire, conduites auto-offensives, apragmatisme [3] et opposition), ou encore par l'exacerbation revendicatrice, agressive et souvent dépressive d'une personnalité de type « abandonnique [4] », caractérisée par une instabilité des liens relationnels, par des conduites d'échecs répétées. Plus démonstratifs encore de ces crises sont les effondrements psychiques de certains sujets handicapés qui s'étaient construits dans une adaptation de façade à un milieu d'accueil, à un professionnel, et qui, lors des changements de milieu ou de personnel, se désadaptent brutalement. Ce phénomène démontre la fragilité sous-jacente des personnalités, incapables en fait d'adaptabilité, faute d'avoir bénéficié d'une démarche véritablement constructive au plan éducatif et thérapeutique durant l'enfance et à l'âge adulte.

3. Apragmatisme : « Trouble d'origine psychique se traduisant par l'incapacité de réaliser des actions familières. » (Larousse, 1989.)

4. Structure abandonnique : « Structure mentale se caractérisant par l'existence d'une peur constante d'être abandonné ce qui parfois crée des situations conduisant à cet abandon. »

L'ensemble de ces phénomènes de désadaptation relève de plusieurs facteurs d'inégale importance, la plupart du temps associés. Citons :

La négligence ou l'inattention à des besoins physiques et physiologiques élémentaires tels que :

– problèmes alimentaires : défaut de mastication, troubles du transit intestinal, inadéquation qualitative et quantitative des aliments, etc.

– problèmes de sommeil : troubles fréquents du sommeil tant au plan qualitatif (rôle des médicaments) que quantitatif ;

– négligence dans l'entretien du corps ;

– plus globalement, non respect des rythmes de veille et de sommeil, d'activité et de repos, de prise alimentaire.

Le vécu ou la réalité de l'abandon et le phénomène de rupture dans l'histoire personnelle.

L'inadaptation du projet de vie à la personne :

– avec l'avancée en âge, perte du capital d'espoir dont est porteuse l'enfance ; des notions d'états fixés sont dès lors fréquentes ; des projets n'ont plus de raison d'être puisqu'aucun changement n'est plus attendu ;

– la recherche d'une solution définitive inspirée par l'angoisse face au vieillissement des parents enferme la personne handicapée dans un cadre qui la clôt dans un devenir tout dessiné d'où l'inattendu est exclu. Il faut noter, en effet, la fréquente inadéquation des démarches qui leur sont proposées :

• inadéquation des stimulations, absentes dans certains milieux, excessives dans d'autres au point de vue de leur quantité (rythmes trop soutenus, absence de temps pour « métaboliser » des expériences ; journées trop longues, temps d'activité trop longs aussi) ;

• dominance, inadaptée à ces personnes devenues adultes, de concepts éducatifs et pédagogiques qui conduisent à des exigences normatives auxquelles elles ne peuvent satisfaire, ce qui les met en situation d'échec et leur vaut d'être blâmées pour leur « passivité » ;

• non-reconnaissance de la souffrance psychique et parfois physique, ignorance du nécessaire besoin de soins.

L'observation confirme la fréquence des pathologies somatiques en fonction de l'âge, le besoin de surveillance médicale et de thérapeutiques permanentes. Si les évolutions sont globalement positives (sauf au plan des performances physiques), il persiste des pathologies actives dans le champ de l'épilepsie, des troubles psychopathologiques qui contraignent, là encore, à des soins diversifiés. Il est donc nécessaire que les structures d'accueil aux personnes handicapées fassent l'objet d'une médicalisation adaptée. La présence d'un personnel compétent est indispensable dans la quotidienneté (suivi des prescriptions, coordination des soins, tenue des dossiers, relations avec les médecins et les hôpitaux). L'implication régulière et importante d'un médecin « institutionnel » (et pas seulement de consultants) est capitale pour aider le personnel à clarifier ses observations, à mieux comprendre les pathologies et leurs conséquences au jour le jour, à adopter les conduites adéquates, à écouter l'angoisse qu'éveillent, chez tout aidant, la souffrance, la maladie et l'inéluctable approche de la mort.

Au total, les personnes handicapées mentales vieillissantes confrontent familles et professionnels au deuil d'une impossible « normalisation ». Les espoirs éducatifs se heurtent ici à la réalité du temps qui passe, aux limites qui demeurent et à celles, nouvelles, qui apparaissent avec l'âge et/ou la maladie. Il faut alors accepter l'idée que ces personnes exigent, pour vivre mieux, un accompagnement, un étayage, des soins au long cours, une fonction « prothétique » et cela pour de longues années. Cette prise en charge appelle un travail d'adaptation des professionnels qui est difficile, douloureux, interrogeant tout à la fois leurs identités professionnelles et leurs pratiques.

Le tableau ci-dessous montre bien la diversité des soins nécessaires en permanence à la qualité de vie de ces personnes, dont les besoins varient aussi en fonction des différentes catégories de déficience mentale. On retrouve ici la notion de vieillissement différentiel, avec une avancée en âge qui se déroule de manière variable, relativement stéréotypée pour chacune de ces catégories.

Risques somatiques et besoins de soins

196 personnes, entre 50 et 65 ans, ont été étudiées :
– 52 % de sujets psychotiques (psychoses infantiles vieillies et schizophrénies) ;
– 46 % souffrant de syndromes déficitaires (y compris polyhandicaps) ;
– 20 % présentant une épilepsie seule ou associée aux pathologies précédentes.

Affectations somatiques dominantes

On constate qu'il existe une pathologie importante :
– digestive (34,5 % des cas), sensorielle (34 %), cardio-vasculaire (31 %) neurologique (21 %) ;
– les autres pathologies (dermatologiques, ostéo-articulaires, endocrinologiques, etc.) s'établissent entre 11 et 15 %.

L'ensemble de ces pathologies et leur association augmentent en fréquence avec l'âge (entre 50 et 65 ans). Elles nécessitent des contrôles périodiques et des traitement permanents.

Thérapeutiques poursuivies

Sont répertoriées ici les principales actions thérapeutiques mises en place :

– Chimiothérapie psychotrope et/ou antiépileptique	93 %
– Prise en charge corporelle (kinésithérapie, psychomotricité)	34 %
– Actions psychothérapeutiques	12 %
– Activités cognitives et culturelles	20 %
– Activités d'ergothérapie	56 %
– Activités de loisirs-animation	74 %

(Étude fondation John Bost, 1995)

Aspects psycho-sociaux

Ces aspects sont essentiels, bien que difficiles à évaluer. Ils se présentent différemment pour la personne déficiente mentale elle-même, pour sa famille, son entourage et pour la société ainsi que selon le lieu de vie du sujet atteint et surtout, ils interagissent en permanence entre eux, rendant malaisée une prise en compte globale de la situation du sujet handicapé à un moment donné et dans la durée.

La personne handicapée mentale

Vieillissante, elle se trouve souvent confrontée à des angoisses liées à des événements non préparés, mais inéluctables : tel le deuil de parents. La disparition des parents crée chez elle un grand vide (Stiker, 1997). En outre, il n'est généralement pas tenu compte de l'avis de la personne elle-même en ce qui concerne son orientation lorsque, après un tel événement, elle doit quitter le cadre où elle a vécu. Se pose alors pour elle un problème économique majeur : de quelles ressources disposera-t-elle ? Sur ce point, nombreux sont les paramètres non réglés malgré l'allocation personnalisée d'autonomie (APA) dont l'application reste pour le moins problématique. C'est pourquoi une grille mettant en évidence les spécificités du handicap venant se surajouter à celles du vieillissement proprement dit peut être d'une grande utilité pour la prise en compte de ces différents problèmes qui, d'ailleurs, interagissent constamment. Le modèle d'accompagnement personnalisé (MAP), élaboré par l'UNAPEI en 2000, a été mis au point dans ce but (cf. Annexe 2).

Les parents

Les problèmes posés aux parents vieillissants d'une personne déficiente mentale elle-même vieillissante sont de trois ordres suivant les situations.

Les parents qui gardent leur enfant handicapé en famille – situation sans doute la plus fréquente, mais non recensée et mal connue – se retrouvent tôt ou tard dans une situation de détresse, ne voulant pas se séparer de leur enfant ou cherchant une solution sans la trouver (Henry, 1999) : de nombreux témoignages traduisent cette détresse, par exemple les rapports des CREAI d'Île-de-France et de Rhône-Alpes (1997), la revue exhaustive de Breitenbach (1994) et les enquêtes faites par Dusart (1992) pour le compte du CREAI Bourgogne, que corroborent les résultats des travaux menés par Salles (1997) en Aveyron. L'ensemble de ces données permet, par extrapolation, d'estimer de 10 à 20 000 le nombre de familles « perdues et sans soutien » ayant un adulte handicapé mental à charge.

D'autres parents voient leur enfant déficient et avançant en âge quitter l'institution où il a vécu adulte. Dans certains cas, ce « grand enfant » est remis à sa famille faute de place ailleurs. Il s'agit là d'une préoccupation et d'une difficulté majeures pour un nombre non négligeable de parents.

Enfin d'autres parents arrivant à un âge avancé sont angoissés par le devenir de leur enfant après leur disparition, craignant que la structure où il se trouve actuellement ne puisse l'héberger au-delà de la limite d'âge arbitrairement fixée à soixante ans.

La fratrie

Les frères et sœurs ne sont habituellement pas épargnés par ces soucis. Si certains, ayant souffert dans leur enfance de la présence au foyer de ce germain « pas comme les autres » et, éventuellement, d'un investissement parental pour le jeune déficient qu'ils ressentent, à tort ou à raison, comme excessif et donc injuste pour eux, ont coupé les ponts avec leur famille ou vivent très loin d'elle, la plupart se sentent d'autant plus concernés que leurs parents vieillissent. Sont-ils appelés à prendre le relais, à accueillir chez eux leur frère ou sœur vieillissant(e) ou au moins à se préoccuper de son orientation ? Si l'affectivité les y pousse, la loi ne leur en fait toutefois pas obligation. La disparition brutale des deux parents peut donner un caractère aigu à ce questionnement, surtout si aucune discussion n'a eu lieu avant cette échéance.

La famille

En fait c'est la famille entière – parents, enfants, grands-parents, famille étendue – qui est concernée dans son équilibre, dans sa vie et dans son dynamisme même, par la présence en son sein d'un des leurs gravement handicapé. Chaque famille réagit selon ses caractéristiques, mais aussi suivant les années : à ce point de vue le vieillissement des parents, le départ des enfants et l'évolution de la personne déficiente sont autant de bouleversements. L'accompagnement par des professionnels compétents et empathiques, le soutien de l'entourage, de la collectivité, l'aide des associations et institutions sont indispensables pour éviter des situations sans issue et pour maintenir des liens affectifs en dépit des changements. Mais il faut aussi souligner qu'un handicapé mental bien entouré dans sa famille peut lui apporter beaucoup : joies, projets de vie. Resté seul avec des parents vieillissants, il peut être pour eux source de vie et raison de vivre, même si cela ne retire rien aux soucis qu'ils se font sur son avenir quand ils ne pourront plus y veiller ; il semble donc très souhaitable qu'ils puissent désigner de leur vivant, dans la mesure du possible avec l'accord de l'intéressé, un membre de la famille susceptible de s'occuper de lui et qui assurerait le relais des parents sans pour autant le prendre totalement en charge. Il est aussi des cas où il convient de préparer l'avenir du handicapé, ses proches n'étant plus là : ce rôle revient alors aux institutions médico-sociales et aux organismes tutélaires.

L'entourage et la société

L'entourage et la société portent souvent un regard au mieux indifférent, au pire assez négatif sur les personnes handicapées mentales vieillissantes. Si les jeunes handicapés sont relativement bien tolérés, parce qu'enfants, donc susceptibles d'amélioration, il n'en va pas de même pour leurs aînés dont on n'attend plus rien et qui renvoient à la société elle-même vieillissante la double image du handicap et du grand âge. Il y a là un problème de solidarité et de tolérance, de vie en société qui risque d'aller croissant avec l'augmentation du nombre de ces personnes dont toutes ne seront pas placées en institution.

Institutions et associations gestionnaires

Elles sont massivement confrontées à ce problème. En dehors des polyhandicapés et des handicapés lourds qui sont dirigés par la COTOREP vers une maison d'accueil spécialisé, structure qui prend en charge hébergement, animation, médicalisation et accompagnement sans limite d'âge, mais dont le coût limite l'accès, l'ensemble des personnes handicapées mentales vieillissantes voient le couperet des soixante ans entraîner un vide qui, à ce jour, n'est comblé que par des initiatives isolées et non par une coordination nationale. Le vieillissement des institutions elles-mêmes, avec les risques de routine, de sclérose, d'usure professionnelle qu'il entraîne, pose aussi problème. On verra plus loin comment y remédier.

Pouvoirs publics

Leur rôle s'exerce à plusieurs niveaux. À l'État revient la responsabilité réglementaire et législative dont il est question ci-après. Quant aux départements, ils ont, du fait de la décentralisation, une tâche gestionnaire et une charge financière importantes, dont ils s'acquittent de façon diverse. Une révision des dispositions de la loi d'orientation de 1975 et un certain « nivellement par le haut » des mesures de prise en charge dans le cadre des prérogatives départementales s'imposent devant l'accroissement largement prévisible de la double dépendance liée à l'avancée en âge des personnes déficientes mentales.

La législation

La place qui lui est donnée dans ce chapitre témoigne à la fois de son importance, de sa complexité et de son évolutivité. Elle sera envisagée d'abord sous l'angle de ses aspects civils : la protection de la personne handicapée mentale vieillissante, les capacités que la loi lui reconnaît, puis les incidences financières du passage du cap des soixante ans. La question cruciale du devenir du handicapé après cet âge clôturera cette partie.

Aspects civils

La protection de la personne

Le principe est que la famille est la protectrice naturelle de son membre handicapé ; elle a le pouvoir de demander une mesure de protection et a vocation à exercer les fonctions de tuteur ou de curateur. Toutefois, s'agissant de personnes majeures, il n'y a ni tutelle légale, ni tutelle testamentaire[5] : le juge et le conseil de famille sont libres de choisir le tuteur.

Lorsqu'un parent, se sentant vieillir, souhaite désigner son remplaçant, par exemple dans son testament, cette désignation n'a pas valeur juridique. Ce sera seulement un conseil pour le choix par le juge et le conseil de famille. Dans le cas de parents tuteurs vieillissants ou dépassés par les événements, les associations tutélaires peuvent intervenir pour les aider. Le choix entre tutelle familiale et tutelle professionnelle s'effectue en fonction de considérations diverses, au rang desquelles il ne faut pas minimiser la question financière : les tutelles non familiales ont un coût, et il faut déterminer qui doit le supporter. Par ailleurs, la question de la tutelle testamentaire du majeur est plus délicate qu'il n'y paraît : à la différence des parents du mineur, qui tirent de leur droit d'autorité parentale la faculté de désigner

5. Tutelle légale : le tuteur est désigné par la loi. Tutelle testamentaire : le tuteur est désigné par testament par la dernière personne chargée de la tutelle.

leur remplaçant en cas de nécessité, le tuteur d'un majeur n'a qu'un pouvoir délégué par l'État, même s'il est parent ou conjoint de l'incapable. Il semble donc juridiquement difficile de lui permettre de disposer de ce pouvoir qui ne lui a été que confié.

Il faut ici rappeler la mission de protection de la personne qui incombe à tous les tuteurs et curateurs, ainsi que l'exigence posée par la loi du 2 janvier 2002 d'un accompagnement individualisé dans les établissements, qui a toujours vocation à s'appliquer à la situation des personnes handicapées mentales vieillissantes (voir *supra*, « La personne handicapée mentale adulte »). Par ailleurs, les critiques mentionnées plus haut concernant le fonctionnement des mesures de protection surviennent principalement lorsque les parents de la personne handicapée mentale sont décédés ou devenus eux-mêmes inaptes à la protéger. En effet, dans ce cas, une tutelle extra-familiale est souvent substituée à la tutelle familiale préexistante, d'où les dysfonctionnements évoqués (voir *supra*, « La personne handicapée mentale adulte »).

Capacité de la personne handicapée mentale de disposer de ses biens par donation ou testament

Lorsque la personne handicapée mentale n'est pas soumise à un régime civil de protection (tutelle, curatelle), la question est réglée par l'article 901 du code civil : « Pour faire une donation ou un testament, il faut être sain d'esprit. » L'insanité d'esprit comprend toutes les variétés d'affections mentales par l'effet desquelles l'intelligence du disposant aurait été obnubilée ou sa faculté de discernement déréglée (Cour de cassation, 4 février 1941).

Lorsque la personne est placée sous un régime civil de protection, les règles sont posées par les articles 504, 505 et 513 du code civil :

– le testament fait après l'ouverture de la tutelle sera nul, celui fait antérieurement restera en principe valable ; des donations peuvent être faites par le tuteur au nom du majeur en tutelle, avec l'autorisation du conseil de famille, mais seulement en faveur de ses descendants ou de son conjoint. Il serait souhaitable d'améliorer la capacité de tester[6] des personnes sous tutelle, car rien ne justifie une telle discrimination. En effet, le conseil de famille est présidé par le juge des tutelles (article 415 du code civil), ce qui exclut *a priori* tout risque de pression. La personne handicapée mentale qui en manifeste le désir devrait pouvoir favoriser la personne de son choix, par exemple un frère ou une sœur, ou encore ses neveux.

– La personne sous curatelle peut librement tester, sauf application de l'article 901. Elle ne peut faire de donation qu'avec l'assistance de son curateur.

Les incidences financières

Plusieurs allocations sont susceptibles d'être versées aux personnes handicapées adultes : l'allocation aux adultes handicapés (AAH) et l'allocation compensatrice tierce personne (ACTP). Le passage à soixante ans entraîne un certain nombre de conséquences sur le versement de ces aides financières. On peut également s'interroger sur la mise en œuvre de l'obligation alimentaire des proches.

Le devenir de l'AAH

Depuis la loi de finances pour 1999, lorsque la personne handicapée atteint l'âge de soixante ans, l'AAH est remplacée par une pension de vieillesse, d'un montant au moins égal au minimum vieillesse[7] (577,91 euros par mois au 1er janvier 2003). Pour éviter que la personne ne reste sans ressources, le versement de l'AAH est maintenu le temps que la pension soit

6. Fait de disposer de ses biens par testament ou donation.
7. Dont le montant est identique à celui de l'AAH.

effectivement versée, les trop-perçus faisant l'objet d'une régularisation ultérieure.

La pension sera accordée à taux plein même si la personne ne totalise pas cent soixante trimestres d'assurance vieillesse. Par ailleurs, si la pension est inférieure au minimum vieillesse, elle peut être complétée par l'allocation supplémentaire du Fonds de solidarité vieillesse (FSV) afin de l'atteindre (Borgetto, Lafore, 2002).

L'AAH n'est pas prise en compte pour le calcul de l'impôt sur le revenu, à la différence des pensions de vieillesse. Par ailleurs, elle ne fait l'objet d'aucun recours en récupération auprès des descendants alors que l'allocation supplémentaire du FSV donne lieu à récupération sur succession.

Le devenir de l'ACTP

L'ACTP a pour but de compenser les dépenses résultant du recours à l'aide d'une tierce personne pour les actes essentiels de la vie courante. Cette aide doit être apportée par une ou plusieurs personnes rémunérées, une personne de l'entourage de la personne handicapée subissant de ce fait un manque à gagner, ou un établissement d'hébergement. Elle est attribuée par la COTOREP à un montant variable selon les besoins de la personne. Avant 1997, aucune limite d'âge supérieure n'était imposée : toute personne handicapée avait donc vocation à percevoir l'ACTP, quel que soit son âge. Mais la loi du 24 janvier 1997 instituant la prestation spécifique dépendance (PSD) est venue réserver le bénéfice de l'ACTP aux seules personnes âgées de moins de 60 ans.

Un problème majeur se posa pour les personnes qui s'étaient vues reconnaître un droit à l'ACTP avant 1997, alors qu'elles avaient plus de 60 ans (par exemple, 62 ans en 1996) : elles ne pouvaient plus, en vertu de la loi de 1997, percevoir l'ACTP au terme de la durée pour laquelle elle avait été accordée. Elles se trouvaient donc en grande difficulté dans la mesure où les conditions d'attribution de la PSD s'avéraient beaucoup plus strictes [8]. Or, cela concernait une majorité de personnes, et il avait été calculé que la suppression de l'ACTP pouvait faire perdre à l'époque jusqu'à 4 000 F par mois (Borgetto, Lafore, 2002). De même, une personne handicapée n'ayant jamais sollicité le bénéfice de l'ACTP mais ayant besoin de l'aide d'une tierce personne après 60 ans pouvait uniquement se voir accorder le bénéfice de la PSD, dont on a vu que les conditions d'attribution sont beaucoup plus rigoureuses que celles de l'ACTP.

Dans la mesure où elle constitue une prestation d'aide sociale, l'ACTP peut donner lieu aux recours en récupération sur succession, donation et legs. Toutefois, il n'y a pas de recours en récupération contre la succession lorsque les héritiers sont le conjoint, les enfants ou la personne qui a assumé de façon effective et constante la charge de l'enfant handicapé. Depuis la loi de modernisation sociale du 17 janvier 2002, l'allocation compensatrice ne fait plus l'objet d'un recouvrement lorsque le bénéficiaire est revenu à meilleure fortune, alors que la PSD donne lieu aux recours en récupération sur succession, donation et legs, et en cas de retour à meilleure fortune. L'attribution de l'ACTP ou de la PSD n'est pas subordonnée à la défaillance des proches tenus à l'obligation alimentaire (Courault, 2001).

La loi nº 2001-647 du 20 juillet 2001 a tenté de corriger ces inégalités en remplaçant la PSD par l'allocation personnalisée d'autonomie (APA). Il s'agit donc d'une prestation d'aide sociale, aide en nature versée à toute personne qui en fait la demande et qui, vivant à son domicile ou en établissement, remplit un certain nombre de conditions. Elle est attribuée par le président du conseil général.

Cette loi ne remet pas en cause le principe posé par la loi de 1997, selon lequel la personne ayant obtenu l'ACTP après l'âge

8. Seuil de ressources établi à un niveau très faible ; exigence d'un état de dépendance réservant la prestation aux personnes les plus lourdement handicapées (GIR 1 à 3) ; recours en récupération ; fortes disparités d'un département à l'autre s'agissant du montant de l'allocation accordée…

de 60 ans ne peut plus continuer à la percevoir au terme de la durée d'attribution de celle-ci. Une faculté de choix entre l'ACTP et l'APA n'est en réalité laissée qu'aux personnes ayant obtenu l'ACTP avant l'âge de 60 ans : elles peuvent opter, lorsqu'elles atteignent 60 ans, et à chaque renouvellement de l'attribution de l'ACTP, soit pour le maintien de celle-ci, soit pour le versement de l'APA. Cette loi ne remet pas non plus en cause la possibilité de cumuler l'APA et une pension alimentaire. Cependant, les conditions d'attribution de l'APA ayant été assouplies, il semble bien que les personnes qui s'étaient vu supprimer le bénéfice de l'ACTP alors même qu'elles ne pouvaient pas prétendre à la PSD pourront désormais bénéficier de l'APA (Borgetto, Lafore, 2002).

Outre la condition relative à l'âge citée ci-dessus, on relève d'autres conditions :

Condition relative à la résidence

Comme pour la PSD, le postulant doit justifier d'une résidence stable et régulière en France.

Condition relative au degré de perte d'autonomie

La loi définit la perte d'autonomie comme l'état de la personne qui, « nonobstant les soins qu'elle est susceptible de recevoir, a besoin d'être aidée pour les actes essentiels de la vie ou requiert une surveillance régulière ». Le degré de perte d'autonomie est évalué par une équipe médico-sociale. Elle utilise la grille AGGIR (Autonomie Gérontologie – Groupe Iso-Ressources). Elle range les personnes dans l'un des six Groupes Iso-Ressources (GIR). Le GIR 1 comprend les personnes les plus dépendantes et le GIR 6 les personnes qui ont conservé leur autonomie pour les actes essentiels de la vie courante. Il faut remarquer que ces grilles n'ont pas été élaborées pour des personnes affectées par un handicap préexistant, indépendant de l'avancée en âge. Or, la particularité des difficultés rencontrées par les personnes handicapées avançant en âge nécessiterait une évaluation et des grilles spécifiques.

La loi de 2001 intègre les personnes comprises dans le GIR 4 pour le bénéfice de l'APA, alors que la PSD était réservée aux personnes des GIR 1 à 3. Le montant de l'APA varie selon le degré de perte d'autonomie de la personne. Il varie également selon les ressources du demandeur.

La prise en compte des ressources du demandeur

Contrairement à la PSD, dont l'attribution était conditionnée par un seuil de ressources établi à un niveau très faible[9], la loi de 2001 ne fixe plus de condition de ressources. La prise en compte des ressources donne seulement lieu à un pourcentage de participation. Sur ce point, la loi nº 2003-689 du 31 mars 2003, modifiant la loi de 2001 précitée, et le décret nº 2003-278 du 28 mars 2003 relatif aux conditions d'attribution de l'APA, ont pour conséquence de mettre davantage les personnes à contribution. En effet, les bénéficiaires de l'APA vivant chez eux acquitteront désormais en moyenne 12 % de son montant, contre 5 % sous l'empire de la loi de 2001. Par ailleurs, pour être exonéré de toute participation financière, les ressources de la personne devaient auparavant être inférieures à 948,66 euros par mois (montant au 1er janvier 2003) ; la réforme fait descendre ce seuil à 623 euros. Enfin, les personnes qui ont plus de 3 162 euros de ressources mensuelles participaient jusqu'à 80 % du montant de l'APA ; la réforme abaisse ce seuil à 2 483 euros et porte la participation maximale à 90 %.

Le montant maximum de l'APA est le même partout en France, alors que celui de la PSD était variable selon les départements (même si la loi fixait un plancher).

Pour les personnes qui se sont vu attribuer le bénéfice de la PSD avant le 31 décembre 2001, elles peuvent faire le choix de

9. C'est-à-dire 1 009,99 € par mois pour une personne seule, 1 683,31 € pour un couple (1er janvier 2003).

continuer à la percevoir, ou faire une demande d'APA. Cela soulève le problème de leur information. Au 1er janvier 2004, les bénéficiaires de la PSD n'ayant pas fait de demande verront leurs droits à l'APA automatiquement examinés. Si le montant de l'APA attribué est inférieur à celui de la prestation (ACTP ou PSD) que la personne percevait auparavant, une allocation différentielle sera versée pour assurer le maintien des droits. Depuis la loi de 2003, l'APA n'est plus versée qu'à compter du jour où le président du conseil général notifie son accord, et non plus à la date de dépôt du dossier, ce qui prive les personnes de deux mois d'allocation.

Contrairement à la PSD, l'APA ne donne pas lieu aux recours en récupération. Mais les règles relatives à la récupération de la PSD perdurent même après que le bénéficiaire ait opté pour l'APA : il subira une récupération sur les sommes versées au titre de la PSD après son décès (Courault, 2001). Enfin, l'APA est exonérée d'impôt sur le revenu.

L'obligation alimentaire des proches

– Il n'existe aucune obligation alimentaire entre collatéraux, même très proches (frères et sœurs).
– Il existe une vocation alimentaire réciproque entre les enfants et leurs ascendants (grands-parents, parents...), prévue par les articles 205 et 207 alinéa premier du Code civil. Ainsi, les enfants affectés par un handicap les rendant incapables de subvenir à leurs besoins seront créanciers d'aliments envers leurs ascendants.
– Le versement de l'APA n'est pas exclusif de la mise en jeu de l'obligation alimentaire. Il est possible de cumuler le versement de l'APA à celui d'une pension alimentaire, dès lors que leurs conditions respectives sont réunies. Pour la mise en jeu de l'obligation alimentaire, les deux conditions exigées par la loi sont le besoin du bénéficiaire et des ressources suffisantes pour celui à qui sont réclamés les aliments (articles 205 et 208 du Code civil).

Pour conclure sur ces aspects financiers, il est à noter que l'on semble tenir pour irréversible le changement de financement à soixante ans. Ce changement est-il, au fond, justifié ? N'est-il pas possible d'envisager une continuité dans la prise en charge ?

L'hébergement de la personne handicapée mentale après 60 ans

Le coût du séjour d'une personne handicapée mentale en institution se décompose en plusieurs rubriques :
– les frais médicaux pris en charge par l'assurance-maladie ;
– les dépenses de soutien éducatif et médico-social à la charge de l'État lorsque la personne est en activité de type professionnel (en CAT par exemple) et qu'il conviendrait de maintenir lorsqu'elle est à la retraite ;
– les frais d'hébergement et d'entretien assurés sur les ressources de la personne et, en l'absence de ressources, par l'aide sociale. En cas d'hébergement dans un établissement non spécialisé pour les handicapés, ces frais font l'objet d'une demande de prise en charge par la famille au titre de l'obligation alimentaire.

En outre, un certain nombre de dépenses qui ne sont pas absolument indispensables, mais nécessaires pour le bien-être de la personne (vêtements, produits d'hygiène, télévision, frais de déplacement pour se rendre dans la famille, séjours de vacances, etc.) peuvent poser problème.

Le principe de l'affectation des revenus de la personne handicapée mentale à ses frais d'hébergement et d'entretien ne présente aucune particularité lorsqu'il s'agit de la pension de vieillesse ; il en va différemment lorsque ses ressources proviennent soit de la succession des parents, soit de dons et legs. Ces derniers sont faits pour améliorer la situation de la personne handicapée mentale vieillissante ; or ils sont souvent absorbés par les frais évoqués plus haut : d'où la tendance des parents de ne rien laisser à l'enfant handicapé en dehors de sa réserve héréditaire, persuadés qu'ils sont qu'il n'en profitera de toutes façons pas. Ils préfèrent souscrire une assurance sur la vie appelée « rente survie » qui ne fait pas l'objet de recours de la part des établissements spécialisés. Mais il en va autrement lorsque l'hébergement a lieu dans un établissement non spécialisé.

Il arrive fréquemment que les revenus du capital possédé par la personne handicapée mentale vieillissante soient insuffisants pour assurer les dépenses non strictement indispensables. On constate parfois une réticence des tuteurs et des juges des tutelles, mus par un souci exagéré de prudence, à autoriser l'aliénation d'une partie du capital afin de couvrir des dépenses nécessaires au bien-être du sujet handicapé.

Il convient de préciser que la loi nº 2002-303 du 4 mars 2002 relative aux droits des malades prévoit désormais que les frais d'hébergement des personnes handicapées, pris en charge par l'aide sociale, ne sont plus récupérables en cas de retour à meilleure fortune (code de l'action sociale et des familles, article L 344-5 nouveau). Cependant, les frais d'hébergement pour les personnes handicapées de plus de 60 ans restent récupérables au titre du retour à meilleure fortune, le régime des frais d'hébergement pour personnes âgées étant alors applicable (CE 25 avril 2001, *Garofalo*, AJDA 20 mai 2001, p. 449, cité par Courault, 2002).

Il est souvent fait état de deux problèmes majeurs s'agissant de l'hébergement des personnes handicapées de plus de soixante ans. D'une part, les personnes se trouvent souvent confrontées à un changement d'établissement non souhaité. Prenons, pour illustrer ces propos, deux exemples :

– un travailleur handicapé a la possibilité d'être hébergé au foyer annexé au CAT mais, cet hébergement étant lié à l'admission en CAT, une personne qui n'est plus en mesure de travailler est contrainte de quitter le foyer ;

– de même, certains foyers occupationnels voient leurs possibilités d'accueil limitées par les agréments administratifs, qui posent un âge limite de 60 ans.

La loi nº 2002-2 du 2 janvier 2002 rénovant l'action sociale et médico-sociale prévoit néanmoins que les établissements d'hébergement pourront accueillir les personnes handicapées sans condition d'âge s'ils le souhaitent. Cela devrait leur permettre d'accueillir les personnes handicapées vieillissantes dans un cadre juridique clair, et de ne plus être contraints de trouver d'autres solutions mal adaptées à leurs besoins (UNAPEI, 2002). On attend toujours les décrets d'application…

D'autre part, il existe une inégalité dans la prise en charge des personnes handicapées de plus de soixante ans en fonction du mode d'hébergement. Ainsi, l'avis du Haut Conseil de la population et de la famille du 25 novembre 2002 relève qu'une personne handicapée vivant à domicile devra financer plus chèrement ses soins et son éventuel hébergement dans une maison de retraite qu'une personne vivant en établissement spécialisé.

Tous ces aspects juridiques concernant les personnes handicapées avançant en âge témoignent du regard porté par le corps social sur une situation nouvelle, l'esprit avec lequel il l'aborde peu à peu, avec une conscience encore insuffisamment claire de son importance, de ses conséquences et de toute la dimension éthique qu'elle comporte (voir Tableau).

Les solutions existantes

Après ce constat contrasté et l'énoncé des problèmes actuels et à venir, il est temps d'examiner les solutions telles qu'elles existent aujourd'hui, pour la plupart à l'initiative des associations, des institutions et avec l'aide d'administrations tutélaires.

Une de ces initiatives véritablement pionnière, puisqu'elle remonte à 1848, est la fondation John Bost qui regroupe des personnes déficientes mentales de tous âges et présentant des atteintes de causes diverses. Elles vivent, en fonction de leur état et de leur évolution individuels,

	AVANT 60 ANS		APRÈS 60 ANS	
	AAH	**ACTP**	**Minimum vieillesse (pension + allocation supplémentaire du Fonds de solidarité vieillesse)**	**APA**
Montant mensuel (2003)	577,91 € (montant maximum)	372,02 € min. 744,04 € max. attribution en fonction des besoins	577,91 €	GIR 1 : 1 106,77 € GIR 2 : 948,66 € GIR 3 : 711,50 € GIR 4 : 474,33 € attribution en fonction des besoins
Conditions de ressources pour une personne seule (plafond annuel 2003)	6 997,74 € Au-delà, réduction à due concurrence	De 7 369,76 € à 7 741,78 € Au-delà, réduction à due concurrence	7 102,71 € pour le minimum vieillesse 6 997,74 € pour l'allocation supplémentaire du Fonds de solidarité vieillesse Au-delà, réduction à due concurrence	7 477,68 € Au-delà, participation financière
Recours en récupération	non	– succession (sauf conjoint, enfants, personne ayant assumé la charge effective et constante de la personne) – donations – legs	allocation supplémentaire du Fonds de solidarité vieillesse : récupération sur succession	non

dans des pavillons ouverts où elles trouvent toutes les conditions nécessaires à un vieillissement aussi optimal que possible et accompagné jusqu'à son terme. Cette fondation, d'inspiration protestante, prouve que l'on peut être gravement atteint dans ses possibilités d'évolution mentale, d'expression et de communication et mener, en collectivité – mais sans couper les liens avec la famille – une vie digne et, pour la plupart, heureuse.

Mais toutes les personnes déficientes mentales ne bénéficient pas de telles conditions de vie qui, si elles ne nient pas la différence, souvent grave, ni l'avancée en âge et ses problèmes, évitent ou au moins minimisent le désavantage social qui définit le handicap. Qu'en est-il des autres (Maaskant, 1993 ; Mercenne, 1999 ; Reboul, Pozo, 1999) ?

Le maintien à domicile

Nombreuses sont les familles qui, par choix ou par nécessité, gardent leur membre déficient adulte à la maison, bien souvent dans une ambiance de détresse quand tous vieillissent, surtout si l'isolement, croissant au fil du temps, vient ajouter son poids à celui de l'avancée en âge. En l'absence d'un projet de vie réaliste, le temps qui passe risque de conduire à des situations dramatiques. N. Breitenbach qualifie ces familles de « fortes et fragiles » (1994). Elles sont, de fait, le plus souvent fort courageuses mais aussi très vulnérables. Quand la famille ne peut plus assumer cette charge, la personne handicapée est trop souvent placée en surnombre dans des structures qui ne lui sont pas adaptées : solution peu satisfaisante et appelée à disparaître pour des raisons démographiques évidentes (Stiker, 1997).

Les centres d'aide par le travail (CAT)

Il s'agit de structures pouvant permettre le maintien, jusqu'à l'âge de la retraite, du travailleur handicapé mental. En cas de fatigue et de difficultés liées à l'avancée en âge la solution du « temps partiel » se généralise dans de nombreux établissements.

Il n'en reste pas moins vrai que le temps libéré ne trouve pas encore partout – et loin s'en faut – une organisation correspondant aux besoins réels, à savoir un accompagnement correct en dehors des heures de travail. Ce peut être en famille, en institution de nuit, voire en foyer collectif ou à domicile pour les plus autonomes. Se posent souvent, alors, des problèmes de communication et de coordination entre ces différents lieux de vie. Il est à noter que l'âge de soixante ans n'est plus une barrière infranchissable depuis l'amendement des textes réglementaires qui permet au travailleur, s'il en est encore capable et s'il en manifeste le désir, de poursuivre son activité au CAT. Mais la fatigue des sujets travaillant en CAT et les listes d'attente limitent cette possibilité.

Maisons de retraite

Les maisons de retraite ordinaires ne sont pas adaptées, en l'état actuel, pour la grande majorité des personnes handicapées mentales vieillissantes. En effet, seuls l'hébergement et les soins médicaux sont assurés, en dehors de toute présence médico-sociale, du moins dans la plupart de ces maisons. La différence d'âge entre les résidants et les personnes handicapées mentales vieillissantes entraîne une ségrégation et, dans certains cas, un phénomène de rejet. Cette solution ne peut être envisagée que pour des personnes dont le handicap léger leur a permis de travailler en atelier protégé et dont la socialisation s'est faite progressivement dans le cadre de leur vie antérieure. Une étude approfondie a été faite par M.-C. Bruchet (1997) dans le Puy de Dôme, qui explicite les compatibilités et les incompatibilités liées à l'âge et à d'autres facteurs. Il existe parfois une différence de statut socioculturel entraînant également une ségrégation, par exemple entre résidants payant leur séjour et ceux bénéficiant de l'aide sociale.

Centres hospitaliers (CH)

L'accueil de personnes handicapées âgées dans de tels centres apparaît problématique. Outre la réticence – le plus souvent non fondée – des familles à propos de cette orientation, il n'est plus dans la vocation des centres hospitaliers spécialisés (CHS) d'assurer des accueils au long cours, en tout cas en structure sanitaire. Néanmoins, certaines personnes handicapées âgées pourront bénéficier de courts séjours à visée diagnostique, évaluative ou d'ajustement thérapeutique, dans les services sectorisés de psychiatrie.

Certaines pourront être accueillies, à l'âge adulte, dans les *sections d'accueil spécialisé* qui se créent actuellement au sein des hôpitaux généraux, comme d'autres pourront l'être, à un âge plus avancé, dans les sections d'unités de soins de longue durée pour personnes âgées qu'ouvrent beaucoup de CHS. Toutefois ces unités, très orientées sur l'accueil des pathologies démentielles, ne constituent pas un milieu très adéquat pour les personnes handicapées âgées. Il faut noter la tentative actuelle de créer, toujours dans ces centres hospitaliers, des *maisons de retraite spécialisées* pour malades mentaux vieillissants ou très âgés.

Solutions domiciliaires

Mais surtout, la sectorisation psychiatrique ouvre des possibilités pour le suivi, au domicile de leurs parents ou dans les familles d'accueil, de personnes handicapées mentales vieillissantes, et des expériences intéressantes se développent dans ce sens, parfois en collaboration avec des associations spécialisées. C'est là, certainement, une solution intéressante de maintien à domicile, même si elle n'évite pas, à terme, un placement institutionnel. D'ailleurs le placement en famille d'accueil est encouragé par les pouvoirs publics. Il s'agit de l'accueil, par une famille, d'une personne handicapée mentale vieillissante désirant rester dans un milieu familial ou en attente d'une place dans une institution. La loi du 10 juillet 1989 a apporté sur le plan juridique un cadre à cette pratique, qui connaît actuellement un certain développement. L'Institut français de recherche et d'études psychosociologiques (IFREP) fait état, en 1999, de 8 950 personnes âgées accueillies en famille par rapport à 451 en 1985, données confirmées par des travaux récents (URAPEI, 1997 ; UNIOPSS, 1998). Cette formule recueille une adhésion de 60 % des personnes handicapées mentales vieillissantes par rapport à l'effectif global accueilli. En revanche, elle ne reçoit pas l'adhésion unanime des parents vieillissants qui redoutent à la fois des difficultés relationnelles entre eux-mêmes et les accueillants au sujet de la façon dont est traitée la personne accueillie ainsi qu'un suivi médico-social insuffisant.

Accueils conjoints

Des facteurs géographiques, en particulier la proximité d'une maison de retraite et d'un établissement médico-social pour personnes handicapées mentales, et des facteurs politiques, tel l'accord de conseils généraux et de directions départementales d'action sanitaire et sociale pour le financement, ont permis de développer un accueil conjoint. Reboul et Pozo (1999) définissent ce concept et l'explicitent dans le cadre d'une coopération entre l'Association familiale départementale de l'Isère pour l'aide aux enfants infirmes mentaux (AFIPAEIM) et une maison de retraite distante de quelques kilomètres. Le centre médico-éducatif, après préparation et choix des personnes handicapées mentales vieillissantes, intervient pour leur accompagnement et leur suivi dans une maison de retraite ordinaire. L'accord entre les deux organismes crée une sorte de symbiose dont les résultats sont encourageants. Le rejet n'existe pas et l'adhésion des résidants de la maison de retraite à la présence de telles personnes se développe harmonieusement. Une expérience analogue, couronnée de succès, se réalise actuellement entre un foyer d'hébergement, l'APEI de Chambéry, et la maison de retraite « Les blés d'Or » de Saint-Baldoph.

Cette symbiose d'unité de vie dans une maison de retraite a reçu, dans le Rhône, l'aval des autorités départementales sur la base financière de 150 à 200 francs par jour en 2000. Ce type de structure paraît enrichissant et prometteur. D'ailleurs cette formule est adoptée dans les pays scandinaves où l'accueil en maison de retraite s'intègre dans une politique sociale.

Il convient enfin d'envisager la création de structures adaptées au sein même des institutions existantes pour les handicapés mentaux qui ont vécu toute leur existence en établissement et pour qui l'établissement représente leur domicile. Leur maintien en institution éviterait le transfert traumatisant, le dépaysement et la désorientation. C'est dans cet esprit qu'Henry (1999) préconise la transformation de foyers de vie en foyers à vie sans limite d'âge. Cette solution est certainement à développer. On peut également citer la coexistence de foyers de vie classiques avec l'accueil, en pavillons séparés, de résidants vieillissants, tel l'exemple de la résidence du « Bois Clair » à Nonancourt.

À la suite de cet exposé des situations existantes, un certain nombre de constatations s'imposent.

Il existe des différences considérables d'un département à l'autre tant dans les initiatives que dans les résultats obtenus. C'est en grande partie lié à la décentralisation qui laisse à chaque département le soin de prendre les mesures jugées nécessaires en fonction des impératifs qui se présentent. Il y a là un risque certain qui se traduit par un sous-équipement alarmant de certains départements, mais aussi des opportunités liées à la marge de liberté et de manœuvre qui libère l'esprit d'initiative ainsi qu'à la volonté politique des conseils généraux.

Les orientations prises ne tiennent pas toujours compte de la personne elle-même. En effet, les considérations financières conditionnent souvent les placements. Il s'agit, certes, d'un facteur important mais qui doit être subordonné à l'intérêt de la personne, en particulier à la sauvegarde de son statut social : elle ne doit pas se trouver brusquement transplantée et isolée, mais au contraire toujours entourée et aidée : d'où la nécessité impérative de rédiger pour elle un projet individualisé déterminant ses choix (Gabbaï, 1998). Dans toute décision doivent entrer une bonne connaissance des situations et des problèmes et une réflexion de nature éthique.

On constate trop souvent une implication insuffisante de la famille dans les décisions. Elle devrait être associée à l'élaboration et au suivi de tout projet de vie, à tout placement ou transfert de son membre déficient. Cela suppose un contact confiant et permanent avec les professionnels dont la responsabilité est engagée dans ce sens.

On fait souvent peu de cas de l'avis et de l'accompagnement des personnes handicapées mentales vieillissantes. Cet accompagnement a une incidence financière dont l'UNAPEI a pris conscience en mettant à l'étude l'évaluation de la grille de dépendance de la personne handicapée mentale.

On n'insistera jamais trop sur la nécessité de la formation, initiale et continue, des professionnels. Elle est, à ce jour, partiellement inadaptée aux besoins de ces personnes, tant au sein des établissements spécialisés qu'*a fortiori* dans les maisons de retraite.

Enfin il faut reconnaître – et c'est positif – que la prise de conscience des problèmes énumérés est assez générale. À ce jour – décentralisation aidant – les pouvoirs publics prêtent davantage l'oreille aux revendications des associations, mais les lois qui régissent la reconnaissance du handicap mental, en particulier la loi de 1975, ne mentionnent pas la reconnaissance à vie qui doit être clairement affirmée. Les solutions fractionnées qui ont encore trop souvent cours établissent des différences considérables et inacceptables. Une certaine harmonisation est souhaitable, sans pour autant abolir les possibilités d'initiatives aux différents niveaux.

Au total, de plus en plus de personnes handicapées mentales avancent en âge dans des familles et/ou des institutions elles-mêmes vieillissantes et dans le contexte d'une société où le poids des personnes âgées et très âgées va croissant, société par ailleurs inégalitaire et renâclant à la solidarité : le tableau peut sembler forcé. Il est cependant réel, et préoccupant.

La fin de leur existence soulève aussi de réels problèmes, qu'elle se passe en famille ou, de plus en plus fréquemment, en institution.

Au moment où le droit de mourir dans la dignité est fortement revendiquée dans la société, qu'en est-il pour les personnes handicapées mentales ?

La fin de vie des personnes handicapées mentales

Il n'est pas possible, compte tenu de l'avancée en âge des personnes handicapées, de ne pas parler de leur fin de vie et de leur mort, de faire de ces moments un sujet tabou.

La vie d'une personne handicapée, comme de tout un chacun, peut s'interrompre de façon brutale. Il s'agit alors de mort subite, inattendue, dont la cause demeure souvent incertaine. Mais il est des décès qui se relient aux vulnérabilités particulières des personnes handicapées, qu'elles soient en rapport avec leur pathologie qui soudain se décompense : état de mal épileptique, insuffisance rénale aiguë par exemple ; avec des accidents : chute grave, brûlure, asphyxie par fausse route alimentaire ; ou bien encore des fins dramatiques où le décès survient au cours d'une fugue, d'une errance « qui tournent mal » ou par un suicide. La fin de vie d'une personne handicapée peut être marquée d'une façon moins aiguë par l'altération de son état de santé. Survenant à bas bruit, elle risque d'échapper un temps à son attention et à celle de l'entourage.

Le diagnostic

Identifier ce qui ne va pas est difficile. La personne peut être en effet dans l'incapacité plus ou moins grande d'entendre et de comprendre les questions qui lui sont posées, de s'exprimer sur sa souffrance, limitation que l'avancée en âge accentue. Ces problèmes de communication peuvent retarder la détection d'un trouble à déchiffrer au travers d'une anxiété diffuse induite par la douleur, de manifestations émotionnelles, de positions antalgiques ou de repli.

D'autres facteurs interviennent également avant qu'une modification dans l'état de santé de la personne handicapée ne l'alerte ou n'inquiète son entourage. La prise de conscience de ce qui survient ne se réalise en effet ni dans le même temps, ni avec la même intensité chez chacune des personnes concernées (l'intéressé, ses proches, le personnel médical), d'autant plus qu'interviennent chez chacun des éléments inconscients de minimisation ou de méconnaissance.

Quoi qu'il en soit, dès que l'altération de l'état de santé est reconnue, il devient nécessaire de préciser le diagnostic non seulement par un examen clinique souvent malaisé en raison de la crainte que la personne exprime dans son comportement, mais aussi par des examens complémentaires que le malade vit habituellement comme agressifs. Certaines de ces explorations peuvent être effectuées sur place. Mais d'autres supposent l'admission du patient, pendant un temps plus ou moins long, dans un centre médical dont l'accès, les moyens, la disponibilité ne sont pas toujours assurés. Le transfert du patient peut parfois ajouter par lui-même un risque majeur ouvrant interrogation sur le sens et la pertinence de la mesure envisagée.

Le diagnostic des troubles étant posé, différents cas de figures se présentent.

Attitudes et décisions

Il est des situations où, malgré la gravité de l'affection, un traitement curatif peut être mis en œuvre (antibiotiques pour un état infectieux par exemple) ou encore des cas où une intervention médicale, chirurgicale, technique, est indiquée, visant à pallier une fonction vitale ; mais aussi des cas où la poursuite ou la mise en place d'un traitement lourd tient plus de l'excès thérapeutique que d'une conduite médicale rationnelle et mesurée.

Dans diverses occurrences la survenue d'une altération aussi grave de l'état de santé de la personne handicapée fait percevoir, à des degrés divers, à celle-ci comme à son entourage, qu'un pronostic vital est en jeu. Il est alors essentiel que la personne handicapée, si elle est à même de recevoir l'information qui lui est due, ainsi que ses proches soient avertis de la gravité de la situation, quel que soit le caractère éprouvant et difficile d'une telle annonce.

À cet égard, il convient de rappeler que l'obligation d'information a un fondement légal depuis la loi n° 2002-303 du 4 mars 2002 relative aux droits des malades et à la qualité du système de santé [10]. Cette loi comporte d'ailleurs des dispositions spécifiques au cas des personnes placées sous tutelle. En effet, elle dispose que « les intéressés ont le droit de recevoir eux-mêmes une information et de participer à la prise de décision les concernant, d'une manière adaptée à leurs facultés de discernement ». De plus, elle précise que le tuteur reçoit également l'information. Si l'on s'en tient à la lettre du texte, la famille n'est donc pas titulaire d'un droit d'information sur l'état de la personne handicapée mentale. Enfin, rappelons que la loi du 4 mars 2002 a consacré le principe de la nécessité de rechercher le consentement du majeur sous tutelle et, s'il est apte à exprimer sa volonté, de le faire participer à la décision [11].

Si l'on ne peut accepter que des décisions médicales soient prises sans l'accord du patient – quand il est à même de le donner – et de ses proches, il convient aussi de ne pas les charger seuls du choix de ce qu'il est bon de mettre en œuvre, un tel choix s'effectuant alors au risque d'une culpabilité qui, après coup, peut les enfermer dans ce sentiment. L'expérience montre d'ailleurs que les parents ne revendiquent pas cette prise

---

10. Elle était auparavant énoncée par la jurisprudence, dans le code de déontologie (art. 35 et 36) et dans la charte du patient hospitalisé (titre 33), qui exigeaient déjà une information loyale, claire, appropriée, tenant compte de la personnalité et de la compréhension des interlocuteurs (voir Annexe 11).

11. Voir le chapitre 4, les actes médicaux pratiqués sur les personnes handicapées mentales.

de décision lorsqu'ils perçoivent l'intérêt, l'attention portée par le personnel de l'institution à l'état de leur malade. Le plus important demeure, au-delà des informations objectives, de faciliter la recherche d'un dialogue et d'un climat de confiance.

Une telle démarche prend du temps, demande une grande disponibilité de chacun, médecins et soignants. Elle ne doit pas être marquée d'évitements mais se dérouler dans des conditions convenables, symbolisant l'importance qu'on lui accorde. Il y a d'ailleurs des moments propres à accueillir les interrogations et les préoccupations des familles et à participer à leur questionnement concernant la fin de vie et la mort d'un des leurs.

Il peut arriver que cette interrogation prenne une forme plus aiguë au sein des équipes soignantes comme chez des patients. Qu'a-t-il pu échapper éventuellement à l'observation, à la vigilance, aux décisions des uns et des autres, aux mesures de sécurité dans l'établissement ? Autant de questions qui se posent, qui peuvent mettre en cause des responsabilités, et auxquelles il convient de répondre sans dissimulation. Sans méconnaître la difficulté, voire l'impossibilité pour le personnel soignant, dans la situation concrète où il se trouve, à un moment particulier, de faire face à tout imprévu, il importe de préciser avec soin, dans le détail, ce qui s'est passé, de l'écrire, pour comprendre l'événement, pour ne pas masquer les lacunes éventuelles ou les fautes, en tirer un enseignement. La meilleure réponse à apporter est dans des explications précises sur ce qui est survenu : elles sont nécessaires pour permettre des attitudes claires dans les échanges entre les membres de l'institution, la personne concernée, les tiers : famille, soignants, assureurs, hommes de loi, etc.

Il est aussi des situations où des relations régulières avec les proches de la personne handicapée se sont établies et poursuivies dès les premières rencontres. Leur proximité permet de les informer aisément de l'altération grave de leur « enfant » et des mesures envisagées pour lui et avec eux. Par contre assez souvent la famille de la personne handicapée avançant en âge s'est éteinte et l'a précédée dans la mort.

Dans ces situations de fin de vie il revient alors aux équipes de soins d'apprécier ce qui paraît le plus souhaitable, réaliste, acceptable ou inacceptable pour le patient et si possible avec lui. Dans ces moments-là, l'intérêt premier de la personne handicapée est à affirmer face à des instances sociales, administratives au sein de l'institution ou à d'éventuelles pressions extérieures.

L'accompagnement

Il convient de souligner que la personne handicapée éprouve comme tout un chacun l'angoisse de la mort et de la séparation (Dusart, 1998). Elle a pu ressentir au cours de sa vie la douleur de la perte, que celle-ci ait concerné ses parents, des amis, des compagnons, voire des animaux familiers.

Si dans le désir de lui épargner une nouvelle douloureuse, son entourage la lui dissimule, il est au contraire important d'associer la personne à l'événement qui la concerne au plus près et de l'entourer d'une attention particulière dans ces circonstances. Cette même attitude est à observer dans les informations et les explications susceptibles d'être données aux autres résidants et au sein de l'établissement. Car si le renoncement à mettre en œuvre des examens invasifs et des traitements excessifs évite une escalade thérapeutique déraisonnable, il inclut l'idée d'une mort proche et acceptée.

Dans ce temps où, face à ce qui amorce une agonie, tout ce qui vise à assurer le confort, le bien-être physique et psychique de la personne constitue la mesure la plus opportune : réduction de la douleur, protection contre le froid, hydratation, présence affective apaisante. Il importe également de ne pas méconnaître l'importance que peut avoir pour la personne le soutien de sa vie spirituelle, de sa foi religieuse et de favoriser les conditions de son exercice.

La famille

L'avancée en âge de la personne handicapée fait que dans de nombreux cas les parents de celle-ci sont décédés et que les membres plus éloignés de la famille ont peu ou plus de liens avec elle (UNAFAM, 2002). Mais si la famille demeure présente, sa venue doit être favorisée dans la limite de sa disponibilité, de ses souhaits, de sa capacité à vivre cette situation. C'est à elle, dans l'éventualité du décès de la personne, de manifester ses volontés concernant les obsèques, civiles ou religieuses. Elle doit également être informée et orientée dans les diverses démarches et formalités en rapport avec le décès et la succession, règlements financiers, administratifs, juridiques.

La mort d'une personne handicapée réveille en chacun de ceux qui l'ont connue un flot de sentiments et de pensées contradictoires, souvent violent et douloureux. Aussi, malgré les multiples obligations qu'ils peuvent avoir, il est important pour les familles comme pour le personnel de l'institution de soustraire au temps de la vie courante des moments d'échanges. Ces entretiens donnent sens et valeur à ce qui est advenu et sont source de réconfort. Dans ces circonstances, des rapprochements relationnels, parfois intenses, se produisent au sein de l'équipe avec les proches de la personne décédée, comme ils surviennent aussi entre les professionnels et les autres résidants, pouvant rouvrir d'anciennes blessures mal cicatrisées et offrant l'occasion d'en reparler. Ces échanges gagnent à se poursuivre dans certains cas après le décès de la personne handicapée pour accompagner ses proches dans un difficile travail de deuil.

Les professionnels

Il est fréquent que la personne handicapée ait vécu de longues années dans la même institution. Des liens se sont créés entre elle et différents membres du personnel. L'établissement est devenu « leur maison ». Une histoire est née, riche d'attachements ou de révoltes, faisant que la fin de vie comme le décès de la personne handicapée est rarement indifférente à ceux qui l'ont connue. Les plus marqués parmi eux sont ceux qui ont des raisons personnelles d'en être les plus touchés. Mais d'une façon générale les équipes soignantes se disent peu préparées à vivre ces situations de fin de vie. Beaucoup d'entre elles, compte tenu de la jeunesse relative des effectifs, pensent être à l'abri de ce type d'événements et s'y trouvent brutalement confrontées. Le déni de toutes les douloureuses réalités que comportent ces fins de vie écarte la possibilité d'en parler ouvertement et explique sans doute la relative faiblesse de la réflexion institutionnelle. Nombreux sont les membres d'une équipe soignante qui se sentent dépourvus devant ces situations et peu préparés à soutenir la charge émotionnelle que créent la dégradation d'une personne et la proximité de la mort, d'autant qu'à cette charge s'ajoute souvent un surcroît de travail. Aussi l'accompagnement du personnel repose-t-il en premier sur une organisation du travail tenant compte du caractère de ces tâches. Ces situations habituellement pénibles mettent aussi à l'épreuve la solidité des liens de coopération du personnel et la confiance que chacun met dans les autres et dans l'institution dont il dépend.

C'est en particulier lorsque survient un décès dramatique, prenant tout le monde de court, que surgissent les émotions et les sentiments les plus violents, associés aux conditions générales du travail, dans un jeu d'interactions complexes (salaires, horaires, roulement d'un personnel suffisant en nombre et en compétence) et qu'apparaît la nécessité d'une formation complémentaire : formation qui puisse permettre aux intervenants de prendre du recul, de se retrouver moins seuls face à des situations éprouvantes, d'éviter, grâce à un accompagnement institutionnel régulier, des attitudes ou des comportements inadéquats souvent liés à la lassitude et à l'usure professionnelle et surtout à l'impréparation à vivre et à gérer ce genre de situations.

L'institution et les associations

Il appartient à la direction de l'institution d'analyser et d'organiser les conditions de travail, de soutenir et faciliter l'effort du personnel, de faire œuvre de pédagogie pour l'aider dans sa confrontation à la fin de vie des pensionnaires. Cette attention à la vie institutionnelle a tous ses effets sur la qualité des soins et des relations humaines au sein de l'établissement. Elle implique des échanges multiples avec diverses instances à l'intérieur et à l'extérieur pour maintenir ou avancer un projet relatif à ces problèmes. Dans ce mouvement l'institution gagne à être à l'écoute des associations de familles de personnes handicapées. Ce sont elles en effet qui vivent au plus près ce qui affecte profondément les personnes. Elles ont toute leur place pour éclairer les conduites, informer, sensibiliser l'opinion, veiller sur le présent, orienter l'avenir, favoriser dans la collectivité la mise en œuvre des recours attendus, qu'ils soient de nature matérielle, psychologique ou spirituelle. Elles sont bien placées pour assurer jusqu'au bout les accompagnements personnels, voire spirituels, qu'elles ont pris en charge. En particulier elles perçoivent aujourd'hui avec une forte inquiétude les conséquences de l'avancée en âge des parents de personnes handicapées et de celle de leurs « enfants » et interviennent pour susciter des réponses adaptées.

L'avancée en âge des personnes handicapées mentales se situe aujourd'hui dans un contexte démographique, culturel et économique très particulier et appelle des mesures audacieuses et novatrices éclairées par une réflexion éthique. Déjà nombreuses aujourd'hui, ces personnes le seront encore plus demain en raison de leur longévité croissante. La croissance de leur nombre et le retard des mesures prises pour y faire face risquent de créer rapidement une situation intolérable pour elles, pour leurs familles, pour ceux qui s'occupent d'elles, mais aussi pour la société tout entière.

Nos connaissances progressent sur le vieillissement des handicapés mentaux, sur leurs problèmes de santé physique et mentale mais aussi sur l'insuffisance de la protection et des soins qu'elles sont en droit d'attendre de la société. Il serait inacceptable qu'elles paient l'allongement de leur durée de vie par une détérioration de leurs conditions de vie. Or ce risque est réel.

Mais il faut entendre ce risque comme un défi. Déjà des solutions existent ou se dessinent, et elles suscitent des bonnes pratiques : les orientations proposées dans ces pages le montrent. Elles ne sont pas irréalistes. Quand une prévention bien pensée et un accompagnement ont été articulés au long du cycle de vie de ces personnes et de leurs familles ; quand un projet de vie a été modulé en fonction de l'avancée en âge, sans occulter la perspective de la perte totale d'autonomie et de la mort ; quand se développe une coordination plus poussée des multiples interventions, professionnelles, familiales, associatives ; quand un cadre juridique se rénove, soutenu par une solidarité nationale à la hauteur des enjeux… Inédite, la situation est aujourd'hui largement prévisible. Les principes éthiques rappelés dans cet ouvrage et les propositions qui en découlent balisent la marche à suivre pour relever ces défis.

RÉFÉRENCES BIBLIOGRAPHIQUES

Références citées

ANNUAIRE DES STATISTIQUES SANITAIRES ET SOCIALES, *Nombres d'adultes handicapés dans les établissements et services d'hébergement*, 1997, p. 279.

ASA, « Importance du cadre de vie dans le respect de la personnalité du résidant », *Pages romandes*, Suisse, 1983, p. 31-36.

ASSOCIATION DES JEUNES HANDICAPÉS, *Constats et propositions d'adaptation quant à l'accompagnement de la prise en charge des personnes handicapées vieillissantes*, rapport 1999.

BORGETTO M., LAFORE R., *Droit de l'aide et de l'action sociales*, 4e éd., Montchrestien, 2002.

BOURLIÈRE F., *Gérontologie : biologie et clinique*, Flammarion, coll. « Médecine Sciences », 1982.

BREITENBACH N., ROUSSEL P., *Les personnes handicapées vieillissantes : situations actuelles et perspectives*, Fondation de France/CLEIRPPA, Publications CTNERHI, 1990.

BREITENBACH N., *Fortes et Fragiles*, Fondation de France 1994.

BREITENBACH N., *Une saison de plus – Handicap mental et vieillissement*, Desclée de Brouwer, 1999.

BRUCHET M.-C., *Enquête concernant l'accueil des personnes handicapées mentales en structures gériatriques dans le Puy-de-Dôme*, mémoire, faculté de médecine, Saint-Étienne, 1997.

CARTER G., JANCAR J., « Mortality in the mentally handicapped : A 50 year survey at the Stocke Park group of hospitals (1930-1980) », *Journal of Mental Deficiency Research*, 27, 1983.

CAYET J., *La Prise en charge des personnes vieillissantes handicapées malades ou souffrant de troubles mentaux*, rapport au Conseil économique et social, 1998.

CHABERT G., *Communication au Comité de réflexion d'éthique de l'UNAPEI*, 1999.

COMITÉ CONSULTATIF NATIONAL D'ÉTHIQUE, *Le Vieillissement*, rapport n° 59, 1998.

CONSEIL ÉCONOMIQUE ET SOCIAL, *La prise en charge des personnes vieillissantes handicapées mentales ou souffrant de troubles mentaux*, Éd. J.O., 1998.

CONSEIL RÉGIONAL ÉCONOMIQUE ET SOCIAL DE RHÔNE-ALPES, *Le Vieillissement des personnes handicapées*, rapport 1997.

COURAULT F., « L'APA : bienfaits et incertitudes », *Revue juridique personnes et famille*, novembre 2001, p. 5.

COURAULT F., « La suppression de deux recours en récupération de l'aide sociale améliore les droits des personnes handicapées », *Revue juridique personnes et famille*, mai 2002, p. 24.

CREAI Île-de-France, *L'Avenir impensable, le Poids des ans et la Charge du handicap*, rapport d'étude demandé par la Fondation de France, 1997.

CREAI Rhône-Alpes, *À la rencontre de parents âgés ayant un adulte handicapé à charge à domicile*, Fondation de France-CREAI Rhône-Alpes, Éd. Médiasociale, 1997.

CREAI Rhône-Alpes, *Les Personnes handicapées mentales isolées au milieu des autres*, Amplitude, Fondation de France, 1996.

DUSART A., *Situation des personnes handicapées en Bourgogne et projection en 2012*, Bulletin d'information du CREAI Bourgogne, nº 120, 1992.

DUSART A., *Les Personnes déficientes intellectuelles face à la mort*, CREAI de Bourgogne, Fondation de France, 1998.

EYMANN R.-K., CALL T.-L., WHITE J.-F., « Life expectancy of persons with Down syndrome », *Americain Journal of Mental Retardation*, 1995, p. 603-612.

FRESNEL F., « La tutelle à la personne est aussi la mission du protecteur d'un majeur protégé », *Gazette du Palais*, 26 août 1999, p. 1239.

GABBAÏ Ph., *Le Vieillissement de la personne handicapée mentale*, Fondation John Bost, CREAI Aquitaine, 1987, p. 58-74.

GABBAÏ Ph., *La Démence sénile chez les personnes déficientes mentales*, rapport (non publié), présenté par le CREAI Champagne Ardennes et la Fondation de France, 1998.

GEFFROY C., « La protection tutélaire des majeurs en matière personnelle », *JCP G*, 1993, I, p. 3724.

HAUT COMITÉ DE SANTÉ PUBLIQUE, *Données statistiques concernant le handicap mental en France*, rapport juillet 1998.

HAUT CONSEIL DE LA POPULATION ET DE LA FAMILLE, *Avis relatif au vieillissement des personnes handicapées*, 25 novembre 2002.

HENRY J., *Communication au Comité de réflexion d'éthique de l'UNAPEI*, 1999.

HOGG J., MOSS S., *Ageing and mental handicap*, London, Groom Held, 1988.

IFREP, *Évaluation des conditions d'application de la loi du 10 juillet 1989*, extraits des résultats, 1999

LAROQUE G., *Prise en compte des personnes vieillissantes handicapées mentales*, Fondation nationale de gérontologie, 1998.

MAASKANT M.-A., *Mental Handicap and Ageing*, thèse, Kavanh, 1993.

MERCENNE B., « Quelle est la difficile situation des parents âgés ayant la charge du handicap ? », *Réadaptation*, 1999, p. 456.

MULCHARY A., « Preliminary report from the Irish intellectual database », *Irish Medical Journal*, June 1996.

OPPELT-REVENEAU M.-E., « La protection de la personne de l'incapable majeur », *Petites Affiches*, 4 novembre 1999, p. 4.

POILROUX R., *Guide des tutelles et de la protection de la personne*, Dunod, 1999.

REBOUL H., POZO, *Évaluation de l'accueil de la personne handicapée mentale vieillissante des foyers Nord-Isère de l'AFIPAEIM à la maison de retraite de Saint-Chef*, document, 1999.

RÉSEAU DE CONSULTANTS EN GÉRONTOLOGIE, *Les accompagner jusqu'au bout du chemin : l'accueil des personnes handicapées mentales vieillissantes*, Rennes, ENSP, 2000.

SALLES R., *Le Vieillissement de la personne handicapée mentale*, compte rendu, ADAPEI Aveyron, 1997.

STIKER H.-J., *Prise en compte de la mort et place des personnes déficientes intellectuelles dans la société lorsque les parents disparaissent*, CREAI Bourgogne, 1997.

STRAUSS R.-K., EYMAN, « Mortality of people with mental retardation in California with and without Down syndrome, 1986-1991 », *Americain Journal on Mental Retardation*, 1100, p. 643-653, cité in HERR S. & WEBER G. (éd.), *Ageing, Rights and Quality of Life : Prospects for Older Persons with Developmental Disabilities*, Paul H. Brookes, 1999.

UNAFAM *et al.*, *Préparer le devenir du malade psychique sans ses proches*, Lyon, Paris, Rosette, 2002.

UNAPEI, *L'Accompagnement de la personne handicapée mentale*, actes Congrès, 1995.

UNAPEI, « Le vieillissement des personnes handicapées mentales », *Vivre ensemble*, 1995, p. 23-29.

UNAPEI, « Modèle d'accompagnement personnalisé (MAP) », *Cahiers de l'UNAPEI*, 2000.

UNAPEI, « Le point sur la rénovation de l'action sociale et médico-sociale : comprendre la nouvelle loi ! », *Les messages de l'Union*, n° 46, janvier 2002.

URAPEI Midi-Pyrénées, *Études et Réflexions sur les personnes handicapées mentales vieillissantes en Midi-Pyrénées*, 1997.

UNIOPSS, *Observations de l'UNIOPSS sur l'avant-projet de l'avis du Conseil économique et social présenté par Mme CAYET sur la prise en charge des personnes vieillissantes handicapées mentales ou souffrant de troubles mentaux*, 1998.

VILLEZ A., *Vivre en famille d'accueil quels que soient son âge et son handicap*, document distribué lors de la rencontre de Lille, Fondation de France, URIOPSS, juin 1988.

WID P.-H., « Comment mesurer les conséquences de la maladie ? La classification internationale des infirmités, incapacités et handicaps », *Chronique de l'OMS*, 34, 1980, p. 400-405.

Pour en savoir plus

AMYOT J.-J., VILLEZ A., *Risque, Responsabilité, Éthique dans les pratiques gérontologiques*, Paris, Dunod, Fondation de France, 2001.

BEZAT J.-M., « Réforme de l'APA, les personnes âgées dépendantes vont être davantage mises à contribution », *Le Monde*, 6 février 2003.

La Vie avec un handicap, rapport Cour des comptes, Éd. J.O., juin 2003.

LES JOURS HEUREUX, *L'Accompagnement de la personne handicapée mentale vieillissante*, Versailles, Atelier de la bonne aventure, 2001, 55 p.

Les Psychoses profondément déficitaires parvenues à l'âge adulte, 8e colloque, Fondation John Bost, 1991.

ROGER P., « La Gauche accuse le gouvernement de vouloir démanteler l'APA », *Le Monde*, 1er mars 2003.

VILLEZ A., « Éthique, droit au choix, droit au risque et responsabilité dans les EHPAD », *Cahiers de l'Actif*, 2003, nº 318-319.

ZRIBI G., *Handicap mental et Vieillissement*, 2e éd., CTNERHI, 1996, 121 p.

Textes juridiques et jurisprudence

Loi nº 2001-647 du 20 juillet 2001, relative à la prise en charge de la perte d'autonomie des personnes âgées et à l'allocation personnalisée d'autonomie.

Loi nº 2002-2 du 2 janvier 2002 rénovant l'action sociale et médico-sociale (abrogeant la loi nº 75-535 relative aux institutions sociales et médico-sociales).

Loi nº 2002-73 du 17 janvier 2002 dite loi de modernisation sociale.

Loi nº 2002-303 du 4 mars 2002, relative aux droits des malades et à la qualité du système de santé.

Décret nº 2003-278 du 28 mars 2003, relatif aux conditions d'attribution de l'allocation personnalisée d'autonomie.

Loi nº 2003-289 du 31 mars 2003, portant modification de la loi du 20 juillet 2001.

Conseil d'État 25 avril 2001, « Garofalo », *Actualité juridique de droit administratif*, 20 mai 2001, p. 449, note M. GUYOMARD, P. COLLIN.

6

Handicap mental et violences

Michel MANCIAUX, Anne-Sophie RENARD

Aspects cliniques

Longtemps méconnues ou même niées, les violences envers les personnes handicapées font maintenant l'objet de nombreux rapports et publications. Les déficients mentaux y sont spécialement exposés et l'UNAPEI a consacré à ce problème, en 2000, une étude bien documentée. Si les jeunes sont plus susceptibles d'être victimes de violences sexuelles, les sévices physiques et les négligences graves concernent tous les âges. Plus subtile, la maltraitance psychologique est sans doute fort répandue : le manque de ce respect auquel a droit tout être humain, si abîmé par la vie soit-il, en est la manifestation la plus commune. Cette maltraitance multiforme se produit parfois en famille, parfois en institution. Et tout cela peut se résumer en retournant le mot maltraiter : c'est traiter mal, de quelque façon que ce soit, cet autrui dont on est responsable.

Vocabulaire et définitions

Il est important, avant d'aborder cette difficile problématique, d'en clarifier les termes. Le mot **violence**, dans son acception usuelle, évoque l'emploi de la force ou de l'intimidation en même temps que l'acte par lequel s'exerce cette force (Petit Robert, 1993). Or il est des violences individuelles, collectives, institutionnelles, sociales qui ne rentrent pas dans une telle définition. Le terme **maltraitance**, d'apparition récente, recouvre les différentes modalités de mauvais traitements. **Abus**, utilisé, surtout en langue française, pour les violences sexuelles (mais il y a des abus sans violence) a un sens beaucoup plus large dans les pays anglo-saxons : il recouvre l'ensemble des mauvais traitements comme l'exprime le terme générique *Child abuse and neglect*. Parler d'abus sexuels envers les enfants n'est cependant pas correct car, même s'ils sont dotés d'une sexualité en développement – ce que les adultes en général, mais aussi les parents et même les professionnels ont mis du temps à admettre –, même s'ils se livrent, solitaires ou entre eux, à des jeux, des attouchements à caractère sexuel, ils ne peuvent en aucun cas servir de partenaires sexuels pour les adultes. Ceux-ci, parents, professionnels, n'ont qu'un seul droit, ou plutôt un devoir, observer avec discrétion l'éveil de la sexualité chez l'enfant, lui en expliquer les signes et le sens et faire en sorte d'en canaliser l'expression pour qu'elle ne soit gênante ni pour le sujet lui-même, ni pour son entourage (Rouyer, 2003) : s'agissant de jeunes handicapés mentaux, celai peut d'ailleurs s'avérer difficile. En fait le terme abus ne vaut que par référence à l'abus de confiance, l'abus de pouvoir d'un adulte vis-à-vis d'un enfant : notion confortée par la loi qui retient comme circonstance aggravante le fait que les agissements visés émanent de « personnes ayant autorité » sur le mineur ou la personne vulnérable.

La définition proposée au début des années 1990 par l'Observatoire national de l'action sociale décentralisée (ODAS) peut être elle-même sujette à critique : « L'enfant maltraité est celui qui est victime de violences physiques, cruauté mentale, abus sexuels, négligences lourdes ayant des conséquences graves sur son développement physique et psychologique. » On y retrouve des mots dont nous avons vu les ambiguïtés, des adjectifs (lourdes, graves) assez vagues, la notion de « cruauté mentale » alors que des mauvais traitements psychologiques peuvent être inspirés par des sentiments ou des pratiques dictés par le vouloir du bien d'autrui. Et on ne peut attendre les éventuelles conséquences d'une action donnée sur le développement ultérieur du sujet pour la qualifier de maltraitante.

Ces problèmes sémantiques reflètent bien les difficultés à catégoriser les mauvais traitements infligés à autrui, surtout quand cet autrui est une personne handicapée mentale, quel que soit son âge. Retenons simplement la classification universellement admise : maltraitance physique, négligence (incluant, pour les enfants, les carences éducatives), maltraitance psychologique, « abus sexuels », en n'oubliant pas que ces différentes variétés peuvent être associées dans des tableaux complexes : peut-il y avoir par exemple abus sexuels sans maltraitance psychologique ? Et retenons que « toute définition peut être critiquée, mais rien n'est plus critiquable, dans une étude, une recherche, une publication, que l'absence d'une définition de travail » (Manciaux *et al.*, 2002).

Par commodité on envisagera ci-après les violences envers les personnes handicapées selon leurs milieux de vie : famille, institutions, société... tout en sachant que, là aussi, des combinaisons sont fréquentes. Signalons toutefois que, quels que soient les milieux d'accueil et de vie, le handicap mental apporte avec lui des risques spécifiques. D'abord parce que violences et mauvais traitements atteignent plus souvent, sous toutes leurs formes et dans tous les milieux, les plus faibles du groupe, mais aussi et surtout du fait de la vulnérabilité particulière des personnes handicapées mentales qui sont mal à même d'interpréter les comportements et les actes dont elles peuvent être victimes et qui peinent à s'exprimer, à verbaliser leur détresse, leur souffrance et à se faire entendre.

Dans le cadre de la Grande cause nationale de 1997 sur la protection de l'enfance maltraitée un groupe de travail mis en place par l'UNAPEI a élaboré un livre blanc sur ce thème ; un dossier juridique « Handicaps et violences sexuelles » a été également publié (UNAPEI, 2000). Prévenir, repérer, agir sont les mots-clés de cette démarche d'autant plus essentielle que les personnes handicapées mentales – enfants (les filles surtout) et adultes – seraient, d'après des estimations sérieuses, quatre fois plus victimes d'abus sexuels que la population générale (UNAPEI, 2000). C'est dû en particulier à leur vulnérabilité, à leurs difficultés à démêler ce qui constitue ou non un mauvais traitement, à s'exprimer et à être entendues. Leur attachement aux personnes qui prennent soin d'elles au quotidien, leur dépendance vis-à-vis de ces personnes, la fréquence et la durée d'exposition ainsi que l'intimité des soins d'hygiène constituent autant de facteurs favorisants.

Il n'est pas question de décrire en détail les différentes formes de mauvais traitements. Les ouvrages spécialisés ne manquent pas (Manciaux *et al.*, *op. cit.*). Les points essentiels sont précisés ci-après.

Les mauvais traitements ou **sévices physiques** relèvent de la nomenclature juridique « coups et blessures » et varient à l'infini. La simple brutalité volontaire vis-à-vis des personnes handicapées lors des soins d'hygiène, sous le prétexte de « leur apprendre à être propres », en représente une forme non exceptionnelle, qu'elle soit le fait de parents ou de professionnels.

Les **négligences** graves sont sans doute plus rares, alors que la non-satisfaction des besoins physiologiques concernant la nourriture (quantité, qualité), l'habillement, l'hygiène, un certain confort, peut être fréquente, parfois même habituelle dans certains établissements au prétexte de manque de personnel, de prix de journée insuffisant, etc.

La **maltraitance psychologique**, plus subtile et donc plus difficile à repérer, est probablement la variété la plus répandue de mauvais traitements, ne serait-ce que du fait qu'elle en sous-tend et accompagne très souvent les autres modalités. Elle peut se définir comme le manque de respect vis-à-vis de la personne handicapée et de sa famille et se manifeste par le mépris, le dénigrement, la stigmatisation, l'intrusion dans l'intimité, les jugements dépréciatifs. Bien perçue par l'intéressé(e), elle peut être dévastatrice pour sa personne, la culpabiliser à tort et annuler définitivement toute dynamique de progrès. À l'inverse l'acharnement éducatif et/ou thérapeutique peut constituer aussi une forme de maltraitance psychologique.

Les **abus sexuels** sont également multiformes : attouchements, gestes équivoques lors des toilettes, actes sexuels imposés par la persuasion ou par la force, avec alors les risques de grossesse, de maladies sexuellement transmises, voire de sida (cf. la partie consacrée à la sexualité dans le chapitre concernant les adultes).

Il n'existe pas de statistiques vraiment fiables concernant la fréquence et les conséquences des mauvais traitements dans la population générale : *a fortiori* pour les personnes handicapées mentales. Mais il s'agit sans doute d'un problème massif trop longtemps négligé, voire nié, et qui requiert toute l'attention de ceux qui s'occupent de ces personnes, à quelque titre que ce soit, des responsables administratifs et politiques, de la société tout entière.

La **prévention** passe tout d'abord par la formation des personnels, quel que soit leur niveau, comprenant une information approfondie sur ces questions. Tout aussi importante est l'éducation sexuelle adaptée des personnes handicapées mentales, commencée dès l'approche de la puberté, précisée et répétée à l'âge adulte : des programmes spécifiques ont été mis au point dans ce but tel le programme Daphné de l'Union européenne. L'aide associative aux familles qui élèvent seules leur membre handicapé(e) et la vigilance au sein des établissements, surtout des internats, sont également essentielles. Car la violence, en particulier sexuelle, peut être le fait d'une seule personne au sein d'une institution par ailleurs normale.

Repérer a deux dimensions complémentaires.

– Au plan collectif, le travail d'un Observatoire national de la maltraitance mis en place en 2003, pourrait fournir des données – actuellement parcellaires – sur l'ampleur du phénomène. Il faudrait pour cela que les procédures de signalement et de rapport soient suffisamment détaillées pour préciser le profil des victimes.

– Au plan individuel, c'est la qualité d'écoute et d'observation des travailleurs sanitaires, éducatifs et sociaux, que ce soit à domicile ou en établissement, qui peut les amener, à partir de changements de comportement, d'états dépressifs ou anxieux, d'agressivité inexpliquée, à suspecter des mauvais traitements envers les personnes dont ils ont la charge.

Agir. Si la marche à suivre en cas de maltraitance avérée est bien codifiée et relativement simple, il n'en va pas de même quand n'existent que des suspicions. La parole de la personne handicapée est souvent difficile à susciter, à interpréter. Les erreurs, par excès ou par défaut, sont toujours dommageables pour la victime et pour l'auteur présumé, pour la famille ou pour l'établissement d'accueil. Les décisions à prendre – et l'abstention est aussi une décision – gagnent à être discutées en équipe pluridisciplinaire. Le choix entre signalement administratif ou judiciaire peut être guidé par les textes réglementaires présentés et commentés à la fin de ce chapitre.

Ces différents points vont être repris et détaillés dans les pages qui suivent.

Violences familiales

Sans prétendre épuiser un sujet d'une grande complexité et encore largement ignoré, malgré deux revues récentes d'un très grand intérêt et riches de nombreuses références bibliographiques (UNAPEI, 2000, AFIREM, 2002), voici quelques pistes à explorer pour mieux cerner cette problématique [1]. Il convient tout d'abord de rappeler les forces et les faiblesses des familles confrontées, dans leur diversité, à la vie en leur sein d'une personne handicapée mentale, puis de préciser en quoi et comment ces familles peuvent être violentes, mais aussi violentées, enfin de voir en elles des ressources qui peuvent les rendre bien traitantes pour leur membre handicapé.

Famille(s) et handicap mental

Cette question est abordée dans plusieurs chapitres de cet ouvrage. Rappelons simplement ici un certain nombre d'éléments qui peuvent intervenir dans la genèse d'une éventuelle maltraitance mais aussi aider à sa prévention :
– la configuration de la famille, et non seulement sa composition : les parents, leurs ascendants, les antécédents familiaux (y a-t-il une histoire familiale de handicap, de violence ?), les

1. Voir aussi : « Violence en famille », *Ombres et lumière*, 2003, 142, p. 36-41.

frère(s) et sœur(s) et l'âge de ces différentes personnes, leur état de santé physique et mentale ;
– le fonctionnement familial : stabilité, relations affectives, socialisation, conditions de vie, y compris au niveau du logement, des revenus : l'isolement social peut constituer un facteur favorisant de la violence ;
– les circonstances de survenue du handicap, de sa révélation ; sa nature, son degré de gravité, l'accompagnement reçu, le soutien familial et social, les solidarités de proximité disponibles ;
– les réactions des différents membres de la famille au handicap d'un des leurs, dans l'immédiat et à terme, avec les risques de dysfonctionnement, voire de rupture familiale ;
– l'investissement moral, matériel, en temps et en finances mobilisé en faveur du sujet handicapé ;
– le vieillissement de celui-ci, mais aussi des autres membres de la famille, en premier lieu des parents.

Familles violentes

Bien que ce problème ne soit pas très documenté, il est évident que des mauvais traitements variés – violence physique, négligences graves, violence psychologique – peuvent être infligés en famille à des jeunes, voire à des adultes handicapés mentaux, plus souvent sans doute de façon occasionnelle, du fait de la fatigue, du découragement des parents, de la jalousie des autres enfants. On connaît aussi des cas d'abus sexuels, voire d'inceste d'une fille handicapée par le père, un frère aîné, un autre homme de la famille.

L'expérience révèle que ces sujets souffrent plus souvent de négligences, de carences, de rejet et cela de façon parfois durable. Il s'agit alors de la non-satisfaction des besoins de la personne handicapée pour une vie décente : nourriture, vêtements, propreté, hygiène corporelle, loisirs, sorties…, mais aussi de carences éducatives, affectives. Il y a, à l'inverse, possibilité de *forçage*, et certaines méthodes de rééducation, venues des États-Unis, ont eu leur heure de vogue, épuisant à la fois parents, voisins, amis mobilisés pour faire progresser à tout prix le sujet handicapé, au risque de rendre responsables lui et les siens du peu de résultats obtenus. Stanislas Tomkiewicz, tout en stigmatisant cet acharnement rééducatif, disait comprendre la démarche des parents mais s'en prenait aux thérapeutes qui faisaient ainsi miroiter d'improbables améliorations (Tomkiewicz, 2000).

Autre violence, déjà dénoncée plus haut : la surprotection, par leur mère surtout, de jeunes handicapés mentaux : elle peut compromettre non seulement les progrès potentiels mais aussi la socialisation de ces sujets. Enfin qui dira la violence que peuvent représenter, pour un enfant handicapé mental, les conflits, le divorce, la séparation de ses parents ? Il perçoit cela plus qu'on ne le pense, peut même s'en sentir responsable, et le désarroi de la mère restée seule avec lui ajoute à ses difficultés.

On le voit, la violence ainsi générée est multiple. Elle ne déstabilise pas seulement celui qui la subit, mais aussi les auteurs dont le comportement violent traduit souvent leur souffrance, leur découragement, le refus de ce qu'ils estiment être une grande injustice.

Familles violentées

S'il est des familles actrices de violences actives ou passives (on dit aussi violences par commission ou par omission) vis-à-vis d'un de leurs membres handicapé mental, il y en a bien davantage pour lesquelles cette situation est source de violences pour elles ; et on en parle moins.

C'est d'abord la personne handicapée qui peut être violente, de façon occasionnelle ou habituelle, vis-à-vis de ceux qui s'occupent d'elle, ses parents en particulier. Avec l'âge, certains handicapés mentaux deviennent exigeants, caractériels et malmènent leur entourage. Sans aller toujours jusqu'aux coups, ils posent alors à leurs parents vieillissants des problèmes de plus en plus difficiles, en particulier du fait de leur poids, de leur force, pour leur mobilisation, leurs soins corporels, leurs sorties.

La déficience mentale est aussi source d'exclusion. Une étude suédoise ancienne avait montré que c'est de leur isolement social que les parents d'enfants handicapés souffraient le plus (Kohler, 1991). Quand elle est d'origine génétique, cette situation peut déchirer les parents, chacun cherchant chez les ascendants de l'autre les responsables de la transmission.

Mais surtout la violence faite aux familles vient souvent des regards, des paroles, des silences de l'entourage ; des remarques, des critiques faites par les soignants ; des relations parfois difficiles avec les institutions qui « accueillent » leur enfant handicapé. Il est vrai que les parents ne sont pas toujours des interlocuteurs faciles pour les institutions, leur personnel, les professionnels : mais ne sont-ils pas les premiers touchés, les plus concernés par la situation ?

Dans les violences infligées aux personnes handicapées mentales et à leur famille il convient de mentionner ce que Tomkiewicz (2002) nommait les violences administratives, ou encore violences décisionnelles : violences commises « sans contact direct (physique ou même visuel) entre le décideur et la victime, l'acte violent se réalisant dans un bureau par un simple trait de plume ou par une signature ». Sans faire abstraction des difficultés qui sont celles des décideurs, des gestionnaires ayant à prendre des décisions dans un contexte de complexité et souvent de pénurie (d'établissements, de places, de personnel, de finances...), décisions qui orientent la vie d'autrui, on peut dire que le facteur humain n'est pas toujours assez pris en compte. Tomkiewicz voyait trois raisons à ces violences, d'ailleurs plus souvent passives qu'agies :

– la discordance entre un savoir réduit et un pouvoir décisionnel important ;
– l'absence de modestie de certains responsables et leur idéologie personnelle qui trop souvent inspire leurs décisions ;
– la relative impuissance des usagers devant l'arbitraire de tel ou tel agent, malgré l'existence éventuelle de recours et de contre-pouvoirs.

Les remèdes possibles à ces abus de pouvoir sont, du côté des décideurs et gestionnaires, réflexions et travail en équipe, même si finalement la décision appartient à un seul ; du côté des usagers-victimes, la solidarité, le contre-pouvoir des associations et, le cas échéant, la médiation, voire un recours judiciaire.

Enfin c'est la société tout entière qui porte sur les sujets handicapés et leurs familles un regard souvent dépréciatif, critique, parfois faussement compatissant mais qui ne trompe pas les intéressés. D'autres fois – et c'est particulièrement vrai pour les handicapés mentaux et leurs familles – on préfère les ignorer. La première étape de la révolution culturelle suggérée par Kristeva (*op. cit.*) n'est-elle pas un changement de regard sur ces personnes qui sont des êtres humains à part entière malgré leur altérité, et sur ces familles fragilisées par le handicap mental d'un des leurs, mais souvent fortes devant l'adversité ?

Familles bientraitantes

S'il est des familles actrices ou victimes de violences – et parfois les deux –, s'il en est qui sont sources de problèmes, de difficultés pour leur membre handicapé, pour les professionnels, la plupart des familles éprouvées par le handicap mental sont porteuses de solutions durables, pour peu qu'elles soient entendues, comprises et soutenues par leur entourage, par des professionnels empathiques, par une société solidaire. C'est d'ailleurs bien souvent au sein des associations spécialisées, mais pas exclusivement, qu'elles peuvent trouver un tel support.

Mais pour être bientraitants, les parents d'un jeune ou d'un adulte handicapé mental doivent être eux-mêmes bien traités (bientraités ?) par leur entourage, par les professionnels ; respectés dans leur souffrance, leurs difficultés, leurs erreurs parfois, mais aussi avec leur courage, leur force, leur engagement, leurs richesses ; accompagnés dans la durée, et davantage aux moments critiques de leur parcours ; partenaires du projet de vie, des décisions concernant leur enfant. Ces mêmes parents doivent aussi « se faire violence » eux-mêmes quelque peu : ne pas s'enfermer dans leur malheur ; faire le deuil de l'enfant imaginaire – double deuil pour eux ; ne pas céder au découragement, tout au moins pas trop longtemps. Les familles qui assument leur destin de cette façon en sortent grandies. Elles sont aussi source de courage et d'espérance pour d'autres qui vivent la même épreuve.

Violences institutionnelles [2]

Stanislas Tomkiewicz définit ainsi les violences dans les institutions pour enfants : « Toute action commise dans ou par une institution, ou toute absence d'action, qui cause à l'enfant une souffrance physique ou psychologique inutile et/ou qui entrave son évolution ultérieure. » Chaque terme de cette définition appelle un commentaire qui montre la complexité du problème et les difficultés de la lutte pour le faire disparaître.

Il s'agit donc d'une violence commise en dehors du milieu familial et de la cité, dans un lieu où la personne – enfant ou adulte – est temporairement ou durablement placée pour y être accueillie, soignée, bien traitée et où, paradoxalement, elle va être maltraitée. Paradoxe apparent car ce placement constitue en lui-même une violence : séparation familiale, placement, vie en internat, marginalisation, et parce que le fonctionnement de toute institution suppose une discipline, donc des contraintes d'autant plus difficiles à admettre que l'enfant, la personne placée ne les comprend pas toujours bien.

Reprenons les différents termes de la définition de Tomkiewicz.

« Toute action ou absence d'action…

2. Le texte qui suit doit beaucoup au chapitre écrit par Stanislas Tomkiewicz : « Violences dans les institutions pour enfants » dans l'ouvrage *Enfances en danger* (M. Manciaux, M. Gabel, D. Girodet *et al.*, Fleurus, 2002). Il en reprend les grandes lignes.

– actions violentes, par exemple sévices physiques, punitions corporelles exercées plutôt par des professionnels de tous niveaux, excédés, dépassés, que par des sadiques ; violences psychologiques : non-respect de l'intimité et de la vie personnelle, exigences dépassant les possibilités des handicapés, les mettant ainsi en situation d'échec dont on leur fait ensuite porter la responsabilité, paroles blessantes, gestes humiliants, dénigrement de la personne, de sa famille… ; violences sexuelles clandestines, niées par celui qui s'en rend coupable et qui est quasi systématiquement protégé par l'institution.

– « violences en creux » par inaction, négligence ou laisser-aller qu'on tend à justifier par le manque de moyens humains et matériels, par le mauvais caractère et l'absence de participation des résidants, de progrès chez ces derniers. Dans ces institutions règnent, isolément ou ensemble, insuffisance ou absence pédagogique, carence thérapeutique autre que médicamenteuse.

… qui cause à l'enfant une souffrance physique ou psychologique inutile et/ou qui entrave son évolution ultérieure. »

Comme précédemment, le mot enfant pourrait être remplacé par personne car, quel que soit l'âge du handicapé mental ainsi traité, les résultats sont comparables dans l'immédiat et à terme. Quant à l'adjectif inutile, Tomkiewicz le décline en évitable, mettant ainsi en lumière les possibilités de prévention, et illicite, renvoyant donc aux textes réglementaires : pour l'enfant, la Convention internationale des droits de l'enfant et pour tous la Déclaration universelle des droits de l'homme ainsi que les chartes rappelant les droits des personnes malades, handicapées, hospitalisées…

Tomkiewicz énumère quelques mécanismes pouvant conduire à la violence institutionnelle :

– Une idéologie violente vis-à-vis des jeunes handicapés mentaux dans certaines institutions dominées par les approches comportementales, ou vis-à-vis des parents dans d'autres plus axées sur la psychanalyse. Cependant l'approche analytique peut aussi permettre humanisation, diminution de la violence, amélioration des relations avec les usagers et les familles.

– Caractéristiques des sujets pris en charge : par exemple violence « en miroir » à l'encontre de ceux qui sont maltraités chez eux ; négligences graves vis-à-vis de polyhandicapés, ou au contraire « dressage » dit pédagogique peu respectueux des personnes.

Institution à risque de maltraitance

– Un directeur tout puissant ou qui se croit tel, imbu de son pouvoir qu'il met au service d'une théorie, d'une idéologie.
– Un personnel insuffisant en nombre et en qualification, peu considéré, mal payé, victime d'usure voire d'épuisement professionnel. Mais un seul membre de l'équipe peut, par perversité, par sadisme, être à l'origine de maltraitance psychologique, sexuelle.
– Un discours institutionnel dramatisant la situation, majorant les troubles des usagers pour magnifier le travail de l'institution, ou une théorisation souvent basée sur une idéologie médicale, éducative, ou une conception exclusive, organique, sociale ou psychologique du handicap.
– Des violences décisionnelles, de nature bureaucratique, d'une administration où les décideurs sont souvent très loin des usagers, où la rentabilité, la productivité sont érigées en directives, voire en principes reléguant loin les préoccupations humanistes. Dans ces conditions, le droit des personnes handicapées, de leurs représentants – familles au premier chef –, de leurs tuteurs, de participer aux décisions les concernant ne pèse pas bien lourd.

Prévenir les violences institutionnelles

Peut-on compter sur la capacité des institutions à se réformer, spontanément ou sur injonction de leurs tutelles exerçant leur mission de contrôle après avoir été alertées, par exemple par des parents isolés ou par une association ? L'expérience montre qu'une telle démarche est exceptionnelle, tant est grande l'habileté de ces institutions à se protéger, à étouffer les plaintes, à éviter les scandales.

Le signalement de dérives violentes éventuelles à l'administration ou à la justice est parfois le fait d'une personne – stagiaire par exemple, ou parents d'un jeune vivant dans l'institution – prenant d'ailleurs le risque de poursuites pour diffamation si la véracité des faits n'est pas confirmée par l'enquête diligentée à la suite du signalement ; éventualité non exceptionnelle car les personnes handicapées peuvent se rétracter sous la pression ou sous la menace.

Autre difficulté pour la justice : les fausses allégations d'abus sexuels, du fait de familles ou de résidants accusant à tort des membres du personnel, éducateurs ou autres, dans une volonté de vengeance. Mais comment démêler le vrai du faux dans des affaires conflictuelles où la parole du déficient mental n'a le plus souvent que peu de poids ? (Manciaux *et al.*, 1999).

En matière de prévention il faut limiter la taille des institutions nouvelles, privilégier des unités de vie à taille humaine et à proximité des lieux de vie des résidants potentiels ; réorienter les opérations de contrôle pour y inclure, à côté des évaluations bureaucratiques privilégiant les aspects économiques, un examen soigneux de la qualité de vie des résidants : mettre en place des mécanismes de supervision externe, de soutien moral et psychologique aux professionnels menacés par la routine, l'usure, l'implication excessive. Et Tomkiewicz conclut par quelques notions capitales susceptibles de prévenir, ou au moins de diminuer les violences institutionnelles. Ce sont :

– des relations confiantes entre la personne handicapée, sa famille et les professionnels qui s'occupent d'elles ;

– une meilleure cohabitation, une meilleure circulation de la parole, une capacité à résoudre pacifiquement des conflits hiérarchiques ou horizontaux, tout cela enseigné en théorie et plus encore par des exercices pratiques en groupe ;

– une formation psychologique insistant sur la nécessité de la modestie alors qu'aujourd'hui chaque école prétend donner un

savoir tout fait. Toute illusion de savoir exclusif est dangereuse et peut générer la violence ;
– une reconnaissance de notre relative impuissance à guérir, tout en mettant l'accent sur nos fonctions de soins, d'accompagnement. Souvent le désir de réparer, de normaliser, de remettre dans le droit chemin fait le lit de la violence lorsque la personne handicapée y répond par une résistance passive ou active. Un soignant qui a bien compris qu'il n'est pas responsable lorsqu'il ne peut guérir, mais qu'il doit se tenir comme coupable lorsqu'il ne soigne pas, lorsqu'il n'accompagne pas, respectera mieux la personne, quels que soient les problèmes et les troubles de celle-ci ; il sera moins porté à répondre par la violence ou par le désengagement aux difficultés qu'il éprouve dans l'exercice de ses fonctions. Il sera ainsi un soignant bientraitant.

Aspects juridiques

Comment les violences exercées envers les personnes handicapées mentales sont-elles appréhendées par le droit ?

La maltraitance envers les personnes handicapées est un phénomène qui a été longtemps négligé par les pouvoirs publics, la priorité ayant été donnée à la maltraitance envers les enfants puis envers les personnes âgées (Commission d'enquête sur la maltraitance, 2003). En effet, la mise en place d'une politique spécifique est très récente puisqu'elle résulte de la loi n° 2002-2 du 2 janvier 2002 et de la circulaire n° 2002-265 du 30 avril 2002. Ces textes interviennent de manière particulière pour les personnes handicapées accueillies en établissement, et viennent s'ajouter aux exigences minimales du code pénal.

Les exigences minimales du Code pénal

L'article 434-3 du Code pénal concerne l'obligation de signalement des mauvais traitements :

> « le fait, pour quiconque ayant eu connaissance de privations, de mauvais traitements ou d'atteintes sexuelles infligés à un mineur de quinze ans ou à une personne qui n'est pas en mesure de se protéger en raison [...] d'une déficience physique ou psychique [...], de ne pas en informer les autorités judiciaires ou administratives, est puni de 3 ans d'emprisonnement et de 45 000 euros d'amende. »

Le Code pénal ne connaît pas les personnes handicapées ; il est seulement fait mention de personnes présentant une « particulière vulnérabilité » due à l'âge, à une maladie, à *une infirmité, une déficience physique ou psychique*, ou à un état de grossesse. De même, les mineurs de quinze ans font l'objet de dispositions spécifiques. Les personnes handicapées adultes sont donc protégées par les dispositions concernant les personnes vulnérables, et les enfants et adolescents handicapés par celles relatives aux mineurs de quinze ans.

Il existe un éventail complet de sanctions pénales pour les faits de maltraitance. La vulnérabilité de la victime ou l'état de mineur de quinze ans viennent majorer les peines applicables.

À titre d'exemples :

– Le délaissement d'une personne qui n'est pas en mesure de se protéger en raison de son état physique ou psychique est puni de 5 ans d'emprisonnement et de 75 000 euros d'amende (article 223-3 du Code pénal).

– Le viol commis sur une personne vulnérable ou sur un mineur de quinze ans est puni de 20 ans d'emprisonnement (article 222-24 du Code pénal).

– Toute agression sexuelle autre que le viol commise sur un mineur de quinze ans ou sur une personne vulnérable est punie de 7 ans d'emprisonnement et de 100 000 euros d'amende (article 222-29 du Code pénal). Cette peine est encore aggravée à 10 ans d'emprisonnement et à 150 000 euros d'amende lorsque l'agresseur a abusé de l'autorité que lui conféraient ses fonctions (article 222-30 du Code pénal).

– Les violences commises sur un mineur de quinze ans ou sur une personne vulnérable sont passibles de 3 ans d'emprisonnement et de 45 000 euros d'amende (article 222-13 du Code pénal).

S'agissant des personnes handicapées mentales, le dispositif est critiqué pour plusieurs raisons (Commission d'enquête sur la maltraitance, *op. cit.*).

En amont, la difficulté réside dans l'accès de la victime aux canaux de signalement[3]. Outre la création des médiateurs par la loi du 2 janvier 2002 (voir *infra*), a été proposée la mise en place d'un service d'accueil téléphonique pour les personnes handicapées, sur le modèle du 119 pour l'enfance maltraitée, et du réseau ALMA pour les personnes âgées. Les personnes handicapées disposeraient d'un numéro vert (à afficher dans les structures d'accueil) auquel elles pourraient s'adresser pour obtenir une écoute anonyme.

De plus, les personnes handicapées sont souvent désemparées face au déroulement d'un procès pénal. Par exemple, elles connaissent rarement la possibilité de demander l'aide juridictionnelle. Cette difficulté est encore accrue lorsque la personne n'est pas placée sous un régime de protection et que sa famille n'est pas en mesure de l'aider. Aussi, il a été proposé d'étendre le modèle existant pour les mineurs d'un administrateur *ad hoc*, qui serait chargé d'assister la personne tout au long de la procédure (indépendamment du rôle de l'avocat). Cette mission pourrait être confiée aux médiateurs créés par la loi du 2 janvier 2002. À défaut, il serait intéressant de mener une réflexion sur la possibilité pour les associations de défense des personnes handicapées de se constituer partie civile.

L'instruction des affaires pose par ailleurs un problème spécifique, qui est celui du recueil du témoignage de la personne. Les magistrats sont peu formés et n'ont pas le temps nécessaire à une véritable écoute de la personne handicapée. Il est donc indispensable que la justice dispose de personnels qualifiés pour

3. La victime n'est en effet à l'origine du signalement que dans moins d'un tiers des cas.

bien comprendre le témoignage de la personne handicapée mentale.

Enfin, les délais de prescription sont également critiqués, car leur point de départ est généralement le jour où l'infraction a été commise. Or, en raison des risques de pressions, bon nombre de faits de maltraitance ne sont révélés que tardivement. Il serait donc utile de modifier cette règle en posant comme point de départ la date de signalement.

Les dispositions spécifiques aux personnes handicapées accueillies en établissement

La loi nº 2002-2 du 2 janvier 2002 (voir Annexe 12) rénovant l'action sociale et médico-sociale nous fournit quelques éléments s'agissant de la maltraitance psychologique dans les établissements. Cette forme de maltraitance, comme nous l'avons vu, dénigre le potentiel et les aspirations des personnes, et ne respecte pas leur individualité.

La loi dispose tout d'abord qu'est assuré à toute personne prise en charge dans les établissements et services sociaux et médico-sociaux « le respect de sa dignité, de son intégrité, de sa vie privée, de son intimité et de sa sécurité ». Elle prescrit ensuite la mise en œuvre d'un accompagnement individualisé favorisant le développement, l'autonomie et l'insertion de la personne, adapté à son âge et à ses besoins, et consacre la nécessité d'élaborer un projet personnel en concertation avec la personne handicapée elle-même et avec son représentant légal [4]. Cette dernière exigence confère au modèle d'accompagnement personnalisé – outil élaboré par l'UNAPEI permettant une présentation de la situation et des besoins de la personne – un

4. L'expression « représentant légal » utilisée par le législateur est trop restrictive, car juridiquement elle ne vise que les tuteurs. Or, la participation des curateurs ne doit pas être négligée. Il serait préférable de parler des « protecteurs » de la personne handicapée mentale.

rôle majeur pour la mise en application des dispositions législatives (UNAPEI, 2002).

Cette loi maintient les conseils d'établissements, devenus conseils de la vie sociale, qui ont pour but « d'associer les personnes bénéficiaires des prestations au fonctionnement » de l'établissement. Mais la loi ne fait pas mention d'une éventuelle participation des familles, tuteurs ou curateurs, à ces conseils. Rien ne semble l'exclure, et l'on attend des décrets d'application qu'ils fournissent des précisions sur ce point.

Elle offre par ailleurs à la personne accueillie ou à son représentant légal la possibilité de se confier à une « personne qualifiée », pour l'aider à faire valoir ses droits. Les conditions de la saisine de ce médiateur seront fixées par un décret, qui est encore en préparation. Cette possibilité est judicieuse, car elle devrait permettre de combattre la loi du silence qui paralyse les dénonciations. En effet, les familles craignent souvent des retombées sur leur proche accueilli dans l'établissement.

Le rapport de la Commission d'enquête sur la maltraitance estime toutefois regrettable que la saisine soit limitée à la personne handicapée elle-même ou à son représentant légal. En effet, le personnel de l'établissement s'expose également à des risques de pression, même si la loi de 2002 a rappelé qu'il est interdit de sanctionner ou de licencier les salariés ayant relaté des faits de maltraitance ou en ayant témoigné, ou de pratiquer de quelconques discriminations à leur encontre. Il serait donc nécessaire de prévoir une extension de la saisine à toute personne témoin de maltraitance, et par ailleurs de prévoir une certaine confidentialité, afin d'éviter que ce dispositif ne soit lui aussi bloqué par la « loi du silence ». Enfin, il est indispensable que le nouveau dispositif fasse l'objet d'une information adéquate auprès des personnes concernées. Cette démarche ne doit pas écarter les personnes handicapées elles-mêmes, qui ont besoin de connaître l'existence de cet interlocuteur et qui doivent aussi être informées de manière simple sur la limite acceptable des comportements d'autrui.

La loi de 2002 intervient également pour renforcer le contrôle des institutions.

Contrôle

La loi organise une évaluation interne et une évaluation externe, ce qui doit permettre aux établissements d'être constamment attentifs à la dynamique de bientraitance menée en leur sein. Ils devront procéder à une autoévaluation de leurs prestations au moins tous les cinq ans. Pour ce faire, ils pourront utiliser les référentiels de bonnes pratiques qui seront validés prochainement par le Conseil national de l'évaluation sociale et médico-sociale[5] (instance placée auprès du ministre chargé de l'Action sociale).

Plusieurs personnalités ont souligné devant la Commission d'enquête sur la maltraitance envers les personnes handicapées l'intérêt de cette autoévaluation :

– « Il s'agit de mettre tout le personnel autour de la table, sans oublier la cuisinière ou la femme de ménage. Tout agent a un rôle essentiel et une position stratégique. Chacun doit décrire son action, ses interrogations et pouvoir redonner un sens à des actes qui sont peut-être devenus trop quotidiens. » (Marie-Thérèse Boisseau, secrétaire d'État aux Personnes handicapées.)
– « L'analyse des pratiques est essentielle car elle soulève des questions concrètes. Frappez-vous à la porte avant d'entrer dans la chambre d'un résidant ? Certaines portes sont-elles fermées, quand et pourquoi ? Tutoyez-vous ou vouvoyez-vous les résidants ?… » (Serge Lefèbvre, vice-président de l'Association pour adultes et jeunes handicapés.)
– « Tout l'intérêt de ces outils est de faire une « opération vérité » non seulement sur les besoins d'accompagnement des personnes mais également sur les moyens à mobiliser pour que ces personnes reçoivent la prestation la plus adaptée à leur cas. » (Laurent Coquebert, directeur général de l'UNAPEI).

5. Le Conseil national de l'évaluation sociale et médico-sociale sera composé en majorité de représentants d'usagers, de professionnels et de personnalités qualifiées.

Plusieurs associations ont élaboré des référentiels. Ainsi, l'APAJH a élaboré deux référentiels, en collaboration avec les directeurs d'établissement, propres à faire ressortir les « comportements de qualité que l'on peut par la suite modifier » (Serge Lefèbvre). L'UNAPEI a mis en place l'outil « PROMAP » qui permet d'évaluer le taux de satisfaction de la personne et de l'établissement. Le Syndicat national des associations de parents et amis de personnes handicapées mentales gestionnaires d'établissements et de services spécialisés (SNAPEI) a réalisé un référentiel qualité, qui doit permettre d'évaluer la qualité du service rendu à la personne handicapée.

Les établissements devront par ailleurs faire procéder à une évaluation externe tous les sept ans et le renouvellement tous les quinze ans de l'autorisation est dorénavant subordonné aux résultats de cette évaluation externe. Le Conseil national de l'évaluation devrait rapidement valider les listes d'opérateurs susceptibles d'intervenir de façon externe. Ces organismes évaluateurs devront respecter un cahier des charges garantissant leur indépendance et le respect de principes méthodologiques d'évaluation (procédures, étapes successives, interprétation et publication des résultats).

Là encore, cette initiative a été saluée :

> « Un regard extérieur sur les établissements est indispensable dans la mesure où ces institutions ont l'habitude de fonctionner en vase clos. Cela suppose d'élaborer une grille de critères généraux de respect des droits fondamentaux des usagers et de critères spécifiques en fonction de la spécificité de l'établissement et de la particulière vulnérabilité de la population accueillie. Cette grille ne pourra être efficace que si s'opère une véritable révolution des mentalités, du regard des professionnels et de la société sur les personnes handicapées. Ces évaluations devraient s'effectuer non pas dans une optique répressive qui ne pourrait que déclencher des réflexes défensifs et d'occultation des problèmes, mais dans une perspective d'aider ces institutions à corriger certains dysfonctionnements, et, si cela est possible, de provoquer une émulation des établissements pour satisfaire à des critères de qualité éthique des soins. » (Roland Broca, président de la Fédération française de santé mentale.)

La loi renforce également la fonction de contrôle des inspecteurs des affaires sanitaires et sociales, qui ont dorénavant la possibilité de constater des infractions par des procès-verbaux faisant foi jusqu'à preuve contraire, et d'effectuer des saisies. Un projet de décret devrait préciser les infractions susceptibles d'être constatées par les inspecteurs, les conditions dans lesquelles ils pourront effectuer des saisies, et les sanctions encourues par les personnes qui tenteraient de faire obstruction à une mission d'inspection. Lorsque le contrôle a pour objet d'apprécier l'état de santé, de sécurité, d'intégrité, ou de bien-être physique ou moral des personnes accueillies, la loi prévoit des inspections conjointes d'un inspecteur des affaires sanitaires et sociales et d'un médecin-inspecteur de santé publique. Ce dernier entend la personne accueillie et sa famille, et recueille leur témoignage. Le témoignage du personnel est recueilli par l'inspecteur ou par le médecin-inspecteur.

La Commission d'enquête sur la maltraitance a souligné le rôle essentiel des inspections, qui permettent de signaler des formes de maltraitances non révélées par les canaux habituels de signalement. On estime nécessaire de procéder plus souvent à des visites inopinées. En effet, même si l'information préalable de l'établissement quant à la venue des inspecteurs ne permet pas de remédier à tous les dysfonctionnements, il est certain, compte tenu des pressions qui pourraient être exercées dans ce cas sur les personnes accueillies et sur le personnel, que l'effet de surprise permet des entretiens plus spontanés.

Prévention

Au titre de la prévention de la maltraitance, la commission recommande aussi de mieux informer (les citoyens, les personnels...) et mieux former (les personnels qualifiés comme les personnels généraux). Elle insiste enfin sur la nécessité d'une prise en charge adaptée : « la plus grande violence est la violence par omission, c'est-à-dire par la non-création d'établissements spécialisés », ou encore par le maintien en milieu spécialisé de personnes susceptibles d'évoluer en milieu ordinaire.

Enfin, la circulaire n° 2002-265 du 30 avril 2002, relative au renforcement des procédures de traitement des signalements de maltraitance et d'abus sexuels envers les enfants et les adultes vulnérables accueillis dans les structures sociales et médico-sociales, préconise une vigilance particulière au niveau du recrutement des personnels intervenant auprès des personnes vulnérables, et rappelle la nécessité de demander un extrait du casier judiciaire.

Comme l'a fait remarquer la commission d'enquête, l'obligation pour les établissements de dénoncer les maltraitances n'a qu'une assise réglementaire. En effet, c'est la circulaire du 30 avril 2002 précitée qui précise que les responsables des établissements sociaux et médico-sociaux doivent :

– signaler immédiatement aux agents de la DDASS les cas de maltraitance et de violences sexuelles constatées dans leur structure et en informer le procureur de la République ;
– informer les responsables légaux et les familles des victimes ;
– prévoir un accompagnement des victimes (notamment un soutien psychologique) et des autres personnes susceptibles d'en avoir besoin ;
– prendre des dispositions particulières à l'encontre des agresseurs présumés pour protéger les victimes.

Ce dernier point peut s'avérer parfois délicat à mettre en œuvre, tant qu'aucune enquête ne permet de donner une base solide à la réalité des faits allégués. La commission préconise de recourir davantage aux mises à pied conservatoires, comme cela se fait dans l'Éducation nationale, à l'égard des personnels mis en cause dans des affaires de pédophilie, et de donner au président du conseil général un pouvoir de fermeture des établissements où se produisent des dysfonctionnements graves. Il insiste sur les causes de ces violences, en particulier, l'absence de culture de prévention de la maltraitance et la difficulté de la tâche assignée à des professionnels qui, souvent, n'ont pas reçu une formation suffisante et adaptée. Le rapport mentionne toutefois que dans 70 % des cas connus la maltraitance s'exerce au sein des familles, peut-être parce que les institutions se protègent et se défendent mieux. Il suggère également d'informer le grand public sur le phénomène, de permettre aux victimes de s'exprimer grâce, par exemple, à un service téléphonique anonyme et d'étendre de façon explicite la levée du secret professionnel à ces cas de maltraitance.

En guise de conclusion, voici des extraits du communiqué de presse publié le 13 juin 2003 par l'UNAPEI, à la suite du rapport de la Commission sénatoriale auquel ce chapitre a largement fait référence.

> La maltraitance est un phénomène qui concerne la société dans son ensemble. La personne handicapée mentale est particulièrement vulnérable, notamment parce qu'elle a des difficultés à discerner ce qui relève ou non d'un acte de maltraitance et qu'elle a du mal à s'exprimer, à présenter des preuves, ou à être entendue lorsqu'elle en est victime.
>
> L'UNAPEI travaille depuis de nombreuses années sur ce sujet. Elle a d'ailleurs publié, il y a trois ans, un *Livre blanc* concernant cette question, document largement utilisé par la Commission d'enquête du Sénat.
>
> Ce *Livre blanc*, réalisé par un groupe de parents, de professionnels de l'accompagnement, d'experts extérieurs, met en avant le fait que la première violence résulte du rejet de la différence. Il apporte une définition de la maltraitance, laquelle peut être consciente ou inconsciente, générée par des actes, mais aussi par l'absence d'intervention. L'accent est également porté sur la prévention en précisant les notions de « personnes maltraitées » et de « personnes à risque », sans oublier que les personnes handicapées peuvent être, elles aussi, maltraitantes. Lutter contre la maltraitance impose de prendre en compte l'ensemble de ses aspects (dysfonctionnements, fautes professionnelles...) et des situations (en famille ou en institution), susceptibles, lorsqu'ils sont cumulés, de générer de la maltraitance.
>
> Un des objectifs de l'UNAPEI dans ce domaine est de sensibiliser les divers accompagnants des personnes handicapées mentales (familles, professionnels, intervenants divers au sein des établissements spécialisés...), mais aussi la société dans son ensemble (médias, grand public). Même si la plupart des personnes handicapées mentales, que ce soit en famille ou en institution, ne sont pas concernées par ces

problèmes, l'UNAPEI insiste sur la nécessaire vigilance et invite chacun à réfléchir sur ses comportements, individuels ou collectifs, lorsqu'il est en rapport avec une personne handicapée mentale.
Enfin, l'UNAPEI met en garde contre toute forme d'amalgame qui assimilerait de façon hâtive l'accueil en établissements ou services spécialisés à de la maltraitance. Par ailleurs, elle estime que le fait que les institutions soient gérées par des associations représentatives des personnes handicapées ou de leurs familles constitue une garantie, parmi d'autres offertes aux usagers de ces structures.

Il va de soi que les différentes formes de violences – par omission ou par commission – envisagées dans ce chapitre contreviennent à la morale publique, à la loi, aux déontologies professionnelles et doivent être réprimées ou, mieux, prévenues. L'information du public, la formation des professionnels et la vigilance de tous sont, de ce point de vue, absolument essentielles.

Inacceptable quand elle s'exerce envers des personnes non handicapées, la violence dans les rapports humains, quels qu'ils soient, est encore plus contraire à l'éthique sociale quand elle s'adresse à des personnes handicapées mentales. Et c'est sans doute l'éthique qui peut nous aider à mieux gérer nos relations avec ces personnes qui nous sont à la fois si proches et si lointaines, si semblables et si différentes, avec ces familles si fortes et si fragiles. La réflexion sur la fragilité constitue justement une bonne introduction à cette démarche éthique fondée sur le respect inconditionnel de la personne, corps et esprit, sur les valeurs d'empathie, de bénévolence, de non-nocivité. « Dès lors qu'autrui me regarde, j'en suis responsable » selon Emmanuel Lévinas (1982) ; surtout quand cet autrui est doublement blessé par son handicap et par la violence subie. Comme en écho Paul Ricœur dit : « Être responsable, c'est prendre en charge le plus faible. » De son côté, l'équité, valeur et comportement social que l'éthique recommande, consiste à offrir plus à ceux qui sont les plus démunis. Le droit, l'équité et l'éthique tracent le chemin vers une prise en charge non violente des personnes handicapées.

RÉFÉRENCES BIBLIOGRAPHIQUES

Références citées

AFIREM (ASSOCIATION FRANÇAISE D'INFORMATION ET DE RECHERCHE SUR L'ENFANCE MALTRAITÉE), « Handicap et maltraitance : affronter le cumul », Paris, Hôpital des enfants malades, *Cahiers*, 40, 2002.

COMMISSION D'ENQUÊTE SUR LA MALTRAITANCE, *La Maltraitance envers les personnes handicapées accueillies en établissements et services sociaux et médico-sociaux et les moyens de la prévenir*, rapport d'information nº 339, Sénat, 5 juin 2003.

KOHLER L., JAKOBSSON G., *Children's health in Sweden*, Stockholm, National Board of Health, 1991.

LÉVINAS E., *Éthique et infini*, Livre de poche, Paris, 1982.

MANCIAUX M., GIRODET D., *Allégations d'abus sexuels*, Paris, Fleurus, 1999.

MANCIAUX M., GABEL M., GIRODET D. *et al.*, *Enfances en danger*, Paris, Fleurus, 2002.

RICŒUR P., *Éthique et responsabilité*, Baconnière, Paris, 2000.

ROUYER M., *La Sexualité*, Paris, Bayard, 2003.

TOMKIEWICZ S., VIVET P., *Aimer mal, châtier bien. Enquêtes sur les violences dans les institutions pour enfants et adolescents*, Paris, Le Seuil, 1991.

TOMKIEWICZ S., « Violences administratives », *Enfance majuscule*, 55, 2000.

UNAPEI, *Livre blanc. Maltraitances des personnes handicapées mentales dans la famille, les institutions, la société. Prévenir, repérer, agir*, 2000.

UNAPEI, « Prévenir les risques sexuels », *Vivre ensemble*, nº 63, janvier 2003.

Pour en savoir plus

GABEL M., LEBOVICI S., MAZET P., *Maltraitance psychologique*, Paris, Fleurus, 1996.

GABEL M., JÉSU F., MANCIAUX M., *Maltraitances institutionnelles*, Paris, Fleurus, 1998.

GABEL M., JÉSU F., MANCIAUX M., *Bientraitances*, Paris, Fleurus, 2000.

LARGUIER J., *Droit pénal général*, 19e éd., Dalloz, 2003, 266 p.

PAULIN C., *Droit pénal général*, 3e éd., Litec, 2002, 174 p.

PRADEL J., *Manuel de droit pénal général*, 14e éd., Cujas, 2002, 749 p.

« Promouvoir une culture de la vigilance », Paris, *Actualités sociales hebdomadaires*, 2289, 2002.

RENOUT H., *Droit pénal général*, 7e éd., CPU, 2002, 394 p.

Textes juridiques

Code pénal, articles 222-13 ; 222-24 ; 222-29 ; 222-30 ; 223-3 ; 434-3.

Loi n° 2002-2 du 2 janvier 2002 rénovant l'action sociale et médico-sociale.

Circulaire n° 2002-265 du 30 avril 2002, relative au renforcement des procédures de traitement des signalements de maltraitance et d'abus sexuels envers les enfants et les adultes vulnérables accueillis dans les structures sociales et médico-sociales.

7

Personnes handicapées mentales et recherche

André Boué, Gwen Terrenoire,
Françoise Dekeuwer-Défossez, Roger Misès

Les parents d'un enfant porteur d'un handicap mental attendent beaucoup de la recherche. Ils souhaitent qu'elle les aide à mieux comprendre l'origine du handicap en cause et à prévenir sa répétition chez un futur enfant. Ils attendent surtout qu'elle les aide à améliorer la santé de leur enfant, ses capacités cognitives, son autonomie, puis son adaptation scolaire et sociale. Les associations de familles pour leur part relaient ces souhaits en demandant que la recherche fasse progresser la connaissance des facteurs en jeu dans l'origine des handicaps mentaux et ceux qui peuvent influencer favorablement le développement des enfants.

Toutes ces demandes, souvent pressantes et impatientes, qui s'accompagnent de la revendication d'être associé aux projets et informé des résultats, sont un phénomène relativement récent. En effet, la recherche a longtemps fonctionné de manière confidentielle, en bénéficiant de la confiance sociale implicite accordée à des chercheurs guidés par leur éthique personnelle. Ce n'est qu'après 1945 et la révélation des abus commis par des médecins durant le régime nazi qu'a commencé une période de réflexion qui prend son véritable essor dans les années 1960. C'est le début du mouvement de prise de conscience des enjeux éthiques et sociaux de la recherche biomédicale sur l'être humain qui prendra le nom de bioéthique. Il débute aux

États-Unis où ont été mises au jour plusieurs « affaires » dans lesquelles des personnes handicapées furent soumises par des médecins « honorables » à des expérimentations risquées sans qu'il y ait eu la moindre perspective de bénéfice pour elles. Cette réflexion a conduit à un accord sur la nécessité de définir et mettre en œuvre un système de réglementation et de codes de déontologie et/ou d'éthique visant à protéger les personnes participant aux expérimentations biomédicales et à guider les chercheurs dans leurs démarches. On trouvera en annexe les principaux textes qui servent de référence en la matière. La prédominance de la recherche biomédicale, et plus récemment de la recherche génétique, comme source des questionnements éthiques, y est évidente. Mais d'autres domaines sont aujourd'hui concernés : la psychologie du développement, les sciences cognitives, les sciences sociales, et les recherches sur la dynamique des groupes familiaux ou institutionnels ; dans chacun de ces domaines les chercheurs sont appelés à élaborer des normes qui permettent d'assurer la protection des participants à leurs projets.

Un des principes majeurs garantissant le caractère éthique d'une recherche étant le consentement éclairé de sujets juridiquement capables de le donner, les personnes ayant un handicap mental ont longtemps été exclues de la possibilité de participer à l'avancée des connaissances. De plus, les attitudes du public à l'égard de la recherche, plus particulièrement celles de l'entourage des personnes concernées, étaient souvent marquées par une certaine méfiance et par des craintes qui, à la lumière de l'histoire, sont parfaitement compréhensibles. À cette même époque les priorités des parents et des associations qui les regroupaient visaient surtout une meilleure prise en charge financière, sociale et éducative des enfants handicapés, l'amélioration des établissements existants, la création de nouveaux lieux d'accueil. Devant la diversité et la complexité des handicaps, devant l'insuffisance des ressources matérielles et humaines pour le développement de la recherche sur les handicaps et inadaptations, devant le cloisonnement des disciplines concernées, peu de gens fondaient quelque espoir sur le rôle des retombées de la recherche pour le mieux-être des enfants atteints de handicaps mentaux sévères dont d'ailleurs la majorité ne survivaient pas au-delà de l'adolescence. Quant au grand public, il se désintéressait majoritairement de ces problèmes. Alors que la recherche biomédicale faisait de grands progrès dans d'autres domaines, celle concernant le handicap mental marquait le pas.

Heureusement, la place des personnes handicapées dans la société a évolué depuis et la prise de conscience collective a progressé grâce à bien des facteurs, notamment à une information de meilleure qualité. La recherche s'est développée et de nombreuses disciplines scientifiques s'intéressent désormais au handicap mental, stimulées par les questions et demandes mentionnées plus haut. Par exemple, l'association *Inclusion International* plaide pour une recherche qui aurait pour objet de mieux comprendre les handicaps et d'améliorer la prévention de conditions risquant de les provoquer. Il semble inacceptable aujourd'hui que les personnes handicapées soient exclues par défaut des bénéfices pouvant résulter d'avancées dans la compréhension des causes et des modes d'intervention permettant d'atténuer les effets des handicaps, voire de prévenir leur apparition.

La recherche sur le handicap mental suscite à présent des réactions sociales contrastées : un grand enthousiasme mais aussi une certaine méfiance s'expliquant probablement par les messages, pas toujours clairs, qu'envoient les chercheurs de leurs objectifs et perspectives et par les choix effectifs des pouvoirs publics qui paraissent décalés par rapport aux discours sur l'insertion. L'accent est mis davantage sur la prévention de l'apparition de handicaps que sur l'appui aux disciplines susceptibles de mettre au point des moyens pour améliorer la qualité de la vie des personnes concernées. En France, la relative dispersion des chercheurs et l'absence de réseaux facilitant les échanges ajoutent à ces difficultés.

Depuis quelques années les progrès des connaissances sont indéniables, notamment en ce qui concerne les handicaps sévères, les plus directement en rapport avec des causes organiques. Mais même ici un tiers des étiologies organiques reste inconnu ou imprécis. La compréhension des handicaps de gravité moyenne ou mineure avance malheureusement plus lentement. Certains apparaissent liés à des troubles anténatals dont on ne peut encore définir la nature, d'autres à des facteurs affectifs et relationnels qui interviennent de façon dominante ou viennent aggraver une déficience organique initiale. D'où la nécessité de poursuivre des recherches dans tous les domaines mentionnés et d'y associer les familles et leurs enfants, pour que de nouvelles connaissances puissent se traduire en propositions de prévention et de prise en charge au bénéfice, non seulement des générations futures, mais aussi des personnes qui acceptent de participer aux programmes variés qui se développent et s'amplifient.

Dans de nombreux domaines, notamment en recherche pharmaceutique et biomédicale, il est possible de faire précéder les recherches utilisant des sujets humains par une phase d'expérimentation animale, mais cela est souvent d'un intérêt limité pour le handicap mental. Au moment où les personnes concernées et leurs familles sont de plus en plus sollicitées pour participer à des recherches portant sur cette pathologie, il est important de répondre à leurs interrogations, voire à leurs craintes, car il n'est pas certain qu'elles aient une idée exacte de ce que sont réellement la recherche et les conditions de sa réalisation. La médiatisation ne les aide pas toujours à y voir plus clair, puisqu'elle tend à privilégier les succès éclatants ou les scandales. Il nous paraît donc utile de clarifier en préalable la notion de recherche scientifique et de proposer quelques réflexions au sujet du handicap mental en tant qu'objet particulier de la recherche. Ces développements seront illustrés par quelques disciplines scientifiques engagées dans la recherche sur ce thème.

L'organisation de la recherche en France est encadrée par des dispositions juridiques, principalement la loi Huriet-Sérusclat de

1988, qui concerne la recherche biomédicale et comportementale avec des sujets humains. L'attention est portée plus particulièrement sur les protections prévues par la loi pour le cas de recherches dans lesquelles les familles et leurs enfants handicapés sont invités à participer[1]. À leur suite sont présentés les principes éthiques relatifs à la participation de sujets handicapés, principes qui font l'objet d'un consensus international. La dernière partie, consacrée aux réflexions et orientations, réexamine les principes fondamentaux de l'éthique de la recherche en les enrichissant de considérations spécifiques pour celles impliquant la participation de personnes handicapées mentales. On aborde ensuite le terrain de façon pragmatique en dégageant les enjeux éthiques et les responsabilités particulières des divers acteurs des projets de recherche et en tenant compte d'exigences propres aux diverses étapes du déroulement d'un projet. Et le chapitre se termine par des conclusions et des recommandations spécifiques.

La recherche scientifique

Définitions

Qu'est-ce que la recherche scientifique ? Le Conseil des organisations internationales des sciences médicales (CIOMS) la définit comme suit :

> « Le terme "recherche" fait référence à une catégorie d'activités visant à étendre ou enrichir le savoir généralisable. Le savoir généralisable est constitué de théories, principes ou relations, ou de l'accumulation de renseignements sur lesquels ceux-ci se fondent, vérifiables par des méthodes scientifiques d'observation et d'inférence [...] » (CIOMS, 1993.)

1. On utilise de plus en plus le terme « participant à la recherche » plutôt que « sujet de recherche » pour insister sur l'adhésion volontaire de la personne (ou de son représentant légal) dûment informée.

Une autre définition, proposée récemment par un groupe interdisciplinaire canadien (Canada, Groupe de travail des Trois Conseils, 1996), est plus détaillée et concrète. Elle a aussi l'avantage de souligner les enjeux éthiques de la démarche scientifique lorsque l'objet de la recherche est un être humain :

> « La recherche scientifique avec des êtres humains suppose que, lorsque l'on soumet au test de l'expérience une idée (une hypothèse) dans le but d'acquérir une connaissance de portée générale, le passage empirique (par la démarche expérimentale, avec ses opérations matérielles) exige la participation d'êtres humains… [Elle] varie selon les méthodes ou disciplines… [Elle] peut consister en la demande de renseignements sur le sujet par différentes méthodes (observations, tests visuels, écrits, entrevues orales, etc.) et sur une quantité de domaines… [Elle] peut aussi exiger une participation physique, c'est-à-dire que le corps sera sollicité. À nouveau, différentes méthodes peuvent être utilisées (essais cliniques, tests de laboratoire, prélèvements, etc.), chacune nécessitant, à un degré variable, l'observation et l'intervention physique, chimique ou psychologique. Cette participation corporelle est une participation globale de la personne (esprit et corps)… L'étendue et la diversité des recherches avec des sujets humains cachent un même enjeu philosophique : l'utilisation d'êtres humains pour la recherche et les conditions éthiquement acceptables de cette utilisation [2]. »

Dans un texte déjà ancien mais dont la pertinence reste d'une actualité saisissante, Pierre Royer a défini de manière très claire les disciplines scientifiques et les approches concernées par le handicap mental de l'enfant. Il cite la recherche médicale, comprenant la biologie fondamentale, la recherche clinique avec la génétique et la physiologie pathologique de la déficience, les recherches en santé publique et la technologie pour la médecine et la biologie. S'y ajoutent les recherches en psychologie. Chaque discipline peut avoir des retombées médicales et pédagogiques immédiates, ou être fondée sur une perspective de moyen ou long terme. Dans tous les cas, il s'avère indispensable

2. Voir en annexe 6 le texte complet du document canadien d'où cette citation est tirée.

de « définir les principaux axes de recherche et l'équilibre souhaitable entre eux et fixer les lignes des règles éthiques à respecter [...] » (Royer, 1981.)

Depuis cette époque, l'allongement remarquable de l'espérance de vie des personnes handicapées offre de nouveaux chantiers aux chercheurs, notamment l'évolution des pathologies et des incapacités en fonction de l'avancée en âge. Les observations de Pierre Royer étaient consacrées aux enfants mais elles peuvent aisément s'appliquer aujourd'hui à l'ensemble des personnes touchées par le handicap mental.

Difficultés

Les recherches dans ce domaine doivent affronter des problèmes méthodologiques redoutables. Dans un rapport déjà ancien consacré à la prévention des handicaps, l'Institut national de la santé et de la recherche médicale (INSERM) attirait l'attention sur ces difficultés. Les auteurs insistaient sur l'importance, pour la démarche de recherche, de pouvoir mesurer les handicaps, mais en même temps sur la grande difficulté d'y parvenir du fait de l'absence de normes de référence universellement acceptées. Par ailleurs, ils soulignaient la nécessité d'aborder avec une extrême prudence toute tentative de quantifier les handicaps (par exemple la mesure du QI [3]). Le handicap mental en tant qu'objet de recherche nécessite que soit prise en compte la perspective historique de la déficience étudiée dans la diversité de ses origines, du contexte social, de son évolution. Ce rapport recommandait de tenir compte également de l'accessibilité et de la tolérance de l'environnement de la personne handicapée. Enfin, il mettait les chercheurs en garde contre les effets sociaux de leurs recherches, en particulier l'éventuel retentissement de leurs démarches de définition et de catégorisation sur la vie et le comportement des personnes handicapées et de ceux qui les entourent (INSERM, 1985).

3. QI : quotient intellectuel.

Plus récemment le Comité consultatif national d'éthique (CCNE), dans un rapport relatif à la contraception chez les personnes ayant un handicap mental, a avancé d'autres observations qui méritent d'être rappelées. Le CCNE notait qu'il est très difficile de définir le handicap mental et les autres handicaps qu'elle entraîne, les personnes concernées disposant de potentialités extrêmement diverses. Faisant écho à Pierre Royer, le CCNE rappelait que les approches scientifiques doivent être multiples et qu'en dépit de différences conceptuelles profondes, « cette approche doit toujours être personnalisée ». Il faut tenir compte du contexte du handicap chez un sujet, notamment du fait que son devenir dépend largement de la qualité des réponses apportées par son environnement, qu'elles soient sociales, familiales, éducatives, médicales ou autres (CCNE, 1996).

Malgré ces difficultés, il y a aujourd'hui un consensus sur la nécessité de poursuivre les recherches dans le domaine du handicap mental et avec la participation de sujets handicapés. Elles devraient conduire à une amélioration du bien-être de la personne et de son intégration sociale, sous réserve que les progrès des connaissances soient appliqués à bon escient. Cela nécessite d'encourager les approches transversales et la constitution de réseaux de chercheurs ayant des approches différentes afin de faciliter les échanges et la coordination des travaux pour une meilleure efficacité. Les recherches menées en collaboration entre obstétriciens, pédiatres, équipes éducatives et de santé mentale sont à privilégier, car elles permettent d'engager précocement les actions souhaitables auprès de l'enfant et de son environnement familial et social. Les recherches apparaissent aujourd'hui, en effet, trop souvent cloisonnées par les spécialisations, si ce n'est par les rivalités et les affirmations de prééminence scientifique.

Les domaines de recherche

Jusqu'à un passé récent, l'origine des handicaps mentaux chez les enfants était largement inconnue : c'était encore le cas au début des années soixante-dix pour la moitié des sujets atteints (Lévy, 1970). Actuellement on reconnaît de nombreux facteurs génétiques ou neurobiologiques qui interviennent dans la genèse de la plupart des états graves ; c'est moins vrai pour les handicaps moins sévères où interviennent pour une large part des facteurs du milieu familial et social. Mais il faut souligner que les connaissances ont progressé ces dernières années à des rythmes variés selon la discipline concernée et que les familles ne sont malheureusement pas toujours au courant des avancées.

Recherches sur les facteurs organiques associés à l'apparition d'un handicap mental grave

Les progrès les plus éclatants et les mieux connus appartiennent incontestablement à la génétique qui bénéficie d'un fort investissement de la part de la recherche publique et privée. Alors qu'en 1970 on attribuait 20 % des handicaps mentaux sévères à des causes génétiques, on estime à l'heure actuelle qu'environ la moitié de ces handicaps sont dues à une anomalie du patrimoine génétique du sujet, et la liste s'allonge constamment grâce à la connaissance de plus en plus approfondie du génome humain et de ses possibles altérations chez un sujet donné.

Un sujet handicapé et sa famille peuvent être impliqués de diverses façons dans un examen génétique en fonction du but poursuivi :

– Le sujet lui-même peut être soumis à un examen à des fins médicales afin de confirmer ou d'infirmer le diagnostic d'une maladie génétique dont il présente des symptômes. Dans certains cas, cette identification permettra une meilleure prise en charge médicale et sociale.

– Le deuxième type d'examen génétique est mené dans une famille à la suite de la découverte d'une anomalie génétique chez un membre de cette famille. Il sert de point de départ pour un examen dont les bénéfices, cette fois sous la forme d'informations, sont destinés à la famille. Il s'agit d'examens réalisés chez des personnes ne présentant pas de symptômes. Les résultats peuvent montrer qu'une personne va développer la maladie dans l'avenir, ou que, n'ayant aucun risque personnellement d'être atteinte un jour, elle pourrait transmettre la maladie à sa descendance, ou enfin qu'elle n'est pas porteuse de cette caractéristique génétique.
– Enfin, il peut s'agir d'examens réalisés dans le but d'améliorer la compréhension des handicaps mentaux. Ce dernier objectif de recherche fondamentale nécessite l'étude de nombreuses familles qui acceptent de participer à des recherches dont elles ne tireront probablement pas un bénéfice personnel. Ces recherches peuvent se dérouler pendant des années ; elles impliquent souvent la collection et la conservation d'échantillons biologiques provenant des familles et des données cliniques qui leur sont liées. Les règles pour la constitution et la protection de telles collections sont aujourd'hui un sujet de discussion nationale et internationale.

D'importants progrès ont été réalisés dans la compréhension des handicaps mentaux acquis à la suite d'une souffrance néo- et périnatale grave ayant ou non donné lieu à une réanimation, d'infections (méningites néonatales par exemple) et de traumatismes. Des carences nutritionnelles précoces, sévères et durables, ainsi que d'autres carences résultant de la grande prématurité et des grossesses multiples [4], peuvent être à l'origine d'un handicap mental. La consommation – même modérée – d'alcool par la femme enceinte peut être responsable, chez l'enfant, d'un handicap mental sévère associé à des malformations variées. Ce « syndrome d'alcoolisme fœtal » peut atteindre jusqu'à cinq nouveau-nés sur cent dans les zones à

4. Voir sur ces points le chapitre « Autour de la naissance ».

consommation alcoolique élevée. Il y a là une cause majeure, et accessible à la prévention, d'insuffisance mentale. D'autres intoxications peuvent être en cause, par exemple celles dues au plomb, au mercure, aux vapeurs d'essence. Par contre, la toxicomanie maternelle agit surtout par le biais d'intoxications surajoutées – à l'alcool en particulier – et de carences multiples (Arthuis, Pinsard, Ponsot *et al.*, 1998). Concernant le tabagisme, il est établi qu'il y a un rapport entre une consommation excessive par la mère et le faible poids à la naissance, et que cela peut contribuer à l'émergence d'un handicap mental.

Recherches sur les facteurs du milieu familial et social

Certains handicaps apparaissent en relation avec des carences et perturbations d'ordre affectif ou social de survenue précoce. Ces facteurs peuvent intervenir isolément ou en liaison avec les étiologies [5] organiques. De nombreuses disciplines (la psychologie, la sociologie, l'épidémiologie sociale, l'ergonomie, la technologie) explorent les relations entre l'environnement familial et social et les facteurs qui exercent une influence favorable ou défavorable sur le développement des capacités cognitives et sur l'accès à l'autonomie de l'enfant handicapé mental. À la différence des disciplines telles que la génétique ou la neurobiologie qui s'attachent à mettre en évidence les éléments organiques fixes et non susceptibles d'être améliorés, celles dont il est question ici sont fondées sur la reconnaissance implicite que le handicap mental, même relié à une étiologie organique, n'est pas en lui-même un état immuable limitant de manière définitive les capacités de l'enfant (Misès, Perron, Salbreux, 1994). Orientées vers la mise au point d'actions et de programmes répondant aux besoins des personnes, ces recherches essentielles ont plusieurs objectifs :

5. Étiologie : étude des causes.

– nourrir la réflexion sur la prise en charge des personnes handicapées et fournir des données pertinentes pour la définition des politiques publiques ;
– contribuer à l'analyse des phénomènes qui sous-tendent la production du handicap ;
– évaluer l'effet des stratégies de prise en charge.

Deux champs de recherche sont particulièrement prometteurs : les recherches en psychopathologie et celles qui traitent de l'accession à l'autonomie individuelle et de l'intégration sociale et scolaire.

La psychopathologie cherche à comprendre la manière dont le déficit intellectuel se construit, se modèle progressivement, sous l'influence de facteurs divers, avant de se fixer sous une forme durable. Les travaux modernes ont montré le rôle important joué ici par les perturbations dans l'environnement familial et social de l'enfant. Par exemple, les nombreuses recherches sur les conséquences de la souffrance cérébrale dans la période périnatale soulignent la diversité des facteurs en jeu et leurs interactions mutuelles : poids de naissance, durée de la gestation et carences socio-culturelles. Si le rôle d'une atteinte cérébrale initiale est déterminant dans un nombre élevé de handicaps mentaux profonds, la gravité du handicap au terme de l'évolution dépend, pour une large part, des effets (positifs et négatifs) que les facteurs d'environnement exercent tout au long de l'histoire. Du côté des handicaps légers, où l'influence des atteintes organiques patentes est beaucoup plus réduite, le rôle de l'environnement apparaît encore plus nettement. Les enquêtes épidémiologiques dégagent par exemple le rôle des éléments suivants : la catégorie socio-professionnelle du père, la nationalité des parents (origine française ou étrangère), le degré de peuplement du logement, l'espace personnel dont l'enfant dispose.

Dans cette période évolutive, il importe d'aborder l'enfant dans ses diverses composantes, organiques, familiales et sociales, sans le réduire au seul élément déficitaire et en misant sur ses potentialités. Que ce soit à partir d'une atteinte organique survenant dans la période périnatale ou à partir de perturbations socio-affectives précoces et graves, les facteurs organiques ou relationnels introduisent des processus de débilisation progressive, mais on constate aussi que ces infléchissements restent longtemps sensibles à des influences pouvant s'exercer à différents niveaux. Cela permet de fonder des actions préventives et curatives multidimensionnelles où, à côté des thérapies proprement médicales parfois indiquées, il y a place également pour des mesures éducatives, rééducatives, sociales, psychothérapiques.

Dans ce domaine une des particularités de la recherche scientifique réside en ce qu'elle est très étroitement liée à l'objectif de soins. Ceux-ci ne sont pas possibles sans l'étroite collaboration des parents et des professionnels. Les recherches visent donc un bénéfice individuel direct. L'accroissement des connaissances ne constitue pas un but en soi : le bien-être du bébé, la sensibilisation et la participation des parents sont ici prioritaires. Il en va de même avec les recherches évoquées dans le paragraphe suivant.

Des handicaps mentaux qui semblent minimes tant que l'enfant reste au sein de sa famille peuvent s'aggraver au cours de son développement en rapport avec les demandes, de plus en plus complexes, qui lui sont faites pour qu'il s'engage dans les voies de la socialisation (école, travail, relations sociales…). Le domaine est exploré par des travaux en psychopathologie qu'on vient de rappeler, mais une place importante est faite aux recherches cognitives qui ont mis en évidence les besoins d'une approche éducative individualisée tenant compte de certaines spécificités d'apprentissage (mémorisation, catégorisation, apports sensoriels). D'autres pistes intéressantes existent qui pourraient être explorées, évaluées et portées à la connaissance du public. Mentionnons des systèmes novateurs d'aide à la lecture et d'accès à l'information, des jeux et loisirs adaptés, la communication assistée par ordinateur… En effet, ces techniques permettraient à terme une plus grande autonomie individuelle et une meilleure intégration scolaire et sociale de la personne handicapée. Il conviendrait d'y ajouter des investigations de type socio-économique telles que la recherche de potentialités d'emplois et d'insertion ou l'accessibilité des loisirs. Dans ce domaine, les remarquables réalisations de l'association *Handisport* montrent l'exemple et la voie à suivre.

L'encadrement juridique de la recherche en France

La législation française ne régit pas la recherche en tant que telle. Cela veut-il dire que la recherche est un droit du chercheur ? On peut considérer qu'il existe un principe de liberté de la recherche, auquel le Conseil constitutionnel a reconnu valeur constitutionnelle. Mais comme toute liberté, elle ne peut revêtir un caractère absolu et doit être conciliée avec les droits de même valeur, ou céder devant les droits de valeur supérieure. La liberté de la recherche entre nécessairement en conflit avec le principe de sauvegarde de la dignité de la personne humaine, dont la valeur constitutionnelle a été consacrée en 1994 par les juges de la loi.

Lorsque le juge constitutionnel est appelé à concilier des droits de même valeur normative, il opère un jugement de valeur. Doit-on au nom de la liberté de la recherche autoriser les chercheurs à disposer des personnes comme ils le désirent, et contrairement à leur dignité, dans l'intérêt de la science ? La réponse ne peut être que négative.

Le droit français ne s'intéresse qu'aux recherches qui menacent l'intégrité de la personne humaine. Le principal texte est la loi Huriet-Sérusclat du 20 décembre 1988 sur la protection des personnes qui se prêtent à des recherches biomédicales, intégrée aux articles L 1121-1 et suivants du code de la santé publique (CSP). Y sont visés « les essais ou expérimentations organisés et pratiqués sur l'être humain en vue du développement des connaissances biologiques ou médicales ». Prévue à l'origine pour les seules recherches biomédicales, la loi de 1988 a vu, en 1994, son champ d'application élargi aux « sciences du comportement humain ». Dans un cas comme dans l'autre, la loi n'est applicable que si la recherche implique soit une participation active du sujet, soit un acte portant sur sa personne.

Cette loi a posé un certain nombre de principes généraux en matière de recherches et d'expérimentation :

– Une recherche n'est licite que si elle repose sur les connaissances scientifiques les plus récentes, et si elle a pour but d'étendre ces connaissances et d'améliorer la situation des malades.

– Elle doit être conduite dans des conditions de sécurité et de rigueur optimales. Les dommages éventuels doivent être assurés. Doit être respectée une adéquation entre le risque couru et les bénéfices escomptés.

– Enfin, toute recherche doit, préalablement à sa mise en œuvre, être soumise à un Comité consultatif de protection des personnes qui se prêtent à une recherche biomédicale (CCPPRB) qui doit l'autoriser.

La loi distingue deux catégories de recherches : celles dont on attend un bénéfice direct pour la personne qui s'y prête, et les autres, dites recherches sans bénéfice individuel direct.

Les recherches sans bénéfice individuel direct portant sur des mineurs, des majeurs incapables et des aliénés ayant fait l'objet d'un internement administratif par le préfet sont en principe interdites. L'interdiction est absolue pour les aliénés internés d'office, mais pour les enfants la procédure est tombée en désuétude, et les enfants placés dans un établissement à la demande de leurs parents sont considérés comme y résidant volontairement. Les mineurs incapables ou les majeurs sous régime de protection (tutelle/curatelle) peuvent faire l'objet de recherches sans bénéfice individuel direct si elles concernent la maladie ou le handicap du sujet et si elles ne présentent aucun risque prévisible.

C'est seulement si ces règles préalables sont respectées que peuvent se poser de façon plus précise les questions du consentement, de la confidentialité et de la responsabilité dans le cas de recherches portant sur des personnes atteintes d'un handicap mental.

Le consentement éclairé

L'exigence du consentement éclairé du malade est un principe général du droit médical. Le code de déontologie médicale précise que le consentement du malade, même mineur ou incapable, doit toujours être recherché. Notons que la loi du 4 mars 2002 relative aux droits des malades et à la qualité du système de santé a expressément consacré l'obligation de rechercher le consentement du mineur ou du majeur sous tutelle, s'ils sont aptes à exprimer leur volonté (article L 1111-4, CSP ; article 11 de la loi). On peut ici regretter l'emploi de l'expression « majeur sous tutelle », qui s'avère plus restrictive que celle de « majeur protégé » : il ne faut pas négliger la recherche du consentement du majeur sous curatelle. S'agissant des recherches biomédicales, cette exigence était déjà formulée à l'article L 1122-2 du CSP : « Le consentement du mineur ou du majeur protégé par la loi doit également être recherché lorsqu'il est apte à exprimer sa volonté. » Il faut par ailleurs préciser que la loi du 4 mars 2002 a consacré la jurisprudence de la Cour de cassation, qui fait peser sur le médecin la preuve qu'il a correctement informé son patient (article L 1111-2, CSP ; article 11 de la loi). Enfin, dans le domaine des recherches biomédicales, la loi exige un consentement écrit.

En cas de recherches biomédicales

S'agissant des handicapés mentaux mineurs, le consentement des représentants légaux (parents ou tuteur) est suffisant pour autoriser les expérimentations dont on attend un bénéfice direct. Par contre, le consentement à des recherches médicales sans bénéfice direct doit être donné non seulement par les parents ou le tuteur, mais aussi par le juge des tutelles ou le conseil de famille. Le consentement du mineur doit également être recherché lorsqu'il est apte à exprimer sa volonté, et son refus doit toujours être respecté, ce qui est plus fréquent qu'on ne le pense communément. Aucune limite d'âge n'a été mentionnée au-delà de laquelle l'audition du mineur serait obligatoire. Il faudra donc que l'investigateur se prononce sur l'aptitude à exprimer sa volonté et ce, au cas par cas.

Si la personne handicapée est majeure, la première question est de savoir si elle est soumise à un régime de protection et, le cas échéant, lequel. Si elle est sous tutelle, les règles applicables sont les mêmes que celles applicables aux mineurs. Si le majeur handicapé mental est sous curatelle, le principe est qu'il doit consentir lui-même, mais avec l'autorisation de son curateur pour les actes graves. Il est exclu que les parents puissent consentir pour un handicapé qui ne serait pas sous tutelle ou sous curatelle. On notera que tout refus d'expérimentation sans bénéfice direct exprimé par un incapable mineur ou majeur doit être respecté, et cela même si le ou les représentants légaux y ont consenti. Le juge des tutelles doit s'assurer de l'accord de l'incapable avant d'autoriser les recherches.

Le consentement du mineur et du majeur protégé est donc la condition première à la mise en œuvre des recherches biomédicales. Une difficulté doit ici être soulevée : lorsque le mineur, ou le majeur protégé, ne sont pas en mesure de donner leur consentement éclairé, peut-on se satisfaire de l'accord d'un tiers (représentant légal et/ou juge des tutelles ou conseil de famille), surtout dans le cas des recherches sans bénéfice direct ? Certes, il n'existe pas de contrepartie financière (article L 1124-2 alinéa 2, CSP), mais comment être sûr que cela ne sera pas ressenti comme une atteinte à l'intégrité corporelle ? Pour rejoindre la pensée d'un auteur (Binet, 2002), on peut ici voir une faveur accordée par le droit au progrès de la science, au détriment de la protection des personnes. S'agissant des majeurs sous tutelle, la loi introduit une véritable possibilité de représentation en matière personnelle. Cette solution paraît choquante, surtout lorsque aucun bénéfice thérapeutique n'est attendu pour le majeur protégé. D'autres auteurs, tels R. Poilroux (1999) n'ont pas hésité à parler de pouvoir d'offrande à la collectivité. Si on suit ce raisonnement, on est amené à se demander s'il ne vaudrait pas mieux exclure du champ des recherches biomédicales les personnes qui ne sont pas en mesure de consentir ?

La loi ne fait aucunement mention du directeur de l'établissement où peut résider la personne handicapée. Ce dernier n'a aucune qualité pour autoriser des recherches portant sur les pensionnaires de son établissement, sauf s'il est leur tuteur. La méconnaissance de cette règle l'exposerait à de sévères sanctions civiles et pénales, et la responsabilité pénale de l'établissement pourrait être en cause (art. 223-8 du code pénal).

En cas de recherches génétiques

La loi du 29 juillet 1994 a prévu deux régimes juridiques, selon que l'examen des caractéristiques génétiques d'une personne a lieu « à des fins médicales » ou « à des fins de recherche scientifique ». Le régime des recherches biomédicales est applicable à la recherche génétique dans un but scientifique. Pour les recherches génétiques à but médical, c'est le régime normal des actes thérapeutiques qui est applicable. Mais le fait de procéder à des études génétiques à fins médicales sans avoir recueilli le consentement de l'intéressé (ou de ses représentants légaux) est sanctionné par l'article 226-25 du code pénal.

Il faut noter que ces règles claires sont parfois difficiles à appliquer dans un contexte de handicap potentiellement familial. Les recherches effectuées sur un membre de la famille au bénéfice d'autres membres de la même famille, nés ou à naître, sont a priori des recherches sans bénéfice direct. La prudence commande alors de se munir non seulement du consentement formel des représentants légaux, mais aussi de l'accord du juge des tutelles ou du conseil de famille.

En cas de recherches menées dans le champ des sciences du comportement humain et dans celui de la psychologie

La loi du 29 juillet 1994 les a intégrées dans les articles du code de la santé publique relatifs aux recherches biomédicales. Cette extension peut être génératrice de difficultés pour des recherches qui ne sont pas du domaine médical. Dans tous les cas, s'agissant du consentement, est applicable le principe selon lequel l'accord de la personne handicapée (si elle est en état de le donner) et de ses représentants légaux est nécessaire pour les recherches à bénéfice direct, l'autorisation du conseil de famille ou du juge des tutelles étant de surcroît exigée pour les recherches sans bénéfice direct et, surtout, l'accord du sujet incapable.

L'application aux recherches génétiques et aux recherches d'ordre comportemental et psychologique des textes relatifs aux recherches biomédicales entraîne donc, entre autres conséquences, deux règles remarquables :

– l'interdiction de procéder à quelque recherche que ce soit, même non susceptible d'un quelconque danger, sur une personne handicapée mentale sans l'accord du juge des tutelles ou du conseil de famille dès lors qu'aucun bénéfice médical direct ne peut en être attendu ;

– l'interdiction des mêmes recherches sur une personne handicapée mentale, apte néanmoins à exprimer sa volonté, qui s'y refuse.

La confidentialité

La confidentialité est garantie par le secret professionnel. Celui-ci est imposé aux médecins ainsi qu'à la plupart des autres professionnels de santé par des textes de loi et/ou par leur code de déontologie. D'autres intervenants peuvent cependant ne pas y être soumis par leur statut propre (chercheurs, universitaires, secrétaires…). On peut alors supposer que la notion de « secret partagé », utilisée en général pour les équipes soignantes, permette la communication des informations dans l'équipe de recherche. La loi du 4 mars 2002 a autorisé cette pratique à l'article L 1110-4 du code de la santé publique, mais uniquement pour les équipes soignantes, afin d'assurer la continuité des soins ou de déterminer la meilleure prise en charge sanitaire possible. Cette notion est donc à utiliser avec beaucoup de prudence s'agissant des recherches biomédicales sans bénéfice individuel direct.

Ce partage du secret impliquerait alors logiquement que tous les participants de l'équipe soient astreints au secret professionnel. Dans sa nouvelle rédaction, le code pénal étend cette notion à toutes les personnes dépositaires d'un secret « soit par état ou par profession, soit en raison d'une fonction ou d'une mission temporaire » (article 226-13). Le secret englobe donc théoriquement toutes les personnes participant à un titre quelconque à une recherche, et même ceux qui en seraient « confidents obligés » sans y participer, tels le directeur ou le personnel de l'établissement où réside la personne handicapée. Reste qu'aucune décision de jurisprudence n'existe dans ce cas de figure précis. On notera d'ailleurs que, par définition, un secret ne se partage pas ; il vaudrait donc mieux parler d'information partagée. En revanche, il n'y a pas lieu d'observer le secret à l'égard des représentants légaux de la personne handicapée, et ces derniers ne sont, quant à eux, nullement soumis à l'obligation du secret. Il y a donc là une possibilité de « fuite » sans aucun caractère illégal, et que certains médias utilisent parfois !

En dehors de ces principes généraux applicables à toute recherche, plusieurs règles particulières visent certains types d'études :

– À propos des recherches génétiques, l'article 226-26 du code pénal réprime les personnes qui détourneraient des recherches génétiques de leur finalité.

– La loi du 1er juillet 1994 a introduit dans la loi du 6 janvier 1978 un chapitre V *bis* relatif aux traitements automatisés de données nominatives ayant pour fin la recherche dans le domaine de la santé. Le cas des mineurs et des majeurs

incapables est expressément prévu : l'information doit être donnée aux représentants légaux et ces derniers doivent consentir au traitement automatisé.
– Enfin, la loi du 28 mai 1996 soumet la réalisation de collections d'échantillons biologiques humains à une autorisation administrative subordonnée à la vérification des garanties de confidentialité des données. Il n'y a pas de règles particulières lorsque les échantillons sont prélevés sur des personnes handicapées.

La responsabilité

L'article L 1121-7 du code de la santé publique institue, en matière de recherche biomédicale, une responsabilité de plein droit du promoteur (la loi définit le promoteur comme « la personne physique ou morale qui prend l'initiative d'une recherche biomédicale ») qui est aussi soumis à une obligation d'assurance (applicable, par extension, aux recherches d'ordre comportemental et psychologique). Quant aux recherches génétiques à but thérapeutique, elles entraînent une responsabilité médicale ordinaire au plan civil, mais sont encadrées par un lourd dispositif pénal (article 226-25 et suivants du code pénal).

Si le « vide juridique » est donc largement comblé, plusieurs questions demeurent ouvertes :
– La tendance générale est de préserver la liberté de refus de l'incapable face aux recherches de tous ordres. Le médecin et le chercheur engagent ici leur responsabilité. Est-il justifié que l'on doive, dès lors, renoncer à la recherche ou devrait-on prévoir, dans certains cas particulièrement importants de recherches dont on attend un bénéfice direct pour le sujet, une levée judiciaire du veto de l'incapable ?
– Les représentants légaux et les chercheurs sont-ils toujours conscients de la nécessité de se munir de l'autorisation du juge des tutelles pour certains types de recherches ? Une rédaction plus explicite des textes relatifs aux recherches génétiques et aux

recherches comportementales sans bénéfice direct ne serait sans doute pas inutile.

– Il est enfin dommage que la question de la confidentialité des recherches n'ait pas fait l'objet de règles plus précises au niveau législatif et que la question ait été laissée dans l'attente de la jurisprudence.

La directive européenne

Les dispositions juridiques qui viennent d'être exposées seront prochainement révisées pour tenir compte d'une directive européenne adoptée le 4 avril 2001 par le Parlement européen et le Conseil de l'Union (Parlement européen, 2001). Cette directive est en cours de transposition, la discussion parlementaire est lancée mais les résultats n'en sont pas encore connus. Dans l'attente des précisions, on peut néanmoins faire quelques observations.

D'abord, dans le champ qui est la sienne, les essais de médicaments à usage humain, la directive est marquée par un renforcement des droits de toutes les personnes se prêtant à la recherche. En outre, le texte prévoit que peuvent être maintenues les dispositions nationales plus protectrices au moment de la transposition. Or, le droit français est déjà très protecteur des participants.

En quoi la directive est-elle plus protectrice ? Elle précise qu'un point de contact doit être indiqué au sujet (ou à son représentant légal), pour lui permettre à tout moment de bénéficier d'informations complémentaires (article 3.4). D'autre part, elle formule expressément en faveur des incapables majeurs qui ne sont pas en mesure de donner leur consentement éclairé, l'exigence de délivrer une information en fonction de leur capacité de compréhension (article 5.b).

En revanche, sur d'autres points, notamment le refus des incapables majeurs, la directive semble être en retrait par rapport à la loi française. On espère donc que le législateur français ne remettra pas en cause le dispositif actuel concernant ces points.

La directive n'accepte pas les recherches biomédicales sans bénéfice individuel direct, une particularité de la législation française. Elle semble exclure les incapables majeurs du champ des recherches à but de connaissance fondamentale. En effet, l'article 5 autorise les recherches biomédicales sur ces personnes seulement si un ensemble de conditions est respecté. La condition qui fait problème est « la recherche se rapporte directement à une condition clinique mettant la vie en danger, ou débilitante dont souffre l'incapable majeur concerné ». Sur ce point aussi il est peu probable que le législateur renonce à autoriser les recherches sans bénéfice individuel direct sur ces personnes.

S'agissant des handicapés mineurs, la directive innove en exigeant la délivrance d'une information au mineur, adaptée à ses capacités de compréhension [6].

Éthique [7]

Les concepts de consentement et de responsabilité, traités dans la section précédente sous l'angle juridique, peuvent aussi être abordés dans une perspective éthique, ce qui permet de saisir les différences entre les deux approches, d'ailleurs complémentaires. Prenons l'exemple du consentement. Si la loi exige que les participants à une recherche signifient leur accord en signant un formulaire de consentement qui sera joint au projet en vue de l'examen par le CCPPRB, l'éthique s'interrogera sur la manière dont la signature du formulaire aura été obtenue, à propos notamment de la qualité de la relation chercheur-participant garante du respect de la dignité inaliénable de la personne sollicitée et de sa liberté, de telle sorte que le consentement sera une adhésion authentique. Par exemple, le

6. Voir dans l'annexe 8 une analyse plus complète de cette directive.

7. Dans l'annexe 7 ont été regroupées les principales recommandations des plus importants textes internationaux faisant autorité en matière de recherche avec des personnes ayant un handicap mental.

chercheur a-t-il respecté la subjectivité, la sensibilité du participant pressenti ? a-t-il adapté l'information à sa capacité de comprendre ? a-t-il été disponible pour répondre de façon adéquate aux questions ? a-t-il respecté un délai entre le moment de l'information et le moment où le formulaire devra être rendu à l'équipe ? a-t-il, du fait de son souhait légitime de commencer la recherche dans les meilleurs délais, exercé involontairement des pressions subtiles qui ont réduit la liberté de la personne sollicitée, et celle de dire non ? On voit par ces questions que l'éthique s'intéresse à la qualité humaine de la relation entre le chercheur et le participant au-delà de toute considération juridique.

Les étapes d'une recherche

Tout projet de recherche peut être vu comme un processus dynamique se déroulant en une série d'étapes qui vont de sa planification à l'évaluation et à la communication de ses résultats, chaque projet prenant sa place dans un ensemble, la recherche, qui constitue l'engagement de la société en faveur de l'avancée des connaissances. Il implique de nombreux acteurs, les chercheurs bien sûr et leur institution, mais aussi les commanditaires et les personnes invitées à participer. Les relations qui se nouent entre ces différents acteurs, dont chacun est, à sa façon et à sa place, porteur d'une partie de la « demande sociale », doivent permettre d'établir les priorités d'un programme de recherches cohérent et socialement acceptable.

Au début de tout projet, il y a la volonté de réduire la part d'inconnu dans le domaine étudié par le chercheur [8]. L'idée peut s'imposer d'elle-même au chercheur dans le prolongement naturel de ses recherches antérieures ou elle peut émaner de

---

8. Même si l'on parle du chercheur, par commodité, la démarche présentée ici est, de plus en plus souvent, un travail d'équipe et parfois d'un véritable réseau, interdisciplinaire, voire international. Ce qui n'exclut pas le rôle et la responsabilité spécifique du promoteur de la recherche.

parents, d'associations, de l'industrie, de l'État... Se pose alors la nécessité de bien définir les objectifs de la recherche et de garantir l'indépendance du chercheur vis-à-vis de la demande qui lui est faite, car les points de vue et les intérêts des chercheurs, des demandeurs et des tiers ne sont pas obligatoirement identiques. Les chercheurs doivent aussi prévoir les conséquences sociales, y compris les effets non désirables, de leur projet avant de le lancer. Il faut aussi qu'ils vérifient que leur projet est véritablement original par rapport aux connaissances déjà acquises : il est inutile de réinventer des problèmes qui ont déjà été réglés, sinon pour valider ou affiner les premiers résultats. Ici les qualités scientifiques et éthiques du chercheur sont en jeu.

Il est possible alors de passer à la préparation du protocole qui précise les objectifs et les modalités de réalisation de la recherche. À ce stade doivent être réglées de façon tout à fait concrète les questions de la faisabilité (matérielle, technique, méthodologique...) du projet et de son acceptabilité sociale et éthique. Les risques potentiels sont évalués et mis en balance avec les bénéfices recherchés, notamment ceux qui concernent les personnes qui seront sollicitées pour participer. Le protocole doit en tenir compte en précisant les modalités de leur recrutement.

L'information des participants pressentis, puis leur sélection et l'obtention de leur consentement représentent certainement une des étapes les plus cruciales du point de vue de l'éthique. Selon la nature de la recherche (par exemple analyse d'éléments biologiques consécutive à une prise de sang, traitement des réponses à un questionnaire, observation des participants dans un environnement contrôlé, essai clinique d'un nouveau médicament...), l'engagement des participants pourra être plus ou moins long, contraignant, psychologiquement difficile. Le chercheur doit faire preuve d'une grande sensibilité à la situation des participants potentiels et d'une réelle conscience de leur éventuelle vulnérabilité. Le projet doit être examiné et approuvé au point de vue scientifique et éthique par un CCPPRB avant de pouvoir débuter. Le comité examine notamment la feuille d'information communiquée aux participants préalablement au recueil de leur consentement écrit.

La recherche proprement dite se déroule selon les modalités prévues dans le protocole. Les chercheurs doivent toujours faire preuve à la fois de qualités scientifiques et humaines. Ils peuvent être amenés à réorienter une recherche qui s'avère trop ambitieuse, bloquée, voire à l'arrêter si ses effets se révèlent nocifs pour les participants.

La fin du projet est marquée par l'exploitation et la valorisation des résultats qui peut prendre plusieurs formes : d'abord validation par les pairs au moyen de publications et communications scientifiques, puis restitution des résultats aux sujets, familles et associations concernés, et, le cas échéant, communication aux personnes ou organismes en mesure de transformer les nouvelles connaissances en applications utiles (médicales ou sociales), voire au grand public. Le CCNE a consacré un avis aux divers aspects de la communication scientifique et a souligné la responsabilité des chercheurs :

> « Une saine transmission de l'information scientifique a sa chronologie. L'exigence cardinale à cet égard est qu'un résultat de recherche soit publié en premier dans une revue scientifique à comité de lecture, ce qui assure autant que faire se peut sa sérieuse évaluation. La pratique du chercheur qui s'adresse directement aux médias pour les informer d'un résultat, en en soustrayant l'annonce à l'impératif de son évaluation préalable par les pairs, ne peut de façon générale qu'être réprouvée. De plus, un ordre de priorité est à respecter entre les divers destinataires d'une information de portée pratique [...] » (CCNE, 1995.)

La dernière étape, indispensable, est celle du contrôle *a posteriori* de la recherche, de sa validité méthodologique et scientifique et de ses effets sociaux. Cette phase engage la communauté scientifique et ses modes d'évaluation, mais les participants, familles et associations, peuvent fournir un point de vue précieux quant aux retombées individuelles et sociales.

Les principes

Les principes éthiques qui doivent encadrer la recherche – quelles qu'en soient les modalités – en matière de handicap mental chez l'enfant ne diffèrent pas sensiblement de ceux universellement admis pour la recherche biomédicale en général. Les uns dérivent directement de la Déclaration d'Helsinki sur la recherche biomédicale de 1964, enrichis et explicités au fil des réunions de l'Association médicale mondiale (AMM) et du Conseil des organisations internationales des sciences médicales (CIOMS) entre autres organismes, nationaux ou internationaux. D'autres principes, plus récents, ont été élaborés hors du champ médical, en particulier par des philosophes moralistes. Ces deux catégories sont succinctement présentées ci-après.

Principes « classiques »

Non-nocivité. C'est le principe fondateur dont l'origine remonterait à Hippocrate : « *Primum non nocere.* » On le tempère souvent en parlant de non-nocivité probable en l'état actuel des connaissances. Même ainsi libellé, il reste difficile de préciser le contenu exact de la non-nocivité : la douleur, même minime, d'une technique de prélèvement constitue-t-elle une nuisance ? et le résultat, quel qu'il soit, d'une recherche, ne constituera-t-il pas une souffrance psychologique pour la personne participant à la recherche et/ou pour son entourage ? C'est pourquoi les auteurs anglo-saxons positivent souvent ce principe en parlant de « bénévolence [9] » : volonté de chercher le bien, l'intérêt du sujet, incluant douceur, tact, empathie [10] tout au long du processus de recherche.

---

9. Anglicisme plus fort que le terme français de bienveillance, et qui signifie l'attitude de celui qui est motivé par la volonté de rechercher le bien d'autrui.

10. Empathie : expérience des sentiments d'autrui que l'on partage dans une communion affective (PIERON, *Vocabulaire de la psychologie*, 1973).

Utilité potentielle. S'il semble évident qu'une recherche *a priori* dépourvue de toute utilité ne saurait se justifier, la notion d'utilité potentielle est difficile à cerner, pour deux raisons. D'abord parce qu'un certain nombre de recherches dont l'ambition initiale apparaissait modeste ont abouti à des découvertes remarquables. Ensuite et surtout parce que les bénéficiaires éventuels dépassent très souvent le seul sujet impliqué personnellement dans la recherche. Utilité pour qui ? pour lui, pour des membres de sa famille ? pour les personnes atteintes de la même pathologie ? pour des sujets à qui des mesures préventives résultant de cette recherche éviteront d'être atteints ? pour la communauté, l'espèce ? C'est dire l'importance de préciser, avant toute recherche, quels en sont les bénéficiaires éventuels et les bénéfices attendus au regard des inconvénients subis et des risques encourus. On recoupe là les notions juridiques de recherche avec ou sans bénéfice direct pour le sujet.

Consentement éclairé. On considère généralement que le terme signifie un processus qui se déroule en trois moments : la délivrance d'une information, la compréhension, enfin le consentement proprement dit. Chacun de ces moments implique des compétences et des responsabilités, le choix par le chercheur de l'information à donner, la capacité du destinataire de la comprendre, et le caractère volontaire de sa décision. Ce n'est déjà pas très facile à préciser chez l'adulte en bonne santé physique, mentale et sociale, pour reprendre les termes de la définition de la santé par l'OMS. Déterminer de façon appropriée ce que doit être l'information fournie au sujet concerné – en fonction de sa culture, de son vocabulaire, de son niveau de compréhension, de ses motivations – n'est pas simple. On est d'ailleurs ici aux interfaces entre déontologie, éthique et droit. Pour ce qui est de l'enfant, on peut admettre qu'avant un certain âge il ne peut donner lui-même un consentement éclairé. Mais à partir de quel âge le peut-il ? Cet âge n'est certainement pas le même pour tous les enfants, ni d'ailleurs d'après tous les auteurs, et l'existence d'un handicap mental ne facilite pas la décision. En pratique, dès que l'enfant est jugé capable de discernement, son avis doit être sollicité et son consentement requis. C'est peut-être là un domaine où l'éthique doit s'associer étroitement au droit, tout en marquant de son empreinte l'application de celui-ci, notamment lors du processus de communication de l'information préalablement à la demande de consentement. Il a été noté plus haut que l'éthique s'intéresse à la qualité de la relation chercheur-participant qui rend possible un consentement authentique au projet de recherche. Elle est d'une importance capitale mais peut difficilement être évaluée par le CCPPRB.

Qualification de la prise en charge expérimentale. Ce principe est d'une très grande évidence et il revient aux comités spécialisés d'en vérifier le respect avant d'autoriser la recherche. Par la suite, on admet généralement qu'en cas de conflit entre une équipe de soins et une de recherche, la première a priorité de décision sur l'autre, par exemple en ce qui concerne l'arrêt éventuel de la recherche. Concernant plus particulièrement les enfants, le CCNE (1992) a souligné que « la compétence de l'équipe impliquée dans une action de soins, de recherche sans finalité thérapeutique ou d'essais de nouveaux traitements doit être soumise à un contrôle médical et familial. Cette équipe doit comporter au moins un pédiatre. Elle doit assurer une vigilance éthique permanente avant, pendant et après l'action de soins ou de recherche ».

Respect de la vie privée et confidentialité. Cité après les précédents, ce principe l'a été non pas parce que mineur, mais parce qu'il s'impose à tous les intervenants et à toutes les étapes de la recherche. Il est également à rappeler à toutes les personnes qui sont, d'une façon ou d'une autre, au courant de la recherche et, *a fortiori*, de ses résultats. La protection de l'anonymat du sujet doit être aussi complète que le permet le protocole, les résultats nominatifs ne doivent être donnés qu'aux représentants légaux de l'enfant. Les chercheurs sont tenus au secret du fait de leur profession, fonction ou mission. Reste le problème des tiers confidents obligés : c'est ici, comme indiqué plus haut, le droit qui fait référence. Enfin, l'utilisation à des fins scientifiques de résultats individuels agrégés ne doit être faite qu'après les avoir rendus anonymes.

Principes « novateurs »

Réalité. Ce principe consiste à voir les personnes et les choses telles qu'elles sont et non comme on voudrait qu'elles soient : situation et état du sujet participant à la recherche, adhésion éventuelle de l'entourage, contraintes de la recherche, résultats (souvent décevants)... Il y faut une bonne dose de réalisme, de modestie, voire d'autocritique en même temps que des capacités d'écoute – l'avis des personnes concernées – et d'observation. Le chercheur doit veiller tout particulièrement à la manière dont il s'adresse aux personnes pour obtenir leur accord, pour éviter de créer des attentes, susciter des espoirs, exercer des pressions subtiles alors qu'en tant que scientifique au début d'une recherche, il ne sait pas si son projet produira des résultats utiles.

Communication objective et non contraignante. Proche et dérivé du précédent, ce principe couvre l'ensemble du champ de la recherche depuis les prémices – l'information fournie en vue du consentement éclairé – jusqu'à la restitution des résultats (obligation éthique) en passant par les différentes étapes du protocole. Il vaut tout autant pour les participants à la recherche, à titre individuel, que pour sa valorisation collective, tant sociale que scientifique : communication à des groupes de parents, à des associations, articles de vulgarisation...

Prudence. Ce principe fait obligation au chercheur de prévoir, autant que faire se peut, les éventuels effets nocifs, pervers, de la recherche, et cela avant même son commencement. Il nécessite une parfaite connaissance du problème abordé – en partie basée sur une revue de la littérature professionnelle – et un esprit d'anticipation permettant d'aller au-devant des difficultés et de les prévenir. La compétence de l'équipe de recherche – l'éthique, c'est la compétence, a dit Jean Bernard – et l'esprit même de la recherche scientifique, dont on a dit qu'elle était la culture du doute, obligent au respect de ce principe.

Responsabilité. Outre la responsabilité juridique du chercheur, sa responsabilité morale est engagée. Elle l'oblige à s'entourer des précautions mentionnées plus haut, à faire preuve de compétence et de « bénévolence » à toutes les étapes de la recherche. L'accompagnement, depuis les premiers contacts jusqu'à la restitution des résultats, gagne d'ailleurs à être la responsabilité d'une équipe comprenant des personnes qui s'occupent habituellement du participant. S'il est évident que la responsabilité première incombe aux chercheurs qui conduisent l'investigation, leur institution de recherche et les promoteurs du projet engagent la leur dans l'évaluation de la faisabilité et de l'acceptabilité de celui-ci. Le participant et ceux qui le représentent ont également une part de responsabilité.

Solidarité. Cette notion peut être rattachée à celles, plus familières, de « bénévolence », de bienfaisance (vouloir et faire le bien d'autrui), mais elle y ajoute la notion d'empathie, de réciprocité, basées sur le constat que nous existons non seulement comme des sujets autonomes, mais aussi en tant que membres d'une famille, d'une population, voire de l'humanité tout entière. Comme tels, nous bénéficions, sans en avoir forcément conscience, des connaissances issues des recherches passées et de leurs applications. Or ces recherches ont souvent eu besoin de faire appel à des individus, à des groupes qui ont accepté de participer tout en sachant qu'ils n'allaient pas en tirer un bénéfice direct.

Depuis le code de Nuremberg (1947) personne n'a le droit d'obliger une autre personne à participer à une recherche contre sa volonté. Mais cette obligation juridique qui assure la protection de l'individu est complétée aujourd'hui par l'idée selon laquelle les gestes librement consentis en vue de l'intérêt général sont à encourager. Cette notion, qui découle aussi du fait qu'il n'y a pas de droits sans devoirs, est peu présente dans les débats publics ou dans la réflexion éthique ; elle est cependant défendue par des scientifiques, des responsables d'instituts de recherches pourtant peu suspects de légèreté ou de complaisance par rapport aux principes de l'éthique. À l'heure actuelle, des découvertes importantes sont faites en matière de génétique, de santé publique, grâce à des sujets qui se prêtent à des investigations biologiques parfois intrusives ou qui répondent à des enquêtes épidémiologiques de caractère très personnel concernant les conséquences sur la santé de certains états ou comportements privés. Les progrès qui en résultent en matière de prévention bénéficient à tous. « Il serait aberrant que le respect légitime de la personne privée puisse aller jusqu'à fermer la voie à la recherche médicale, conduite selon des méthodes qui ont fait leurs preuves puisqu'ils sont la base même de la prévention. » (Raymond, 1992.)

Bien entendu, dans les recherches avec des personnes handicapées mentales, cette ouverture est à envisager avec une extrême précaution ; il ne saurait être question de s'en servir comme prétexte à négliger le respect dû à ces personnes particulièrement vulnérables. La solidarité n'a de valeur que si elle émane d'un sujet libre et éclairé.

Applications dans le champ du handicap mental

Pour toute activité sociale impliquant des sujets dont l'autonomie est réduite ou diminuée, il convient de rappeler avec force une exigence éthique fondamentale : on doit considérer la personne ayant un handicap mental comme une personne au sens moral fort, égale en dignité aux personnes non handicapées. Elle est certes limitée par son handicap, mais elle n'est pas emprisonnée de façon définitive par lui.

La situation de dépendance des handicapés mentaux vis-à-vis de nombreuses autres personnes (famille, tuteur, responsable de foyer, éducateur, juge...) et leur vulnérabilité psychologique, intellectuelle et sociale imposent aux chercheurs l'obligation d'une très grande sensibilité lors de la conduite de recherches qui font appel à leur participation. La conduite éthique d'une recherche implique de tenir compte des limites de ces personnes, mais aussi de leur capacité de comprendre et de donner leur assentiment initial qui gagne à être confirmé durant le déroulement du projet.

Sur cette base, et sans rappeler pour chaque étape de la recherche comment les principes éthiques, classiques et novateurs, peuvent se décliner quand elle concerne des personnes handicapées, il faut insister sur les spécificités de son application à ces participants particuliers. En fait, on le verra à propos d'une série de problèmes qui font partie intégrante de toute stratégie de recherche, l'éthique s'impose encore plus ici du fait que le participant peut avoir la double caractéristique d'être un mineur et un handicapé mental. Il faut – et ce n'est pas simple – adapter l'éthique à cette situation qui en renforce la nécessité et l'importance.

Objectifs

Le but fondamental de la recherche étant d'apporter une plus-value des connaissances en vue de l'action – même si celle-ci n'en découle pas dans l'immédiat – il convient de préciser ce qui en est attendu :
– Le mieux-être de la personne atteinte (bénéfice direct) : disposer de moyens plus efficaces pour améliorer le niveau d'efficience intellectuelle, réduire les incapacités et les désavantages sociaux. Par exemple, les recherches de nature comportementale et psychosociale peuvent déboucher sur d'utiles recommandations pour la gestion du handicap au quotidien et dans la durée ainsi que pour la réduction des pathologies associées. L'étude comparative des avantages et inconvénients de divers modes existants de prise en charge, notamment ceux pratiqués dans des pays étrangers, peut aider à choisir celui le plus à même de répondre aux besoins de la personne.
– Une information plus précise de la famille, notamment lorsqu'il s'agit de handicaps d'origine génétique : le projet familial peut s'en trouver modifié.

– Une meilleure connaissance de la genèse et de l'évolution d'un handicap particulier quand la recherche porte sur un nombre suffisant de participants suivis suffisamment longtemps et qu'elle intègre dans son analyse des variables portant sur l'environnement, le milieu de vie de ces personnes. De telles recherches peuvent bénéficier à des personnes et à des familles totalement étrangères aux participants, spécialement par l'intermédiaire des associations spécialisées.

L'équipe de recherche a, bien évidemment, le devoir de préciser au participant et à ses représentants (famille, tuteur...) les résultats attendus. Le principe de réalité est ici au premier plan.

Difficultés et risques

Toute recherche, aussi bien planifiée et encadrée qu'elle soit, n'est pas dénuée de problèmes. Cette éventualité doit être envisagée et annoncée dès le départ. Cela tient à la complexité du handicap mental, aux origines très variées de son évolution, difficilement prévisible, à son retentissement pour le sujet atteint, ses proches, son entourage lointain, la société.

En outre, toute recherche est assortie de risques potentiels, non seulement physiques – surtout quand elle est invasive – mais aussi, et principalement ici, psychologiques par ce qu'elle ravive comme souffrance, mobilise comme espoirs, par ce qu'elle peut révéler au point de vue de l'évolution de la pathologie, d'un pronostic péjoratif, d'un risque pour d'autres membres de la fratrie, nés ou à naître.

Le risque est aussi au niveau de l'interprétation des résultats, de leur possible utilisation, non seulement par les familles, mais aussi par les médias (qui tendent à sélectionner les résultats les plus sensationnels au détriment de ceux pouvant être plus significatifs dans le long terme) et les pouvoirs publics. Dans ce contexte les principes de prudence et de responsabilité prennent tout leur sens, même si le chercheur ne peut pas espérer contrôler totalement le devenir social de son travail.

Responsabilité

Outre la compétence et la parfaite connaissance de la thématique de recherche qui représentent une exigence éthique de base, l'équipe – et chacun de ses membres – doivent être conscients des particularités des recherches qui concernent les personnes ayant un handicap mental. Pour être justifiée et pertinente, la recherche doit être au clair avec ce qui la motive : priorités scientifiques, demande familiale, associative, sociale ? Le contrôle *a priori* prévu par la loi serait plus crédible, de ce point de vue, si siégeaient dans le comité qui en est chargé une ou plusieurs personnes compétentes en matière de handicap mental : psychiatre, pédiatre, psychologue, représentant d'associations spécialisées...

Le sens des responsabilités des chercheurs peut les amener à renoncer à une recherche prévue ou même à arrêter un protocole en cours si le (ou les) participant(s) le réclame(nt), ou leurs familles ou encore l'équipe de soins.

Enfin, à l'indispensable compétence professionnelle les chercheurs doivent joindre une attention respectueuse aux sentiments des participants et de leur entourage, une compréhension de leurs réactions, une véritable empathie, et cela tout au long du processus et même au-delà du terme de la recherche. On retrouve là non seulement le concept d'utilité potentielle mais, plus largement, le principe de bénévolence explicité plus haut.

Participants

Se posent ici les questions de leur sélection, de l'obtention de leur consentement, de la conduite à tenir en cas de refus. La sélection tient évidemment compte des objectifs de la recherche, de l'origine de la demande. S'adressant de préférence, si cela est possible, aux sujets pouvant donner leur accord, elle gagnerait à se faire avec l'aide d'une ou plusieurs associations de parents lorsque la recherche concerne les enfants. L'adhésion des parents ou représentants légaux est nécessaire, mais non suffisante : chaque fois que possible l'accord de l'intéressé doit être recherché.

L'obtention de ce consentement passe par une information objective donnée dans un langage et un vocabulaire adaptés, précisant les objectifs du projet, les résultats et (éventuellement) les bénéfices escomptés, les exigences du protocole pour le participant (il faut insister particulièrement sur la durée, parfois fort longue, de l'entreprise), les risques possibles, les applications éventuelles, immédiates ou à plus long terme, mais aussi les précautions prises et le soutien qui sera fourni par l'équipe. Le principe de communication objective et non contraignante trouve ici sa pleine application et rappelle qu'avant de pouvoir consentir librement on doit pouvoir comprendre ce qui est en jeu ; cela peut être difficile et prendre du temps. Dans son avis concernant le consentement, le CCNE avait déjà noté ce point : « Il est moins aisé de présumer que le patient est d'accord avec un geste investigatif dont l'objectif est l'acquisition d'une connaissance scientifique, que de présumer qu'il est d'accord avec un geste thérapeutique dont l'objectif est de le soigner. » (CCNE, 1998.) Le refus de consentement du sujet pressenti doit être respecté : la loi, nous l'avons vu, y oblige. Un tel refus ne doit entraîner aucune mesure de rétorsion envers le jeune déficient mental et sa famille qui doivent être assurés que leur prise en charge habituelle se maintiendra dans tous les cas, ni leur mise à l'écart des résultats éventuellement bénéfiques de la recherche menée sans leur participation.

Partenariat

La participation des jeunes handicapés mentaux crée un véritable partenariat entre eux et l'équipe. Mais ce partenariat englobe aussi les familles ou les représentants légaux de la personne, les responsables des foyers de vie et les équipes soignantes dans une véritable « alliance » appliquée ici à la situation de recherche, alliance qui, du fait de l'évolutivité possible de la personne handicapée sous les effets de la recherche et de ses résultats, doit s'inscrire dans la durée.

Si des associations de malades et de leurs familles sont copromoteurs de la recherche, on doit attendre d'elles un tel partenariat vigilant, encourageant la recherche, en facilitant le déroulement en tant que relais entre participants, familles et chercheurs, faisant circuler l'information dans les deux sens, soutenant la nécessaire participation au-delà des inévitables découragements liés, entre autres causes, à la longueur du processus. L'empathie déjà mentionnée est capitale tout au long de ce cheminement.

Déroulement

Il peut s'avérer long et complexe : temps de l'explication préalable au consentement, temps de la réflexion, de l'information durant la recherche, de la restitution des résultats, du suivi après la fin de la recherche. Celle-ci crée des liens entre équipes de recherche et de soins, entre chercheurs, participants, familles et associations. Sa fin ne doit pas signifier la rupture de ces liens, même s'ils se distendent avec le temps.

Un risque est à éviter : la précipitation. Les chercheurs peuvent être pressés de parvenir aux résultats escomptés, les familles sont impatientes dans leur espérance. Quant au participant, sa notion du temps est souvent confuse : il vit dans l'immédiat, et si la procédure nécessite plusieurs contacts et prend du temps, il se lasse vite et peut cesser de coopérer. Si le protocole le permet, la présence aux côtés du participant d'un « référent » qui le connaît bien et en qui il a confiance apparaît utile pour soutenir sa bonne volonté et tirer la sonnette d'alarme si les inconvénients qu'il ressent de sa participation l'emportent sur les avantages.

En outre, la recherche n'obéit pas toujours aux prévisions du protocole initial : difficultés, retards, complications inattendues peuvent en perturber le déroulement. Pouvoir anticiper, dans une certaine mesure, ces problèmes intercurrents[11], savoir s'y adapter sans compromettre ni la procédure, ni, surtout, la relation entre équipes et participants, relève du principe de précaution, qui impose aussi d'anticiper et d'éviter ou au moins de réduire les éventuels effets pervers de la recherche en cours ou terminée.

Accompagnement

On dit souvent que, dans un souci de ne pas influencer la recherche et ses résultats, le chercheur doit rester neutre par rapport à son travail. Même si son objectivité scientifique et son éthique personnelle et professionnelle lui font un devoir de réserve, l'équipe doit aussi faire preuve de capacités d'accompagnement dans l'empathie avant même le début de la recherche et au-delà de son terme. La restitution des résultats aux participants et aux familles est un temps fort de cette relation : étape souvent difficile quand on se trouve face à l'incertitude. Il faut rappeler ici qu'il y a un moment pour dire certaines choses, et que la restitution peut être progressive. En tout cas, elle doit toujours être attentive et respectueuse, adaptée aux capacités de compréhension et de réceptivité du participant et de son entourage. Non-nocivité et bénévolence sont essentielles à ce stade pour ne pas aggraver la déception, le sentiment d'échec, la détresse, surtout quand les attentes, parfois irréalistes malgré les précautions dans l'information, sont déçues, ce qui est fréquent dans ce genre de recherche à bénéfice direct limité, voire absent, où le chercheur doit sans cesse rappeler la notion de probabilité ainsi que les limites de l'interprétation, spécialement en matière de pronostic.

Il peut arriver que le projet de recherche ne donne pas les résultats attendus. Dans ce cas, il est important que les partenaires en soient informés. Malgré leur déception inévitable et compréhensible, une telle communication peut paradoxalement

11. Intercurrent : qui survient entre d'autres événements (*Petit Robert*).

renforcer les liens de solidarité entre chercheurs et partenaires engagés ensemble dans un même projet.

Valorisation

Au-delà de la valorisation des résultats de la recherche par leur transmission à ceux qui l'ont permise – restitution qui constitue une exigence éthique et qui vaut aussi par la manière dont elle est faite –, cette étape capitale concerne une série de publics :
– Valorisation personnelle, par mise à disposition des résultats et de leurs conséquences aux familles, aux représentants légaux des personnes concernées. Le principe de confidentialité amène à limiter à ces personnes l'information de caractère personnel, intime ; mais d'autres partenaires peuvent être informés dans la mesure où cela peut les aider dans leurs relations personnelles et/ou professionnelles avec le sujet ; l'information se limite alors à ce qui est nécessaire dans ce but.
– Valorisation professionnelle par le partage de l'information entre équipes de recherche et de soins. Là joue le secret professionnel pour médecins et assistants de service social, les impératifs déontologiques à l'égard des autres professionnels et, pour tous, le principe éthique de confidentialité dans la mesure où ils sont en situation de confident obligé. Même si cette dernière notion a un contenu juridique encore vague, ses implications éthiques semblent indiscutables.
– Valorisation associative : les résultats de la recherche, dûment anonymisés et agrégés, doivent être transmis avec des explications claires aux associations spécialisées, en premier lieu à l'(aux) association(s) copromoteur(s) de la recherche.
– Valorisation sociale : si les résultats de la recherche ont un impact social incontestable, ils méritent d'être portés à la connaissance du grand public par les moyens appropriés (médias spécialisés, voire médias de masse) avec le souci d'éviter les excès et déformations qui seraient préjudiciables à la dignité des

personnes handicapées et qui pourraient susciter de faux espoirs. La prudence des chercheurs est ici particulièrement nécessaire.
– Valorisation scientifique par l'échange des résultats entre équipes et laboratoires de recherche, par l'entrée anonyme dans une banque de données (intérêt majeur pour les maladies rares, comme le démontre avec éclat la base Orphanet, accessible par Internet), par une ou plusieurs publications. Dans ce cas il est recommandé de préciser que la recherche a reçu l'approbation d'un comité d'éthique : des revues scientifiques de plus en plus nombreuses exigent cette condition.

On le voit, rigueur scientifique et respect des principes éthiques vont de pair tout au long de cette étape de valorisation.

Conclusions et recommandations

Ce chapitre, écrit en priorité à destination des familles touchées par le handicap mental et des associations qui les regroupent, a tenté de faire le point sur la place de la recherche dans cette difficile problématique. Volontairement non exhaustif, car la recherche est multiforme et évolutive, il insiste néanmoins sur l'importance de ne pas céder au fatalisme devant le handicap mental, si sérieux soit-il, et donc de faire à la recherche sa juste place. S'il ne faut pas en attendre des miracles, ses résultats peuvent cependant s'avérer utiles et intéressants pour le handicapé mental, pour sa fratrie et, plus largement, pour d'autres personnes souffrant des mêmes troubles et pour la société.

Mais la recherche sur la handicap mental est très complexe, quelles qu'en soient les modalités. Outre les problèmes communs à toute démarche scientifique, elle est confrontée à des difficultés propres à l'insuffisance ou à la maladie mentale. La participation de la personne atteinte est d'autant plus nécessaire, et sans doute plus difficile à obtenir ici, spécialement quand il s'agit d'enfants. De plus, un véritable partenariat – une alliance pour la recherche comme il existe une alliance thérapeutique – est essentiel, en premier lieu avec la famille, mais aussi avec les soignants… et entre chercheurs de différentes disciplines. En tout état de cause les droits des sujets engagés dans un processus de recherche doivent être sans cesse rappelés et scrupuleusement respectés.

À ces aspects juridiques viennent s'ajouter des exigences relevant de l'éthique de la personne à qui est dû le respect de sa dignité et de sa liberté en toutes circonstances, y compris dans la recherche. Toutefois, l'application de ces principes éthiques se décline de façon variable selon la situation des différents acteurs vis-à-vis de la personne déficiente mentale : cette diversité amène aux recommandations qui suivent et qui portent sur les seules recherches dont la validité scientifique et les garanties éthiques ont été reconnues par les organismes compétents.

– Tous ceux qui interviennent, à un titre quelconque, dans un processus de recherche impliquant un jeune déficient mental doivent s'assurer de son consentement au projet avant sa mise en œuvre et de son adhésion pendant toute sa durée.

– Dans le domaine du handicap mental les recherches peuvent viser le progrès des connaissances et/ou l'amélioration des conditions de vie du sujet lui-même ou d'autres personnes en situation analogue. Ces recherches sont si importantes pour la collectivité, aujourd'hui et demain, qu'il peut être demandé à des **parents** d'accepter la participation de leur enfant à un programme même sans bénéfice direct garanti pour lui. Leur adhésion pourra permettre des progrès significatifs pour d'autres personnes. Dans tous les cas la **famille**, correctement informée et associée au projet dans sa durée, a un rôle essentiel dans l'accompagnement du jeune handicapé sujet de recherche.

– Dans le cadre de leur mission, les **représentants légaux** doivent veiller, dans une attitude de respect et d'empathie, à la protection de la personne qui leur est confiée, lorsqu'ils autorisent sa participation à une recherche. Ils doivent veiller à son bien-être durant tout le déroulement – parfois fort long – du programme.

– Il est souhaitable que les **associations de familles** incluent parmi leurs objectifs celui de s'impliquer dans des programmes de recherche, quelle qu'en soit la nature, pour améliorer le sort actuel et futur des personnes handicapées mentales et pour progresser dans la prévention du handicap mental. Il leur est aussi demandé de susciter l'intérêt des familles pour la recherche, de contribuer à leur acceptation et de veiller au respect des principes éthiques tout au long du processus de recherche. Les associations ont aussi une responsabilité dans le contrôle et dans la diffusion des informations résultant de la recherche. Les sites Internet portant sur la santé sont à la mode et peuvent être un excellent outil pour diffuser des informations médicales, scientifiques et sociales, en réponse aux questions des familles. Mais la qualité de ces sites dépend non seulement de la fiablité des informations diffusées, mais surtout de la prise en compte, lors de l'élaboration du site, d'exigences éthiques touchant la responsabilité de son promoteur et celle, déontologique, des médecins-chercheurs qui fournissent l'information. Tous doivent s'engager – et le site doit refléter cet engagement – à respecter les droits des usagers de l'informatique et à assurer la confidentialité de toute information médicale personnelle pouvant transiter par le site.
– Les **institutions**, les **professionnels** et les **équipes de soins et d'éducation** sont appelés à coopérer avec les équipes de recherche et à veiller à ce que l'action de ces dernières s'inscrive dans un projet de développement global de la personne handicapée. Confident des parents, le **médecin de famille** est souvent interrogé sur l'intérêt d'une recherche sans avoir toujours en sa possession tous les éléments pour une réponse pertinente. Celle-ci n'est possible que s'il existe une coopération confiante entre équipes de recherche et soignants, quels qu'ils soient.
– Au-delà du respect indispensable des exigences légales et éthiques qui s'imposent à elles, il est demandé aux **équipes de recherche** de prêter une attention particulière aux éventuels effets pervers pouvant résulter par exemple d'attentes excessives de la part des familles. Elles doivent donc faire preuve de

prudence, de capacité d'anticipation, et tenir informés les participants et leur famille du déroulement, parfois lent, de la recherche et de ses résultats.

– Quant aux **organismes de recherche** et aux sources publiques et privées de financement, il serait souhaitable qu'ils prennent conscience de l'importance de la recherche dans le domaine du handicap mental et qu'ils encouragent son développement en y consacrant les ressources humaines et matérielles nécessaires. Les démarches interdisciplinaires largement ouvertes aux échanges avec les chercheurs d'autres pays et dépassant les cloisonnements traditionnels devraient être soutenues. Il est recommandé de mettre en œuvre des études qui explorent la possibilité d'utiliser des techniques de communication plus appropriées que les explications verbales habituelles afin de faire saisir par la personne déficiente mentale les objectifs de la recherche et ce qui lui sera demandé. Cela permettrait d'améliorer la qualité du consentement recueilli et devrait permettre aux équipes d'envisager l'assentiment de la personne handicapée non comme un obstacle à contourner mais comme un élément de l'éthique et de la dynamique de la recherche.

– Il est demandé au **législateur** de remédier aux ambiguïtés et carences de la loi, mais plus largement de promouvoir la dimension de sujet de droit de la personne handicapée mentale et de lui reconnaître toute l'autonomie compatible avec son état.

– Conscients que des informations prématurées et/ou tendancieuses peuvent nuire gravement aux jeunes handicapés mentaux, à leur famille, et discréditer la recherche, les **médias** devraient fournir une information objective sur la recherche et ses résultats, en se renseignant, autant que de besoin, auprès d'équipes confirmées et des associations.

– Tout en soutenant les programmes de recherche, tant fondamentale qu'appliquée, dans le domaine du handicap mental, la **société** doit aussi améliorer sa prise en charge. Des recherches sur l'évaluation de la qualité de vie et des besoins des personnes déficientes mentales, faisant une place aux leçons d'expériences étrangères, pourraient y contribuer. C'est seulement à cette condition que la recherche, notamment la recherche biomédicale, sera soutenue par les associations de défense des droits fondamentaux des personnes handicapées.

Enfin, la société doit promouvoir chez tous ses membres une attitude d'accueil et de respect des personnes déficientes mentales. Il y a là un devoir de solidarité citoyenne qui, donnant à ces personnes leur juste place sociale, rendrait en retour plus facile leur participation à la recherche sur le handicap mental.

RÉFÉRENCES BIBLIOGRAPHIQUES

Références citées

ARTHUIS M., PINSARD N., PONSOT G. *et al.*, « Malformations cérébrales congénitales et exposition de la mère à un toxique », in *Neurologie pédiatrique*, Flammarion, Paris, 1998.

BINET J.-R., *Droit et progrès scientifique, Science du droit, valeurs et biomédecine*, Paris, PUF, 2002.

CANADA, GROUPE DE TRAVAIL DES TROIS CONSEILS, *Guide d'éthique de la recherche avec des sujets humains*, Les Trois Conseils, Ottawa, 1997.

COMITÉ CONSULTATIF NATIONAL D'ÉTHIQUE, *Éthique et Pédiatrie*, Paris, Documentation française, 1992.

COMITÉ CONSULTATIF NATIONAL D'ÉTHIQUE, *La Contraception chez les personnes handicapées mentales*, avis, rapport, Paris, CCNE, 1996.

COMITÉ CONSULTATIF NATIONAL D'ÉTHIQUE, *Avis sur les questions éthiques posées par la transmission de l'information scientifique relative à la recherche biologique et médicale*, Paris, CCNE, 1995.

COMITÉ CONSULTATIF NATIONAL D'ÉTHIQUE, *Consentement éclairé et information des personnes qui se prêtent à des actes de soin ou de recherche*, rapport et recommandations, Paris, CCNE, 1998.

CONSEIL DES ORGANISATIONS INTERNATIONALES DES SCIENCES MÉDICALES, *Lignes directrices internationales relatives aux aspects éthiques de la recherche biomédicale sur des sujets humains*, Genève, CIOMS, 2002.

FARDEAU M., *Rapport au ministre de l'Emploi et de la Solidarité et au secrétaire d'État à la Santé, à l'Action sociale et aux Handicaps sur une analyse comparative et prospective du système français de prise en charge des personnes handicapées*, Paris, 2000.

GOLSE B., communication personnelle.

INSERM, *Réduire les handicaps*, Paris, Documentation Française, 1985.

LEVY L., *Les Jeunes Handicapés mentaux. Résultats d'une enquête statistique sur leurs caractéristiques et leurs besoins*, Paris, PUF, 1970.

MISÈS R., PERRON R., SALBREUX R., *Retards et Troubles de l'intelligence de l'enfant*, Paris, ESF, 1994.

PARLEMENT EUROPÉEN, *Directive 95/46/CE du Parlement européen et du Conseil du 24 octobre 1995 relative à la protection des personnes physiques à l'égard du traitement des données à caractère personnel et la libre circulation de ces données.*

PARLEMENT EUROPÉEN, « Directive 2001/20/CE du Parlement européen et du Conseil du 4 avril 2001 concernant le rapprochement des dispositions législatives, réglementaires et administratives des États membres relatives à l'application de bonnes pratiques cliniques dans la conduite d'essais cliniques de médicaments à usage humain », *J.O.*, n° L 121 du 01-05-2001, p. 0034-0044.

POILROUX R., *Guide des tutelles et de la protection de la personne*, Paris, Dunod, 1999, 427 p.

RAYMOND L., cité *in* MANCIAUX M., « Éthique et santé publique de la mère et de l'enfant », *Éthique et Pédiatrie*, Paris, CCNE/Documentation française, 1992.

ROYER P., « La déficience mentale de l'enfant, recherche et éthique », in *Déficience mentale chez les jeunes*, colloque INSERM/CIE, Paris, INSERM, 1981, vol. 105, p. 317-320.

US NATIONAL COMMISSION FOR THE PROTECTION OF HUMAN SUBJECTS OF BIOMEDICAL AND BEHAVIORAL RESEARCH, *The Belmont Report : Ethical Principles and Guidelines for the Protection of Human Subjects of Research*, The Commission, Washington D.C., 1979.

Pour en savoir plus

BATTEUR A., « De la protection du corps à la protection de l'être humain », *Les Petites Affiches*, 149, 1994, p. 29-33.

DRESSER R., « Mentally Disabled Research Subjects, The Enduring Policy Issues », *JAMA*, 276, 1, 1996, p. 67-72.

EDGAR H., CRUZ-COKE R., « Access to Treatment, Experimentation on Human Subjects and Ethics, Draft Report », *Fourth Session of the IBC*, 3-4 October 1996, 18 p.

« Expérimentation sur des vulnérables », in *La Santé face aux droits de l'homme, à l'éthique et aux morales*, 1996, 2 p.

FOSSIER T., « Le malade mental confronté à la médecine somatique et à la recherche. Un exemple d'application des lois bioéthiques de 1994 et du code de déontologie de 1995 », *Gazette du Palais*, 1996, p. 726-728.

GLASS K.C., SPEYER-OFFENBERG G.M., « Incompetent persons as research subjects and the ethics of minimal risk », *Cambridge Journal of Healthcare Ethics*, 5, 1996, p. 362-372.

DOUCET H., *L'Éthique de la recherche. Guide pour le chercheur en sciences de la santé*, Presses de l'université de Montréal, 2002.

HAELEWYCK M.-C., GAZIER G., « Recherche et handicap mental au sein de la délégation belgo-luxembourgeoise de l'AIRHM », *Revue francophone de la déficience intellectuelle*, 13, 2, 2002, p. 167-187.

INCLUSION INTERNATIONAL, *Respectful Recognition : Safeguarding the Rights of Persons with Disabilities*, Response to the Documents Issued up until September 1994 by the International Bioethics Committee of UNESCO, 1995.

INSERM, *Grande Prématurité, Dépistage et Prévention du risque*, INSERM, coll. « Expertise collective », Paris, 1997, 273 p.

LAWSON S. L., ADAMSON H. M., « Informed consent readability : subject understanding of 15 common consent form phrases », *IRB*, 17, 5-6, 1995, p. 16-19.

LEVINE R. J., « Proposed regulations for research involving those institutionalized as mentally infirm : a consideration of their relevance in 1996 », *IRB*, 18, 5, 1996, p. 1-5.

PETERSSON B., « The Mentally Retarded as Research Subjects, A Research Ethics Study of the Vipeholm Investigations of 1945-1955 », *Studies in Research Ethics*, 3, 1993, p. 1-31.

POYTHRESS N. G., « Obtaining informed consent for research », *Journal of Law and Medical Ethics*, 30, 3, 2002, p. 367-374.

RETAULT A., « Le consentement des malades mentaux aux recherches biomédicales. À propos d'une enquête sur l'application de la loi Huriet en psychiatrie », *JIB/Ethique*, 8, 3, 1997, p. 133-140.

SAFJAN M., ZARADKIEWICZ K., « Le consentement à l'intervention médicale », *J. Int. Bioethics*, 12, 2001, p. 29-41.

SCHALOCK R. L., FAULKER E., « Validation croisée d'un modèle contextuel d'évaluation de la Qualité de la Vie », *Revue européenne du handicap mental*, 4, 14, 1997, pp. 18-28.

Textes internationaux officiels

UNESCO, Déclaration universelle sur le génome humain et les droits de l'homme, 1997.

CONSEIL DE L'EUROPE, *Convention pour la protection des Droits de l'Homme et de la dignité de l'être humain à l'égard des applications de la biologie et de la médecine*, 1997.

– *Protocole additionnel à la Convention relatif à la recherche biomédicale*, 2003.

ASSOCIATION MÉDICALE MONDIALE (AMM), *Déclaration d'Helsinki (Recommandations à l'adresse des médecins dans le domaine de la recherche biomédicale portant sur des sujets humains)*, 1964, amendée en 2000.

Directives éthiques nationales

ROYAUME-UNI, MEDICAL RESEARCH COUNCIL, *The Ethical Conduct of Research on the Mentally Incapacitated*, 1991.

Comité consultatif national d'éthique (CCNE)

Avis n° 2 sur les essais de nouveaux traitements chez l'homme, 1984.

Avis n° 4 sur les registres médicaux pour études épidémiologiques et de prévention, 1985.

Avis n° 9 sur les problèmes posés par le développement des méthodes d'utilisation de cellules humaines et de leurs dérivés, 1987.

Avis n° 22 sur la thérapie génétique, 1990.

Avis n° 25 sur l'application des tests génétiques aux études individuelles, études familiales et études de population. (Problèmes des « banques » de l'ADN, des « banques » de cellules et de l'informatisation des données), 1991.

Avis n° 27 sur la non-commercialisation du génome humain. Réflexions générales sur les problèmes éthiques posés par les recherches sur le génome humain, 1991.

Avis n° 38 sur l'éthique de la recherche dans les sciences du comportement humain, 1993.

Avis n° 46 : Génétique et médecine : de la prédiction à la prévention, avis, rapports, 1995.

Textes juridiques et jurisprudence

Loi n° 78-17 du 6 janvier 1978 relative à l'informatique, aux fichiers et aux libertés.

Loi n° 94-548 du 1er juillet 1994 relative au traitement des données nominatives ayant pour fin la recherche dans le domaine de la santé et modifiant la loi n° 78-17 du 6 janvier 1978 relative à l'informatique, aux fichiers et aux libertés.

Loi Huriet-Sérusclat n° 88-1138 du 20 décembre 1988 modifiée le 23 janvier 1990 et le 25 juillet 1994 relative à la protection des personnes qui se prêtent à des recherches biomédicales.

Loi n° 94-630 du 25 juillet 1994 modifiant le livre II bis du code de la santé publique relatif à la protection des personnes qui se prêtent à des recherches biomédicales.

Loi 94-653 du 29 juillet 1994 relative au respect du corps humain.

Loi 94-654 du 29 juillet 1994 relative au don et à l'utilisation des éléments et produits du corps humain, à l'assistance médicale à la procréation et au diagnostic prénatal.

Loi 96-452 du 28 mai 1996 portant diverses mesures d'ordre sanitaire, social et statutaire.

Directive 2001/20/CE du 4 avril 2001 concernant le rapprochement des dispositions législatives, réglementaires et administratives des États membres relatives à l'application de bonnes pratiques cliniques dans la conduite d'essais cliniques de médicaments à usage humain.

Pour une éthique de la dignité

Patrick GOHET

Le handicap est une réalité multiforme. En effet, nous pouvons distinguer le handicap moteur, le handicap sensoriel, le handicap mental, le handicap psychique, le polyhandicap, le handicap évolutif. Une bonne politique du handicap consiste en un ensemble de mesures législatives et réglementaires, budgétaires et institutionnelles, qui ont pour vocation de répondre aux besoins et aux aspirations générés par cet ensemble de situations de handicap.

Par ailleurs, une bonne politique du handicap mobilise nécessairement tous les acteurs de la cité : l'État, qui en est le garant au titre de la solidarité nationale, les collectivités territoriales au premier rang desquelles le département, les organismes sociaux, les entreprises, le monde de la pensée. En effet, les personnes handicapées sont concernées par tous les aspects de la vie du citoyen ordinaire : la scolarisation, l'emploi, le logement, les loisirs, la culture, l'avancée en âge.

Une bonne politique du handicap suppose des objectifs, des moyens et des valeurs de référence.

Les principaux objectifs de la politique en direction des personnes handicapées sont, à l'évidence, la non-discrimination à l'école, dans l'emploi, dans les lieux de vie sociale, la pleine intégration dans la cité, la participation aux décisions qui concernent la personne elle-même ainsi que les différentes collectivités auxquelles elle appartient, le libre choix de son mode de vie.

La politique du handicap repose sur trois moyens principaux : la compensation, l'accessibilité et la solidarité.

Par **compensation**, il faut entendre l'ensemble des mesures individuelles dont la personne handicapée dispose pour réduire les difficultés qu'elle rencontre. Cette compensation est financière, technique, humaine, juridique… La personne handicapée la trouve, en fonction de la nature et de l'importance de son handicap, en milieu ordinaire avec l'aide d'un service, ou dans le cadre d'une institution.

En ce qui concerne l'**accessibilité**, il est alors question des dispositions prises pour adapter l'ensemble de l'environnement. Cette accessibilité est autant physique qu'intellectuelle. En effet, s'il faut aller plus loin encore dans l'accessibilisation des transports, du logement, des lieux publics, des magasins, il importe également de prendre les mesures qui permettront aux personnes rencontrant des difficultés de repérage dans l'espace et dans le temps d'être accueillies, orientées et accompagnées.

Bien évidemment, la mise en place de cette compensation et la réalisation de cette accessibilité supposent qu'elles relèvent de la **solidarité** nationale, garantie par l'État et mise en œuvre par l'ensemble des acteurs concernés de la cité, c'est-à-dire les collectivités territoriales, les organismes sociaux, les organisations représentatives.

Une telle politique repose bien évidemment sur des valeurs fortes. Tout d'abord, les personnes handicapées demandent à être regardées comme des personnes tout simplement. Une personne handicapée, notamment intellectuelle, quelles que soient sa différence et ses difficultés, est avant tout une personne à la valeur rigoureusement égale à celle de n'importe lequel des autres citoyens.

Par ailleurs, les dispositions prises en faveur de l'autonomie et de l'intégration des personnes handicapées profitent à l'ensemble de la société. C'est tout particulièrement vrai de l'adaptation de l'environnement et de l'accessibilité. Par conséquent, la politique du handicap ne peut plus être aujourd'hui considérée comme une charge mais plutôt comme un investissement. Rendre accessible le trottoir, c'est permettre à des personnes en fauteuil de l'emprunter mais c'est aussi en faciliter l'usage pour les personnes âgées, les mamans poussant une voiture d'enfant. Rendre une station de métro accueillante aux personnes handicapées mentales et psychiques, c'est également rendre service aux personnes illettrées, en difficulté d'intégration culturelle.

Enfin, si la réponse première qu'appellent toutes les formes de handicap est l'**accompagnement**, ce dernier ne consiste pas pour les parents, les amis et les professionnels qui l'accomplissent, à se substituer à la personne handicapée mais à l'aider, soit à mettre en œuvre ses décisions, soit à lui permettre de les prendre d'une manière avisée et opportune.

Tout ce qui précède indique bien qu'une **éthique** préside à l'action pour les personnes handicapées. C'est ce que l'UNAPEI a compris en constituant un Comité de réflexion d'éthique dans le domaine du handicap mental et en encourageant la présente publication qui regroupe, après les avoir réactualisées, l'ensemble des réflexions conduites par cette instance représentative de l'ensemble des disciplines concernées par le handicap.

Cette éthique, puisée aux sources de l'humanisme forgé par notre civilisation, repose sur le **respect** de la personne, sur sa protection lorsqu'elle est vulnérable, sur la garantie de son libre arbitre dès lors que ce dernier s'exerce dans les limites que suppose la vie en société. Tout ce qui se rapporte aux diagnostics anté- et postnatal, à l'annonce du handicap, à la vie affective et sexuelle, à la parentalité, se conçoit et se mesure à l'aune de cette règle de comportement.

La question du handicap est fondamentalement de nature culturelle. La qualité de la réponse qui lui est apportée dépend du degré de « savoir vivre ensemble » du corps social. Or, le « savoir vivre ensemble » n'est pas inné, il s'apprend. C'est donc avant tout une affaire d'éducation qui relève tant de la famille que de l'école mais également, aujourd'hui, des médias et de tous les acteurs de la société d'information.

Le présent ouvrage révèle combien la question du handicap, en particulier mental, recouvre l'ensemble des problématiques de la cité en les exacerbant. Cette réalité n'est pas marginale, elle est au cœur de la vie sociale. Répondre aux interpellations qu'elle adresse à la société, c'est faire progresser l'ensemble de cette dernière. Ce constat est vrai pour notre pays. Il l'est également pour l'ensemble de l'Europe en construction. L'Union ne s'y trompe pas lorsqu'elle traite de la non-discrimination en matière d'emploi, qu'elle promeut l'égalité des chances et qu'elle recommande le traitement transversal de la politique du handicap. C'est ce qu'elle appelle le *mainstreaming* ou, si l'on préfère, la prise en compte du citoyen handicapé par tous les acteurs de la cité en vue de l'amener à rejoindre, par tous les moyens possibles, les différents aspects de la vie de tous.

Que les auteurs du présent ouvrage soient salués pour leur compétence, la profondeur de leur vue et la mesure dont ils ont voulu et su accompagner leurs analyses et leurs recommandations. Qu'ils soient remerciés pour leur contribution majeure à l'émergence de la personne en situation de handicap comme un citoyen à part entière disposant des droits de tous et accomplissant les mêmes devoirs.

Postface

Les Personnes handicapées mentales, éthique et droit constitue une contribution majeure à la réflexion, déjà riche et foisonnante, menée en cette année 2003 sur les questions relatives au handicap.

Fruit des travaux conduits depuis une douzaine d'années par le Comité de réflexion d'éthique de l'UNAPEI, composé de personnalités éminentes du monde médical, juridique, scientifique et religieux, cet ouvrage pluridisciplinaire a l'ambition d'aborder l'ensemble des questions qui nous préoccupent.

On ne sera pas surpris de constater, et ce n'est pas le moindre intérêt de la démarche, que les auteurs ont su avoir une approche complète de la question qui dépasse largement le champ de l'éthique médicale strictement entendue. Jamais, en effet une réflexion de cette ampleur n'avait été menée sur l'ensemble des interrogations qui jalonnent l'existence des personnes handicapées mentales tout au long de leur « itinéraire de vie », pour reprendre l'heureuse expression retenue par les auteurs comme fil conducteur de leur ouvrage.

Avec un réel souci de pédagogie et le désir de souligner les problèmes concrets qui peuvent se poser à tous : personnes handicapées, parents, professionnels, médecins... Est donc évoqué l'ensemble des questions que chacun, quelles que soient sa situation et sa fonction, peut avoir à connaître, depuis le dépistage du handicap avant la naissance jusqu'au vieillissement, en passant par la participation à la vie sociale, la procréation et la vie affective ou encore l'insertion professionnelle. Avec une grande délicatesse et un profond humanisme qui ne sont jamais pris en défaut, la personne handicapée mentale y est considérée comme étant le centre et la finalité de l'action entreprise, et non comme le sujet d'une réflexion de spécialistes qui méconnaîtraient le grand désarroi dont ces personnes et leur entourage sont fréquemment la proie.

Sur des sujets aussi complexes et aussi peu explorés, bien des questions demeurent sans réponse. Avec une modestie et une rigueur sans faille, les auteurs ont toujours eu l'ambition et le mérite de faire le point sur l'étendue des connaissances actuelles et des perspectives futures, mais aussi sur les incertitudes qui perdurent sur ces questions subtiles qui, au final, nous renvoient à un face-à-face avec notre conscience.

Qui que nous soyons, parents, professionnels ou amis des personnes handicapées mentales, puisse cet ouvrage nous guider dans notre action et dans notre réflexion au quotidien !

Paris, le 2 octobre 2003.

Régis DEVOLDÈRE,

président de l'UNAPEI.

ANNEXE 1

À PROPOS DU HANDICAP MENTAL

Déficience, incapacité, handicap

Apparemment satisfaisant pour l'esprit, ce schéma séquentiel a cependant fait l'objet de nombreuses critiques. La première est qu'il définit un syndrome (le handicap au sens large du terme) par une série de signes et symptômes traduisant des manques, des souffrances (Hamonet *et al.*, 2001) : approche « défectologique » risquant d'enfermer le sujet dans ses difficultés, dans son exclusion. En deuxième lieu, le handicap ainsi défini apparaît plus comme une pathologie individuelle d'origine biomédicale que comme une pathologie sociale conséquence de facteurs environnementaux, dont l'aménagement des services (Ravaud, 2001). Par ailleurs, la séquence n'est pas aussi simple que le donnent à penser ses différents termes : elle semble sous-tendue par un enchaînement de causalités, ce qui est excessif. Par exemple une déficience peut conduire à un handicap en l'absence d'incapacités objectives de la personne. P. Minaire et J. Cherpin (1976) ont développé la notion de handicap de situation, né de la rencontre d'un sujet – parfois peu limité dans ses capacités fonctionnelles – et d'une situation particulière, requérant certaines réactions. Cette approche est riche de déductions pour la vie courante, mais a aussi le grand mérite de relativiser la notion même de handicap, puisque celui-ci est variable dans le temps en fonction des situations de la vie en famille, à l'école, au travail, en loisirs, en déplacements.

Malgré ces critiques, la CIDIH a marqué une étape importante dans l'évolution des idées et des concepts. Assimilant le handicap à un désavantage social, elle a mis l'accent sur ses aspects psycho-sociaux et donc sur le rôle de la société dans sa production, notion largement reprise dans les travaux ultérieurs. Et elle a relancé une réflexion féconde, dont témoignent, en francophonie, trois ouvrages récents d'un très grand intérêt : *Connaître le handicap, reconnaître la personne* (Gardou, 1999), *Les Aspects sociaux du handicap : reconnaître, intégrer, respecter* (Prévenir, 2000) et *Une nouvelle approche de la différence : comment repenser le handicap*, sous la direction de De Riedmatten (2001). Ce troisième et important ouvrage fait une revue générale de vingt ans de travaux (1980-2000) dans plusieurs pays du monde sur le concept même de handicap, sous l'influence de l'OMS, mais aussi d'associations de personnes handicapées, en particulier *Disabled People's International*, organisation mondiale créée et animée par des personnes elles-mêmes handicapées. Il est impossible de rendre compte, même brièvement, des travaux, études, enquêtes des deux dernières décennies. Signalons simplement trois avancées particulièrement intéressantes.

Après plusieurs versions de la CIDIH, l'OMS a proposé, en 2001, la classification internationale du fonctionnement, du handicap et de la santé (CIF), présentée comme une tentative de conception pluridimensionnelle des facteurs déterminants des handicaps et de la santé, nouveau paradigme globalisant qui tend à présenter le handicap comme construction sociale. La CIF prend en compte les aspects sociaux du handicap et fournit un outil pour évaluer l'impact de l'environnement matériel et humain sur la santé et les fonctionnalités de la personne. Elle a été adoptée en 2001 par l'Assemblée mondiale de la santé, réunion des plus hautes autorités sanitaires de tous les pays.

En France, l'université de Paris XII a développé un système d'identification et de mesure du handicap (SIMH) qui, entre autres innovations, « isole nettement une dimension de la subjectivité qui apparaît comme l'axe clé de l'analyse du handicap et de la mise en place de la réadaptation » (Hamonet, *op. cit.*). L'introduction des perceptions et représentations du handicap par la personne handicapée elle-même et par ses partenaires sociaux ajoute incontestablement un progrès dans notre compréhension.

Mais c'est au Québec qu'est né, à partir d'une révision critique de la CIDIH2, le processus de production du handicap (PPH) : l'enjeu central de son application est « la prise de conscience du rôle et de la possibilité de modifier l'environnement (vaincre les préjugés, changer les attitudes, assurer l'exercice des droits, adapter les services, les bâtiments, la technologie) » (Fougeyrollas, 2001). Vivre une situation de handicap n'est donc plus une caractéristique appartenant en propre à la personne. C'est un processus où « la rencontre de la personne différente avec son environnement social et physique détermine la qualité de sa participation sociale » : autre terme pour désigner une intégration réussie. Le processus ainsi compris facilite la mise en œuvre d'un programme de réadaptation individualisé.

Dans cet ordre d'idée, l'UNAPEI a mis au point et validé, en 2000, un modèle d'accompagnement personnalisé (MAP) basé sur une définition pragmatique du handicap mental : « Réduction plus ou moins importante de la capacité de réflexion, de conceptualisation, de communication et de décision devant être compensée par un accompagnement humain adapté à la gravité de l'état de la personne, permanent et évolutif. » Ce modèle interroge, par des séries d'items appropriés, relations et comportements, activités domestiques et sociales, aptitudes observées dans l'exercice d'activités, activités mentales et corporelles et enfin pôle sensoriel. Bien que bâtie pour l'accompagnement de sujets handicapés mentaux, cette grille d'évaluation est applicable à des handicaps d'autre nature, à la mise en évidence des polyhandicaps ainsi que de la diminution des capacités qui caractérise le vieillissement. (voir annexe 2).

Pour résumer cette longue évolution, on peut dire que l'on est passé, en vingt ans, d'une conception organiciste, rationnelle, objective et médicocentrique du handicap, avec toutefois des ouvertures sociales, à une autre, élargie, plus équilibrée, où facteurs personnels, facteurs environnementaux et leurs interactions sont largement représentés et où les éléments subjectifs ont trouvé leur place. Cependant, Kristeva (2003) souligne une possible interprétation perverse de ce modèle social : « Nous nous heurtons, dit-elle, à une nouvelle idéologie réductionniste qui dénie la souffrance psychique et la nécessité thérapeutique et prône le miracle d'une résorption pure et simple du handicap par une meilleure prise en charge sociale. » Retenons, comme harmonieuse synthèse entre les deux conceptions présentées, ce qu'en dit l'Organisation des Nations unies (ONU, 1982) dans les règles pour l'égalisation des chances des personnes handicapées :

> « Le handicap est fonction des rapports des personnes handicapées avec leur environnement. Il surgit lorsque ces personnes rencontrent des obstacles culturels, matériels et sociaux qui sont à la portée de leurs concitoyens. Le handicap réside alors dans la perte ou la limitation des possibilités de participer, sur un pied d'égalité avec les autres individus, à la vie de la communauté. »

Il reste à intégrer ces progrès en matière de compréhension des handicaps, quelle qu'en soit la nature, dans les perspectives et les représentations du handicap à niveaux individuel, collectif et social, dans l'organisation de la vie des personnes handicapées au sein d'une société où la différence et la faiblesse soient considérées comme phénomènes naturels et source de développement personnel et communautaire. Il reste aussi à « lever les obstacles qui aboutissent à cette situation paradoxale que nous vivons aujourd'hui : il n'y a pas de définition communément admise pour ce qui est considéré comme un des grands problèmes de la société de notre époque » (Hamonet *et al.*, *op. cit.*). De fait, la loi de 1975 désigne seulement celles et ceux qui en sont les bénéficiaires potentiels : « Est handicapée toute personne considérée comme telle par les commissions *ad hoc* (CDES [1] pour les mineurs, COTOREP [2] pour les majeurs). » Et la médicalisation, voire la psychiatrisation des handicaps socio-culturels viennent encore compliquer la situation.

« Plus du tiers de nos handicaps étaient multiples et nous ne l'avions pas soupçonné. » (Butler, 1969.) Cette citation ancienne reste actuelle. Qu'ils soient d'origine génétique ou liés à une souffrance périnatale sérieuse ou encore d'apparition plus tardive, beaucoup de handicaps associent à la déficience mentale des déficits sensoriels, des malformations viscérales (cardiaques par exemple) ou des handicaps moteurs. Il s'agit de polyhandicaps. C'est dire l'extrême importance d'un bilan approfondi, au besoin répété. Toute déficience mentale sévère est en fait un polyhandicap. La réadaptation s'en trouve compliquée, nécessitant personnel et institutions spécialisés.

Reste à parler du surhandicap : ce néologisme désigne la surprotection dont font l'objet, à leur détriment, de nombreux enfants handicapés, mais aussi des adultes davantage assistés que simplement accompagnés, aidés dans leurs difficultés : réaction compréhensible de la part des parents, des proches et même de la société, et dont les personnes ainsi traitées peuvent tirer des bénéfices secondaires, mais qui compromet leur marche vers l'autonomie et leurs chances d'insertion. Dans le même ordre d'idée Golse parle de greffe ou de surcharge « illégitime » en cas d'intervention trop tardive du fait du retard dans le dépistage du handicap (1997).

1. Commission départementale d'éducation spéciale.
2. Commission technique d'orientation et de reclassement professionnel.

Handicap mental

Il est très variable suivant :
– son âge de début : en germe dès la conception pour certaines anomalies génétiques qui comportent un risque majeur de déficience intellectuelle (trisomie 21, syndrome du X fragile, etc.) ou dès la vie prénatale (syndrome d'alcoolisme fœtal) ; plus tardif dans le cas d'encéphalites de l'enfance, de traumatismes affectant le cerveau, de maladies dégénératives du type Creutzfeldt-Jakob) ;
– son origine : les causes affectant le développement et le fonctionnement cérébral sont très variées. En règle générale, leur retentissement est d'autant plus grand qu'elles atteignent le cerveau dans une période de développement rapide. Mais surtout, une même atteinte cérébrale ne produit pas automatiquement le même tableau clinique. L'évolution plus ou moins sévère dépend en partie de facteurs environnementaux, parmi lesquels la précocité du diagnostic, et donc de la prise en charge, la qualité affective de l'entourage et des soins jouent un rôle important : c'est dire l'influence des centres d'action médico-sociale précoce (CAMSP) dans le bilan de l'atteinte, le traitement des symptômes et le soutien à la famille. En l'absence d'une prise en charge adaptée le tableau initial peut s'aggraver rapidement du fait d'un « surhandicap sociogène » (Tomkiewicz, *op. cit.*). De fait, à déficience organique équivalente, les enfants de milieux sociaux défavorisés présentent un handicap plus lourd que leurs congénères issus de familles aisées (Misès, 2000).

À l'inverse, il existe des possibilités de prévention du handicap mental, dans le cas de maladies métaboliques en particulier. L'exemple en est la phénylcétonurie, trouble du métabolisme de la phénylalanine : dépistée dès la naissance, cette anomalie peut être traitée par un régime sans phénylalanine qui va permettre un développement cérébral normal. Il en est de même pour le myxœdème congénital (hypothyroïdie) dont le traitement substitutif par l'hormone thyroïdienne évite la déficience mentale.

En fait, que l'origine du handicap mental soit génétique, métabolique par anoxie cérébrale d'origine périnatale ou traumatique, infectieuse du fait d'une rubéole maternelle ou d'une encéphalite, ou encore hormonale comme dans le myxœdème congénital, le tableau clinique qui en résulte est habituellement multidimensionnel, témoignant d'une intrication de facteurs organiques (neurobiologiques) et d'autres, psychopathologiques. Cette complexité a plusieurs conséquences :
– chaque personne atteinte représente en quelque sorte un cas unique ;
– la nature multifactorielle de tout handicap requiert une prise en charge plurisectorielle dans une véritable transdisciplinarité ;
– l'évolution du tableau clinique ainsi constitué dépend de tant d'éléments qu'un pronostic à moyen terme ne peut être porté que sur la base d'un bilan multidimensionnel approfondi et répété ;
– l'opposition encore souvent faite entre le handicap, supposé fixe et définitif, et la maladie, considérée comme évolutive et curable, n'est pas recevable.

Misès insiste sur les interactions entre ces différents facteurs, ce qui complète le modèle multidimensionnel et ouvre sur la prévention.

> « Ainsi, facteurs organiques, relationnels, sociaux entrent bien dans des interactions mutuelles, tout au long de l'évolution des processus multifactoriels, à travers lesquels la déficience intellectuelle s'organise et se modèle progressivement. En outre, loin d'être toujours prévalente d'emblée, en particulier pour les débilités légères ou moyennes, l'atteinte de l'intelligence ne s'affirme parfois que progressivement ; elle coexiste avec d'autres distorsions du fonctionnement mental, elle inclut des modalités variables de relation entre l'enfant et son environnement. Dès lors, les troubles de l'intelligence ne peuvent plus être conçus comme résultant de l'atteinte d'une fonction distincte, ils renvoient à une perturbation élargie qui implique le sujet dans sa totalité et dans ses rapports avec le contexte socio-familial. »

> « Ces révisions radicales n'ont pas conduit à négliger l'influence des facteurs organiques, notamment d'ordre génétique, et l'on connaît l'importance des précisions qui ont été apportées en ce domaine par les recherches les plus récentes ; mais les approches multidimensionnelles ont réduit le recours à des explications simplificatrices. Elles ont surtout permis d'envisager des mesures préventives et curatives. À ce propos, de nombreux travaux ont montré que l'atteinte des fonctions cognitives reste longtemps influencée par des approches conjointes associant le soin et l'éducation. Sans doute, les limites dans lesquelles des modifications sont concevables varient-elles d'un sujet à l'autre : la gravité de l'atteinte organique, l'association à des lésions neurologiques patentes constituent naturellement des éléments de valeur péjorative ; cependant, la personne ne saurait être réduite à ses atteintes encéphalopathiques et il importe de ne jamais fixer un pronostic en se fondant sur les seuls résultats d'un premier bilan. » (Misès, 2000.)

Le handicap mental varie aussi suivant son degré. Depuis plus d'un siècle, la pratique du quotient intellectuel (QI) a permis de distinguer les débilités profondes, moyennes et légères. Plus récemment l'OMS a proposé une classification modifiée : la déficience appelée autrefois moyenne devrait désormais s'appeler légère et celle qui portait le nom de déficience légère deviendrait « variation de la normale ». Ces glissements, paradoxalement contemporains d'exigences de plus en plus grandes de la part de la société vis-à-vis des personnes en difficultés, montrent bien le caractère aléatoire des classifications basées sur des instruments qui, mis au point à partir de populations « normales » (milieu scolaire pour le QI), disqualifient les sujets « hors normes ».

Il existe de nombreuses échelles qui, complétant ou suppléant la psychométrie classique, permettent d'évaluer de façon plus fine les performances et les manques des personnes handicapées dans les différents secteurs de leur personnalité, et donc de moduler au mieux les programmes de réadaptation. Ces instruments ont en outre l'intérêt de prendre en compte, au-delà des caractéristiques personnelles du sujet handicapé, l'entourage humain et l'environnement matériel dans lequel celui-ci est appelé à évoluer. Le MAP est un bon exemple de cette démarche. Ces différents instruments permettent aussi, pour chaque personne, enfant, adulte, vieillard, atteinte dans ses capacités mentales, de préciser les éléments individuels et environnementaux qui caractérisent son handicap et font, de chaque handicapé, un être unique.

RÉFÉRENCES BIBLIOGRAPHIQUES

BUTLER N.R., ALBERMAN E.D., « Perinatal problems », *Livingstone*, Edinburgh, London, 1969.

FOUGEYROLLAS P., « Le processus de production du handicap », *in* R. de Riedmatten (éd), *Une nouvelle approche de la différence*, Cah. méd. soc., Genève, 2001, pp. 1001-1022.

HAMONET C., MAGALHAES T., « À propos du handicap : langage médical ou langage social ? », *in* R. de Riedmatten, cf. *supra*, pp. 37-53.

MINAIRE P., CHERPIN J., « Handicaps et handicapés : pour une classification fonctionnelle », *Cah. méd. Lyon* 2, 1976, pp. 479-480.

MISÈS R., « L'enfant handicapé mental », *in* G. Zribi, J. Sarfaty (éd), *Construction de soi et handicap mental*, ENSP, Rennes, 2000.

ORGANISATION MONDIALE DE LA SANTÉ, « Classification internationale du fonctionnement, du handicap et de la santé (CIF) », *Communiqué OMS 27*, Genève, 2002.

RAVAUD I.F., « Vers un modèle social du handicap », *in* R. de Riedmatten (éd), cf. *supra*, pp. 55-68.

ANNEXE 2

MODÈLE D'ACCOMPAGNEMENT POUR PERSONNES HANDICAPÉES

Le modèle d'accompagnement personnalisé (MAP), créé par l'UNAPEI, permet d'évaluer les besoins de la personne handicapée mentale, qu'elle vive en institution, dans une famille d'accueil, chez ses parents ou à son propre domicile. Il vise à garantir un droit à la compensation et un accompagnement adapté. Il est un outil au service de l'élaboration du projet individuel. La démarche consiste à observer ce que la personne fait seule dans son environnement, et non ce qui est réalisé par les accompagnants.

L'évaluation repose sur un ensemble d'items, qui permet de couvrir différents aspects et moments de la vie quotidienne de la personne handicapée mentale :
– relations et comportements ;
– activités domestiques et sociales ;
– aptitudes observées pour l'exercice d'activités ;
– activités corporelles et de déplacement ;
– pôle sensoriel.

Chacun de ces domaines d'évaluation comprend plusieurs variables : sociabilité, cuisine… (cf. le tableau ci-joint).

Enfin, chaque variable comprend trois modalités :

– A : fait seul, totalement, habituellement, correctement, sans stimulation ;
– B : fait partiellement, ou non habituellement, ou non correctement ;
– C : ne fait pas.

Les guides « MAP enfants » et « MAP adultes » donnent de nombreux exemples et précisions quant à l'utilisation des variables et de leurs modalités.

Cette évaluation permettra à la personne de bénéficier de l'un des cinq types d'accompagnements spécifiques :

Map1 : les personnes nécessitent un accompagnement total et permanent, du fait de troubles importants du comportement et/ou de la relation et d'une forte perte d'autonomie pour les actes de la vie domestique et sociale.

Map2 : les personnes ont besoin d'une stimulation et d'une surveillance fortes et pérennes dans les actes de la vie domestique et sociale. En effet leurs troubles du comportement et des relations induisent des difficultés pour s'adapter aux événements rencontrés dans leur environnement (géographique, humain, matériel).

Map3 : les personnes nécessitent un accompagnement pour les acquisitions peu sûres et demandent donc en permanence des consolidations de pratiques pour la réalisation des actes de la vie quotidienne. Du fait de leurs difficultés à apprécier le danger, prendre des initiatives, concevoir la notion de temps, elles requièrent conseils et accompagnement réguliers pour la réalisation de toutes activités.

Map4 : les personnes sont capables de bonne adaptation sociale et de mesurer les dangers. Leurs besoins ponctuels d'aide et de stimulation concernent l'ensemble des activités de la vie quotidienne. Cependant la perception et l'acceptation de leur handicap sont incertaines, rendant leur fiabilité aléatoire.

Map5 : Les personnes sont susceptibles d'organiser leur vie quotidienne et de gérer leurs relations avec l'environnement grâce à un accompagnement léger de soutien (quand cela s'avère nécessaire). Capables d'une adaptation sociale, elles ne présentent pas de risque de mise en danger. Leur handicap est perçu et accepté.

ANNEXE 2

FICHE D'EVALUATION

Date de l'évaluation: ..../..../....... **Nom, prénom :**

M=A ou B ou C. Si B: mettre les numéros des adverbes donnés ci-dessous. Exemple 1+3 signifie non spontanément et non habituellement

Spontanément	**1**
totalement	**2**
habituellement	**3**
correctement	**4**

RELATIONS ET COMPORTEMENTS

		M	si B
R1	COMMUNICATION DECODEE		
R2	SOCIABILITE		
R3	COMPORTEMENT PSYCHOAFFECTIF		
R4	CONSCIENCE DE SOI		
R5	RAPPORT AU DANGER		
R6	CONVENTION SOCIALES		
R7	SEXUALITE		
R8	RAPPORT A LA NOURRITURE		
R9	AGRESSIVITE		

ACTIVITES DOMESTIQUES et SOCIALES

		M	si B
D1	GESTION		
D2	CUISINE		
D3	MENAGE		
D4	TRANSPORTS		
D5	ACHATS		
D6	SUIVI DE LA SANTE		
D7	ACTIVITE DE LOISIRS		

POLE SENSORIEL

		M	si B
F1	VOIR		
F2	ENTENDRE		
F3	PARLER		

APTITUDES OBSERVEES DANS L'EXERCICE D'ACTIVITES

		M	si B
E1	CONSTANCE, CONTINUITE		
E2	SUIVI DES PROCEDURES		
E3	EXECUTION		
E4	ANTICIPATION, INITIATIVE		
E5	REALISATION QUALITATIVE		
E6	UTILISATION D'OBJETS		
E7	ADAPTATION, FORMATION		

ACTIVITES MENTALES ET CORPORELLES

		M	si B
C1	COHERENCE		
C2	ORIENTATION		
C3	TOILETTE		
C4	HABILLAGE		
C5	ALIMENTATION		
C6	ELIMINATION		
C7	TRANSFERTS		
C8	DEPLACEMENT INTERIEUR		
C9	DEPLACEMENT EXTERIEUR		
C10	ALERTER		

UNAPEI-Grille MAP - YLB

ANNEXE 3

PRÉLÈVEMENTS D'ORGANES, DE TISSUS ET PRODUITS HUMAINS

Prélèvements *post mortem*

Ils n'ont été régis que de façon imparfaite (Hauser, 2002) par le législateur (loi du 29 juillet 1994).

Les prélèvements en vue d'un don sont soumis à la nécessité de recueillir l'autorisation du représentant légal, à supposer que le majeur n'ait pas exprimé de refus de son vivant en s'inscrivant sur le registre national des refus, ce qui sera peut-être à l'avenir le cas le plus fréquent (articles L 1232-1, L 1232-2 et L 1241-3 et du code de la santé publique). Il appartiendra alors au tuteur de restituer la volonté du défunt. Cependant, la charge protectrice s'arrêtant au décès du majeur (article 2003 du code civil), le protecteur n'a plus le pouvoir de donner son accord. Cette difficulté mériterait d'être résolue dans le cadre d'une révision de la loi du 3 janvier 1968, en proposant d'étendre la mission du protecteur au-delà de la date du décès, pour résoudre des problèmes comme celui-ci (Fresnel, 1999). Par ailleurs, l'article L 1232-2 du code de la santé publique est littéralement inexact : il envisage les personnes décédées « faisant l'objet d'une mesure de protection légale », puis il exige l'accord du « représentant légal ». Or les majeurs sous curatelle n'ont pas de représentant légal, ils sont seulement assistés dans les cas les plus graves (Bauer, Fossier, 1999). Une rectification est également souhaitable sur ce point. Sa nouvelle rédaction dans le projet de loi relatif à la révision des lois de bioéthique est encore plus contestable [1]. En effet, désormais ne sont visés que les majeurs sous tutelle. Or, l'acte paraît suffisamment grave pour exiger aussi l'intervention du curateur.

S'agissant des *prélèvements à but scientifique*, en l'état du droit positif, seul le cas du mineur est envisagé (Hauser, *op. cit.* ; articles L 1232-3 et L 1241-3 du code de la santé publique). Il faut alors se demander si le silence de la loi vaut interdiction, ou s'il y a lieu d'appliquer les dispositions relatives au mineur et d'exiger le consentement du protecteur. Cette lacune sera certainement comblée avec la révision des lois de bioéthique, car l'article L 1232-2 du projet dispose que « si la personne décédée était un majeur sous tutelle, le prélèvement à l'une des fins mentionnées à l'article L 1232-1 (fins thérapeutiques ou scientifiques) ne peut avoir lieu qu'à la condition que le tuteur y consente expressément par écrit ». Là encore, on ne peut que regretter le silence du législateur quant à l'intervention du curateur.

---

1. L'actuel article L 1232-2 du code de la santé publique dispose que « si la personne décédée était un majeur faisant l'objet d'une mesure de protection légale, le prélèvement en vue d'un don ne peut avoir lieu qu'à condition que le représentant légal y consente expressément par écrit ».

L'article L 1232-2 du projet de loi de révision des lois de bioéthique dispose que « si la personne décédée était un majeur sous tutelle, le prélèvement ne peut avoir lieu qu'à la condition que le tuteur y consente expressément par écrit » (article 7 du projet de loi de bioéthique, adopté en première lecture par l'Assemblée nationale le 22 janvier 2002).

Prélèvements sur une personne vivante faisant l'objet d'une mesure civile de protection

Ceux-là sont, en l'état du droit positif, purement et simplement prohibés (articles L 1241-2 et L 1231-2 du code de la santé publique). Cependant, le projet de loi de révision des lois de bioéthique[2] envisage de tempérer cette interdiction pour le prélèvement de moelle osseuse et dans des conditions strictes (article 8 du projet de loi) :

– En l'absence d'autre solution thérapeutique, un prélèvement de cellules de la moelle hématopoïétique peut être fait sur une personne vivante majeure faisant l'objet d'une mesure de protection légale au bénéfice de son frère ou de sa sœur.

– Si la personne protégée fait l'objet d'une mesure de tutelle, ce prélèvement est subordonné à une décision du juge des tutelles compétent qui se prononce après avoir recueilli l'avis d'un comité d'experts.

– Si la personne protégée fait l'objet d'une mesure de curatelle ou de sauvegarde de justice et si le juge des tutelles compétent estime, après l'avoir entendue, que la personne protégée a la faculté de consentir au prélèvement, celui-ci est subordonné à une autorisation du comité d'experts, après recueil du consentement de l'intéressé par le président du tribunal de grande instance compétent. Lorsque la personne protégée n'a pas la faculté de consentir au prélèvement, celui-ci ne peut être pratiqué que dans les conditions prévues pour les majeurs sous tutelle.

– Le refus de la personne protégée fait obstacle au prélèvement.

On voit que le législateur prend ici le soin de distinguer la situation du majeur sous tutelle de celle du majeur sous curatelle. Il serait souhaitable que cette démarche soit reprise à tous les stades du projet de loi.

---

2. L'article L 1241-4 issu du projet fait ici référence aux personnes vivantes majeures faisant l'objet d'une mesure de protection légale !

ANNEXE 4

DROITS ET DEVOIRS DES PERSONNES HANDICAPÉES

Association Antonin DAUM, Nancy, 1989

Cette Charte a été rédigée, dans le cadre de l'année internationale des personnes handicapées (1981), par l'Association Antonin Daum, de Nancy. Elle est un des rares documents de ce genre à parler des droits et des devoirs des personnes handicapées, ces devoirs correspondant à un de leurs droits trop méconnu : leur droit de donner, de contribuer, à la mesure de leurs moyens, à la vie de la société.

CHARTE SUR LES DROITS ET LES DEVOIRS DES PERSONNES HANDICAPÉES

Préambule

La présente Charte sur les Droits et les Devoirs des Personnes Handicapées prend acte des principes affirmés dans les Déclarations Internationales et les pactes internationaux relatifs aux droits de l'Homme et, plus particulièrement, dans les Déclarations proclamées en 1971 et 1975 par l'Assemblée Générale des Nations Unies sur les droits des déficients mentaux et des personnes handicapées.

Elle prend place dans le vaste mouvement qui porte les divers pays à se préoccuper plus activement de protéger les droits et d'assurer le bien-être et la réadaptation des personnes handicapées, ainsi que de faciliter leur intégration dans une vie sociale normale, en d'autres termes de favoriser l'épanouissement personnel des handicapés et de leur permettre de mener, suivant l'expression de l'Organisation Mondiale de la Santé, « une vie socialement et économiquement productive ».

Elle considère que la survenance de handicaps, sous toutes leurs formes y compris sous l'aspect de maladies chroniques invalidantes, constitue un risque qui peut atteindre tout être humain à tout moment de sa vie et même dès sa conception. En conséquence, elle affirme solennellement que les personnes majeures ou mineures atteintes de déficiences physiques, ou mentales, sont et demeurent des membres à part entière de leur communauté nationale d'appartenance.

Elle rappelle que cette communauté doit mettre en œuvre toutes actions ou interventions en vue de permettre, aux personnes atteintes de telles déficiences, de prendre dans la société la place à laquelle elles peuvent légitimement prétendre. À cet effet, elle reconnaît à ces personnes la jouissance et l'exercice des prérogatives dont l'énumération suit, et qui doivent conduire à affirmer, à la fois, le droit des personnes handicapées à l'intégration dans la société et leur droit à être reconnues comme différentes en raison de leurs déficiences.

Dans le même esprit, elle souligne également que les personnes handicapées sont liées par certaines obligations spécifiques s'ajoutant aux devoirs que, dans les limites de leurs difficultés, elles doivent observer comme tout membre de cette communauté nationale.

En conséquence, la présente Charte, élaborée à l'occasion du deuxième centenaire de la Déclaration des Droits de l'Homme et du Citoyen, proclame les principes qui suivent.

I. Droits propres à permettre l'intégration des personnes handicapées dans la communauté nationale

A. Jouissance des droits civiques, civils et de famille

Article 1
Toute personne majeure handicapée a le droit de prendre part à la gestion des affaires publiques de la communauté nationale à laquelle elle appartient. À cet effet elle jouit, dans la mesure de ses moyens, de toutes les prérogatives attachées à la qualité de citoyen.

Article 2
Toute personne majeure handicapée a le droit d'accéder, dans sa communauté nationale, à toutes les fonctions publiques dont l'exercice est compatible avec la nature du handicap dont elle est atteinte. Le refus éventuellement opposé à une personne handicapée doit être explicitement motivé.

Article 3
Toute personne majeure handicapée a le droit de participer aux activités de défense nationale médicalement compatibles avec la nature du handicap dont elle est atteinte.

Article 4
Toute personne majeure handicapée a le droit d'exercer toute fonction civique compatible avec la nature de son handicap, et notamment le droit d'être juré, expert, témoin dans les actes juridiques, tuteur, curateur, subrogé tuteur, membre d'un conseil de famille.

Article 5
Dans la mesure où elle peut exprimer un consentement valide, toute personne handicapée a le droit de se marier et de fonder une famille, au sein de laquelle elle peut exercer toutes les prérogatives que la loi confère aux époux dans leurs relations personnelles, et aux parents vis-à-vis de leurs enfants.

B. Jouissance des droits économiques et sociaux

Article 6
Toute personne handicapée a le droit d'obtenir des moyens convenables d'existence, pour elle-même et pour sa famille.

Article 7
Toute personne handicapée a le droit de recevoir, à tous les niveaux d'enseignement, l'éducation, l'instruction et la formation professionnelle propres à assurer son plein épanouissement.

Article 8
Toute personne handicapée a le droit d'obtenir un emploi et une rémunération professionnelle en rapport avec la nature et l'importance de son handicap. Le refus d'emploi éventuellement opposé à une personne handicapée doit être explicitement motivé par référence à la nature et l'importance du handicap dont cette personne est atteinte ; en cas de refus, celle-ci doit pouvoir exercer tout recours approprié devant les instances compétences.

Article 9
L'emploi obtenu par une personne handicapée doit être propre à faciliter son insertion sociale ; il ne doit pas porter atteinte à sa santé ou à sa dignité.

Article 10
Toute personne handicapée a le droit d'accéder à toutes les formes de la culture, afin de pouvoir mettre en valeur ses propres aptitudes. Elle a également le droit d'accéder à la pratique d'activités sportives et de loisirs, et de participer à des compétitions nationales et internationales.

Article 11
Dans les limites et sous les conditions prévues par la législation nationale et internationale, la personne handicapée a droit au respect d'ordre matériel et moral qu'elle possède sur les œuvres de l'esprit (propriété littéraire et artistique, interventions, brevets, dessins, modèles et marques, etc.) dont elle est l'auteur.

II. Droits propres à sauvegarder la spécificité des personnes handicapées dans la communauté nationale

Article 12
Toute personne a le droit d'obtenir de sa communauté nationale qu'elle mette en œuvre, à son profit, les moyens d'information, de prévention et de dépistage propres à empêcher l'apparition de handicaps.

Toute personne handicapée a le droit d'obtenir de cette même communauté qu'elle mette en œuvre les moyens propres à assurer la disparition ou l'atténuation du handicap dont elle souffre, ou à en enrayer le développement.

Article 13
En aucun cas, la communauté nationale ne peut se prévaloir d'une politique contraignante de prévention pour faire obstacle au droit de naître et de vivre d'êtres humains atteints de handicaps. Est interdite et illégale toute propagande, toute expression publique d'opinion qui, sous une forme quelconque, individuelle ou collective, viserait à nier le droit de chaque être humain, même handicapé, à la naissance et à la vie.

Article 14
Toute personne handicapée a le droit d'obtenir, éventuellement à domicile, les soins, les traitements, l'éducation, la scolarité et la formation professionnelle, adaptés aux difficultés provoquées par le handicap dont elle est atteinte.

Article 15
Dans la mesure où elle peut exprimer une volonté éclairée, la personne handicapée doit être consultée, de façon qu'elle puisse formuler expressément ou refuser son consentement à toute démarche effectuée en son nom auprès de tous organismes publics ou privés et tendant à lui faire obtenir le statut de travailleur handicapé, le bénéfice de droits, d'avantages ou de soins de toute nature.

Article 16
S'il est nécessaire, la personne handicapée a le droit d'accéder à toutes les structures spécialisées, publiques ou privées, susceptibles de lui fournir les moyens intellectuels, éducatifs ou professionnels lui permettant de s'intégrer efficacement dans la vie sociale.

Article 17
Toute personne handicapée a le droit d'obtenir la couverture sociale de toutes les dépenses reconnues nécessaires du fait de son handicap.

Article 18
Toute personne handicapée a droit au respect de sa personnalité. Est interdite et illégale toute propagande ou toute expression d'opinion qui, sous une forme quelconque, individuelle ou collective, tendrait à

répandre dans le public le mépris ou l'hostilité à l'égard des personnes handicapées.

Article 19
Si le besoin en est établi, toute personne handicapée a droit à l'assistance de tierces personnes pouvant l'aider dans tous les actes de la vie courante et, le cas échéant, de la vie professionnelle.
Lorsqu'elles agissent à titre professionnel, ces tierces personnes sont tenues au secret professionnel.

Article 20
Les personnes handicapées ont le droit de bénéficier de logements et équipements publics adaptés à leurs difficultés spécifiques.

Article 21
Doivent être mis en œuvre, au bénéfice des personnes handicapées, tous moyens matériels leur permettant de communiquer plus facilement avec autrui, et de se déplacer aisément dans et hors de leur habitation.

Article 22
Si elle ne peut, du fait de son handicap, tirer de sa profession des revenus suffisants pour lui assurer des moyens convenables d'existence, la personne handicapée a droit à des aides financières complémentaires.

III. Devoirs auxquels sont tenus les personnes handicapées

Article 23
La personne handicapée fait partie intégrante de la communauté nationale et, à ce titre, comme tout individu valide, elle est tenue par des devoirs envers celle-ci. Les obligations qui lui incombent doivent cependant être modulées pour tenir compte des difficultés ou même des impossibilités auxquelles cette personne pourrait se heurter pour leur mise en œuvre.

Article 24
La personne handicapée a le devoir de s'informer des conséquences du handicap dont elle est atteinte, et de ne rien faire pour l'aggraver ou le rendre irréversible.

Article 25
Il est du devoir de la personne majeure handicapée de collaborer, dans la mesure de ses moyens, aux efforts entrepris pour améliorer sa propre condition et la condition des personnes atteintes de handicaps physiques ou mentaux, et de favoriser, dans le milieu où elle vit, la compréhension et l'aide envers ces personnes.
Elle doit éviter toute attitude qui pourrait avoir pour effet de répandre dans le public une opinion défavorable ou hostile envers les personnes handicapées.

Article 26
Après avoir reçu toutes les aides et tous les soins nécessaires à son état, toute personne handicapée est tenue, dans la mesure de ses possibilités, de contribuer au développement de la communauté et de favoriser tous les efforts tendant à ce développement.

Article 27
La personne handicapée doit utiliser conformément à leur destination les matériels de toute nature que la collectivité met à sa disposition et apporter tous ses soins à les conserver en bon état.

Article 28
La personne handicapée doit refuser de faire du handicap dont elle est atteinte un objet de commerce ou une source de revenus, pour elle-même, pour sa famille ou pour des tiers.
Les associations ou les groupements chargés d'assurer la promotion professionnelle des handicapés et leur réinsertion sociale peuvent faire connaître au public dans quelle mesure les objets fabriqués ou vendus, ou les services assurés par leur intermédiaire proviennent du travail de ces personnes handicapées. Semblablement, la personne handicapée qui exerce une profession peut, à l'occasion de cet exercice, faire état du handicap dont elle est atteinte.

Article 29
Comme toute personne valide, la personne majeure handicapée est tenue de satisfaire aux obligations nées du lien matrimonial qu'elle a contracté ou des liens de parenté, aux obligations nées des engagements qu'elle a souscrits dans les conditions légales, aux obligations de nature fiscale et, s'il y a lieu, aux obligations du service national, dans la mesure où ces différentes obligations sont compatibles avec la nature du handicap dont elle est atteinte.

Article 30
La personne majeure handicapée ne peut prétendre à une atténuation de sa responsabilité civile ou pénale, pour autant que le handicap dont elle est atteinte n'affecte pas l'intégrité de ses facultés mentales.
La personne mineure handicapée est soumise aux règles de responsabilité pénale spéciales aux mineurs de son âge.

Article 31
Comme tout individu valide, la personne handicapée a le devoir de ne rien faire pour empêcher le maintien et le développement de ses facultés créatives. La communauté nationale doit mettre à sa disposition les moyens propres à l'aider à cette fin.

Article 32
Sans préjudice de l'application des engagements internationaux concernant la liberté de circulation et la liberté d'établissement des personnes, et des conventions internationales réglementant la coopération entre les différents pays, la personne handicapée doit en principe demeurer à la charge de sa propre communauté nationale, envers laquelle elle peut faire valoir les droits et remplir les devoirs énumérés dans la présente Charte.

Article 33
Toute personne handicapée qui estime être victime d'une méconnaissance ou d'une violation des droits énumérés dans la présente Charte peut saisir le Secrétaire Général du Conseil de l'Europe pour faire constater cette méconnaissance ou cette violation. Le même droit est reconnu à toute organisation non gouvernementale agissant pour la défense et la représentation des personnes handicapées.

Article 34
Aucune disposition de la présente Charte ne doit être interprétée de façon à réduire, de quelque manière que ce soit, la portée des droits reconnus et proclamés par les Déclarations Internationales et les Pactes Internationaux relatifs aux droits de l'homme.

ANNEXE 5

CHARTE POUR LA DIGNITÉ DES PERSONNES HANDICAPÉES MENTALES VIEILLISSANTES

URAPEI Rhône-Alpes, 1995

La personne handicapée mentale vieillissante demeure un citoyen à part entière.

Elle conserve les droits reconnus par la Déclaration universelle des droits de l'homme, elle bénéficie des droits spécifiques des personnes handicapées.

1. Droit au logement
   Droit aux loisirs
   Droit à la culture
   Droit à l'information
   Droit à la santé
2. Droit à des ressources décentes
   Droit de se déplacer librement
   La société est tenue :

– de lui donner les moyens adaptés à la nature et au degré de sa déficience qui lui permettent d'exercer ses droits et d'accomplir ses devoirs ;
– de veiller à ce qu'elle soit connue et respectée ;
– de lui apporter la protection qui la sauvegarde de toute exploitation et qui la protège de toute discrimination.

En découlent des principes pour l'action : d'ordre éthique, d'ordre économique et de mise en œuvre d'un projet de vie.

D'ordre éthique

– Maintenir sa vie durant à la personne handicapée mentale vieillissante le statut de handicapé dans la plénitude de ses droits ;
– assurer la protection de la personne et de ses biens.

D'ordre économique

– Garantir des revenus décents pour la personne handicapée mentale vieillissante ;
– permettre la cessation progressive du travail sans cadre rigide d'âge légal.

De mise en œuvre d'un projet de vie

– Élaborer un projet de vie dynamique et évolutif selon les possibilités de la personne handicapée mentale vieillissante ;
– maintenir le plus longtemps possible la personne handicapée mentale vieillissante dans un cadre de vie habituel ;
– encourager la personne handicapée mentale vieillissante à proposer, à maintenir des centres d'intérêts ;
– être en dialogue permanent avec la personne handicapée mentale vieillissante et son environnement : famille, professionnels, etc.

Pour cela, il sera nécessaire

– D'apporter un maximum de souplesse, d'imagination, d'esprit d'ouverture dans toute solution étudiée,
– d'obtenir les moyens nécessaires à la mise en œuvre des principes d'action ci-dessus, dans le cadre de propositions adaptées aux différentes situations vécues par les personnes handicapées mentales vieillissantes.

L'inaptitude progressive au travail

La situation administrative faite aux personnes handicapées mentales est, jusqu'à ce jour, sans nuance : soit elles travaillent à plein temps, soit elles sont inaptes au travail.

Peu à peu, la notion de « travail à temps partiel » s'impose de fait par les effets du vieillissement.

Cette nouvelle réalité qui a un caractère irréversible crée des possibilités de choix pour les personnes handicapées mentales.

Parmi les quatre causes principales menant à la réduction du temps de travail – demandée au titre de convenances personnelles ; intégrée dans le fonctionnement même d'un CAT ; prescrite pour raison médicale ; instaurée du fait de la fatigabilité précoce de l'intéressé – les deux dernières relèvent directement du problème du vieillissement des personnes handicapées mentales.

La réduction du temps de travail entraîne nécessairement la prise en charge du temps non travaillé.

Le temps de travail à temps partiel en CAT peut être aménagé, dans le souci de préserver les acquis (les rythmes, l'autonomie, l'insertion sociale) de la personne handicapée mentale vieillissante, de différentes façons : mi-temps, quart-temps ou autres ; avec des répartitions diverses dans la journée ou la semaine.

Le projet personnel de la personne handicapée doit ici guider la démarche, et de même pour l'organisation du temps non travaillé qui peut se dérouler pour tout ou partie en famille, en CAT, en foyer ou dans une structure d'activités créée à cet effet.

La prévention de ruptures de prise en charge, de déracinements qui peuvent avoir des conséquences dramatiques pour les personnes handicapées, et la préparation active du temps de la retraite doivent être les préoccupations majeures qui déterminent les options pour cette période sensible.

Dans cette perspective, et pour maintenir la continuité indispensable de l'accompagnement :

– Le CAT doit pouvoir organiser l'aménagement du temps travaillé et du temps non travaillé. Cette continuité peut, seule,

éviter les sentiments de mise à l'écart ou de dévalorisation chez les personnes concernées.
– Le temps non travaillé doit être un temps actif, mobilisateur, pour favoriser l'ensemble des acquis des personnes, et poursuivre l'effort de développement du potentiel personnel. Cet accompagnement actif permet d'éviter le repli et la désinsertion dont on connaît l'incidence sur l'accélération du vieillissement. Le temps non travaillé doit pouvoir se dérouler dans le milieu le mieux adapté selon les disponibilités de lieux, d'encadrement, et dans des limites financières acceptables.

L'aménagement du temps partiel doit s'entourer d'un maximum de souplesse afin de répondre le mieux possible aux besoins de la personne et permettre une cessation progressive d'activité professionnelle qui ne soit pas dévalorisante.

Le temps partiel travaillé et non travaillé de la personne handicapée mentale ainsi que son évolution doivent faire partie intégrante de son projet individuel.

Cette période importante de temps partiel se doit d'être la préparation à une étape ultérieure : celle de la retraite.

Pour le temps de la retraite, un milieu de vie adapté

Deux principes doivent orienter les choix :
– Comme toute autre personne, le premier droit de la personne handicapée mentale vieillissante est celui du maintien dans son cadre de vie habituel. C'est sur cette base que se construisent les choix de vie ultérieurs.

La personne handicapée mentale a, cependant, des besoins spécifiques :
– de stimulation,
– d'activités,
– de soutien à l'intégration sociale,
qui supposent des accompagnements dans un cadre de vie adapté.

– Comme tout autre personne, la personne handicapée mentale vieillissante a le droit de préserver ses liens familiaux et sociaux. Le lieu de vie, quel qu'il soit, doit préserver ces liens.

Il est donc nécessaire de penser l'orientation en termes de :
– proximité avec son lieu de vie antérieur ;
– qualité de l'accueil et de la prise en charge ;
– soutien personnalisé et de préparation des séparations.

Sur cette base, toutes les solutions d'accueil et d'habitat doivent être explorées : famille naturelle, famille d'accueil, foyer d'hébergement, appartement individuel, maison de retraite, section spécialisée en maison de retraite.

Dès lors, et pour éviter le maintien des personnes dans des filières ségrégatives, le recours à des maisons de retraite spécialisées ne saurait être que marginal et conjoncturel, pour faire face à un accroissement prévisible du nombre des personnes handicapées mentales vieillissantes dans les prochaines années.

Les principes énoncés se fondent sur la recherche de solutions favorisant une vie sociale et personnelle stimulante et autonome. Cette conception ne doit pas, pour autant, induire une « banalisation » de l'accueil et de la prise en charge.

Les personnes handicapées mentales ont besoin d'un accompagnement qui doit être modulable : service d'accompagnement, tutelle à la personne, intervention du personnel du foyer d'hébergement d'origine, etc.

Un effort de recherche et d'innovation important doit être consenti sur la définition de ces moyens spécifiques en accompagnement et en soutien.

Et pour les plus handicapées d'entre elles ?

Le vieillissement des personnes handicapées mentales profondes, ou polyhandicapées, plus lourdement dépendantes d'autrui est aggravé sur deux plans :
– celui de la sphère psycho-intellectuelle avec une perte totale de l'autonomie ;

– celui de la sphère physique avec tendance à la grabatisation et les complications qu'elle comporte (pulmonaires, urinaires, cutanées, etc.).

Avec un accompagnement prolongé intense, on pourra éviter éventuellement le transfert en structures beaucoup plus médicalisées que celles dont nous disposons actuellement.

La priorité doit être accordée aux solutions qui permettront, par un accompagnement constant, de compenser la diminution des acquis.

Chaque trajectoire personnelle est différente.

La diversité des situations exige, par conséquent :

– souplesse ;
– imagination ;
– esprit d'ouverture ;

au service des personnes handicapées mentales vieillissantes.

ANNEXE 6

DÉFINITION DE LA RECHERCHE SCIENTIFIQUE

Le texte complet de la définition de la recherche scientifique proposé par le groupe canadien se présente comme suit :

> « La recherche scientifique avec des êtres humains suppose que, lorsque l'on soumet au test de l'expérience une idée (une hypothèse) dans le but d'acquérir une connaissance de portée générale, le passage empirique (par la démarche expérimentale, avec ses opérations matérielles) exige la participation d'êtres humains. Cette participation varie selon les méthodes ou disciplines.
>
> Cette participation peut consister en la demande de renseignements sur le sujet par différentes méthodes (observations, tests visuels, écrits, entrevues orales, etc.) et sur une quantité de domaines, par exemple sur les habitudes de vie (tabagisme, alcoolisme, consommation de médicaments, activités physiques, etc.), sur les récits de vie (éducation, histoire d'une collectivité, généalogie d'une famille, problèmes psychologiques, etc.), sur les comportements (alimentation, sexualité, délinquance, etc.). Ce type de participation concerne les capacités d'expression cognitive et psychoaffective du sujet, et touche directement à l'éthique, plus particulièrement à la vie privée ou à la culture d'une collectivité. En d'autres termes la recherche peut porter atteinte à l'identité, individuelle ou collective, et à l'estime de soi.
>
> Cette participation peut aussi exiger une participation physique, c'est à dire que le corps sera sollicité. À nouveau, différentes méthodes peuvent être utilisées (essais cliniques, tests de laboratoire,

prélèvements, etc.), chacune nécessitant, à un degré variable, l'observation et l'intervention physique, chimique ou psychologique. Cette participation corporelle est une participation globale de la personne (esprit et corps). Elle prend une dimension particulière en cas de maladie, s'exprimant par une vulnérabilité de la personne et touche plus fondamentalement à l'intégrité du corps. Aussi, une intervention sur le corps d'une personne nécessite, à cause du risque vital, une évaluation précise des avantages, des risques et des inconvénients pour celle-ci et pour le groupe concerné.

L'étendue et la diversité des recherches *avec* des sujets humains cachent un même enjeu philosophique : l'utilisation d'êtres humains *pour* la recherche et les conditions éthiquement acceptables de cette utilisation. » (Canada, Groupe de travail des Trois Conseils, 1996.)

ANNEXE 7

NORMES INTERNATIONALES EN MATIÈRE DE RECHERCHE SUR L'HOMME

Le rapport américain appelé *The Belmont Report* (US National Commission, 1979) rappelle qu'une recherche se mène selon des règles scientifiques (pour la définition du but, le choix de la méthodologie, l'évaluation de sa valeur scientifique, et le cas échéant, le passage de stades d'observation à l'animal, et enfin à l'homme). Ces règles sont établies de façon rigoureuse pour la recherche biomédicale qui en outre, par rapport aux autres sciences, a la particularité de se trouver soumise à un contrôle social explicite, et de ce fait sévèrement encadrée, partout dans le monde, par des réglementations juridiques et des orientations éthiques à peu près consensuelles. En outre, elle bénéficie depuis quelques années de lieux de débat publics sur les questions problématiques, de publications sur les aspects éthiques et d'instances de réglementation formelle et informelle et d'évaluation.

Cependant, d'autres disciplines scientifiques sont moins bien pourvues de mécanismes similaires visant le contrôle social de l'activité des chercheurs, même si la plupart possèdent un code de déontologie. Un mouvement semble se dessiner aujourd'hui en faveur de l'extension aux autres disciplines du modèle de contrôle instauré pour la recherche biomédicale. En témoigne la tentative des Canadiens de rédiger un document couvrant les aspects éthiques de l'ensemble des disciplines scientifiques, et les discussions en cours en France inspirées par les difficultés des psychologues expérimentalistes non médecins à se conformer à la loi Huriet régissant les recherches biomédicales. Enfin, on notera qu'une récente directive européenne (Directive 95/46/CE du Parlement européen et du Conseil, 1995) invite les États à encourager l'élaboration de codes de conduites par les associations professionnelles, ce qui inclut les scientifiques de toutes disciplines.

Dans les documents présentés ci-après, les passages concernant les personnes déficientes mentales sont en petits caractères.

Pacte international relatif aux droits civils et politiques, 1966

> Art. 7 : Nul ne sera soumis à la torture ni à des peines ou traitements cruels, inhumains ou dégradants. En particulier, il est interdit de soumettre une personne sans son libre consentement à une expérience médicale ou scientifique.

Code de Nuremberg, 1947

Ce code a été élaboré par le tribunal militaire américain constitué en 1946 pour juger les médecins nazis. Il énonce dix règles fondamentales à respecter pour satisfaire aux concepts moraux, éthiques et légaux, en matière d'expérimentation médicale.

Le premier article, « Il est absolument essentiel d'obtenir le consentement volontaire du malade », excluait de fait ceux qui sont juridiquement incapables de donner leur consentement. Mais cette interdiction n'a pas été maintenue car on a pris conscience que, même s'il est interdit d'utiliser des personnes juridiquement incapables, notamment les déficients mentaux, dans des recherches dont l'objet ne les concerne pas, elles ne devraient pas être exclues de recherches visant à mieux connaître les causes de leur déficience mentale et susceptibles de générer des connaissances et des résultats éventuellement bénéfiques pour elles.

Directive 2001/20/CE du Parlement européen et du Conseil du 4 avril concernant le rapprochement des dispositions législatives, réglementaires et administratives des États membres relatives à l'application de bonnes pratiques cliniques dans la conduite d'essais cliniques de médicaments à usage humain (extraits)

Les directives européennes ont pour objectif principal d'harmoniser les pratiques au niveau européen. Celle-ci vise la réglementation de la recherche clinique en matière d'essais de médicaments ayant recours à des sujets humains.

Les extraits suivants concernent plus particulièrement les participants qui ne peuvent pas donner un consentement éclairé.

> 3.2. Un essai clinique ne peut être entrepris que si, notamment :
> b) Le sujet participant à l'essai ou, lorsque cette personne n'est pas en mesure de donner son consentement éclairé, son représentant légal a eu la possibilité, par le biais d'un entretien préalable avec l'investigateur ou un membre de l'équipe d'investigation, de comprendre les objectifs de l'essai, ses risques et ses inconvénients, ainsi que les conditions dans lesquelles il sera réalisé, et a, en outre, été informé de son droit de se retirer des essais à tout moment…
> d) Le sujet participant ou, lorsque cette personne n'est pas en mesure de donner son consentement éclairé, son représentant légal a donné son consentement écrit après avoir été informé de la nature, de la portée, des conséquences et des risques de l'essai clinique ; si la personne concernée n'est pas en mesure d'écrire, elle peut, dans des cas exceptionnels prévus par la législation nationale, donner son consentement oral en présence d'au moins un témoin.

L'article 5 *h* a une valeur générale : « les intérêts du patient priment toujours ceux de la science et de la société ».

Déclaration d'Helsinki de l'Assemblée médicale mondiale, 1964

L'Association médicale mondiale (AMM), créée en 1947, regroupe les délégués d'associations médicales nationales. Elle a publié de nombreuses recommandations, dont une des plus importantes est la déclaration d'Helsinki qui porte sur la recherche médicale. Adoptée en 1964, elle a été amendée plusieurs fois depuis pour tenir compte des évolutions de la recherche médicale. La dernière révision date de 2000.

Plusieurs principes s'appliquent particulièrement aux personnes ayant une déficience mentale.

> Principe 8 : La recherche médicale est soumise à des normes éthiques qui visent à garantir le respect de tous les êtres humains et la protection de leur santé et de leurs droits. Certaines catégories de sujets sont plus vulnérables que d'autres et appellent une protection adaptée. [...] Une attention particulière doit être portée aux personnes qui ne sont pas en mesure de donner ou de refuser elles-mêmes leur consentement, à celles qui sont susceptibles de donner leur consentement sous la contrainte, à celles qui ne bénéficieront pas personnellement de la recherche et à celles pour lesquelles la recherche est induite au cours d'un traitement.
>
> Principe 24 : Lorsque le sujet pressenti est juridiquement incapable, physiquement ou mentalement hors d'état de donner son consentement ou lorsqu'il s'agit d'un sujet mineur, l'investigateur doit obtenir le consentement éclairé du représentant légal en conformité avec le droit en vigueur. Ces personnes ne peuvent être inclues dans une étude que si celle-ci est indispensable à l'amélioration de la santé de la population à laquelle elles appartiennent et ne peut être réalisée sur des personnes aptes à donner un consentement.
>
> Principe 25 : Lorsque le sujet, bien que juridiquement incapable (un mineur par exemple), est cependant en mesure d'exprimer son accord à la participation à l'étude, l'investigateur doit obtenir que cet accord accompagne celui du représentant légal.

Déclaration de Manille, OMS-CIOMS, 1981

Dans la section « Consentement des sujets » (article 6) on rappelle d'abord que le « consentement libre et éclairé » doit être obtenu. Le texte continue ainsi :

> [...] En soi cependant, le consentement éclairé constitue une sauvegarde imparfaite pour le sujet et devra toujours être complété par un examen éthique indépendant. Il y a de nombreux individus, notamment les enfants, les adultes mentalement malades ou déficients et les personnes totalement ignorantes des concepts médicaux modernes, qui sont incapables de donner un consentement adéquat et dont le consentement implique une participation passive et sans compréhension. Pour ces groupes en particulier l'examen éthique indépendant est impératif.

Une section est consacrée aux « Malades mentaux et déficients mentaux » :

> Article 11 : Les considérations éthiques applicables aux malades mentaux et aux déficients mentaux sont pour l'essentiel semblables à celles qui valent pour les enfants. Ils ne devront jamais être les sujets de recherches pouvant tout aussi bien être effectuées sur des adultes en pleine possession de leurs facultés intellectuelles, mais ils sont évidemment les seuls sujets dont on dispose pour les recherches sur les origines et le traitement de la maladie ou de la déficience mentale.
> Article 12 : L'accord de la famille proche – époux, parents, enfants, adultes, frères ou sœurs – devra être recherché : mais sa valeur peut être mise en doute du fait que les personnes mentalement dérangées ou déficientes sont parfois considérées par leur famille comme un fardeau gênant. Dans les cas où un sujet a été placé d'office dans une institution par jugement du tribunal, il peut être nécessaire d'obtenir l'accord de l'autorité judiciaire avant de le soumettre à une expérimentation.
> Article 24 : Les conditions imposées par les comités d'appréciation devront être particulièrement sévères dans les cas où la recherche proposée porte sur des enfants, des femmes enceintes et des mères allaitantes, des malades mentaux ou des déficients mentaux... ou lorsque la recherche n'a pas de finalité thérapeutique.

Directives internationales relatives aux aspects éthiques de la recherche biomédicale sur des sujets humains, CIOMS, 2002 [1]

Le Conseil international des organisations des sciences médicales (CIOMS) a été constitué en 1949. Il se consacre à l'organisation de la réflexion internationale et pluridisciplinaire dans le domaine de la santé. De par sa composition il a la capacité de prendre en compte le point de vue de la société civile et de spécialistes des sciences humaines et sociales dans l'élaboration de ses directives.

> Directive 15 : Recherches sur des personnes qui, en raison de troubles mentaux ou de troubles du comportement, ne sont pas en mesure de donner leur consentement éclairé.
> Avant d'entreprendre une recherche sur des personnes qui, en raison de troubles mentaux ou de troubles du comportement, ne sont pas en mesure de donneur leur consentement éclairé, le chercheur doit s'assurer :
> – qu'il n'est pas possible d'effectuer ladite recherche sur des personnes jouissant pleinement de leur facultés intellectuelles ;
> – que ladite recherche a pour objet d'acquérir des connaissances intéressant les besoins en matière de santé propres aux personnes atteintes desdits troubles ;
> – que le consentement desdites personnes, dans la mesure où celles-ci sont capables de le fournir, a été obtenu et que le refus des personnes pressenties pour participer à une recherche non clinique est toujours respecté ;
> – en cas d'incapacité desdites personnes, du consentement de leur tuteur ou de toute autre personne habilitée.

1. *NDLR* : traduction française par nous.

Conseil de l'Europe, Convention pour la protection des droits de l'homme et de la dignité de l'être humain à l'égard des applications de la biologie et de la médecine : Convention sur les droits de l'homme et la biomédecine, 1997

Dispositions générales

Article 1. Les parties à la présente Convention protègent l'être humain dans sa dignité et son identité et garantissent à toute personne, sans discrimination, le respect de son intégrité et de ses autres droits et libertés fondamentales à l'égard des applications de la biologie et de la médecine.

Article 2. L'intérêt et le bien de l'être humain doivent prévaloir sur le seul intérêt de la société ou de la science.

Article 4. Toute intervention dans le domaine de la santé, y compris la recherche, doit être effectuée dans le respect des normes et obligations professionnelles, ainsi que des règles de conduite applicables en l'espèce.

Chapitre V. Recherche scientifique

Article 17 (Protection des personnes qui n'ont pas la capacité de consentir à une recherche)

1. Une recherche ne peut être entreprise sur une personne n'ayant pas, conformément à l'article 5, la capacité d'y consentir que si les conditions suivantes sont réunies :
– les résultats attendus de la recherche doivent comporter un bénéfice réel et direct pour sa santé ;
– la recherche ne peut s'effectuer avec une efficacité comparable sur des sujets capables d'y consentir ;
– l'autorisation prévue à l'article 6 a été donnée spécifiquement et par écrit, et
– la personne n'y oppose pas de refus.

2. À titre exceptionnel et dans les conditions de protection prévues par la loi, une recherche dont les résultats attendus ne comportent pas de bénéfice direct pour la santé et la personne peut être autorisée si les

conditions énoncées [...] au paragraphe 1 ci-dessus ainsi que les conditions supplémentaires suivantes sont réunies :
I. la recherche a pour objet de contribuer, par une amélioration significative de la connaissance scientifique de l'état de la personne, de sa maladie ou de son trouble, à l'obtention, à terme, de résultats permettant un bénéfice pour la personne concernée ou pour d'autres personnes dans la même catégorie d'âge ou souffrant de la même maladie ou trouble ou présentant les mêmes caractéristiques ;
II. la recherche ne présente pour la personne qu'un risque minimal et une contrainte minimale.

Conseil de l'Europe, Comité directeur pour la bioéthique (CDBI), projet de protocole additionnel à la Convention sur les droits de l'homme et la biomédecine, relatif à la recherche biomédicale

Ce protocole est en cours d'examen par le CDBI et devrait être soumis pour adoption finale au Comité des ministres en 2003. Comme son titre l'indique, il concerne la recherche biomédicale seulement, d'où les références fréquentes à la santé des participants.

Article 3. Primauté de l'être humain
L'intérêt, le bien de l'être humain qui participe à une recherche doivent prévaloir sur le seul intérêt de la société ou de la science.
Article 10. Qualité scientifique
Toute recherche doit être scientifiquement justifiée, remplir les critères de qualité scientifique généralement reconnus et être effectuée dans le respect des normes et obligations professionnelles applicables en l'espèce, sous le contrôle d'un chercheur dûment qualifié.
Article 17. Consentement
1. Aucune recherche sur une personne ne peut être effectuée en vertu des dispositions du présent chapitre sans que cette personne ait donné son consentement éclairé, libre, exprès, spécifique et consigné par écrit. Ce consentement peut être librement retiré par le participant à tout moment de la recherche.
2. Quand il y a un doute quant à la capacité d'une personne à donner son consentement éclairé, des dispositions doivent être prises pour vérifier si cette personne possède ou non cette capacité.

Le chapitre V est consacré à la protection des personnes qui n'ont pas la capacité de consentir à une recherche. Il pose des limites à leur participation, notamment l'article 18 IV) qui précise que « le majeur n'ayant pas la capacité de consentir doit, dans la mesure du possible, être associé à la procédure d'autorisation. L'avis du mineur doit être pris en considération comme un facteur de plus en plus déterminant en fonction de son âge et de son degré de maturité ».

La personne a le droit de refuser de participer à une recherche.

> Article 25 – Accès aux résultats
> Le chercheur doit rendre accessibles aux participants, à leur demande, les résultats et conclusions de la recherche, dans un délai raisonnable...
> Le chercheur rend publics par tout moyen approprié les résultats de la recherche dans un délai raisonnable.

UNESCO. Déclaration universelle sur le génome humain et les droits de l'homme, 1997

> Article 2
> a) Chaque individu a droit au respect de sa dignité et de ses droits, quelles que soient ses caractéristiques génétiques.
> b) Cette dignité impose de ne pas réduire les individus à leurs caractéristiques génétiques et de respecter le caractère unique de chacun et leur diversité.
> Article 5
> a) Une recherche portant sur le génome d'un individu ne peut être effectuée qu'après une évaluation rigoureuse et préalable des risques et avantages potentiels qui leur sont liés et en conformité avec toutes autres prescriptions prévues par la législation nationale.
> b) Dans tous les cas, le consentement préalable, libre et éclairé de l'intéressé sera recueilli. Si ce(tte) dernier(e) n'est pas en mesure de l'exprimer, le consentement ou l'autorisation seront obtenus conformément à la loi et seront guidés par son intérêt supérieur.

Article 10
Aucune recherche concernant le génome humain, ni aucune de ses applications, en particulier dans les domaines de la biologie, de la génétique et de la médecine, ne devrait prévaloir sur le respect des droits de l'homme, des libertés fondamentales et de la dignité humaine des individus ou, le cas échéant, de groupes d'individus.
Article 17
Les États devraient respecter et promouvoir une solidarité active vis-à-vis des individus, des familles ou des populations particulièrement vulnérables aux maladies ou handicaps de nature génétique, ou atteints de ceux-ci. Ils devraient notamment encourager les recherches destinées à identifier, à prévenir et à traiter les maladies d'ordre génétique ou les maladies influencées par la génétique, en particulier les maladies rares ainsi que les maladies endémiques qui affectent une part importante de la population mondiale.

ANNEXE 8

LES APPORTS DE LA DIRECTIVE 2001/20/CE DU 4 AVRIL 2001 AU DROIT DES RECHERCHES BIOMÉDICALES EFFECTUÉES SUR DES PERSONNES DÉFICIENTES MENTALES

Ces dernières années, plusieurs textes internationaux ont concerné les recherches biomédicales. Ainsi, l'Organisation mondiale de la santé a édicté, en 2000, des lignes directrices pour les comités d'éthique en charge des recherches biomédicales (OMS, Genève 2000, JCP G. 2001, p. 1374, cité par Lantres O., 2002). Par ailleurs, le Parlement européen et le Conseil de l'Union ont adopté, le 4 avril 2001, une directive concernant le rapprochement des dispositions législatives, réglementaires et administratives des États membres relatives à l'application de bonnes pratiques cliniques dans la conduite d'essais cliniques de médicaments à usage humain.

Cette directive, dont la transposition en droit français est en cours [1], vient modifier les règles nationales régissant la recherche biomédicale. Par exemple, elle modifie les missions de l'Agence française de sécurité sanitaire des produits de santé (AFSSAPS) en matière d'autorisation des essais.

---

1. Article 22 de la directive.

Surtout, cette directive est marquée par un renforcement des droits des personnes se prêtant à la recherche. Ce renforcement est fondé « sur la protection des droits de l'homme et de la dignité humaine [2] », qui justifient que soient offertes aux participants des garanties d'honnêteté et de transparence (Chemtob M.-C., 2001).

Le droit français était déjà très protecteur de la personne se prêtant à des recherches biomédicales, et ce sont d'ailleurs ses principes qui ont influencé la rédaction des dispositions communautaires (Lantres O., *op. cit.*). On sait que la condition préalable à toute recherche biomédicale est l'obtention du consentement de l'intéressé, après délivrance d'une information adaptée. Cette exigence figure à l'article L 1122-1 de notre code de la santé publique, elle a été reprise par la directive de 2001 (article 3.2*b* de la directive). Mais la directive innove sur deux points. D'une part, elle précise qu'un point de contact doit être indiqué au sujet (ou à son représentant légal), pour lui permettre à tout moment de bénéficier d'informations complémentaires (article 3.4 de la directive). D'autre part, elle formule expressément en faveur des incapables majeurs qui ne sont pas en mesure de donner leur consentement éclairé, l'exigence de délivrer une information en fonction de leur capacité de compréhension (article 5*b* de la directive).

Cependant, s'agissant du refus des incapables majeurs, la directive ne s'avère pas aussi protectrice que le droit français. Elle ne voit pas un obstacle dirimant à la conduite d'essais cliniques sur leur personne, contrairement aux règles de notre code de la santé publique. En effet, l'article 5 alinéa 1er de la directive dispose que « la participation à un essai clinique des incapables majeurs qui n'ont pas donné ou pas refusé de donner leur consentement éclairé avant le début de leur incapacité n'est possible que si [...] ». La directive n'envisage donc que le refus exprimé avant le trouble mental. Par ailleurs, l'article 5*c* dispose que « le souhait explicite d'un sujet, capable de se former une

2. Voir 1. de la directive.

opinion et d'évaluer ces informations, de refuser de participer à l'essai clinique ou d'en être retiré à tout moment, est examiné par l'investigateur ». On voit bien que l'expression d'un tel refus n'entraîne pas *de facto* l'impossibilité de pratiquer des essais sur la personne de l'incapable majeur... Ces dispositions heurtent de plein fouet l'article L 1122-2 du code de la santé publique, qui dispose que « il ne peut être passé outre [le] refus [de l'incapable majeur], ou la révocation de son consentement ».

Mais le texte communautaire prévoit que peuvent être maintenues les dispositions nationales plus protectrices au moment de la transposition (Lantres O., *op. cit.*). Il faut donc espérer que le législateur ne remettra pas en cause le dispositif actuel, au nom du respect dû à la dignité de la personne et à l'intégrité corporelle des incapables majeurs.

Par ailleurs, il convient de relever que la directive ne reprend pas la distinction opérée par le droit français [3] entre les recherches avec bénéfice individuel direct, et la recherche sans bénéfice individuel direct. Elle préfère la mise en balance des risques et inconvénients prévisibles au regard des bénéfices attendus (article 3.2*a*, et 5*i* pour les incapables majeurs). Mais dans la mesure où le droit français prévoit des protections supplémentaires pour le deuxième type d'expérimentation (s'agissant des incapables majeurs, l'autorisation du représentant légal doit être accompagnée de celle du conseil de famille ou du juge des tutelles), cette distinction pourrait être maintenue. C'est d'ailleurs, pour l'instant, l'intention du Sénat (rapport, 2001).

On peut toutefois aller plus loin et se demander si la directive de 2001 ne remet pas en cause les recherches biomédicales sans bénéfice individuel direct. En effet, si l'on examine la lettre de l'article 3 de la directive, le bénéfice pour la personne paraît être une condition de mise en œuvre des essais cliniques : « Les risques et inconvénients prévisibles ont été pesés au regard du bénéfice attendu pour le sujet participant à l'essai, et pour

3. Article L 1121-1 du code de la santé publique. On trouve également cette distinction dans la déclaration d'Helsinki adoptée à Tokyo en 1975.

d'autres patients actuels et futurs. » Contrairement aux règles édictées en France, les recherches biomédicales ayant exclusivement une finalité scientifique paraissent exclues : l'article L 1121-2 de notre code de la santé publique dispose que « aucune recherche biomédicale ne peut être effectuée sur l'être humain [...] si le risque prévisible encouru pour les personnes qui se prêtent à la recherche est hors de proportion avec le bénéfice escompté pour ces personnes ou l'intérêt de cette recherche ».

Mais si l'on adopte le parti du maintien de la distinction, solution retenue par le Sénat, il est cependant clair que les incapables majeurs sont désormais exclus du champ des recherches biomédicales sans bénéfice individuel direct. En effet, la directive autorise (article 5) les recherches biomédicales sur ces personnes sous réserve notamment du respect des conditions suivantes (Lantres O., *op. cit.*) :
– le consentement du représentant légal a été obtenu ;
– la recherche est nécessaire pour valider des essais effectués sur des personnes capables ;
– la recherche se rapporte directement à une condition clinique mettant la vie en danger, ou débilitante dont souffre l'incapable majeur concerné.

Au terme de la directive, l'expérimentation doit donc concerner le sujet, autrement dit présenter un bénéfice individuel direct. Contrairement au droit français[4], toute exception s'avère exclue par la directive. Mais dans la mesure où le droit français envisage le maintien de la distinction entre les deux types de recherches, et prévoit des dispositions plus protectrices pour les recherches sans bénéfice individuel direct effectuées sur

4. L'article L 1121-6 du code de la santé publique dispose que « [...] les personnes majeures protégées par la loi [...] ne peuvent être sollicitées pour une recherche biomédicale que si l'on peut en attendre un bénéfice direct pour leur santé. Toutefois, les recherches sans bénéfice individuel direct sont admises si les trois conditions suivantes sont remplies : ne présenter aucun risque sérieux prévisible pour leur santé ; être utiles à des personnes présentant les mêmes caractéristiques d'âge, de maladie ou de handicap ; ne pouvoir être réalisées autrement. »

des majeurs incapables (autorisation du conseil de famille ou du juge des tutelles en plus de celle du représentant légal), il est peu probable que le législateur renonce, au stade de la transposition de la directive, à autoriser les recherches sans bénéfice individuel direct sur ces personnes.

De l'étude de la directive, on peut donc tirer les conclusions suivantes :

1. Elle traduit un net recul, s'agissant de la prise en compte du refus exprimé par l'incapable majeur, et il faut espérer que le législateur ne remette pas en cause l'actuel article L 1122-2 du code de la santé publique.
2. Si l'on considère que la distinction entre les recherches avec ou sans bénéfice direct doit être maintenue, les règles applicables aux incapables majeurs s'avèrent inchangées en substance[5].

S'agissant des handicapés mentaux mineurs, les mêmes réserves sont à formuler : leur refus est seulement examiné (article 4*c*[6]). La directive exige par ailleurs le consentement des représentants légaux, à l'instar du droit français. Mais elle innove en exigeant la délivrance d'une information au mineur, adaptée à ses capacités de compréhension. Enfin, la directive ne semble pas prohiber les recherches sans bénéfice individuel direct sur les mineurs : « La recherche doit être telle qu'elle se rapporte directement à une condition clinique dont le mineur concerné souffre, ou être telle qu'elle ne puisse être conduite que sur des mineurs[7]. » Dans la mesure où le droit français prévoit des dispositions plus protectrices pour les recherches sans bénéfice direct, ces dispositions pourront être maintenues (autorisation du juge des tutelles ou du conseil de famille).

---

5. Hormis l'exigence d'information adaptée, voir *supra*.

6. Alors que l'article L 1122-2 du code de la santé publique dispose qu'« il ne peut être passé outre le refus [du mineur], ou la révocation de son consentement ».

7. Article 4.*e* de la directive.

ANNEXE 9

LE POINT SUR... LA RÉFORME DE LA LOI D'ORIENTATION N° 75-534 DU 30 JUIN 1975 EN FAVEUR DES PERSONNES HANDICAPÉES

Dans le but de mettre fin à la célèbre jurisprudence « Perruche[1] », dont l'esprit était de compenser les insuffisances de la solidarité nationale envers les personnes handicapées par le jeu de la responsabilité civile, le 4 mars 2002[2], le législateur a posé le principe suivant lequel « toute personne a droit, quelle que soit la cause de sa déficience, à la solidarité de l'ensemble de la collectivité nationale ».

On attendait alors la mise en œuvre effective de ce principe. Suite au rapport du sénateur Blanc, rendu public en juillet 2002, une proposition de loi rénovant la politique de compensation du handicap a été déposée en mai 2003. Elle reprend les principales propositions du rapport, à quelques nuances près.

1. Voir entre autres Cass. ass. plén., 17 novembre 2000, D. 2001, jur. p. 332, note D. MAZEAUD.

2. Loi n° 2002-303 du 4 mars 2002 relative aux droits des malades et à la qualité du système de santé.

Élaboration d'un projet de vie personnalisé avec la participation de la personne intéressée

Un certain nombre de mesures visent à garantir à la personne handicapée la liberté de choisir son mode de vie, et la possibilité d'avoir un projet de vie en rapport avec ses aspirations et ses potentialités.

Cela commence par la nécessité de pouvoir exprimer un véritable choix de vie. Sont ici visées les commissions (CDES et COTOREP[3]) chargées de l'attributions des aides financières et en nature, et responsables de l'orientation de la personne vers un établissement éducatif, d'accueil, vers un milieu professionnel... En effet, les personnes et leurs familles sont le plus souvent exclues de la prise de décision, en dépit de l'obligation légale de convoquer les intéressés. Aussi, la proposition de loi réaffirme l'obligation d'entendre la personne handicapée, ses parents ou ses représentants légaux ; dès lors qu'il est capable de discernement, l'enfant lui-même doit être entendu.

La personne doit pouvoir développer ses potentialités grâce à l'élaboration d'un parcours de vie, régulièrement révisable, ce qui suppose un minimum de suivi des dossiers.

Le rapport Blanc proposait pour cela de substituer à l'analyse des déficiences une analyse personnalisée des besoins et des potentialités de la personne. On a souvent reproché aux CDES et COTOREP la mauvaise qualité de l'instruction des dossiers, qui tient essentiellement à un manque d'effectif de leurs équipes pluridisciplinaires. La proposition de loi prend en compte cette nécessité : l'équipe pluridisciplinaire doit selon les cas se rendre sur le lieu de vie de la personne, évaluer son potentiel professionnel... Mais l'analyse ne sera précise qu'à condition de doter les commissions de personnels compétents en nombre suffisant.

---

3. Commission départementale d'Éducation spéciale pour les enfants, Commission technique d'orientation et de reclassement professionnel pour les adultes.

De plus, le suivi des décisions des commissions est garanti par la création d'« équipes de suivi de l'intégration scolaire » et d'« équipes de préparation et de suite du reclassement ».

Cette analyse incomberait aux termes de la proposition de loi aux agences départementales du handicap. Il s'agit de la fusion des deux principales structures décisionnelles dans l'orientation et dans l'attribution des aides : CDES et COTOREP. Ainsi, « l'agence départementale du handicap a pour mission de définir avec la personne handicapée, ses parents ou son représentant légal s'il s'agit d'un enfant, d'un adolescent ou d'un majeur protégé, les moyens propres à assurer la réalisation de son choix de vie ». Elle comprendrait une commission départementale d'intégration qui siégerait tantôt en commission de l'intégration scolaire, tantôt en commission d'intégration professionnelle et sociale.

Cette analyse personnalisée déboucherait ensuite sur des mesures concrètes (aides financières, techniques, orientation vers un établissement d'hébergement, une structure de travail protégé…). Ces mesures doivent permettre à la personne de réaliser son parcours de vie par une compensation intégrale du handicap.

Choix de vie et compensation intégrale du handicap

La proposition de loi consacre un droit à la compensation intégrale du handicap :

> « Au titre de la solidarité nationale, l'État est garant du droit de la personne handicapée à la compensation des conséquences de son handicap quels que soient l'origine et la nature de sa déficience, son âge ou son mode de vie, et à la garantie d'un minimum de ressources lui permettant de couvrir *la totalité* des besoins essentiels de la vie courante. »

La compensation du handicap sera définie sur la base de l'analyse de la situation individuelle de la personne, et s'agissant des adultes, on attribuera non plus une multiplicité d'allocations mais une allocation unique, l'allocation compensatrice individualisée (ACI).

La commission départementale de l'intégration scolaire est compétente pour attribuer l'allocation d'éducation spéciale [4], son complément [5], et la carte d'invalidité.

La commission départementale d'intégration professionnelle et sociale est compétente pour attribuer l'ACI, l'allocation logement et la carte d'invalidité.

La réforme supprime les différentes allocations actuellement susceptibles d'être versées aux adultes.

Le complément d'allocation aux adultes handicapés [6] et l'allocation compensatrice pour tierce personne ou pour frais professionnels [7] seraient remplacés par une allocation unique : l'allocation compensatrice individualisée. Cette dernière garantit à la personne handicapée « une prise en charge adaptée à ses besoins et visant à compenser les frais occasionnés par son handicap dans sa vie quotidienne et professionnelle ». Cela vise tant le financement de la présence d'une tierce personne que celui de l'acquisition d'aides techniques ou encore de l'aménagement du logement individuel. Il s'agit de mettre un terme à l'« insuffisance dramatique des ressources » actuellement attribuées aux personnes handicapées (Blanc, 2002). L'équipe pluridisciplinaire saisie d'une demande d'ACI élabore un :

---

4. Elle a pour but de permettre aux familles d'assumer les frais d'éducation de leur enfant handicapé.

5. Il est accordé pour l'enfant atteint d'un handicap dont la nature ou la gravité exigent des dépenses particulièrement coûteuses, ou nécessitent le recours fréquent à l'aide d'une tierce personne.

6. Il a pour but de permettre aux personnes handicapées vivant à domicile de compenser les frais engendrés par l'adaptation de leur logement.

7. Elle permet de compenser les frais engendrés par la présence d'une tierce personne aux côtés de la personne handicapée. Elle peut également permettre à la personne handicapée d'exercer une profession en compensant les frais engendrés par son invalidité.

« plan de compensation qui définit les moyens de compensation les plus adaptés au regard des aspirations et des besoins de la personne handicapée, exprimés dans un projet de vie, élaboré par la personne elle-même ou le cas échéant par ses parents ou son représentant légal ».

La réforme envisage une participation financière du bénéficiaire qui ne pourrait excéder 10 % de ses ressources mensuelles.

Le rapport Blanc envisageait la revalorisation de l'allocation aux adultes handicapés (AAH). Il proposait par ailleurs d'autoriser provisoirement le cumul de l'AAH avec un revenu d'activité professionnelle [8], sur le modèle du RMI, car « les personnes handicapées doivent pouvoir tenter l'aventure professionnelle si elles s'en estiment capables ».

La proposition de loi s'écarte du rapport sur ce point. Elle fait le choix d'une suppression de l'AAH, et prévoit que les personnes handicapées dont les ressources sont faibles relèveront du dispositif du RMI. Ce dispositif est aménagé en conséquence : par exemple l'ACI ne fait pas partie des ressources prises en compte pour l'attribution du RMI.

Les personnes handicapées souhaitent avant tout participer à la société, et la sauvegarde de leur dignité suppose de garantir leur insertion sociale.

Insertion sociale

Accès à l'éducation et à l'emploi

Le bilan de l'intégration scolaire des enfants et adolescents handicapés fait état d'un nombre important de difficultés : non-scolarisation, l'insertion en milieu ordinaire demeure

8. Actuellement l'AAH est attribuée aux personnes reconnues dans l'impossibilité de se procurer un emploi et souffrant d'une incapacité permanente comprise entre 50 et 80 %, ou souffrant d'une incapacité permanente supérieure à 80 %. Les ressources du demandeur doivent être inférieures à un plafond.

l'exception, classes d'intégration collective et classes spécialisées en nombre insuffisant, formation des personnels lacunaire, manque de professionnels…

La proposition de loi substitue à l'expression « obligation éducative » celle d'« obligation scolaire », qui implique davantage la scolarisation *stricto sensu* (Kristeva, 2003). Elle affirme la priorité de la scolarisation en milieu ordinaire, et de l'intégration individuelle chaque fois que possible.

Par ailleurs, elle donne un statut législatif aux auxiliaires d'intégration scolaire et prévoit une formation spécifique de tous les enseignants à l'accueil des enfants handicapés en milieu scolaire ordinaire.

Le bilan de l'accès à l'emploi des personnes handicapées n'est pas non plus très positif. En 2001 le taux de chômage des travailleurs handicapés était de 26 %, contre 9 % pour la population française totale (Blanc, 2002). L'orientation vers le milieu ordinaire reste minoritaire, cela tient aux incertitudes d'une embauche en entreprise. En effet, l'orientation proposée par la COTOREP ne s'impose qu'aux structures de travail protégé (atelier protégé, centre d'aide par le travail). Certes, une obligation d'emploi pèse sur les entreprises (6 % de l'effectif), mais celles-ci peuvent s'en acquitter sans embaucher aucun travailleur handicapé, par le seul versement d'une cotisation à l'Association de gestion du fonds pour l'insertion professionnelle des handicapés (AGEFIPH). Il existe une autre possibilité d'exonération totale : l'application d'un accord collectif de branche, d'entreprise ou d'établissement prévoyant la mise en œuvre d'un programme pluriannuel en faveur des travailleurs handicapés. Enfin, il existe des possibilités d'exonération partielle : la conclusion de contrats de sous-traitance avec le secteur protégé et l'accueil de personnes handicapées au titre de la formation professionnelle. Le non-respect de l'obligation d'emploi est sanctionné par une pénalité peu dissuasive : il suffit de se référer, pour s'en convaincre, au quota d'emploi, qui stagne à un peu plus de 4 % depuis plusieurs années. Quant aux structures de travail protégé, elles sont inégalement réparties sur le territoire et engorgées depuis plusieurs années. On leur reproche également de ne pas assurer leur vocation de structure de transition vers le milieu ordinaire. Il faut enfin préciser que si l'obligation d'emploi s'impose également à la fonction publique, sa mise en œuvre n'y est pas non plus très effective.

La proposition de loi comprend plusieurs mesures en faveur de l'emploi des personnes handicapées.

Elle introduit une obligation de négocier dans l'entreprise et au niveau de la branche sur les conditions d'emploi des personnes handicapées et sur les mesures permettant d'améliorer leur intégration. Elle prévoit de majorer les aides attribuées par l'État dans le cadre de la conclusion de contrats initiative emploi, de contrats emploi consolidé et de contrats de qualification adulte, avec un travailleur handicapé. Elle majore le montant de la pénalité due en cas de non-respect de l'obligation d'emploi.

Elle impose à la fonction publique d'élaborer tous les trois ans des plans de développement de l'emploi comportant des objectifs chiffrés. Les collectivités locales qui ne remplissent pas l'obligation à compter du 1er janvier 2006 verseront une contribution au fonds pour l'insertion des personnes handicapées dans la fonction publique. Un aménagement de l'organisation des épreuves est prévu pour les personnes handicapées à l'occasion des concours d'entrée dans la fonction publique.

Elle comprend enfin plusieurs dispositions relatives aux structures de travail protégé. Les ateliers protégés sont désormais dénommés « entreprises adaptées », et ont pour mission

> « d'assurer l'insertion professionnelle et sociale des personnes handicapées à travers l'élaboration d'un projet individuel leur permettant notamment d'acquérir une qualification et de réaliser un parcours professionnel. Elles offrent un emploi salarié à des personnes handicapées dans des conditions de travail adaptées à l'exercice de leur profession ».

L'État leur donne les moyens d'évaluer leurs travailleurs et de compenser les coûts engendrés par l'adaptation des conditions de travail. S'agissant des centres d'aide par le travail, il est à noter que la proposition pose le principe d'une rémunération qui rende compte du travail effectif de la personne.

Accessibilité de la cité

Cadre bâti

Le principe d'accessibilité vise les locaux d'habitation, les lieux de travail et les bâtiments recevant du public. Mais certains bâtiments échappent à l'obligation. Sont concernés les bâtiments neufs, mais les bâtiments anciens ne le sont qu'à l'occasion de leur rénovation. Sont exclus les commerces, et les artères situées à l'intérieur des entreprises. De plus, le contrôle du respect de l'obligation est défaillant et les sanctions sont rarement mises en œuvre[9] (Blanc, 2002).

La réforme prend acte de ces insuffisances, consacrant les propositions formulées dans le rapport Blanc.

Elle élargit le champ d'application de l'obligation à l'ensemble des bâtiments recevant du public mais dans un souci de réalisme prévoit une mise en accessibilité progressive. Ainsi, s'agissant des bâtiments anciens recevant du public, est instauré un système de versement d'une cotisation, au terme d'une période maximale de dix ans.

Elle prévoit également des sanctions financières pour les établissements neufs ou anciens en rénovation recevant du public qui ne respecteraient pas l'obligation.

Le produit des cotisations et des sanctions financières alimentera un fonds d'accessibilisation de la cité, chargé de contribuer

9. Il est actuellement possible pour les autorités compétentes d'engager une demande de mise en conformité et dans l'attente d'interdire l'ouverture du bâtiment au public. Mais elles sont rarement mises en œuvre du fait du constat tardif de la non-conformité (après l'ouverture au public).

au financement des travaux de mise en accessibilité des bâtiments recevant du public.

S'agissant des bâtiments à usage d'habitation, la réforme introduit un quota obligatoire de logements adaptés dans les habitations à loyer modéré. La proposition du sénateur Blanc de créer un Observatoire du logement des personnes handicapées chargé de dresser périodiquement un état des lieux des besoins est également reprise par la réforme (article 21). Les propriétaires privés qui louent leur immeuble auraient la possibilité de déduire de la taxe foncière les dépenses engagées pour la mise en accessibilité de leur logement.

Enfin, la réforme donne une existence législative aux commissions consultatives départementales de la protection civile, de la sécurité et de l'accessibilité, chargées du contrôle sur pièces et sur place du respect des dispositions relatives à l'accessibilité des bâtiments recevant du public. On critique la faiblesse du nombre de contrôles et leur caractère aléatoire (système de tirage au sort). Mais l'amélioration des contrôles supposerait un renforcement des moyens de ces commissions, qui fonctionnent actuellement grâce à des associations, c'est-à-dire essentiellement sur la base du bénévolat et sans formation particulière.

Transports publics et voirie

Le bilan dressé par plusieurs rapports n'est guère brillant : la France connaît un retard considérable en matière d'accessibilité de la voirie et des transports publics (bus, train, avion…).

La réforme prévoit qu'à l'occasion de tout renouvellement de matériel, les services de transport collectif ont l'obligation d'acquérir des véhicules accessibles aux personnes handicapées. Le non-respect de cette obligation est assorti, au terme d'une période maximale de dix ans, d'une contribution annuelle au fonds d'accessibilité précité.

Dans chaque agglomération un plan d'accessibilité de la voirie et des transports publics doit être établi, et toute réfection de la voirie devra comporter sa mise en conformité avec le plan.

Vie culturelle et sociale

Des bulletins de vote permettant l'identification en braille des candidats devront être mis à la disposition des personnes aveugles et malvoyantes, pour leur permettre d'exercer elles-mêmes leur droit de citoyen. La proposition de loi pose également l'obligation d'accessibilité des bureaux de vote.

Elle introduit un quota de diffusion de programmes accessibles aux personnes sourdes et malentendantes, qu'il s'agisse de la télévision hertzienne ou de la télévision par câble ou numérique. Cette obligation est renforcée pour les chaînes publiques.

La concrétisation de ces différentes mesures ne pourra se faire sans un effort financier supplémentaire. Les moyens consacrés au handicap sont passés de 2,1 à 1,7 point du PIB entre 1985 et 2001. Il faut donc commencer par une remise à niveau des moyens.

ANNEXE 10

LE POINT SUR...
LES AIDES FINANCIÈRES
EN FAVEUR DES PERSONNES HANDICAPÉES

En faveur des enfants et adolescents handicapés

Ces aides sont généralement octroyées jusqu'à l'âge de 20 ans.

L'allocation d'éducation spéciale (AES)

Elle a pour objectif de permettre aux familles d'assumer les frais d'éducation de leur enfant handicapé.

La demande, adressée à l'organisme payeur des prestations, est ensuite transmise à la CDES, qui fixera le taux d'invalidité de l'enfant et la durée pendant laquelle sera versée l'allocation (minimum un an et maximum cinq ans). Cette demande doit être accompagnée d'un certificat médical précisant la nature du handicap dont souffre l'enfant.

Plusieurs conditions doivent être réunies pour pouvoir prétendre à l'AES :

– les parents, qu'ils soient de nationalité française ou étrangère, doivent résider en France et assumer la charge permanente et effective d'au moins un enfant handicapé ;

– ce dernier doit être âgé de moins de 20 ans ou, s'il a plus de 16 ans, ne pas percevoir une rémunération supérieure à 55 % du SMIC ;
– il doit être atteint d'une incapacité permanente d'au moins 80 % ou, s'il fréquente un établissement d'éducation spéciale ou si son état exige le recours à des soins à domicile, d'au moins 50 %.

On voit donc qu'aucune condition de ressources n'est requise. Toutefois, l'allocation n'est pas versée lorsque l'enfant ou l'adolescent est placé dans un internat et que la prise en charge de son séjour échoit totalement à l'État ou à l'assurance maladie.

Le montant de l'AES est actuellement de 111,26 euros par mois (montant au 1er janvier 2003).

Le complément d'allocation spéciale

À l'AES peut s'ajouter un complément d'allocation, accordé pour l'enfant atteint d'un handicap dont la nature ou la gravité exigent des dépenses particulièrement coûteuses, ou nécessitent le recours fréquent à l'aide d'une tierce personne.

Son montant varie selon l'importance des besoins. Pour le déterminer, l'enfant est classé par la CDES dans l'une des six catégories suivantes (décret n° 2002-422 du 29 mars 2002 [1]) :

Première catégorie

Pour entrer dans la première catégorie, le handicap de l'enfant doit entraîner des dépenses égales ou supérieures à 194,71 euros par mois (montant au 1er janvier 2003).

1. Avant ce décret il n'existait que 3 catégories, la réforme a pour objectif de moduler davantage les aides en fonction des besoins, voir BOSSU (B.), *Présentation de la réforme du complément d'allocation d'éducation spéciale pour les enfants handicapés*, RJPF, juin 2002, p. 28.

Deuxième catégorie

– L'un des parents est contraint de réduire son activité d'au moins 20 % ;
– ou une tierce personne est employée au moins 8 heures par semaine ;
– ou le handicap de l'enfant entraîne des dépenses supérieures ou égales à 337,25 euros (montant au 1er janvier 2003).

Troisième catégorie

– Soit l'un des parents est contraint de réduire son activité d'au moins 50 % ;
– soit une tierce personne est employée au moins 20 heures par semaine ;
– soit l'un des parents doit diminuer son activité de 20 % ou il faut recourir à une tierce personne au moins 8 heures par semaine, et les autres dépenses sont égales ou supérieures à 205,14 euros (au 1er janvier 2003) ;
– soit le handicap de l'enfant entraîne des dépenses égales ou supérieures à 431,13 euros (au 1er janvier 2003).

Quatrième catégorie

– Soit le handicap de l'enfant contraint l'un des parents à cesser son activité ;
– soit une tierce personne est employée à temps plein ;
– soit l'un des parents doit diminuer son activité de 50 % ou il faut recourir à l'aide d'une tierce personne au moins 20 heures par semaine, et les autres dépenses sont égales ou supérieures à 287,08 euros (au 1er janvier 2003) ;
– soit l'un des parents doit réduire son activité de 20 % ou il faut recourir à l'aide d'une tierce personne au moins 8 heures par semaine, et les autres dépenses sont égales ou supérieures à 380,96 euros (au 1er janvier 2003) ;

– soit le handicap de l'enfant entraîne des dépenses égales ou supérieures à 606,95 euros (au 1er janvier 2003).

Cinquième catégorie

Pour que le montant de la cinquième catégorie soit appliqué, il faut que l'un des parents cesse son activité ou qu'une tierce personne soit employée à temps plein, et que les dépenses supplémentaires soient égales ou supérieures à 249,08 euros (au 1er janvier 2003).

Sixième catégorie

Elle concerne l'enfant dont le handicap, d'une part, contraint l'un des parents à n'exercer aucune activité professionnelle ou exige le recours à une tierce personne rémunérée à temps plein et, d'autre part, dont l'état impose une surveillance et des soins permanents.

Le versement peut être suspendu en cas d'hospitalisation.

Les montants mensuels au 1er janvier 2003 des compléments sont respectivement de 83,44 euros ; 225,99 euros ; 319,87 euros ; 495,69 euros ; 633,51 euros ; 930,05 euros.

En faveur des adultes handicapés

Les aides financières sont généralement versées aux personnes handicapées âgées de plus de 20 ans.

L'allocation aux adultes handicapés (AAH)

Plusieurs conditions sont requises :
– être âgé de 20 ans au moins, ou de 16 ans au moins mais à condition de ne plus être considéré comme un enfant à charge (l'intéressé ne réunit plus les conditions requises pour ouvrir droit aux allocations familiales) ;

– être de nationalité française ou justifier, s'il est étranger non-ressortissant d'un État membre de l'Union européenne, de la régularité de son séjour en France ;
– résider en France ;
– souffrir d'une incapacité permanente d'au moins 80 %, ou d'une incapacité comprise entre 50 et 80 %, en cas d'impossibilité reconnue par la COTOREP de se procurer, compte tenu du handicap, un emploi ;
– les ressources annuelles du demandeur doivent être inférieures à un plafond qui varie selon que la personne vit seule ou en couple. En 2003, il était de 6 997,74 euros pour une personne seule, 13 995,48 euros pour une personne mariée, augmenté de 3 498,87 euros par enfant à charge. Ne sont pas pris en compte dans les revenus du demandeur : les allocations familiales ; l'allocation logement ; l'allocation compensatrice ; le RMI ; les pensions attachées aux distinctions honorifiques ; la retraite du combattant ; les rentes viagères constituées en faveur des handicapés ; les rentes constituées pour la personne handicapée dans la limite de 1 830 euros par an.

Si les ressources sont supérieures au plafond, l'AAH est réduite proportionnellement.

Elle peut également être réduite en cas d'hospitalisation, de placement en maison d'accueil spécialisé ou d'exercice d'une activité en centre d'aide par le travail.

Au 1er janvier 2003, le montant de l'AAH est fixé à 577,91 euros par mois.

Le complément d'allocation à l'AAH

Il a pour but de permettre aux personnes handicapées vivant à domicile de compenser les frais engendrés par l'adaptation de leur logement.

Il est soumis à certaines conditions d'octroi :
– être bénéficiaire de l'AAH ;
– avoir un logement personnel et bénéficier d'une aide personnelle au logement.

Le montant du complément est égal à 16 % du montant de l'AAH. Il est versé par la CAF.

Le versement peut être suspendu dans certains cas :
– si le bénéficiaire effectue un séjour hospitalier ;
– si le bénéficiaire effectue un séjour en prison ;
– si le bénéficiaire est maintenu dans un établissement d'éducation spéciale faute de place dans un établissement pour adultes.

L'allocation compensatrice (AC)

Elle permet de compenser les frais engendrés par la présence d'une tierce personne aux côtés de la personne handicapée. Elle peut également permettre à la personne handicapée d'exercer une profession en compensant les frais engendrés par son invalidité.

Plusieurs conditions sont exigées :
– un taux d'incapacité de 80% reconnu par la COTOREP ;
– avoir plus de 20 ans ou plus de 16 ans mais ne plus avoir droit aux prestations familiales ;
– résider en France ;
– avoir des ressources inférieures à un plafond ; sont exclus les mêmes revenus que pour l'AAH et les plafonds sont les mêmes majorés du montant de l'AC ;
– ne pas bénéficier d'un avantage analogue.

Un moyen de compenser les frais engendrés par la présence d'un aidant

Le montant de l'AC varie selon les besoins de la personne.

Ainsi, on procédera au versement :

1. D'une AC d'un montant de 744,04 euros par mois (au 1er janvier 2003) lorsque le demandeur aura besoin de quelqu'un pour la plupart des actes essentiels de la vie et que cette aide ne pourra lui être procurée que par :
– une ou plusieurs personnes rémunérées ;

– une personne de son entourage, impliquant un manque à gagner pour cette dernière ;
– le personnel lorsque le bénéficiaire sera placé dans un établissement.

2. D'une AC comprise entre 372,02 et 651,03 euros par mois (au 1er janvier 2003) lorsque le demandeur aura recours à l'aide d'une tierce personne seulement pour certains actes essentiels de la vie ou pour de nombreux actes, mais sans que cela entraîne un manque à gagner pour la personne lui fournissant cette aide ou que son placement dans un établissement ne sera pas absolument nécessaire.

Un moyen de compenser les frais engagés pour l'exercice d'une activité professionnelle

Le demandeur devra démontrer que l'exercice de son métier implique des frais qu'il n'aurait pas à couvrir s'il ne souffrait pas d'un handicap. Le montant de l'AC sera déterminé en fonction des frais supplémentaires auxquels est exposée la personne handicapée sans pour autant excéder 744,04 euros par mois (au 1er janvier 2003).

Si la personne handicapée a besoin d'une tierce personne et qu'elle a également des frais supplémentaires en raison de son activité professionnelle, elle bénéficiera d'une allocation équivalente à la plus élevée des deux allocations auxquelles elle aurait pu prétendre, avec une majoration de 20 %.

Le dossier est déposé à la mairie du lieu où réside la personne handicapée. Il est constitué avec le centre communal d'action sociale puis transmis à la COTOREP qui fixe le montant de l'allocation après s'être prononcée sur différents paramètres :
– le taux d'invalidité du requérant ;
– la nécessité de la présence d'une tierce personne ;
– l'importance des frais entraînés par l'exercice d'une activité professionnelle.

ANNEXE 11

LOI N° 2002-303 DU 4 MARS 2002 RELATIVE AUX DROITS DES MALADES ET À LA QUALITÉ DU SYSTÈME DE SANTÉ (EXTRAITS)

Loi n° 2002-303 du 4 mars 2002 relative aux droits des malades et à la qualité du système de santé

NOR : MESX0100092L

L'Assemblée nationale et le Sénat ont adopté,

Le président de la République promulgue la loi dont la teneur suit :

Titre premier : Solidarité envers les personnes handicapées

Article 1

I. Nul ne peut se prévaloir d'un préjudice du seul fait de sa naissance. La personne née avec un handicap dû à une faute médicale peut obtenir la réparation de son préjudice lorsque l'acte fautif a provoqué directement le handicap ou l'a aggravé, ou n'a pas permis de prendre les mesures susceptibles de l'atténuer. Lorsque la responsabilité d'un professionnel ou d'un établissement de santé est engagée vis-à-vis des parents d'un enfant né avec un handicap non décelé pendant la grossesse à la suite d'une faute caractérisée, les parents peuvent demander une indemnité au titre de leur seul préjudice. Ce préjudice ne saurait inclure les charges particulières découlant, tout au long de la vie de l'enfant, de ce handicap. La compensation de ce dernier relève de la solidarité nationale.

II. Les dispositions du présent I sont applicables aux instances en cours, à l'exception de celles où il a été irrévocablement statué sur le principe de l'indemnisation.

III. Toute personne handicapée a droit, quelle que soit la cause de sa déficience, à la solidarité de la nation.

IV. Le Conseil national consultatif des personnes handicapées est chargé, dans des conditions fixées par décret, d'évaluer la situation matérielle, financière et morale des personnes handicapées en France et des personnes handicapées de nationalité française établies hors de France prises en charge au titre de la solidarité nationale, et de présenter toutes les propositions jugées nécessaires au Parlement et au gouvernement, visant à assurer, par une programmation pluriannuelle continue, la prise en charge de ces personnes.

V. Le présent article est applicable en Polynésie française, en Nouvelle-Calédonie, dans les îles Wallis et Futuna ainsi qu'à Mayotte et Saint-Pierre-et-Miquelon.

Article 2

I. Le dernier alinéa (2°) de l'article L 344-5 du code de l'action sociale et des familles est complété par une phrase ainsi rédigée : « Les sommes versées, au titre de l'aide sociale dans ce cadre, ne font pas l'objet d'un recouvrement à l'encontre du bénéficiaire lorsque celui-ci est revenu à meilleure fortune. »

II. Les pertes de recettes résultant pour les départements du I sont compensées par une augmentation, à due concurrence, de la dotation globale de fonctionnement. Les pertes de recettes résultant pour l'État du I sont compensées par une taxe additionnelle aux droits prévus aux articles 575 et 575 A du code général des impôts.

Titre II : Démocratie sanitaire

Chapitre premier : Droits de la personne

Article 3

Dans le titre premier du livre premier de la première partie du code de la santé publique, il est inséré un chapitre préliminaire ainsi rédigé :

« Chapitre préliminaire : "Droits de la personne"

« Art. L 1110-1. Le droit fondamental à la protection de la santé doit être mis en œuvre par tous moyens disponibles au bénéfice de toute personne. Les professionnels, les établissements et réseaux de santé, les organismes d'assurance maladie ou tous autres organismes participant à la prévention et aux soins, et les autorités sanitaires contribuent, avec les usagers, à développer la prévention, garantir l'égal accès de chaque personne aux soins nécessités par son état de santé et assurer la continuité des soins et la meilleure sécurité sanitaire possible.

« Art. L 1110-2. La personne malade a droit au respect de sa dignité.

« Art. L 1110-3. Aucune personne ne peut faire l'objet de discriminations dans l'accès à la prévention ou aux soins.

« Art. L 1110-4. Toute personne prise en charge par un professionnel, un établissement, un réseau de santé ou tout autre organisme participant à la prévention et aux soins a droit au respect de sa vie privée et du secret des informations la concernant.

« Excepté dans les cas de dérogation, expressément prévus par la loi, ce secret couvre l'ensemble des informations concernant la personne venues à la connaissance du professionnel de santé, de tout membre du personnel de ces établissements ou organismes et de toute autre personne en relation, de par ses activités, avec ces établissements ou organismes. Il s'impose à tout professionnel de santé, ainsi qu'à tous les professionnels intervenant dans le système de santé.

« Deux ou plusieurs professionnels de santé peuvent toutefois, sauf opposition de la personne dûment avertie, échanger des informations relatives à une même personne prise en charge, afin d'assurer la continuité des soins ou de déterminer la meilleure prise en charge sanitaire possible. Lorsque la personne est prise en charge par une équipe de soins dans un établissement de santé, les informations la concernant sont réputées confiées par le malade à l'ensemble de l'équipe.

« Afin de garantir la confidentialité des informations médicales mentionnées aux alinéas précédents, leur conservation sur support informatique, comme leur transmission par voie électronique entre professionnels, sont soumises à des règles définies par décret en Conseil d'État pris après avis public et motivé de la Commission nationale de l'informatique et des libertés. Ce décret détermine les cas où l'utilisation de la carte professionnelle de santé mentionnée au dernier alinéa de l'article L 161-33 du code de la sécurité sociale est obligatoire.

« Le fait d'obtenir ou de tenter d'obtenir la communication de ces informations en violation du présent article est puni d'un an d'emprisonnement et de 15 000 euros d'amende.

« En cas de diagnostic ou de pronostic grave, le secret médical ne s'oppose pas à ce que le famille, les proches de la personne malade ou la personne de confiance définie à l'article L 1111-6 reçoivent les informations nécessaires destinées à leur permettre d'apporter un soutien direct à celle-ci, sauf opposition de sa part.

« Le secret médical ne fait pas obstacle à ce que les informations concernant une personne décédée soient délivrées à ses ayants droit, dans la mesure où elles leur sont nécessaires pour leur permettre de connaître les causes de la mort, de défendre la mémoire du défunt ou de faire valoir leurs droits, sauf volonté contraire exprimée par la personne avant son décès.

« Art. L 1110-5. Toute personne a, compte tenu de son état de santé et de l'urgence des interventions que celui-ci requiert, le droit de recevoir les soins les plus appropriés et de bénéficier des thérapeutiques dont l'efficacité est reconnue et qui garantissent la meilleure sécurité sanitaire au regard des connaissances médicales avérées. Les actes de prévention, d'investigation ou de soins ne doivent pas, en l'état des connaissances médicales, lui faire courir de risques disproportionnés par rapport au bénéfice escompté.

« Les dispositions du premier alinéa s'appliquent sans préjudice de l'obligation de sécurité à laquelle est tenu tout fournisseur de produit de santé, ni des dispositions du titre II du livre premier de la première partie du présent code.

« Toute personne a le droit de recevoir des soins visant à soulager sa douleur. Celle-ci doit être en toute circonstance prévenue, évaluée, prise en compte et traitée.

« Les professionnels de santé mettent en œuvre tous les moyens à leur disposition pour assurer à chacun une vie digne jusqu'à la mort.

« Art. L 1110-6. Dans la mesure où leurs conditions d'hospitalisation le permettent, les enfants en âge scolaire ont droit à un suivi scolaire adapté au sein des établissements de santé.
« Art. L 1110-7. L'évaluation prévue à l'article L 6113-2 et l'accréditation prévue à l'article L 6113-3 prennent en compte les mesures prises par les établissements de santé pour assurer le respect des droits des personnes malades et les résultats obtenus à cet égard. Les établissements de santé rendent compte de ces actions et de leurs résultats dans le cadre des transmissions d'informations aux agences régionales de l'hospitalisation prévues au premier alinéa de l'article L 6113-8. »

Article 4

Le chapitre III du titre premier du livre premier du code civil est complété par un article 16-13 ainsi rédigé : « Art. 16-13. Nul ne peut faire l'objet de discriminations en raison de ses caractéristiques génétiques. » II. La section 1 du chapitre V du titre II du livre II du code pénal est ainsi modifiée :

1°. Dans le premier alinéa de l'article 225-1, après les mots : « de leur état de santé, de leur handicap », sont insérés les mots : « de leurs caractéristiques génétiques » et au deuxième alinéa du même article, après les mots : « de l'état de santé, du handicap », sont insérés les mots : « des caractéristiques génétiques ».

2°. Le 1° de l'article 225-3 est complété par une phrase ainsi rédigée :

> « Toutefois, ces discriminations sont punies des peinnes prévues à l'article précédent lorsqu'elles se fondent sur la prise en compte de tests génétiques prédictifs ayant pour objet une maladie qui n'est pas encore déclarée ou une prédisposition génétique à une maladie. »

3°. Dans le premier alinéa de l'article L 122-45 du code du travail, après les mots : « de sa situation de famille », sont insérés les mots : « de ses caractéristiques génétiques ».

Article 5

Avant le dernier alinéa de l'article L 6111-1 du code de la santé publique, il est inséré un alinéa ainsi rédigé : « Ils mènent, en leur sein, une réflexion sur les questions éthiques posées par l'accueil et la prise en charge médicale. »

Article 6

L'article L 315-1 du code de la sécurité sociale est complété par un V ainsi rédigé :

> « V. Les praticiens-conseils du service du contrôle médical et les personnes placées sous leur autorité n'ont accès aux données de santé à caractère personnel que si elles sont strictement nécessaires à l'exercice de leur mission, dans le respect du secret médical. »

Article 7

L'article L 1414-4 du code de la santé publique est complété par un alinéa ainsi rédigé :

> « Les médecins experts de l'agence n'ont accès aux données de santé à caractère personnel que si elles sont strictement nécessaires à l'exercice de leur mission d'accréditation lors de leur visite sur les lieux, dans le respect du secret médical. »

Article 8

Après le deuxième alinéa du III de l'article 42 de la loi n° 96-452 du 28 mai 1996 portant sur diverses mesures d'ordre sanitaire, social et statutaire, il est inséré un alinéa ainsi rédigé :

> « Les membres de l'inspection générale des Affaires sociales titulaires d'un diplôme, certificat ou autre titre permettant l'exercice en France de la profession de médecin n'ont accès aux données de santé à caractère personnel que si elles sont strictement nécessaires à l'exercice de leur mission lors de leur visite sur les lieux, dans le respect du secret médical. »

Article 9

Les articles L 1111-1, L 1111-3, L 1111-4 et L 1111-5 du code de la santé publique deviennent respectivement les articles L 1110-8, L 1110-9, L 1110-10 et L 1110-11.

L'article L 1111-2 du même code est abrogé.

Article 10

Après l'article 720-1 du code de procédure pénale, il est inséré un article 720-1-1 ainsi rédigé :

« Art. 720-1-1. La suspension peut également être ordonnée, quelle que soit la nature de la peine ou la durée de la peine restant à subir, et pour une durée qui n'a pas à être déterminée, pour les condamnés dont il est établi qu'ils sont atteints d'une pathologie engageant le pronostic vital ou que leur état de santé est durablement incompatible avec le maintien en détention, hors les cas d'hospitalisation des personnes détenues en établissement de santé pour troubles mentaux.

« La suspension ne peut être ordonnée que si deux expertises médicales distinctes établissent de manière concordante que le condamné se trouve dans l'une des situations énoncées à l'alinéa précédent.

« Lorsque la peine privative de liberté prononcée est d'une durée inférieure ou égale à dix ans ou que, quelle que soit la peine initialement prononcée, la durée de détention restant à subir est inférieure ou égale à trois ans, cette suspension est ordonnée par le juge de l'application des peines selon les modalités prévues par l'article 722.

« Dans les autres cas, elle est prononcée par la juridiction régionale de la libération conditionnelle selon les modalités prévues par l'article 722-1.

« Le juge de l'application des peines peut à tout moment ordonner une expertise médicale à l'égard d'un condamné ayant bénéficié d'une mesure de suspension de peine en application du présent article et ordonner qu'il soit mis fin à la suspension si les conditions de celle-ci ne sont plus remplies.

« Les dispositions de l'article 720-2 ne sont pas applicables lorsqu'il est fait application des dispositions du présent article. »

Chapitre II : Droits et responsabilités des usagers

Article 11

Le chapitre premier du titre premier du livre premier de la première partie du code de la santé publique est ainsi rédigé :

« Chapitre premier : Information des usagers du système de santé et expression de leur volonté

« Art. L 1111-1. Les droits reconnus aux usagers s'accompagnent des responsabilités de nature à garantir la pérennité du système de santé et des principes sur lesquels il repose.
« Art. L 1111-2. Toute personne a le droit d'être informée sur son état de santé. Cette information porte sur les différentes investigations, traitements ou actions de prévention qui sont proposés, leur utilité, leur urgence éventuelle, leurs conséquences, les risques fréquents ou graves normalement prévisibles qu'ils comportent ainsi que sur les autres solutions possibles et sur les conséquences prévisibles en cas de refus. Lorsque, postérieurement à l'exécution des investigations, traitements ou actions de prévention, des risques nouveaux sont identifiés, la personne concernée doit en être informée, sauf en cas d'impossibilité de la retrouver.
« Cette information incombe à tout professionnel de santé dans le cadre de ses compétences et dans le respect des règles professionnelles qui lui sont applicables. Seules l'urgence ou l'impossibilité d'informer peuvent l'en dispenser.
« Cette information est délivrée au cours d'un entretien individuel.
« La volonté d'une personne d'être tenue dans l'ignorance d'un diagnostic ou d'un pronostic doit être respectée, sauf lorsque des tiers sont exposés à un risque de transmission.
« Les droits des mineurs ou des majeurs sous tutelle mentionnés au présent article sont exercés, selon les cas, par les titulaires de l'autorité parentale ou par le tuteur. Ceux-ci reçoivent l'information prévue par le présent article, sous réserve des dispositions de l'article L 1111-5. Les intéressés ont le droit de recevoir eux-mêmes une information et de participer à la prise de décision les concernant, d'une manière adaptée soit à leur degré de maturité s'agissant des mineurs, soit à leurs facultés de discernement s'agissant des majeurs sous tutelle.
« Des recommandations de bonnes pratiques sur la délivrance de l'information sont établies par l'Agence nationale d'accréditation et d'évaluation en santé et homologuées par arrêté du ministre chargé de la Santé.
« En cas de litige, il appartient au professionnel ou à l'établissement de santé d'apporter la preuve que l'information a été délivrée à l'intéressé dans les conditions prévues au présent article. Cette preuve peut être apportée par tout moyen.
« Art. L 1111-3. Toute personne a droit, à sa demande, à une information, délivrée par les établissements et services de santé publics et privés, sur les frais auxquels elle pourrait être exposée à l'occasion d'activités de prévention, de diagnostic et de soins et les conditions de leur prise en charge. Les professionnels de santé d'exercice libéral

doivent, avant l'exécution d'un acte, informer le patient de son coût et des conditions de son remboursement par les régimes obligatoires d'assurance maladie.
« Art. L 1111-4. Toute personne prend, avec le professionnel de santé et compte tenu des informations et des préconisations qu'il lui fournit, les décisions concernant sa santé.
« Le médecin doit respecter la volonté de la personne après l'avoir informée des conséquences de ses choix. Si la volonté de la personne de refuser ou d'interrompre un traitement met sa vie en danger, le médecin doit tout mettre en œuvre pour la convaincre d'accepter les soins indispensables.
« Aucun acte médical ni aucun traitement ne peut être pratiqué sans le consentement libre et éclairé de la personne et ce consentement peut être retiré à tout moment.
« Lorsque la personne est hors d'état d'exprimer sa volonté, aucune intervention ou investigation ne peut être réalisée, sauf urgence ou impossibilité, sans que la personne de confiance prévue à l'article L 1111-6, ou la famille, ou à défaut, un de ses proches ait été consulté.
« Le consentement du mineur ou du majeur sous tutelle doit être systématiquement recherché s'il est apte à exprimer sa volonté et à participer à la décision. Dans le cas où le refus d'un traitement par la personne titulaire de l'autorité parentale ou par le tuteur risque d'entraîner des conséquences graves pour la santé du mineur ou du majeur sous tutelle, le médecin délivre les soins indispensables.
« L'examen d'une personne malade dans le cadre d'un enseignement clinique requiert son consentement préalable. Les étudiants qui reçoivent cet enseignement doivent être au préalable informés de la nécessité de respecter les droits des malades énoncés au présent titre.
« Les dispositions du présent article s'appliquent sans préjudice des dispositions particulières relatives au consentement de la personne pour certaines catégories de soins ou d'interventions.
« Art. L 1111-5. Par dérogation à l'article 371-2 du code civil, le médecin peut se dispenser d'obtenir le consentement du ou des titulaires de l'autorité parentale sur les décisions médicales à prendre lorsque le traitement ou l'intervention s'impose pour sauvegarder la santé d'une personne mineure, dans le cas où cette dernière s'oppose expressément à la consultation du ou des titulaires de l'autorité parentale afin de garder le secret sur son état de santé. Toutefois, le médecin doit dans un premier temps s'efforcer d'obtenir le consentement du mineur à cette consultation. Dans le cas où le mineur maintient son opposition, le médecin peut mettre en œuvre le traitement ou

l'intervention. Dans ce cas, le mineur se fait accompagner d'une personne majeure de son choix.

« Lorsqu'une personne mineure, dont les liens de famille sont rompus, bénéficie à titre personnel du remboursement des prestations en nature de l'assurance maladie et maternité et de la couverture complémentaire mise en place par la loi n° 99-641 du 27 juillet 1999 portant création d'une couverture maladie universelle, son seul consentement est requis.

« Art. L 1111-6. Toute personne majeure peut désigner une personne de confiance qui peut être un parent, un proche ou le médecin traitant, et qui sera consultée au cas où elle-même serait hors d'état d'exprimer sa volonté et de recevoir l'information nécessaire à cette fin. Cette désignation est faite par écrit. Elle est révocable à tout moment. Si le malade le souhaite, la personne de confiance l'accompagne dans ses démarches et assiste aux entretiens médicaux afin de l'aider dans ses décisions.

« Lors de toute hospitalisation dans un établissement de santé, il est proposé au malade de désigner une personne de confiance dans les conditions prévues à l'alinéa précédent. Cette désignation est valable pour la durée de l'hospitalisation, à moins que le malade n'en dispose autrement.

« Les dispositions du présent article ne s'appliquent pas lorsqu'une mesure de tutelle est ordonnée. Toutefois, le juge des tutelles peut, dans cette hypothèse, soit confirmer la mission de la personne de confiance antérieurement désignée, soit révoquer la désignation de celle-ci.

« Art. L 1111-7. Toute personne a accès à l'ensemble des informations concernant sa santé détenues par des professionnels et établissements de santé, qui sont formalisées et ont contribué à l'élaboration et au suivi du diagnostic et du traitement ou d'une action de prévention, ou ont fait l'objet d'échanges écrits entre professionnels de santé, notamment des résultats d'examen, comptes rendus de consultation, d'intervention, d'exploration ou d'hospitalisation, des protocoles et prescriptions thérapeutiques mis en œuvre, feuilles de surveillance, correspondances entre professionnels de santé, à l'exception des informations mentionnant qu'elles ont été recueillies auprès de tiers n'intervenant pas dans la prise en charge thérapeutique ou concernant un tel tiers.

« Elle peut accéder à ces informations directement ou par l'intermédiaire d'un médecin qu'elle désigne et en obtenir communication, dans des conditions définies par voie réglementaire au plus tard dans les huit jours suivant sa demande et au plus tôt après qu'un délai de réflexion de quarante-huit heures aura été observé. Ce délai est porté à deux mois lorsque les informations médicales datent de plus de cinq ans ou

lorsque la commission départementale des hospitalisations psychiatriques est saisie en application du quatrième alinéa :
« La présence d'une tierce personne lors de la consultation de certaines informations peut être recommandée par le médecin les ayant établies ou en étant dépositaire, pour des motifs tenant aux risques que leur connaissance sans accompagnement ferait courir à la personne concernée. Le refus de cette dernière ne fait pas obstacle à la communication de ces informations.
« À titre exceptionnel, la consultation des informations recueillies, dans le cadre d'une hospitalisation sur demande d'un tiers ou d'une hospitalisation d'office, peut être subordonnée à la présence d'un médecin désigné par le demandeur en cas de risques d'une gravité particulière. En cas de refus du demandeur, la commission départementale des hospitalisations psychiatriques est saisie. Son avis s'impose au détenteur des informations comme au demandeur.
« Sous réserve de l'opposition prévue à l'article L 1111-5, dans le cas d'une personne mineure, le droit d'accès est exercé par le ou les titulaires de l'autorité parentale. À la demande du mineur, cet accès a lieu par l'intermédiaire d'un médecin.
« En cas de décès du malade, l'accès des ayants droit à son dossier médical s'effectue dans les conditions prévues par le dernier alinéa de l'article L 1110-4.
« La consultation sur place des informations est gratuite. Lorsque le demandeur souhaite la délivrance de copies, quel qu'en soit le support, les frais laissés à sa charge ne peuvent excéder le coût de la reproduction et, le cas échéant, de l'envoi des documents.
« Art. L 1111-8. Les professionnels de santé ou les établissements de santé ou la personne concernée peuvent déposer des données de santé à caractère personnel, recueillies ou produites à l'occasion des activités de prévention, de diagnostic ou de soins, auprès de personnes physiques ou morales agréées à cet effet. Cet hébergement de données ne peut avoir lieu qu'avec le consentement exprès de la personne concernée.
« Les traitements de données de santé à caractère personnel que nécessite l'hébergement prévu au premier alinéa doivent être réalisés dans le respect des dispositions de la loi n° 78-17 du 6 janvier 1978 relative à l'informatique, aux fichiers et aux libertés. La prestation d'hébergement fait l'objet d'un contrat. Lorsque cet hébergement est à l'initiative d'un professionnel de santé ou d'un établissement de santé, le contrat prévoit que l'hébergement des données, les modalités d'accès à celles-ci et leurs modalités de transmission sont subordonnées à l'accord de la personne concernée.

« Les conditions d'agrément des hébergeurs sont fixées par décret en Conseil d'État pris après avis de la Commission nationale de l'informatique et des libertés et des conseils de l'ordre des professions de santé ainsi que du conseil des professions paramédicales. Ce décret mentionne les informations qui doivent être fournies à l'appui de la demande d'agrément, notamment les modèles de contrats prévus au deuxième alinéa et les dispositions prises pour garantir la sécurité des données traitées en application de l'article 29 de la loi n° 78-17 du 6 janvier 1978 précitée, en particulier les mécanismes de contrôle et de sécurité dans le domaine informatique ainsi que les procédures de contrôle interne. Les dispositions de l'article L 4113-6 s'appliquent aux contrats prévus à l'alinéa précédent.

« L'agrément peut être retiré, dans les conditions prévues par l'article 24 de la loi n° 2000-321 du 12 avril 2000 relative aux droits des citoyens dans leurs relations avec les administrations, en cas de violation des prescriptions législatives ou réglementaires relatives à cette activité ou des prescriptions fixées par l'agrément.

« Seuls peuvent accéder aux données ayant fait l'objet d'un hébergement les personnes que celles-ci concernent et les professionnels de santé ou établissements de santé qui les prennent en charge et qui sont désignés par les personnes concernées, selon des modalités fixées dans le contrat prévu au deuxième alinéa, dans le respect des dispositions des articles L 1110-4 et L 1111-7.

« Les hébergeurs tiennent les données de santé à caractère personnel qui ont été déposées auprès d'eux à la disposition de ceux qui les leur ont confiées. Ils ne peuvent les utiliser à d'autres fins. Ils ne peuvent les transmettre à d'autres personnes que les professionnels de santé ou établissements de santé désignés dans le contrat prévu au deuxième alinéa.

« Lorsqu'il est mis fin à l'hébergement, l'hébergeur restitue les données qui lui ont été confiées, sans en garder de copie, au professionnel, à l'établissement ou à la personne concernée ayant contracté avec lui.

« Les hébergeurs de données de santé à caractère personnel et les personnes placées sous leur autorité qui ont accès aux données déposées sont astreintes au secret professionnel dans les conditions et sous les peines prévues à l'article 226-13 du code pénal.

« Les hébergeurs de données de santé à caractère personnel ou qui proposent cette prestation d'hébergement sont soumis, dans les conditions prévues aux articles L 1421-2 et L 1421-3, au contrôle de l'inspection générale des Affaires sociales et des agents de l'État mentionnés à l'article L 1421-1. Les agents chargés du contrôle

peuvent être assistés par des experts désignés par le ministre chargé de la Santé.
« Art. L 1111-9. Un décret en Conseil d'État fixe les conditions d'application du présent chapitre. Les modalités d'accès aux informations concernant la santé d'une personne, et notamment l'accompagnement de cet accès, font l'objet de recommandations de bonnes pratiques établies par l'Agence nationale d'accréditation et d'évaluation en santé et homologuées par arrêté du ministre chargé de la Santé. »

Article 12

Le titre premier du livre premier de la première partie du code de la santé publique est complété par un chapitre V ainsi rédigé :

« Chapitre V : "Dispositions pénales"
« Art. L 1115-1. La prestation d'hébergement de données de santé à caractère personnel recueillies auprès de professionnels ou d'établissements de santé ou directement auprès des personnes qu'elles concernent sans être titulaire de l'agrément prévu par l'article L 1111-8 ou de traitement de ces données sans respecter les conditions de l'agrément obtenu est puni de trois ans d'emprisonnement et de 45 000 euros d'amende.
« Art. L 1115-2. Les personnes morales peuvent être déclarées responsables, dans les conditions prévues à l'article 121-1 du code pénal, des infractions définies à l'article L 1115-1.
« Les peines encourues par les personnes morales sont :
« 1°. L'amende, suivant les modalités prévues par l'article 131-38 du code pénal.
« 2°. Les peines prévues aux 2°, 3°, 4°, 5° et 9° de l'article 131-39 du même code. L'interdiction prononcée à ce titre porte sur l'activité dans l'exercice ou à l'occasion de laquelle l'infraction a été commise. »

ANNEXE 12

LOI N° 2002-2 DU 2 JANVIER 2002
JO n° 2 du 3 janvier 2002, page 124

Lois

Loi n° 2002-2 du 2 janvier 2002 rénovant l'action sociale et médico-sociale

NOR : MESX0000158L

L'Assemblée nationale et le Sénat ont adopté,

Le président de la République promulgue la loi dont la teneur suit :

Chapitre premier : Principes fondamentaux

Section 1 : Des fondements de l'action sociale et médico-sociale

Article 1

Le titre premier du livre premier du code de l'action sociale et des familles est complété par un chapitre VI intitulé : « Action sociale et médico-sociale », comprenant les articles L 116-1 et L 116-2.

Article 2

Il est inséré, dans le code de l'action sociale et des familles, un article L 116-1 ainsi rédigé :

« Art. L 116-1. L'action sociale et médico-sociale tend à promouvoir, dans un cadre interministériel, l'autonomie et la protection des personnes, la cohésion sociale, l'exercice de la citoyenneté, à prévenir les exclusions et à en corriger les effets. Elle repose sur une évaluation continue des besoins et des attentes des membres de tous les groupes sociaux, en particulier des personnes handicapées et des personnes âgées, des personnes et des familles vulnérables, en situation de précarité ou de pauvreté, et sur la mise à leur disposition de prestations en espèces ou en nature. Elle est mise en œuvre par l'État, les collectivités territoriales et leurs établissements publics, les organismes de sécurité sociale, les associations ainsi que par les institutions sociales et médico-sociales au sens de l'article L 311-1. »

Article 3
Il est inséré, dans le code de l'action sociale et des familles, un article L 116-2 ainsi rédigé :
« Art. L 116-2. L'action sociale et médico-sociale est conduite dans le respect de l'égale dignité de tous les êtres humains avec l'objectif de répondre de façon adaptée aux besoins de chacun d'entre eux et en leur garantissant un accès équitable sur l'ensemble du territoire. »

Article 4
I. Le livre III du code de l'action sociale et des familles est intitulé : « Action sociale et médico-sociale mise en œuvre par des établissements et des services » et le titre premier dudit livre est intitulé : « Établissements et services soumis à autorisation. »
II. Il est créé, au chapitre premier du titre premier du livre III du même code, une section 1 intitulée : « Missions », comprenant les articles L 311-1 et L 311-2, et une section 2 intitulée : « Droits des usagers », comprenant les articles L 311-3 à L 311-9.

Article 5
L'article L 311-1 du code de l'action sociale et des familles est ainsi rédigé :
« Art. L 311-1. L'action sociale et médico-sociale, au sens du présent code, s'inscrit dans les missions d'intérêt général et d'utilité sociale suivantes :
« 1°. Évaluation et prévention des risques sociaux et médico-sociaux, information, investigation, conseil, orientation, formation, médiation et réparation.

« 2°. Protection administrative ou judiciaire de l'enfance et de la famille, de la jeunesse, des personnes handicapées, des personnes âgées ou en difficulté.
« 3°. Actions éducatives, médico-éducatives, médicales, thérapeutiques, pédagogiques et de formation adaptées aux besoins de la personne, à son niveau de développement, à ses potentialités, à l'évolution de son état ainsi qu'à son âge.
« 4°. Actions d'intégration scolaire, d'adaptation, de réadaptation, d'insertion, de réinsertion sociales et professionnelles, d'aide à la vie active, d'information et de conseil sur les aides techniques ainsi que d'aide au travail.
« 5°. Actions d'assistance dans les divers actes de la vie, de soutien, de soins et d'accompagnement, y compris à titre palliatif.
« 6°. Actions contribuant au développement social et culturel, et à l'insertion par l'activité économique.
« Ces missions sont accomplies par des personnes physiques ou des institutions sociales et médico-sociales.
« Sont des institutions sociales et médico-sociales au sens du présent code les personnes morales de droit public ou privé gestionnaires d'une manière permanente des établissements et services sociaux et médico-sociaux mentionnés à l'article L 312-1. »

Article 6
L'article L 311-2 du code de l'action sociale et des familles est ainsi rédigé :
« Art. L 311-2. Une charte nationale est établie conjointement par les fédérations et organismes représentatifs des personnes morales publiques et privées gestionnaires d'établissements et de services sociaux et médico-sociaux. Cette charte porte sur les principes éthiques et déontologiques afférents aux modes de fonctionnement et d'intervention, aux pratiques de l'action sociale et médico-sociale et aux garanties de bon fonctionnement statutaire que les adhérents des fédérations et organismes précités sont invités à respecter par un engagement écrit.
« Elle est publiée par arrêté du ministre chargé des Affaires sociales. »

Section 2 : Des droits des usagers du secteur social et médico-social

L'article L 311-3 du code de l'action sociale et des familles est ainsi rédigé :

« Art. L 311-3. L'exercice des droits et libertés individuels est garanti à toute personne prise en charge par des établissements et services sociaux et médico-sociaux. Dans le respect des dispositions législatives et réglementaires en vigueur, lui sont assurés :
« 1°. Le respect de sa dignité, de son intégrité, de sa vie privée, de son intimité et de sa sécurité.
« 2°. Sous réserve des pouvoirs reconnus à l'autorité judiciaire et des nécessités liées à la protection des mineurs en danger, le libre choix entre les prestations adaptées qui lui sont offertes soit dans le cadre d'un service à son domicile, soit dans le cadre d'une admission au sein d'un établissement spécialisé.
« 3°. Une prise en charge et un accompagnement individualisé de qualité favorisant son développement, son autonomie et son insertion, adaptés à son âge et à ses besoins, respectant son consentement éclairé qui doit systématiquement être recherché lorsque la personne est apte à exprimer sa volonté et à participer à la décision. À défaut, le consentement de son représentant légal doit être recherché.
« 4°. La confidentialité des informations la concernant.
« 5°. L'accès à toute information ou document relatif à sa prise en charge, sauf dispositions législatives contraires.
« 6°. Une information sur ses droits fondamentaux et les protections particulières légales et contractuelles dont elle bénéficie, ainsi que sur les voies de recours à sa disposition.
« 7°. La participation directe ou avec l'aide de son représentant légal à la conception et à la mise en œuvre du projet d'accueil et d'accompagnement qui la concerne.
« Les modalités de mise en œuvre du droit à communication prévu au 5° sont fixées par voie réglementaire. »

Article 8
L'article L 311-4 du code de l'action sociale et des familles est ainsi rédigé :
« Art. L 311-4. Afin de garantir l'exercice effectif des droits mentionnés à l'article L 311-3 et notamment de prévenir tout risque de maltraitance, lors de son accueil dans un établissement ou dans un service social ou médico-social, il est remis à la personne ou à son représentant légal un livret d'accueil auquel sont annexés :
« a) Une charte des droits et libertés de la personne accueillie, arrêtée par les ministres compétents après consultation de la section sociale du Comité national de l'organisation sanitaire et sociale mentionné à l'article L 6121-9 du code de la santé publique ;
« b) Le règlement de fonctionnement défini à l'article L 311-7.

« Un contrat de séjour est conclu ou un document individuel de prise en charge est élaboré avec la participation de la personne accueillie ou de son représentant légal. Ce contrat ou document définit les objectifs et la nature de la prise en charge ou de l'accompagnement dans le respect des principes déontologiques et éthiques, des recommandations de bonnes pratiques professionnelles et du projet d'établissement. Il détaille la liste et la nature des prestations offertes ainsi que leur coût prévisionnel.
« Le contenu minimal du contrat de séjour ou du document individuel de prise en charge est fixé par voie réglementaire selon les catégories d'établissements et de personnes accueillies. »

Article 9
L'article L 311-5 du code de l'action sociale et des familles est ainsi rédigé :
« Art. L 311-5. Toute personne prise en charge par un établissement ou un service social ou médico-social ou son représentant légal peut faire appel, en vue de l'aider à faire valoir ses droits, à une personne qualifiée qu'elle choisit sur une liste établie conjointement par le représentant de l'État dans le département et le président du conseil général après avis de la commission départementale consultative mentionnée à l'article L 312-5. La personne qualifiée rend compte de ses interventions aux autorités chargées du contrôle des établissements ou services concernés, à l'intéressé ou à son représentant légal dans des conditions fixées par décret en Conseil d'État. »

Article 10
L'article L 311-6 du code de l'action sociale et des familles est ainsi rédigé :
« Art. L 311-6. Afin d'associer les personnes bénéficiaires des prestations au fonctionnement de l'établissement ou du service, il est institué soit un conseil de la vie sociale, soit d'autres formes de participation. Les catégories d'établissements ou de services qui doivent mettre en œuvre obligatoirement le conseil de la vie sociale sont précisées par décret.
« Ce décret précise également, d'une part, la composition et les compétences de ce conseil et, d'autre part, les autres formes de participation possibles. »

Article 11
Il est inséré, dans le code de l'action sociale et des familles, un article L 311-7 ainsi rédigé :

« Art. L 311-7. Dans chaque établissement et service social ou médico-social, il est élaboré un règlement de fonctionnement qui définit les droits de la personne accueillie et les obligations et devoirs nécessaires au respect des règles de vie collective au sein de l'établissement ou du service.
« Le règlement de fonctionnement est établi après consultation du conseil de la vie sociale ou, le cas échéant, après mise en œuvre d'une autre forme de participation.
« Les dispositions minimales devant figurer dans ce règlement ainsi que les modalités de son établissement et de sa révision sont fixées par décret en Conseil d'État. »

Article 12
Il est inséré, dans le code de l'action sociale et des familles, un article L 311-8 ainsi rédigé :
« Art. L 311-8. Pour chaque établissement ou service social ou médico-social, il est élaboré un projet d'établissement ou de service, qui définit ses objectifs, notamment en matière de coordination, de coopération et d'évaluation des activités et de la qualité des prestations, ainsi que ses modalités d'organisation et de fonctionnement. Ce projet est établi pour une durée maximale de cinq ans après consultation du conseil de la vie sociale ou, le cas échéant, après mise en œuvre d'une autre forme de participation. »

Article 13
Il est inséré, dans le code de l'action sociale et des familles, un article L 311-9 ainsi rédigé :
« Art. L 311-9. En vue d'assurer le respect du droit à une vie familiale des membres des familles accueillies dans les établissements ou services mentionnés aux 1° et 7° de l'article L 312-1, ces établissements ou services doivent rechercher une solution évitant la séparation de ces personnes ou, si une telle solution ne peut être trouvée, établir, de concert avec les personnes accueillies, un projet propre à permettre leur réunion dans les plus brefs délais, et assurer le suivi de ce projet jusqu'à ce qu'il aboutisse.
« Dans ce but, chaque schéma départemental des centres d'hébergement et de réinsertion sociale évalue les besoins en accueil familial du département et prévoit les moyens pour y répondre. »

Chapitre II : De l'organisation de l'action sociale et médico-sociale

Section 2 : De l'évaluation des besoins, de leur analyse et de la programmation des actions

Article 17

L'article L 312-3 du code de l'action sociale et des familles est ainsi rédigé :

« Art. L 312-3. Les sections sociales du Comité national et des comités régionaux de l'organisation sanitaire et sociale mentionnés à l'article L 6121-9 du code de la santé publique se réunissent au moins une fois par an en formation élargie en vue :

« 1°. D'évaluer les besoins sociaux et médico-sociaux et d'analyser leur évolution.

« 2°. De proposer des priorités pour l'action sociale et médico-sociale.

« Tous les cinq ans, ces sections élaborent un rapport qui est transmis, selon le cas, aux ministres et aux autorités locales concernées.

« Chaque année, le ministre chargé des affaires sociales présente un rapport à la section sociale du Comité national de l'organisation sanitaire et sociale sur la mise en œuvre des mesures prévues par les lois de finances et les lois de financement de la sécurité sociale concernant l'action sociale ou médico-sociale.

« Lorsque le comité régional de l'organisation sanitaire et sociale rend un avis sur un schéma départemental d'organisation sociale et médico-sociale dans les conditions prévues à l'article L 312-5 ou sur une autorisation de fonctionnement délivrée par le président du conseil général dans les conditions prévues à l'article L 313-3, le ou les départements concernés par le schéma ou l'implantation de l'établissement ou du service sont représentés lors de la délibération avec voix consultative. »

Ouvrage composé par FACOMPO à Lisieux
et achevé d'imprimer en janvier 2004
sur les presses de France Quercy à Cahors
N° d'édition : 04009 – N° d'impression : 33142/
Dépôt légal : février 2004
Imprimé en France